THOMAS MANN

Goethe's Laufbahn als Schriftsteller

ZWÖLF ESSAYS UND REDEN
ZU GOETHE

FISCHER TASCHENBUCH VERLAG

Fischer Taschenbuch Verlag
März 1982
Umschlaggestaltung: Jan Buchholz / Reni Hinsch
Fischer Taschenbuch Verlag GmbH, Frankfurt am Main
Lizenzausgabe des S. Fischer Verlages GmbH, Frankfurt am Main
Für diese Zusammenstellung:

Gesamtherstellung: Hanseatische Druckanstalt GmbH, Hamburg
Printed in Germany
1280-ISBN-3-596-25715-8

INHALT

GOETHE ALS REPRÄSENTANT DES BÜRGERLICHEN ZEITALTERS

Vor die Aufgabe gestellt, vor Ihnen von Goethe zu sprechen, nehme ich meine Zuflucht zu einer Erinnerung, einem Erlebnis, das mich dazu ermutigen und meinem Unterfangen die Legitimität verleihen soll, die in allen Dingen das Beste, das Entscheidende ist. Ich rufe die Empfindungen auf, die mich bestürmten, als ich vor Jahren zum erstenmal durch Goethe's Elternhaus am Hirschgraben zu Frankfurt ging.
Diese Treppen und Zimmer waren mir nach Stil, Stimmung, Atmosphäre urbekannt. Es war die ›Herkunft‹, wie sie im Buche, im Buch meines Lebens steht, und zugleich der Anfang des Ungeheueren. Ich war ›zu Hause‹ und dennoch ein scheuer und später Gast in der Ursprungssphäre des Genius. Heimat und Größe berührten sich. Das Patrizisch-Bürgerliche, museal geworden und Gegenstand leise auftretender Pietät, als Wiege des Heros; das Würdig-Wohlanständige, bewahrt und heiliggehalten um des Sohnes willen, der es zurückgelassen – wie weit zurückgelassen! – und ins Weltstrenge gewachsen: ich sah es an, ich atmete es ein, und der Widerstreit von Vertrautheit und Ehrfurcht in meiner Brust löste sich in das Gefühl, worin Demut und Selbstbejahung eines sind: in lächelnde Liebe.
Ich kann von Goethe nicht anders sprechen als mit Liebe, das heißt: aus einer Intimität, deren Anstößigkeit durch den lebendigsten Sinn fürs Inkommensurable gemildert wird. Von seinen Gipfeln zu künden, überlasse ich bescheidentlich historisch-kommentatorischen Geistern und Bildungsnaturen, die sich dem Höchsten rein erkenntnismäßig gewachsen fühlen – was etwas ganz anderes ist, als teilzuhaben an seiner Substanz und nur hierin, nicht im Geistigen also, sondern im Menschlichen, Natürlichen eine Art von Recht, eine Art von Möglichkeit des Mitredens zu finden. Nur aus der eignen Substanz und dem eignen Sein, aus einer gewissen familiären Erfahrung also, der kindlich-stolzen Verbundenheit des »Anch' io sono pittore«, weiß meinesgleichen von Goethe zu reden – und warum ein Wiedererkennen, ein Recht auf

Zutraulichkeit verleugnen, das weit ins Überpersönliche, ins Nationale reicht! Die Welt feiert in diesem Jahre, diesen Tagen den großen Städter; mit jener Familiarität aber, von der ich sprach, aus unserer Substanz, die die seine war, können nur wir Deutsche es tun. Das Würdig-Bürgerliche als Heimat des Allmenschlichen, Weltgröße als Kind der Bürgerlichkeit – dies Schicksal von Herkunft und kühnstem Wachstum ist nirgends zu Hause wie bei uns; und alles Deutsche, das aus Bürgerlichkeit ins Geistige wuchs, ist lächelnd zu Hause im Frankfurter Elternhaus. –

Man kann die Figur dieses großen Menschen und Dichters oder, besser gesagt, dieses großen Menschen in Dichtergestalt in verschiedenen Maßen sehen, je nach dem historischen Gesichtswinkel, unter dem man sie ins Auge faßt. Er ist zum Beispiel – und dies ist die bescheidenste Perspektive – der Herr und Meister einer deutschen Bildungsepoche, der klassischen Epoche, der die Deutschen den Ehrentitel des Volkes der Dichter und Denker verdanken, der Epoche eines idealistischen Individualismus, die den deutschen Kulturbegriff recht eigentlich begründet hat und deren humaner Zauber, bei Goethe besonders, in einer eigentümlichen psychologischen Verbindung von autobiographischer Selbstausbildung und Selbsterfüllung mit dem *Erziehungs*gedanken besteht, und zwar so, daß die Erziehungsidee Brücke und Übergang bildet aus der Welt des persönlich Innermenschlichen in die Welt des Sozialen. Goethe als Repräsentanten dieser klassisch-humanen Bildungsepoche zu sehen, ist also der engste Gesichtswinkel, unter dem man seine Gestalt visieren mag. Ein anderer, viel größerer ist möglich und legt sich nahe. Es ist derjenige, den einer seiner ersten ausländischen Verehrer, Thomas Carlyle, sofort nach dem Tode des großen Deutschen auf ihn anwandte, indem er darauf hinwies, daß es auf dieser Erde Menschen gegeben hat, deren Impulse nicht vor fünfzehnhundert Jahren ihre vollkommene Entwicklung erreicht hätten, und die vielmehr noch nach zweitausend Jahren in völliger Individualität fortwirkten. Spricht man unter diesem Gesichtspunkt von dem Zeitalter Goethe's, so bemißt es sich nicht nach Jahrhunderten, sondern nach Jahrtausenden, und tatsächlich liegen in diesem Persönlichkeitswunder, das Goethe hieß und auf das schon den Mitlebenden die Bezeichnung »ein göttlicher Mensch« zwanglos anwendbar schien, mythusbildende Kräfte, wie nur in den größten menschlichen Erscheinungen, die über die Erde gewandelt sind, und niemand kann sagen, in welches Maß seine Gestalt mit der Zeit noch hineinwachsen mag.

Zwischen diesen beiden Möglichkeiten aber, ihn zu sehen, der vergleichsweise intimsten und der großartigsten, gibt es eine dritte und mittlere; und für uns, die wir ein Zeitalter, das bürgerliche, sich enden sehen und deren Schicksal es ist, in Nöten und Krisen des Überganges den Weg in neue Welten, neue Ordnungen des Innen und Außen zu finden, ist diese dritte optische Möglichkeit die nächstliegende und natürlichste: ihn nämlich als Repräsentanten des Halbjahrtausends zu betrachten, das wir die bürgerliche Epoche nennen, und das vom fünfzehnten bis zur Wende des neunzehnten Jahrhunderts reicht. Den dicht vor der Mitte des achtzehnten Geborenen trug sein vitaler Antrieb noch ein Menschenalter ins neunzehnte Jahrhundert hinein, und obgleich die Wurzeln seiner Kultur im achtzehnten liegen, hat er geistig und seelisch vom neunzehnten vieles mitumfaßt, nicht nur auf eine seherisch ankündigende Weise, wie in seinem epischen Alterswerk, dem sozialen Roman ›Wilhelm Meisters Wanderjahre‹, worin er die ganze ökonomisch-soziale Entwicklung des neuen Jahrhunderts als vorsorgender Erzieher antizipiert, sondern auch unmittelbar dichterisch, etwa in den ›Wahlverwandtschaften‹, die zwar Rokokolandschaft und Rokokokostüm haben, aber deren innere Menschlichkeit nicht mehr dem achtzehnten Jahrhundert und seinem spröden Rationalismus angehört, sondern in neue Seelenlagen, dunklere und tiefere Gefühls- und Gedankenwelten hinüberleitet.

Ein Sohn des achtzehnten, des neunzehnten Jahrhunderts; aber ein Sohn des sechzehnten, des Reformationszeitalters ebensogut, ein Bruder Luthers und ein Bruder des Erasmus zugleich. Mit beiden Gestalten verbinden die seine Züge auffallender und von ihm selbst betonter Verwandtschaft und Sympathie; man kann sagen, daß er die Charaktere beider in sich vereinigt: Als Ausbruch großen Deutschtums, als ein aus Volkskräften gespeistes Ingenium ist er Luther ganz brüderlich nahe, und er selbst hat nicht verfehlt, sich neben ihn zu stellen, sich mit ihm zu vergleichen. Das Gedankenspiel ist charakteristisch, worin er sich versuchsweise als Bibelübersetzer vorstellt und erklärt, nur das Zarte darin getraue er sich allenfalls besser zu machen. Er ist Protestant, sagt Riemer und spricht es aus, daß er protestiere gegen »Papsttum und Pfafftum« und es immer tun werde, das heißt nach seiner Erklärung *vorwärtsschreiten*. Denn alles Retardierende in der Fortbildung der Menschheit war und hieß ihm Pfafftum, es sei in Kirche oder Staat, in Wissenschaft und Kunst. »Der Protestant steht niemand besser als dem Deutschen, ja der Deutsche wäre nichts ohne den Protestantismus.« Aber es gibt Äußerungen, welche ihn dem Erasmus verwandter erscheinen lassen als Luthern, dem Volksmann.

> Franztum drängt in diesen verworrenen Tagen,
> wie einstmals
> Luthertum es getan, ruhige Bildung zurück.

Das Distichon zeigt klar und deutlich, wie er sich, im sechzehnten statt im achtzehnten Jahrhundert geboren, gehalten haben würde: Im Namen des Hochbegriffes der ›Bildung‹, der Natur und Kultur in sich vereinigt, wäre er für Rom und gegen die geistliche ›Aufregung‹ gewesen oder hätte doch eine so zweideutige und unzuverlässige Stellung eingenommen wie Erasmus, von dem Luther sagte, daß die Ruhe ihm teurer sei als das Kreuz, und über den er selbst mit unverhohlener Sympathie geäußert hat, er habe zu denen gehört, die froh sind, daß sie selbst gescheit sind und keinen Beruf finden, andere gescheit zu machen, was man ihnen auch nicht verdenken könne. Das ist der Geistesaristokratismus des Humanisten, die Sympathie mit dem Feinen, Unvolkstümlichen, die Goethe's Natur mit umschloß, wie sie alle Gegensätze in sich zu schließen geschaffen war. Gleichviel:

> Freiheit erwacht in jeder Brust,
> Wir protestieren all mit Lust.

Und so sehr Goethe, wiederum aus geistig-bürgerlichen Gründen, von denen wir sprechen wollen, die Revolution verabscheute, so positiv verhielt er sich im tiefsten zu ihren Vorstufen, der deutschen Reformation und zu der Epoche des erwachenden Individuums, der italienischen Renaissance also, dem fünfzehnten Jahrhundert, und seine Gestalt wirkt

vollkommen heimatlich dort. Er ist ganz das große, ja ausbündige Einzelwesen, der Ruhmesmensch jener Epoche, und verwandte Züge verbinden ihn, so gut wie mit Luther, mit Lionardo, dessen innere Umfänglichkeit, dessen Doppelseelentum aus Kunst und Wissenschaft der Natur er wiederholt. Wenn es noch weiterer Belege für diese Zugehörigkeit bedarf: er hat den Benvenuto Cellini übersetzt, er hat dichterisch spielend im ›Tasso‹ den Weimarer Hof verwechselt mit dem Renaissancehof von Ferrara, und namentlich seine Versepen, ›Hermann und Dorothea‹, die ›Achilleis‹, tragen in ihrer Formung und Gruppierung den Kunstcharakter jener Zeit, sie wirken wie antikisierende, aus der Fläche hochgetriebene Bildwerke von damals, und er selbst gesteht, daß er ›Hermann und Dorothea‹ mit Vorliebe in lateinischer Übersetzung gelesen habe, eine äußere Übertragung, durch die das Werk noch stärker aus der deutsch-bürgerlichen Sphäre in die der Renaissance hinübergespielt wird. Zugleich aber und vor allem ist dies Gedicht uns neben Schillers ›Glocke‹ in seiner poetischen Biederkeit, der Standhaftigkeit seiner Humanität die reinste und bewußteste Verherrlichung und Verklärung jener menschlichen Mitte, die wir deutsche Bürgerlichkeit nennen. –
Der Sproß des Frankfurter Bürgerhauses äußert sich im Gespräch über die Schwierigkeiten, die einem Talent wie Byron durch seine angeborene Umgebung, die hohe Geburt, den großen Reichtum erwuchsen. Ein gewisser mittlerer Zustand, sagt er, sei dem Talent bei weitem zuträglicher, »weshalb wir denn auch alle großen Künstler und Poeten in den mittleren Ständen finden«. Dies Lob des Mittelstandes als Nährboden des Talentes ist nicht vereinzelt bei ihm, die Stellen in seinen Gesprächen sind zahlreich, in denen er dem Bürgerstand eben das zuschreibt, was wir im Fall von ›Hermann und Dorothea‹ standhafte Humanität nannten, »die schöne, ruhige Bildung«, um seinen Ausdruck zu gebrauchen, »die in Krieg und Frieden diesen Stand ausdauern läßt«.
Goethe erzählt: »In Karlsbad hat einmal einer von mir gesagt: ich sei ein *gesetzter* Dichter; er wollte damit ausdrücken: ich bliebe beim Dichten doch nebenher ein bürgerlich vernünftiger Mann. Der eine hielt das für Lob, der andere für Tadel: ich kann nichts darüber sagen; denn es ist das eben mein Ich,

worüber anderen das Urteil zusteht.« – Nun, wir nehmen es weder als Lob noch Tadel; wir nehmen es als die kritische Feststellung eines Beobachters, der nicht dumm gewesen sein kann. Es mag ein fast humoristisches Unternehmen sein, kaum mehr als ein Scherz, an einem Menschen solchen Wuchses Züge nachzuweisen, die man im schlechten und rechten, landläufigen Sinn bürgerlich nennen kann. Aber es ist dabei ein Aufstieg vom Kleinen und Äußerlichen ins Größere und Geistige möglich, der eben das menschlich Kennzeichnende auch dieser kleinen Züge beweist. Sehen wir seine äußere Lebenshaltung an, die Sorgfalt der Kleidung, den Sinn für das Elegante, die von seinen Freunden bezeugte Nettigkeit und Reinlichkeit all dessen, was von seiner Hand ging. Das sind die einfachsten und natürlichsten Gewohnheiten guter Herkunft, der bürgerlichen Kinderstube. Sein Benehmen zeichnete sich, wie sich ein Zeitgenosse ausdrückt, »keineswegs durch exzentrisches Wesen aus, das sich bei Männern von Genius so häufig findet, sein Wesen war höflich und einfach«. Es fehlte diesem Wesen jede Spur des Priesterlichen, Feierlichen und Gespreizten, aller sakrale Anspruch. Er kann sich selbst zum besten haben, ist, sobald die geistigen Lasten es ihm erlauben, kindlicher und väterlicher Gutmütigkeit fähig. Seine eigentliche Herzensneigung ist, den Menschen etwas zuliebe zu tun, ihnen die Welt zugute zu machen. Der Begriff des ›Behagens‹ spielt bei den wohlwollenden Lebensratschlägen, die er den Menschen erteilt, eine besondere Rolle, und es ist echt bürgerlich in einem schon sehr geistigen Sinn empfunden, daß er in ›Dichtung und Wahrheit‹ alles Behagen am Leben auf eine *regelmäßige Wiederkehr* der äußeren Dinge zurückführt, auf den Wechsel von Tag und Nacht, der Jahreszeiten, der Blüte und Früchte und was uns sonst von Epoche zu Epoche entgegentritt. Das Müdewerden an dieser regelmäßigen Rhythmik der Natur- und Lebenserscheinungen sei die eigentliche Seelenkrankheit und Lebensgefährdung, sie sei das Hauptmotiv des Selbstmordes.

Das Gewicht, das er auf gutes Essen und Trinken legte, die Verstimmung und Kränkung, die er empfand, wenn er sich in dieser Beziehung einmal vernachlässigt sah, gehören zu diesem humoristischen Bild von Bürgerlichkeit, wie denn die Tatsache, daß Zelter ihn regelmäßig mit den besonders bevorzugten Teltower Rübchen versorgte, zweifellos der Freundschaft mit ihm zugute gekommen ist. Daß bei Exzellenz Goethe ausnehmend schmackhaft gegessen wurde, ist ausgiebig bezeugt, und unfehlbar fällt mir dabei die kleine Geschichte ein, die mir sonderbarerweise seine Person nähergebracht hat als so manche Kundgebung höherer Ordnung. Der Literator und Islandfahrer Martin Friedrich Arendt hielt sich in Weimar auf, ein Bohemegelehrter von etwas wunderlichem Äußeren und nicht sehr gepflegten Gewohnheiten. Er ist bei Goethe zu Mittag geladen, wo er den Hausherrn und seinen engeren Freundeskreis mit Reiseabenteuern und antiquarischen Forschungsergebnissen unterhält und es sich gewaltig dabei schmecken läßt. Es gibt einen Hammelbraten mit Gurkensalat, und nach Verspeisung mehrerer Portionen bringt der gute Arendt es nicht über das Herz, die mit Gurkensaft vermischte Bratenbrühe umkommen zu lassen. Er faßt seinen Teller mit beiden Händen und hebt ihn zum Munde, erschrickt aber im letzten Augenblick und blickt um Erlaubnis bittend auf den Hausherrn. Und der große Wohlerzogene legt volles Verständnis für die Begierde seines Gastes an den Tag; mit der größten Bonhomie und Treuherzigkeit fordert er ihn auf, sich nur ja nicht zu genieren, und während er ihn schlürfen sieht, läßt er nicht etwa ein Schweigen aufkommen, das auf den Genießenden doch vielleicht bedrückend wirken könnte, sondern er *spricht*, er setzt mit wärmster Überzeugung das Leckere einer solchen Mischung von Bratenbrühe und Gurkensaft auseinander und schafft durch dieses Perorieren dem Schlemmer volle Freiheit, seine Lust zu büßen. Man muß ihn sich vorstellen dabei, wie er etwa auf dem Bild von George Dawe vom Jahre 1819 aussieht, einem Bild, das ich immer als besonders lebenswahrscheinlich empfunden habe, mit diesen Augen voll kindlicher Verschlagenheit, tiefer und gütiger Erfahrenheit, diesem wissenden Wohlwollen für das Menschliche, um der heiteren Szene ganz ansichtig zu werden und sich ihren Charme ganz gegenwärtig zu machen.

Er ist als Geschäftsmann und Wirtschaftshaupt seines Hauses wachsam, mißtrauisch und zäh. Er achtet es nicht für Raub an seinem Dichtertum, auf seinen Vorteil bedacht zu sein und aus seinen Werken das Möglichste herauszuschlagen. Er bringt ›Hermann und Dorothea‹ ausdrücklich darum zuerst

zur Michaelismesse in Kalenderform bei Vieweg in Berlin heraus, weil diese populäre Form der Veröffentlichung ihm ein doppelt großes Honorar gewährleistet, ein Entgelt, das nach zeitgenössischen Äußerungen für damalige Verhältnisse ungeheuer war, obgleich er selbst nichts Außerordentliches darin finden wollte. Grundsätzlich verzichtet er niemals, etwa um eine neue literarische Gründung, eine Zeitschrift zu fördern, auf die Honorierung seiner Beiträge. Schiller klagt in einem Brief an seinen Freund Körner darüber, daß Goethe »nichts wegschenke«. Es handelte sich um den ›Merkur‹, dessen Leistungsfähigkeit durch die Belastung mit Autorenhonoraren gefährdet war, was aber Goethe nicht hinderte, auf der Bezahlung seiner Beiträge zu bestehen.
Es ist in ihm ein Zug bürgerlicher Ordnungsliebe, den er, wie überhaupt »des Lebens ernstes Führen«, von seinem Vater ererbt hatte und der, wie bei diesem, im Alter in ausgesprochene Pedanterie und sammlerische Wunderlichkeit ausartete. In ›Dichtung und Wahrheit‹ erzählt er, wie es ein bis zum Puschelhaften getriebener Grundsatz des Kaiserlichen Rates gewesen sei, etwas Unternommenes unbedingt durchzuführen. Die einmal begonnene gemeinsame Lektüre eines Buches mußte beendet werden, auch wenn sie sich als noch so langweilig erwies; und so bestand er in allen Stücken hartnäckig auf dem Beenden des einmal Begonnenen, selbst wenn nicht nur das Unbequeme, sondern auch Unnütze des Unternehmens sich klar herausstellte. Er duldete nicht, daß Wolfgang zeichnerische Versuche in skizzenhafter Unfertigkeit liegen ließ, er zog eigenhändig Rahmenlinien um das Angelegte, um dadurch den jungen Menschen zur Vollständigkeit und Ausführlichkeit zu nötigen. Die Lebenswirksamkeit solcher pädagogischen Einprägung ist nicht zu unterschätzen. Der produktionsethische Befehl des Fertigmachens war gewiß ein notwendiges Korrektiv für die leicht ermüdbare und unruhig-vielbegierige Natur Goethe's. In einem überpraktischen und übersozialen Sinn ist es ja im Grunde gleichgültig, ob ein Künstler die bürgerliche Tugend der Geduld, des Fleißes, der Ausdauer besitzt, ein unternommenes Werk der Vollendung und Abrundung zuzuführen. Dem Egoismus des Traums und Selbstgenusses müssen Antriebe sozialer oder, wenn man will, bürgerlicher Sympathie und Dienstwilligkeit entgegenstehen, damit es zum verwirklichten

Werke komme; und wer weiß, ob der ›Faust‹ auch nur die äußere Abgeschlossenheit gewonnen hätte, deren das innerlich unendliche Werk fähig war, wenn nicht der bürgerliche Vater diesen pädagogischen Imperativ des ›Fertigmachens‹ der kindlichen Seele eingepflanzt hätte.

»Die Manier«, sagt Goethe zu Eckermann, »will immer fertig sein und hat keinen Genuß an der Arbeit. Das echte, wahrhaft große Talent aber findet sein höchstes Glück in der Ausführung.« – »Man sollte«, sagt er, »nicht daran denken, fertig zu werden, wie man ja nicht reist, um anzukommen, sondern um zu reisen.« – »Es gibt vortreffliche Menschen«, bemerkt er ein andermal, »die nichts aus dem Stegreif, nichts obenhin zu tun vermögen, sondern deren Natur es verlangt, ihre jedesmaligen Gegenstände mit Ruhe tief zu durchdringen. Solche Talente machen uns oft ungeduldig, indem man selten von ihnen erlangt, was man augenblicklich wünscht. Allein auf diesem Weg wird das Höchste geleistet.« Er spricht da objektiv von vortrefflichen Menschen, aber es ist ja klar, daß er weitgehend zu ihnen gehört und daß er selbst auf diesem Wege das Höchste geleistet hat. Ein Zug von Bedächtigkeit und Langsamkeit, von mütterlicher Geduld des Austragens ist untrennbar von seinem Genie. Er ist tatsächlich als Schöpfer viel eher eine langsame als stürmische und improvisatorische Natur. Die wunderbare Geschichte, die schließlich einfach den Titel ›Novelle‹ erhielt, hat er dreißig Jahre mit sich herumgetragen. ›Egmont‹ brauchte vom Entwurf bis zur Vollendung zwölf Jahre, die ›Iphigenie‹ acht, ›Tasso‹ neun. Die Arbeit an den ›Lehrjahren‹ zieht sich über sechzehn Jahre hin, die am ›Faust‹ über fast vier Dezennien. Er hat als Dichter sein Leben lang eigentlich von seiner Jugend gelebt, er war nicht der Mann immer neuer Erfindungen und Entwürfe, sondern im wesentlichen war seine Produktion ein Auf- und Ausarbeiten von Konzeptionen, die in die Frühzeit seines Lebens zurückgingen, die er durch die Jahrzehnte mit sich führte und mit dem ganzen Reichtum seines Lebens erfüllte, so daß sie Weltweite gewannen. So ist der ›Faust‹ seinem Ursprung nach ein geniales Studentenstück, das sich über Fakultäten und Professoren lustig macht und die lieblich unselige Verführungsgeschichte eines kleinen Bürgermädchens in Knüttelversen behandelt. Aber die Keimkraft dieses juvenilen Entwurfs war solcher Art und die insgeheim immer festhaltende ausbauende Treue, die ihm zugewandt wurde, so nachhaltig, daß mit der Zeit ein alles überschattender Baum daraus hervorwachsen konnte, ein Standardgedicht der Deutschheit und Menschheit auf einmal, das man aufschlägt, wie man die Bibel aufschlägt, um das Menschliche trostreich und mächtig darin ausgesprochen zu finden. So ist ›Wilhelm Meister‹ nach seiner Anlage der Roman eines jungen Theaterenthusiasten, der nichts beabsichtigte, als die Welt dionysischer Zigeuner, die Kulissenwelt, zu schildern, wie sie noch nicht geschildert worden war. Am Ende aber erwies sich das Komödiantentum nur als der Ausgangspunkt zu einer epischen Bildungsreise so ausgreifender und alles aufnehmender Art, daß ein kluger romantischer Kritiker sagen konnte, die Französische Revolution, Fichte's Wissenschaftslehre und der Roman ›Wilhelm Meister‹, das seien die drei großen Ereignisse der Epoche. Dies ungewollte, ehrgeizlose, stille und natürliche, fast pflanzenhafte Wachstum aus unscheinbaren Anfängen ins Allbedeutende ist das persönlich Liebenswerteste an Goethe's gewaltigem Lebenswerk.

Es gibt Äußerungen der Gehässigkeit und des herabsetzenden Willens über große Naturen, polemisch-boshafte und aus Übelwollen hellsichtige Äußerungen, aus denen man mehr über ihren Gegenstand lernen kann als aus dem schwungvollsten Panegyrikus. Ich denke an den Brief eines gleichgültigen Herrn von Bretschneider an den Berliner Friedrich Nicolai aus dem Jahre 1775, worin der Schreiber mit einer Antipathie, die des psychologischen Scharfblicks nicht entbehrt, über den jungen Verfasser von ›Werthers Leiden‹, über seinen unzuverlässigen Verstand und unbeständiges Gemüt sich äußert und worin er ihm als Dichter die folgenden Anlagen bewilligt: »Es liegt in Goethe«, sagt er, »ein gewisser Same von Fähigkeit, oder vielmehr, er hat ein poetisches Genie, das alsdann wirkt, wenn er, nachdem er mehrere Zeit einen Stoff herumgetragen und in sich bearbeitet und alles gesammelt hat, was zu seiner Sache dienen kann, sich an seinen Schreibtisch setzt. Zum Gelegenheitsdichter hätte er sich nicht geschickt. Denn er kann außer seiner Ordnung nichts machen. Wenn ihm etwas auffällt, so bleibt es in seinem Gemüt und Kopf hangen, alles, was ihm nur aufstößt, sucht er mit dem Klumpen Ton zu verkneten, den er in der Arbeit hat, und denkt und sinnt auf nichts anderes als dieses Objekt.« Die Stelle hat herabsetzenden, verkleinernden Akzent, aber sie spricht mit verneinendem Vorzeichen psychologisch-konstitutionelle Wahrheiten aus, die sich dann in größtem schöpferischen Stil bewährt haben. Es gäbe nur zwei Wege, ein bedeutendes Ziel zu erreichen, so hat man Goethe erklären hören: *Gewalt* und *Folge.* Der Weg dieses großen Gewaltlosen und Friedensmenschen war die Folge, die Konsequenz, die ruhige Ausdauer. Er trieb das Prinzip gelegentlich ins Groteske und deutete eine erschreckende Bereitschaft an, sich um der Pflicht willen selbst zum Stumpfsinn zu bekennen. »Und wäre es meine Aufgabe«, ruft er, »diese Streusandbüchse, die hier vor mir steht, immerfort auszuschütten und wieder zu füllen, – ich würde es mit unermüdlicher Geduld und genauester Sorgfalt tun.« Man beobachtet an ihm ein Element der Sorglichkeit, der Vorsorge, das man als zur bürgerlichen Sittlichkeit gehörig betrachten darf. »Wer vorsieht«, sagt er, »ist Herr des Tages.« Er feiert den frühen Tag, den Morgen, an dem wir am klügsten, aber auch am sorglichsten seien, »denn auch die Sorge«, fügt er hinzu, »ist eine Klugheit, wiewohl nur eine passive; die Dummheit weiß von keiner Sorge«. Und der Preis des Morgens als der eigentlichen Tageszeit schöpferischer Tüchtigkeit erhebt sich ins Feierliche, wenn er ausruft:

Tag vor dem Tage, göttlich werde du verehrt!
Denn aller Fleiß, der männlich schätzenswerte,
Ist morgendlich.

Es ist dieser Zug von Sorglichkeit, womit der Zeitkultus, die Zeitheiligung, Zeitökonomie zusammenhängt, die jede Minute ausschöpft und sein Leben zu einem der vielfältig fleißigsten gemacht hat, die je geführt worden sind. Er hat die Minute verherrlicht in dem Stammbuchverschen für seinen Enkel, diesem Spruch, mit dem er eine sentimental-pessimistische Sentenz des von ihm wenig geachteten Jean Paul beantwortete:

Ihrer sechzig hat die Stunde,
Über tausend hat der Tag.
Söhnchen, werde dir die Kunde,
Was man alles leisten mag.

Sein Acker die Zeit. Im Grunde kennt er kein Ausruhen. Er bekennt von sich, daß er die Stunden, die man jedem anderen zur Erholung bewilligt, zu vielfältiger Tätigkeit auszunützen gehabt habe. Man erwartet den Neunundsiebzigjährigen bei einer Gesellschaft in seinem Hause, an der auch Tieck teilnimmt, und sendet endlich, ich nehme an: mit Vorbedacht, ein hübsches junges Mädchen zu ihm in sein Arbeitszimmer, wo der Greis im Hausrock vor einem Haufen Schriften am Schreibpult steht. Ihre Bitte, die Versammlung mit seiner Gegenwart zu erfreuen, erzürnt ihn. Ob man glaube, daß er zu jedem laufe, der warte, ruft er ärgerlich. »Was würde dann aus dem da werden!« Und zeigt auf die offenen Bogen. »Wenn ich tot bin, macht's keiner. Sagen Sie das drüben der Gesellschaft.« Aber da die Kleine sich traurig entfernen will, wird er weich und ruft sie zurück: »Ein Greis, der noch arbeiten will«, sagt er sanft, »darf nicht jedem zu Gefallen seinen Willen umstimmen. Tut er's, so wird er der Nachwelt gar nicht gefallen.« Ein rührendes kleines Vorkommnis, und man kann bürgerlicher Ethik keine höhere Ehre erweisen, als indem man diese Fleißestreue bis zum letzten als bürgerlich anspricht. Man darf es wohl, denn die Liebe zu Mühe und Arbeit, der asketische Glaube daran ist ja auch von einer Soziologie, die die bürgerliche Geistesform religiös-protestantisch begründet, als seelisches Zubehör der Bürgerlichkeit gekennzeichnet worden. »Solche *Mühe* hat Gott dem Menschen gegeben«, war das Bibelwort, das Goethe vielleicht am häufigsten zitiert hat, und er pflegte dabei das ü von Mühe auf eine halb humoristische, halb desperate Weise in die Länge zu ziehen.

Dem großen Friedlichen, dem Menschentum gleichwohl Kämpfertum bedeutete, war nach seiner Erklärung der titanisch-gigantische, himmelstürmende Sinn im tiefsten fremd. Er habe, sagte er, seiner Dichtungsart keinen Stoff verliehen, »eher ziemte es sich mir, darzustellen jenes friedliche, plastische, allenfalls duldende Widerstreben, das die Obergewalt anerkennt, aber sich ihr gleichsetzen möchte«. Das betrachtsame, überschauende, gerechte Prinzip seines Wesens, das in alle Erscheinungen eindringt, aus ihnen allen zu sprechen weiß und das Leben in seiner Gesamtheit gutheißt, schließt das Tragische aus, vor dem er Furcht und Scheu bekennt und von dem er sagt, daß es ihn zerstören müßte. Ein Zug von Nüchternheit und Vernünftigkeit ist darin, den hohe Schwarmgeister und Seraphiker der Poesie gleich Novalis als antipoetisch empfinden konnten. Es ist ein verwirrendes Paradoxon, daß Novalis den ›Wilhelm Meister‹, nicht ohne gute Belege beizubringen, als einen »Candide, gerichtet gegen die Poesie«, bezeichnen mochte, und die Kritik, die dieser hektische Mystiker an dem größten Roman der Deutschen geübt hat, ist ein glänzendes Beispiel jener polemischen Dokumente, von denen wir sprachen und aus deren Negativität mehr zu lernen ist als aus irgendwelchen Begeisterungen. Undichterisch im höchsten Grade hat Novalis den ›Meister‹ zu nennen gewagt, so poetisch auch die Darstellung sei, eine Satire auf Poesie, Religion und so weiter, aus Stroh und Hobelspänen sei ein wohlschmeckendes Gericht, ein Götterbild zusammengesetzt. Hinten sei alles Farce. »Die ökonomische Natur ist die wahre übrigbleibende... Das Romantische geht darin zugrunde, auch die Naturpoesie, das Wunderbare. Es handelt bloß von gewöhnlichen menschlichen Dingen, die Natur und der Mystizism sind ganz vergessen. Es ist eine poetisierte bürgerliche und häusliche Geschichte... Das erste Buch im Meister zeigt, wie angenehm sich auch gemeine, alltägliche Begebenheiten hören lassen, wenn sie gefällig moduliert vorgetragen werden, wenn sie, in eine gebildete, geläufige Sprache einfach gekleidet, mäßigen Schritts vorübergehen. Ein ähnliches Vergnügen gewährt ein Nachmittag unterwegs, im Schoß einer Familie zugebracht, die, ohne ausgezeichnete Menschen in sich zu schließen, ohne eine ausgesucht reizende Umgebung zu haben, doch durch die Nettigkeit und Ordnung ihres Hauswesens, durch die zusammenstimmende Tätigkeit ihrer mäßigen Talente und Einsichten und die zweckmäßige Benutzung und Ausfüllung ihrer Sphäre und Zeit ein gern zurückgerufenes Angedenken hinterläßt.« – Denken wir nicht an den Mann in Karlsbad und sein Wort vom »gesetzten« Dichter? »Goethe ist ganz *praktischer* Dichter«, sagte Novalis ein andermal. »Er ist in seinen Werken, was der Engländer in seinen Waren ist: höchst einfach, nett, bequem und dauerhaft. Er hat in der deutschen Literatur das getan, was Wedgwood in der englischen Kunstwelt getan hat, er hat, wie die Engländer, einen natürlichen ökonomischen und einen durch Verstand erworbenen edlen Geschmack... seine Neigung ist, eher etwas Unbedeutendes ganz fertig zu machen, ihm die höchste Politur und Bequemlichkeit zu geben, als eine Welt anzufangen und etwas zu tun, wovon man voraus wissen kann, daß man es nicht vollkommen ausführen wird.«

Die Bosheit dieser Kennzeichnungen darf uns nicht hindern, das bedingt Genaue und Zutreffende darin anzuerkennen. Das Wort »bürgerlich« fehlt nicht darin, und daß Novalis der Magie dieser Bürgerlichkeit zugänglich war wie einer, beweist er an anderer Stelle, wo er erklärt, so sonderbar es manchem scheinen möchte, sei doch nichts wahrer, als daß es nur die Behandlung, das Äußere, die Melodie des Stils sei, welche zur Lektüre uns hinziehe und uns an dieses oder jenes Buch fessele. »›Wilhelm Meisters Lehrjahre‹«, sagt er, »sind ein mächtiger Beweis dieser Magie des Vortrags, dieser eindringenden Schmeichelei einer klugen, gefälligen, einfachen und doch mannigfaltigen Sprache. Wer diese Anmut des Sprechens besitzt, kann uns das Unbedeutendste erzählen, und wir werden uns angezogen und unterhalten finden; diese geistige Einheit ist die wahre Seele eines Buches, wodurch uns dasselbe persönlich und wirksam vorkommt.«

Man kann den vernünftigen Zauber, den kindlich-göttlichen Liebreiz der Goethischen Schreibweise nicht kühler, aber auch nicht genauer kennzeichnen, als es mit diesen Worten des Novalis geschieht. Denn es ist ja wahr, daß jede Verstiegenheit, jeder poetische Überschwung diesem Stile fremd ist, der dennoch immer zum Äußersten geht, sich auf einer mittleren Linie mit diskreter Kühnheit, meisterlicher Gewagtheit und unfehlbarer künstlerischer Sicherheit dahinbewegt: gewandt, präzis, bis in die etwas amtliche Diktatprosa des Alters hinein von einem rhythmischen Zauber, der die klarste Mischung von Eros und Logos bildet und uns wohlig und unwiderstehlich führt und trägt. Das Wort ist nicht etwa gehoben, getragen, feierlich, priesterlich oder pathetisch – aus Goethe's Schule kommend, in seinem Geschmack lebend, kann man eine solche Sprache gar nicht lesen und innerlich hören, sie widersteht und langweilt hoffnungslos –, sondern alles ist in mittlerer Stimmlage und Stärke gesprochen, prosaisch *gesagt*, selbst in der Lyrik, aber von einer sonderbar prosaischen, heiteren Kühnheit: Das Wort wird neugeschaffen, unabgenutzt, einmalig, als würde es zum ersten Male aus dem Schoß der Sprache emporgehoben, neu

erfunden, mit seinem Sinn neu verbunden, und zwar so, daß dieser Sinn dadurch eigentümlich zu transzendieren beginnt und etwas heiter Geisterhaftes entsteht, etwas, was zugleich »goldig«, wie man in Westdeutschland sagt, und sublim ist, gesittet-verwegen in dem besonderen Sinn von Goethe's eigenem Ausspruch, daß in jedem Künstler »ein Keim von Verwegenheit« liege, ohne den kein Talent denkbar sei. Es ist im ›Faust‹ nicht weniger so als im ›Divan‹ und in der Prosa; und wenn die Kühnheit des Künstlers ist, so darf man das Mittlere, Gemäßigte darin als bürgerlich ansprechen.
Und gehört nicht auch sein Realismus hierher, mit dem er bewußt dem von der Idee ausgehenden Dichtertum Schillers entgegensteht: sehr ähnlich, wie Tolstois homerische Plastizität sich abhebt von Dostojewski's schattenhafter Apokalyptik? »Deine unablenkbare Richtung«, hat Freund Merck in der Jugend zu ihm gesagt, und er vergißt dieses Wort nie und hält es sich gewissermaßen als Leitspruch; »deine unablenkbare Richtung ist es, dem Wirklichen eine poetische Gestalt zu geben. Die anderen suchen das Poetische zu verwirklichen, und dabei kommt nichts als dummes Zeug heraus.« – »Der Geist des Wirklichen«, sagt Goethe, »ist das wahre Ideelle« – eine gegen Schiller gerichtete antiideale Form des Idealismus, die sein ganzes Verhalten zum Menschlichen und auch zum Menschheitlichen bestimmt und sich namentlich im Politischen bewährt. Das krasse Wort ist von ihm, daß die Einäscherung eines Bauernhofes ein wirkliches Unglück und eine Katastrophe, der »Untergang des Vaterlandes« aber eine Phrase sei. Das ist ein höchst radikaler Ausdruck seiner unpolitischen und antipolitischen Gesinnung und, was dasselbe ist, seines Antidemokratismus, der nichts mit Aristokratismus zu tun hat. Er selbst hat darauf bestanden, daß Schiller im Grunde viel aristokratischer gewesen sei als er. Es ist von dem kritisch Wachsameren der beiden, von Schiller, über die Unterschiede ihrer geistigen Form, Unterschiede, die Schiller so tief und angelegentlich beschäftigt haben und denen wir den Hauptteil seiner Essayistik verdanken – es ist, sage ich, von Schiller über diese Unterschiede und Gegensätze das Beste und Zutreffendste zu erfahren, und wenn er in dem Aufsatz ›Über naive und sentimentalische Dichtung‹ von dem Realisten spricht, der sich als Menschenfreund erweise, ohne eben einen sehr hohen

Begriff von den Menschen und der Menschheit zu haben, von dem Idealisten dagegen, der von der Menschheit so groß denke, daß er darüber in Gefahr komme, die Menschen zu verachten: so ist diese Analyse ganz deutlich von ihm und Goethe abgezogen. Und nichts kann psychologisch interessanter sein, als zu sehen, wie Schiller hier, indem er das Verhältnis des Idealisten zum Menschen formuliert, das *Französische* seiner eigenen Natur hervorkehrt. Es ist der Charakter des französischen literarischen Geistes, den er mit knappen Worten umschreibt, dieses eigentümliche Ineinander von humanitär-revolutionärem Schwung, von generösem Menschheitsglauben und tiefstem, bitterstem, ja höhnischstem Pessimismus, was den Menschen als Einzelwesen betrifft. Er definiert die abstrakte, politisch-humanitäre Leidenschaft im Gegensatz zu dem sinnlichen Realismus individueller Sympathie. Er ist der Menschheitspatriot mit dem humanitär-revolutionären Geist, und wenn man den Verfasser des ›Götz‹, des ›Faust‹, der ›Sprüche in Reimen‹ und ›Hermann und Dorothea's‹ einen kerndeutschen Unpatrioten nennen kann, so ist der Dichter des ›Tell‹ und der ›Jungfrau‹ dagegen ein internationaler Patriot. Er stellt die bürgerliche Idee im politischen, demokratischen Sinne dar, während Goethe sie im geistigen, im kulturellen Sinn repräsentiert. Wir wissen es ja, es war diese seine geistig-kulturelle Bürgerlichkeit, die ihn die Französische Revolution als etwas so grauenhaft Feindliches hat empfinden lassen, das nach seinen Worten an ihm gezehrt hat wie eine Krankheit und ihn um ein Haar sein Talent gekostet hätte; und es ist schwer zu sagen, wie weit der innermenschliche, kulturelle, antipolitische Charakter dem deutschen Bürgertum durch Goethe aufgeprägt worden ist und wie weit Goethe für seine Person schon ebendamit ein Ausdruck deutscher Bürgerlichkeit war. Man muß da wohl eine gegenseitig sich bestätigende Wechselwirkung sehen, denn es steht dem Gefühle fest, daß Goethe trotz allem Weltbürgertum, oder vielmehr gerade mit diesem, ein geistiger Bürger, ein deutscher Bürger war. Er hat zwar Menschentum und Kämpfertum gleichgesetzt mit seinem Wort: »Denn ich bin ein Mensch gewesen, und das heißt ein Kämpfer sein«, aber es gibt für ihn kein Menschengeschlecht im Kampf um politische, revolutionäre Ideen. Fremd ist ihm das Pathos des Freiheitskampfes politisch-

humanitärer Prägung. Er hatte es nötig, darauf zu bestehen, daß auch er ein Kämpfer, und zwar ein Kämpfer für menschliche Freiheit sei. »Ihr könnt mir immer ungescheut, wie Blüchern, Denkmal setzen; von Franzen hat er euch befreit, ich von Philister-Netzen.« Aber es gibt das Geständnis seines Alters: »Es war nie meine Art, gegen Institute zu eifern; das schien mir stets Überhebung, und es mag sein, daß ich zu früh höflich wurde. Kurz, es war nicht meine Art, und ich habe deshalb immer nur ein entferntes Ende der Stange leise berührt.« Er war ein Kämpfer und Befreier im Sittlichen, im Geistigen, besonders im Erotischen, nicht im Staatlichen und Bürgerlichen. Mit Gretchens Jammerschicksal, mit Faustens Liebesschuld ist kein Paragraph, kein gesellschaftlicher Zustand, kein »Institut« angeklagt und angegriffen, sondern ein Dichter unterredet sich in dieser »Tragödie« mit dem Ewigen über das Menschenlos. So war es möglich, daß dieser selbe Dichter als Mitglied des Weimarischen Staatsrates unter ein Todesurteil über eine junge Kindsmörderin, die der Herzog selbst lieber begnadigt hätte, zu den Namen der anderen gestrengen Herren Minister das Wort schrieb »Auch ich« –, was, wie nicht ich zuerst empfinde, in seiner Art ebenso erschütternd ist wie der ganze ›Faust‹.
Der Franzose Maurice Barrès hat die ›Iphigenie‹ ein zivilisierendes Werk genannt, das die Rechte der Gesellschaft gegen den Hochmut des Geistes vertrete. Die Äußerung trifft fast genauer noch auf jenes andere Werk der Selbstzucht oder -züchtigung, ja der Kasteiung zu, den ob seiner Atmosphäre von Ziemlichkeit und Zimperlichkeit gern geschmähten ›Tasso‹. Durch jenes schreckliche »Auch ich« zwang Goethe sich, seine weltliche Autorität für die Rechte der Gesellschaft gegen den Geist einzusetzen, zu dessen Befreiung er als Dichter durch die Erregung des Gefühls und als Schriftsteller durch die analytische Erweiterung und Vertiefung des Wissens vom Menschen so mächtig beigetragen hatte. Er verteidigte die Gesellschaft in dem konservativen Sinn, der im Begriffe der Verteidigung liegt. Man kann nicht unpolitisch, man kann nur antipolitisch sein, und das heißt konservativ, während der Geist der Politik humanitär-revolutionär ist in sich selbst. Nichts anderes meinte Richard Wagner, als er erklärte: »Der Deutsche ist konservativ.« Nur kann, wie es bei Wagner und seinen geistigen Zöglingen geschah, das

Deutsche und Konservative sich zum Nationalismus politisieren, gegen welchen Goethe, der deutsche Weltbürger, selbst als das Nationale so viel historische Berechtigung besaß wie 1813, sich freilich kalt bis zur Verachtung verhielt. Sein Grauen vor der Revolution war das Grauen vor der Politisierung, das heißt der Demokratisierung Europas, die den Nationalismus als geistiges Zubehör mit sich brachte; und es ist merkwürdig genug zu sehen und zeugt für die Unveränderlichkeit des deutsch-bürgerlichen Charakters, daß dieses selbe Kulturentsetzen vor der heraufkommenden Politisierung sich in unseren Tagen, in den Jahren von 1916 bis 1919 etwa, mit aller Heftigkeit wiederholen konnte und mit einer Unmittelbarkeit, die sich des Typischen darin kaum bewußt war, noch einmal durchgekämpft werden mußte.
Was Goethe angeht, so ist hier vielleicht eine Beobachtung am Platze, die sich auf gewisse menschlich-persönliche Wirkungen und Merkmale der antiideellen Verfassung bezieht, eine Betrachtung, die freilich so weit ins psychologisch Intime und Geheime führt, daß nur Andeutungen möglich sind. Es kann kein Zweifel bestehen, daß der ideelle Glaube, obgleich er bereit zum Märtyrertum sein muß, geistig glücklicher macht als jenes in einem hohen und vollkommen ironischen Sinn gesinnungs- und wertungslos-objektive Dichtertum, das alle Dinge mit derselben Liebe und Gleichgültigkeit spiegelt. Es sind in Goethe, blickt man genauer hin, sobald die Unschuld der Jugendzeit vorüber ist, Züge eines tiefen Grames und Mißmuts, einer stockenden Unfreude, die ohne jeden Zweifel mit seiner ideellen Ungläubigkeit, seiner naturkindlichen Indifferenz, mit dem, was er sein Liebhabertum, seinen moralischen Dilettantismus nennt, tief und unheimlich zusammenhängen. Es gibt da eine eigentümliche Kälte, Bosheit, Medisance, eine Blocksberglaune und naturelbische Unberechenbarkeit, der man nicht genug nachhängen kann und die man mitlieben muß, wenn man ihn liebt. Dringt man ein in diesen Bezirk seines Wesens, so begreift man, daß Glück und Harmonie weit eher die Sache der Geisteskinder als die der Naturkinder sind. Klarheit, Einheit mit sich selbst, Zielbewußtheit, eine positive, gläubige und entschiedene Sinnesrichtung, kurz: Frieden der Seele, dies alles ist jenen viel eher erreichbar als diesen. Die Natur gibt nicht Frieden, Einfachheit, Eindeutigkeit; sie ist ein Element

der Fragwürdigkeit, des Widerspruchs, der Vereinigung, des umfassenden Zweifels. Sie verleiht nicht Güte, denn sie selbst ist nicht gut. Sie erlaubt kein scheidendes Urteil, denn sie ist neutral. Sie verleiht ihren Kindern eine Indifferenz und Problematik, die mit Qual und Bösartigkeit mehr zu tun hat als mit Glück und Heiterkeit.

»Goethes Neigung zum Negieren und seine ungläubige Neutralität traten wieder einmal auffallend hervor«, schreibt der Kanzler von Müller. Und viele Zeitgenossen, die ihm begegnen, bezeugen das Elementare, Dunkle, Boshafte und Verwirrende, ja Teuflische, das aus seinem Wesen gesprochen habe. Die bitter-humoristischen Stimmungen, der sophistische Widerspruchsgeist ist hundertfach vermerkt worden. »Aus einem Auge blickt ihm ein Engel«, schreibt ein Reisebekannter, »aus dem anderen ein Teufel, und seine Rede ist eine tiefe Ironie über alle menschlichen Dinge.« Das erschrekkendste Wort aber, das über ihn gesprochen worden ist, lautet: »Er ist tolerant, ohne milde zu sein.«

In den wunderbar angenehmen Eindruck, den seine Person gemacht haben muß, mischt sich immer wieder etwas anderes, irgendwie Beklemmendes und Unheimliches, und es ist sehr deutlich, wie das Befremden und der Kummer, die er dem Freund Schiller erregt, von dieser Seite seines Wesens kommen. – »Es ist zu beklagen«, schreibt Schiller im Jahre 1803, »daß Goethe sein Hinschlendern so überhand nehmen läßt und sich auf nichts energisch konzentriert ... Seit einem viertel Jahr hat er, ohne krank zu sein, das Haus, ja nicht einmal die Stube verlassen ... Wenn Goethe noch einen Glauben an die Möglichkeit von etwas Gutem und eine Konsequenz in seinem Tun hätte, könnte hier in Weimar noch manches realisiert werden ... es entstünde doch etwas, und die unselige Stockung würde sich geben.« Glauben an die Möglichkeit von etwas Gutem! »Man darf nicht denken«, schrieb jemand über ihn, »daß er in seinen Ansichten immer fest und entschieden gewesen wäre, durchaus nicht. Aber dies gerade hat seine Freiheit für die Erkenntnis der verschiedensten Dinge gesichert, so daß er sich immer das Weitere vorbehalten und jede Sache immer wieder so oder anders in Betracht gezogen hat.« Aber diese Charakteristik scheint schwach und euphemistisch im Verhältnis zur eigentlichen Wahrheit, die aus Äußerungen naher und liebender Freunde hervorgeht und immer wieder auf den beunruhigenden Eindruck hinausläuft, den seine mehr ironische und bizarre als gemütliche, mehr negative als positive, mehr humoristische als heitere Proteusnatur hervorrief, die sich in alle Formen verwandeln, mit allen spielen, die entgegengesetztesten Ansichten auffassen und gelten lassen konnte. »So sprach er«, schreibt Charlotte von Schiller, »in lauter Sätzen, die einen Widerspruch auch in sich hatten, daß man alles deuten konnte, wie man es wollte, aber der Meister, fühlt man mit einer Art Schmerz, denkt von der Welt: Ich hab' mein Sach auf nichts gestellt.« Auf nichts gestellt! Das wäre ja Nihilismus, und im Ernst gefragt, woran glaubte er? An die Menschheit nicht, ich meine: nicht an die Möglichkeit ihrer revolutionären Reinigung und Befreiung: »Ewig wird es herüber und hinüber schwanken, der eine Teil wird leiden, während der andere sich wohl befindet; Egoismus und Neid werden als böse Dämonen immer ihr Spiel treiben, und der Kampf der Parteien wird kein Ende nehmen.« Aber glaubte er auch nur an die Kunst, war sie ihm etwa, wie gute Menschen sagen, heilig? Gewisse Repliken sprechen dagegen. Ich vergesse nie den Eindruck, den es mir machte, als ich zum erstenmal die Antwort las, die er einem jungen Menschen erteilte, der ihm begeistert erklärt hatte, für die Kunst wolle er leben und sich mühen und leiden. Goethe versetzte kühl: »Von Leiden kann ja bei der Kunst nicht die Rede sein.« Er hat für Schwärmer, für poetische Enthusiasten jederzeit kalte Duschen bereit. Eines Tages wirft er zur Bestürzung des Gesprächspartners hin, ein Gedicht sei eigentlich gar nichts. »Jedes Gedicht ist gewissermaßen ein Kuß, den man der Welt gibt. Aber aus bloßen Küssen werden keine Kinder.« Worauf er abbricht und das Gespräch nicht fortführen will.

Ich kann nicht umhin, mit diesen Zügen seines Wesens eine Erscheinung in Zusammenhang zu bringen, die immer wieder beobachtet worden ist und die Beobachter befremdet hat. Es ist die lebenslängliche und unbezwingliche Verlegenheit und Befangenheit im Verkehr mit Menschen, die sich hinter zeremonieller Streifheit verbarg, ohne ihre eigentliche Natur verleugnen zu können, und die bei dem Welt- und Hofmann besonders auffallen mußte. »Obgleich er«, schrieb ein Engländer, »wahrscheinlich mehr vornehme Gesellschaft gesehen hat als irgendein anderer Poet Europas, scheint er etwas verlegen, wenn Sie ihm zuerst vorgestellt werden. Ich würde das seiner mangelhaften Gesundheit zugeschrieben haben, denn er war indisponiert, als ich bei ihm war, wenn nicht einer seiner intimsten Freunde mich darüber belehrt hätte, daß er niemals imstande gewesen sei, dieses Gefühl gänzlich zu überwinden.« Als einmal von der stolzen ministeriellen Haltung Goethe's die Rede ist, die er neugierigen Besuchern und Verehrern gegenüber beobachtete, erklärt Ottilie von Goethe aufs bestimmteste, daß, so unglaublich es bei einem Mann von so großer Repräsentation und so gewandten Lebensformen sei, es doch Tatsache sei, daß Goethe aus wirklicher Verlegenheit sich so verhalte und hinter einer hochmütig scheinenden Haltung die Verlegenheit zu verbergen suche. Als Erklärung fügt sie hinzu, Goethe sei eben in Wahrheit bescheiden und innerlichst demütig gewesen. Wir zweifeln nicht daran. Je größer, je weiter ein Geist, desto ferner ist ihm der Dünkel, der immer ein Erzeugnis der Beschränktheit ist. Aber Goethe hat ja gesagt: »Nur die Lumpe sind bescheiden«, und am Gefühl seiner Größe, seiner unvergleichlichen Überlegenheit über all die Menschen, die vor ihn kamen, hat es ihm nicht gefehlt. Diese Befangenheit muß tiefere Gründe haben; sie ist ein Merkmal jenes ironischen Nihilismus, von dem wir sprachen, jener allertiefsten naturelbischen Dichtergesinnungslosigkeit und jenes Mangels an Glauben, an ideellem Enthusiasmus, wie er den kranken Schiller beseelte, der dieses Verlegenheit genannte menschliche Schwanken gewiß nicht gekannt hat.

Gewiß ist, daß aller Haß, den Goethe zu tragen gehabt hat, alle Vorwürfe und Klagen, die seinen Egoismus, seinen Hochmut, seine Unmoralität und »ungeheuer hindernde Kraft« betreffen, auf diese Kälte gegen den ideellen, den politischen Enthusiasmus, handle es sich nun um seine nationalistisch-kriegerische oder revolutionär-menschliche Schattierung, zurückzuführen sind, darauf also, daß er eigensinnig gegen die Hauptrichtung seines Jahrhunderts, die demokratische und die nationale Idee, lebte. Man vergaß bei diesem Ärger und dieser Klage, daß Goethe's Gleichgültigkeit gegen das politische Menschengeschlecht nichts weniger als Mangel an Liebe bedeutete: weder an Liebe zu den Menschen – denn er hat gesagt, daß der bloße Anblick eines Menschenantlitzes ihn von Melancholie heilen könne, und von ihm stammt das hochhumane Wort: »Das eigentliche Studium der Menschheit ist der Mensch« – noch, was dasselbe ist, an Liebe zur *Zukunft*. Denn Mensch, Liebe, Zukunft, das ist alleins, es ist ein und derselbe Gefühlskomplex von Sympathie und Lebensfreundlichkeit, die trotz aller Unpolitik Goethe's tiefstes Wesen ausmachten und seinen Begriff des »Lebenswürdigen« prägten. Ich erinnere mich des eigentümlichen Eindrucks von Paradoxie und gebietender Kühnheit, den ich empfing, da ich als junger Mensch, der von Schopenhauer die große Erlaubnis zum Pessimismus erhalten hatte, im ›Epilog zur Glocke‹ zum erstenmal mit Verständnis auf dies Wort »lebenswürdig«: »Den Lebenswürd'gen soll der Tod erbeuten«, stieß, diese Verbindung, die es meines Wissens bis dahin nicht gegeben hatte und die eine persönliche Wortschöpfung Goethe's darstellt. Das Leben als höchstes Kriterium genommen und, seiner würdig zu sein, als der höchste Adel angesprochen, der, wenn es mit rechten Dingen zuginge, vor der Vernichtung schützen sollte: das verwirrte meinen jugendlichen Begriff von Vornehmheit, der recht eigentlich auf eine sublime Untauglichkeit und Unberufenheit zum irdischen Leben hinauslief; und wirklich ist die eigentümliche Wortbildung ja erfüllt von einem trotzigen Lebenspositivismus, von einer überpessimistischen Lebensbejahung, die in meinen Augen eine höchste und allgemeinste Form der Bürgerlichkeit ausmacht: *Lebensbürgerlichkeit*, das ist das breitbeinige Fußen im Leben, der Lebensaristokratismus des von der Natur Bevorteilten und Bevorzugten, der, dem Brutalen nicht ganz fern, geringschätzig auf »sehnsuchtsvolle Hungerleider nach dem Unerreichlichen« blickt. Ich sagte, daß diese Art von Aristokratismus dem Brutalen nicht fern ist, denn es liegt ja wirklich etwas von Brutalität in dem Pochen auf das Vitale, wie es etwa aus den Worten des einundachtzigjährigen Goethe über die Lumpe von Menschen spricht, die sich so früh aus dem Leben davonmachen, wie der arme Sömmering, der gerade mit fünfundsiebzig Jahren gestorben war. »Da lob' ich mir«, rief er, »meinen Freund Bentham, diesen höchst radikalen Narren. Er hält sich gut und ist doch noch einige Wochen älter als ich.« Und hierher gehört auch die kostbare Geschichte, wie Goethe sich über ebendiesen Bentham, den englischen Ökonomen und Utilitaristen, und seinen Radikalismus lustig macht und man ihm antwortet:

Seine Exzellenz selber würde, in England geboren, dem Radikalismus und der Rolle eines Kämpfers gegen Mißbräuche kaum entgangen sein. »Wofür halten Sie mich?« antwortet Goethe. »Ich hätte sollen Mißbräuchen nachspüren und noch obendrein sie aufdecken und sie namhaft machen, ich, der ich in England von Mißbräuchen würde gelebt haben? In England geboren, wäre ich ein reicher Herzog gewesen oder vielmehr ein Bischof mit jährlich dreißigtausend Pfund Sterling Einkünften.« Recht hübsch, aber wenn er zufällig nicht das große Los, sondern eine Niete gezogen hätte. Es gäbe so unendlich viele Nieten! Darauf Goethe: »Nicht jeder, mein Allerbester, ist für das große Los gemacht. Glauben Sie denn, daß ich die Sottise begangen haben würde, auf eine Niete zu fallen?« Das ist Lebenssicherheit, Lebensbürgerlichkeit, das metaphysisch-aristokratische Bewußtsein, niemals und unter keinen Umständen anders als bevorzugt und bevorteilt, niemals anders als wohlgeboren werden zu können.
Es mag wundernehmen, daß dies Vorzugskind der schaffenden Macht die Glücklichpreisungen seines Lebens, die neidischen und die begeisterten, strikt abgelehnt und verneint hat. Beruhigt euch, sagt er, ich war nicht glücklich, ich war es, wenn man alle guten Stunden meines Lebens zusammenzählt, keine vier Wochen lang. – »Es war das ewige Wälzen eines Steines, der immer von neuem gehoben werden wollte.« Und dann kommt der ergreifende, wirklich alles erklärende Satz: »Der Ansprüche an meine Tätigkeit, sowohl von außen als innen, waren zu viele.« Nicht glücklich also, und zwar vermöge der Größe der Aufgaben, die sein Genie ihm stellte, und deren Vollendung die zudringende Welt beständig zu hintertreiben suchte. Und wie steht es mit dem Verhältnis dieses Vitalitätsstolzen zur Gesundheit und zur Krankheit? Das Genie, wir wissen es wohl, kann nicht im banausischen, im schlicht bürgerlichen Sinn normal sein, auch das naturgesegnetste niemals im Sinn des Philisters natürlich, gesund, nach der Regel. Da gibt es im Physischen immer viel Zartes, Irritables, zu Krise und Krankheit Geneigtes, im Psychischen viel den Durchschnitt Befremdendes, unheimlich Berührendes, dem Psychopathischen Nahes. Er weiß es wohl und spricht es lehrend gegen Eckermann aus: »Das Außerordentliche«, sagt er, »was solche Menschen leisten« – und zu ergänzen ist: solche Menschen wie ich –, »setzt eine sehr zarte

Organisation voraus, damit sie seltener Empfindungen fähig sein und die Stimmen der Himmlischen vernehmen mögen. Nun ist eine solche Organisation im Konflikt mit der Welt und ihren Elementen leicht gestört und verletzt, und wer nicht mit größter Sensibilität eine außerordentliche Zähigkeit verbindet, ist leicht einer fortgesetzten Kränklichkeit unterworfen.« Mit dieser Verbindung von Sensibilität und Zähigkeit ist in der Tat die besondere Vitalität des Genies ein für allemal bestimmt. »Dem Leiden war er, war dem Tod vertraut«, sagt er von seinem Freund Schiller; aber er selbst, der mit dem Leben auf so viel freundschaftlicherem Fuße stand, war er es nicht auch? Der Blutsturz des Jünglings spricht für eine tuberkulöse Anlage, und hundert Merkmale größter Reizbarkeit, Ermüdbarkeit, tiefer Verstimmbarkeit, auch mehrere Anfälle schwerer Erkrankung bis ins hohe Alter hinein deuten auf eine Labilität und beständige Gefährdung seiner Natur und lassen erkennen, welch zäher geistiger Lebenswille, man möchte sagen welch vitales Ethos dazu gehörte, diese Natur gleichsam bei der Lebenspflicht zu halten und sie ein ganzes, kanonisches Menschenleben durchführen zu lassen, sie auf zweiundachtzig Jahre zu bringen. Es war kein Kinderspiel, weder körperlich noch seelisch.

›Wohl kamst du durch; so ging es allenfalls.‹ –
Mach's einer nach und breche nicht den Hals!

»Wer mit zwanzig den Werther schrieb«, ruft er ein andermal aus, »wie soll der leben mit siebzig!«, und die Lebensbürgerlichkeit wird stark in Frage gestellt, wenn er in dem späten Gedicht an den Helden seines Jugendromans den vielbeweinten Schatten apostrophiert:

Zum Bleiben ich, zum Scheiden zu erkoren,
Gingst du voran *und hast nicht viel verloren*.

Er fürchtete dieses kleine Buch voll von zerrüttender Empfindsamkeit, das einmal die Welt vor Sterbenswonne toll gemacht hatte, und gesteht im Alter, daß er es seit seinem Erscheinen nur ein einziges Mal wieder gelesen und sich gehütet habe, es abermals zu tun. »Es sind lauter Brandraketen«, sagt er, »es wird mir unheimlich dabei, und ich fürchte, den pathologischen Zustand wieder zu empfinden, aus dem es hervorging.« Der Gereifte besteht theoretisch darauf, daß die Kunst das Gesunde und Lebensbejahende bieten solle, und schilt auf das, was er die zeitgenössische »Lazarettpoesie« nennt, einen Mißbrauch der Kunst, dem er die tyrtäische entgegenstellt, die Poesie, die nicht bloß Schlachtenlieder singt, sondern auch den Menschen mit Mut ausrüstet, die Kämpfe des Lebens zu bestehen. Aber hat er selbst immer danach gehandelt? Im ›Werther‹ nicht; und für einen Dichter der Harmonie und der tyrtäischen Ermutigung zum Leben ist es eine sonderbare Stoffwahl, wenn er sein Persönlichstes in die Geschichte eines historischen Kollegen verkleidet, die ins Irrenhaus und ins Kloster führte. Lebensbürgerlichkeit würde im Moralischen Tugendstrenge, ein unbedingtes Bejahen des Sittlichen verlangen, denn Vernunft und Sittlichkeit sind die Stützen des Lebens. Er aber verteidigt, sehr unbürgerlich, die Leidenschaft, das, was die Leute »Überspannung und krankhaftes Wesen« nennen, und besteht darauf, daß auch Überspannung und Krankheit Zustände der Natur sind und daß »die sogenannte Gesundheit« nur im Gleichgewicht entgegengesetzter Kräfte bestehen kann. Und er widerspricht seinem Famulus, als dieser meint, aus den Schriften Byrons sei für reine Menschenbildung kein entscheidender Gewinn zu ziehen. Seine Moral sei zu problematisch dazu. »Warum nicht gar«, antwortet Goethe, »Byrons Kühnheit, Keckheit und Grandiosität, ist das nicht alles bildend? Wir müssen uns hüten, das Bildende stets im entschieden Reinen und Sittlichen suchen zu wollen. Alles Große bildet, sobald wir es gewahr werden!« Das nenne ich überbürgerlich gesprochen, und das überbürgerlichste Wort vielleicht, das je aus seinem Munde kam, lautet so: »Franzosen sind Pedanten, das heißt, sie können aus der Form nicht heraus.« Man höre dies wohl! In diesem eigentümlichen Verächtlichmachen der Form durch das Wort »pedantisch« liegt die Bejahung des Chaotischen, liegt die Sympathie mit dem Tode, die gerade die Franzosen dem deutschen Wesen oft zum Vorwurf gemacht haben. George Clemenceau, dessen politische Feindschaft gegen das Deutsche weit ins Geistige reichte und der die ganze psychologische Feinheit seiner Rasse besaß, hat gesagt: »Die Deutschen lieben den Tod. Sehen Sie ihre Literatur an, sie lieben im Grund nur ihn.« Der Ausspruch

Goethe's, den ich anführte, war ein sehr deutsches Wort und zugleich ein sehr überbürgerliches.

Es scheint trotz alledem zu genügen, ein Künstler, ein Schöpfer zu sein, wie Goethe es war, um dem Leben hold zu sein und ihm Treue zu halten. Seine Lebensfreundlichkeit äußert sich vor allem darin, daß, ungeachtet aller Verneinung des Politischen und alles erhaltenden Sinnes, der damit verbunden ist, nicht die kleinste Spur reaktionären Geistes bei ihm zu finden ist. Die Vielfachheit, der unendliche Dilettantismus seiner Natur haben es den verschiedensten Gesinnungen leichtgemacht, sich auf ihn zu berufen, ihn für sich mit Beschlag zu belegen; aber dies eine ist nicht möglich: ihn anzurufen im Interesse irgendwelcher geistigen Reaktion. Er war kein »Fürst von Mitternacht«, kein Metternich, der aus häßlicher Furcht vor der Zukunft das Leben vergewaltigte. Er liebte die Ordnung, aber er stellte ausdrücklich in ihren Dienst den Verstand und das Licht und verachtete die Dummheit und Finsternis. »Das Menschenpack«, sagt er im ›Wilhelm Meister‹, »fürchtet sich vor nichts mehr als vor dem Verstand; vor der Dummheit sollten sie sich fürchten, wenn sie begriffen, was fürchterlich ist: aber jener ist unbequem, und man muß ihn beiseite stellen; diese ist nur verderblich, und das kann man abwarten.« Man weiß nicht oder vergißt gern, daß er im Jahre 1794, als der Freiherr von Gagern einen Aufruf erließ, worin er die deutsche Intelligenz und insbesondere Goethe aufforderte, ihre Feder in den Dienst der »guten«, das heißt der konservativen Sache und eigentlich in den eines neuen deutschen Fürstenbundes zu stellen, bestimmt, das Land vor der Anarchie zu retten, – daß der sogenannte Fürstenknecht damals nach höflicher Danksagung für das ihm erwiesene Vertrauen erklärte, er halte es für unmöglich, Fürsten und Schriftsteller zu gemeinsamem Wirken zu vereinigen. Gegen die Reaktionäre in der Kunst und die Verfinsterung der Köpfe hat er seinen Mann gestanden zu jeder Stunde, auch in der Abwehr einer gewissen altertümelnden Mode in der Malerei. Er ist ein Kämpfer für das Freie und Starke in der Kunst, er bewundert Molière, weil er die Menschen züchtigte, indem er sie in ihrer Wahrheit zeichnete, und er möchte am liebsten die jungen Mädchen vom Theaterbesuch ausschließen, um der Bühne die Möglichkeit rücksichtsloser Lebensdarstellung zu wahren, wie sie eben nur für Männer und Frauen tauge, die mit menschlichen Dingen bekannt sind.

Daß er trotz allen Anfeindungen, denen er ausgesetzt blieb und von deren Schnödigkeit man sich heute schwer eine Vorstellung macht, zur ganzen Nation redete, ein Nationalschriftsteller war, dies bildete in späteren Jahren natürlich die Grundlage seines Selbstbewußtseins, eines Selbstbewußtseins, das keiner Menschenseele natürlich ist, sondern in das sich ein Dichter, wie in ein Schicksal, mit der Zeit zu finden hat. Der Bürgerknabe von einstmals, der in seiner Mansarde am Hirschgraben zu Frankfurt bei seinen Mal- und Schreibutensilien am Fenstertisch saß, legt als Siebzigjähriger das menschlich ergreifende Bekenntnis ab, daß er »die Größe mit Mühe habe erlernen müssen«, die Größe, in weiten nationalen oder Epochenkreisen das Genüge für seine Wirksamkeit zu suchen. Und er hat mehr gelernt. Der Zug ins Weltweite, erklärlich bei einem Autor, dessen literarische Laufbahn mit einem so ausgreifenden Erfolg, wie der ›Werther‹ es war, begann, verstärkt sich bei ihm im Alter mehr und mehr, das heißt die Einsicht, daß die Poesie ein Gemeingut der Menschheit ist und daß es darauf ankommt, gerade für uns Deutsche, aus dem engen Kreise unserer eigenen Umgebung herauszublicken, um nicht individuell und national einem pedantischen Dünkel zu verfallen. »Anstatt sich in sich selbst zu beschränken«, ist seine Lehre, »muß der Deutsche die Welt in sich aufnehmen, um auf die Welt zu wirken ... Ich sehe mich daher gern«, fügt er hinzu, »bei fremden Nationen um und rate jedem, es auch seinerseits zu tun. Nationalliteratur will jetzt nicht viel sagen, die Epoche der *Weltliteratur* ist an der Zeit, und jeder muß jetzt dazu wirken, diese Epoche zu beschleunigen.« Er kreiert dieses Wort Weltliteratur, er stellt es als Tatsache halb, halb als Forderung in die Zeit. Weltliteratur, das ist ihm natürlich nicht die bloße Summe und Gesamtheit alles schriftlich befestigten menschlichen Geisteslebens, es ist eher jene höchste Auswahl und Blüte des Schrifttums, zu der sein eigenes Werk längst gehörte und die, wo immer erwachsen, kraft ihres ins Allgemeingültige ragenden Ranges als Besitz der Menschheit empfunden und anerkannt wird, – die Erkenntnis mit eingerechnet, daß die Zeit gekommen sei, wo nur noch das Weltfähige eigentlich an der Tagesordnung sei und in Betracht komme: die Tage des nur in seiner

Entstehungssphäre Gültigen seien vorüber. Tatsächlich wurde längst alles, was er selbst gab, vom maßgebenden Urteil als Weltliteratur empfunden und aufgenommen, und zwar nicht nur der mittelmeerisch beeinflußte, von einem humanistisch-klassischen Geist geprägte und geformte Teil seiner Werke, sondern auch das exemplarisch Nordische und Deutsche darin, wie der erste Teil des ›Faust‹ und der Bildungsroman ›Wilhelm Meister‹. Der Greis hat die Genugtuung, von dem Schotten Thomas Carlyle die englische Übersetzung dieses Buches nebst einem Brief voll kindlich inniger Liebe und Unterwürfigkeit zu empfangen. Er blättert in einer französischen Ausgabe seines Faustgedichtes, die mit Zeichnungen Eugène Delacroix' geschmückt ist. Er liest über die neu erschienene Helena-Episode aus dem zweiten Teil der Tragödie feierliche Besprechungen in den Revuen von Edinburgh, Paris und Moskau; und es ist wohl angebracht, hier von Genugtuung zu sprechen, denn dieses Weltecho seiner Arbeit mußte ihn entschädigen für manche hämische Herabsetzung, die sie in der Heimat erfuhr. »Keine Nation«, sagt er, »hat ein Urteil über das, was bei ihr getan und geschrieben ist. Man könnte dies auch von jeder Zeit sagen.« Den Doppelsatz hat ein geistreicher Franzose in die Wendung zusammengefaßt: »L'étranger, cette postérité contemporaine.«

Zweifellos lag viel Vorwegnahme in Goethe's Statuierung der Weltliteratur, und die Entwicklung der zehn Jahrzehnte seit seinem Tode, die Vervollkommnung der Kommunikation, die Beflügelung des Austausches, die sie brachte, das selbst durch den großen Krieg eher geförderte als aufgehaltene Intimwerden Europas, ja der Welt, dies alles war nötig, um die Epoche, die Goethe als an der Zeit empfand, erst recht zu verwirklichen, – in dem Grade sogar, daß heute die Gefahr der Verwechslung des Weltfähig-Weltgültigen mit dem nur Weltläufigen, einem minderen internationalen Gebrauchsgut, sehr nahe liegt und von den Provinzlern des Geistes mit Vorliebe zur nationalen Diskreditierung allgemein anerkannter Leistungen ausgenutzt wird: geflissentlich nennen sie den echten und den wohlfeilen Weltruhm in einem Atem und meinen so das Mehr-als-Nationale zugleich mit dem Unter- und Zwischennationalen zu verunglimpfen. Diese Möglichkeit bot sich zu Goethe's Zeit nicht oder in viel geringerem Maße. Es war niemals tunlich, die Ehren, welche das Ausland

ihm erwies, der undeutschen Plattheit seines Niveaus zuzuschreiben.
Was hier interessiert, ist der bürgerlich-überbürgerliche Charakter dieses Zuges ins Große und Weltweite, ein Charakter, der seinen schlagenden Ausdruck findet in gewissen Namen, die Goethe dieser expansiven Neigung gibt. Er spricht nämlich von einem »Freihandel der Begriffe und Gefühle«, was einer charakteristischen Übertragung liberal-ökonomischer Grundsätze auf das geistige Leben gleichkommt. Aber nicht nur im Räumlichen gilt diese Freiheit und Expansion, sondern auch im Zeitlichen: in »weiten Epochenkreisen«, sagt Goethe, habe er für sein Wirken Genüge gesucht. Er ist Bürger nicht nur eines Jahrhunderts; wir haben seine verwandtschaftlich-heimatlichen Beziehungen zu früheren Jahrhunderten aufzuzeigen versucht. Hier gilt es, seine Gegenwärtigkeit und Zukünftigkeit zu behaupten, die Richtung seines Wesens auf uns und über uns hinaus anzudeuten; und symbolisch für diese Richtung sind mir die Begegnungen des großen Lebensfreundes mit Arthur Schopenhauer. Er, der noch Mozart als Knabe gesehen, geht als Greis, in eine Abendgesellschaft eintretend, ohne nacht rechts oder links zu blicken, gerade auf den anwesenden jungen Philosophen zu, dessen Doktorarbeit ›Über die vierfache Wurzel des Satzes vom zureichenden Grunde‹ er eben gelesen, und beglückwünscht ihn zu dieser außerordentlichen Leistung. Er hält die Hand dessen, der ›Die Welt als Wille und Vorstellung‹ vorbereitet, das Standardwerk des europäischen Pessimismus der zweiten Hälfte des hochbürgerlichen, des neunzehnten Jahrhunderts, das auf Wagner einerseits und auf Nietzsche anderseits so entscheidend eingewirkt hat. Die überlieferte Szene bedeutet eine wundervolle geistesgeschichtliche Konjunktur. Goethe, Schopenhauer, Wagner, Nietzsche, – da ist er, der Fixsternhimmel unserer Jugend, Deutschland und Europa auf einmal, unsere Herkunft, auf die wir stolz sind, denn alle Herkunft, alles Herkunftsbewußtsein im Geist ist aristokratisch: »Der Künstler muß eine Herkunft haben, muß wissen, woher er stammt«, hat Goethe gesagt. Es ist die große Heimatwelt, deren Zöglinge wir sind, die bürgerliche Geisteswelt, die eben als Geisteswelt zugleich eine überbürgerliche ist und durch Nietzsche, den Goetheschüler, in neue, nachbürgerliche, noch namenlose Zukunftswelten hinüber-

führt. Das Bürgerliche besitzt eine gewisse geistige Transzendenz, in der es sich selbst aufhebt und verwandelt. Goethe's Spruch: »Wo käm' die schönste Bildung her, und wenn sie nicht vom Bürger wär'...« bewährt einen größeren Sinn, als das heute so altfränkisch wirkende Wort »Bildung« fassen zu können scheint. Ich habe gefragt, und ich frage wieder: Wo sind die großen Befreiungstaten des umwälzenden Geistes denn hergekommen, »und wenn sie nicht vom Bürger gewesen wären«? Der Wille und die Berufung zur höchsten Entbürgerlichung, zum höchst gefährlichen Abenteuer des versuchenden Gedankens, das ist der Freibrief, den der Geist selbst dem bürgerlichen Menschen ausgestellt hat. Noch jener Sohn und Enkel protestantischer Pfarrhäuser, in dem die Romantik des neunzehnten Jahrhunderts sich selbst überwand und mit dessen Opfertode am Kreuz des Gedankens unsäglich Neues sich anbahnte, noch dieser Friedrich Nietzsche –, wo lagen denn seine Wurzeln als im Erdreich bürgerlicher Humanität? Und eine solche Selbstüberwindung des Bürgerlichen kraft des Geistes finden wir in Goethe's Altersroman, den ›Wanderjahren‹.

Um was es sich in diesem Buche eigentlich handelt, ist die Selbstüberwindung der individualistischen Humanität und eine seherisch kühne Abkehr von ihr zugunsten menschlicher und erzieherischer Grundsätze und Willensmeinungen, die erst unseren Tagen eigentlich angehören und erst heute vom allgemeinen Bewußtsein Besitz ergriffen haben. Es wetterleuchtet in dem Werk von Ideen, die weit abführen von allem, was man unter bürgerlicher Humanität versteht, weit ab von dem klassischen und bürgerlichen Kulturbegriff, den zu schaffen und zu prägen Goethe selbst in erster Linie behilflich gewesen war. Das Ideal privat-menschlicher Allseitigkeit wird fallengelassen und ein Zeitalter der Einseitigkeit proklamiert. Das Ungenüge am Individuum ist da, das heute herrscht: Erst sämtliche Menschen vollenden das Menschliche, der Einzelne wird Funktion, der Begriff der Gemeinschaft tritt hervor, der Kommunität; und der jesuitisch-militaristische Geist der Pädagogischen Provinz, musisch durchheitert wie er ist, läßt vom individualistischen und ›liberalen‹, vom bürgerlichen Ideal kaum etwas übrig.

Dieser träumerische und kühne Blick des greisen Goethe in eine neue, nachbürgerliche Welt hinein war ebenso merkwürdig, ebenso großartig wie die wachsende Anteilnahme des Alten an utopisch-welttechnischen Fragen, seine Begeisterung für Projekte wie den Durchstich der Landenge von Panama, wovon er mit einer Eindringlichkeit und Ausführlichkeit spricht, als sei es ihm wichtiger als all' Poesie, und das war es zuletzt in der Tat. Die hoffnungsvolle Freude am Technisch-Zivilisatorischen und Verkehrssteigernden kann nicht wundernehmen bei dem Dichter des letzten Faust, der seinen höchsten Augenblick in der Verwirklichung eines utilitaristischen Traumes, der Trockenlegung eines Sumpfes erlebt, ein eigentümlicher Affront gegen die einseitig schöngeistig-philosophische Zeitrichtung. Und so erging der alte Goethe sich mit erstaunlicher Unermüdlichkeit in der Erörterung von Möglichkeiten, den Mexikanischen Meerbusen mit dem Stillen Ozean zu verbinden, über die unberechenbaren Ergebnisse, die solch ein Werk für die ganze zivilisierte und unzivilisierte Menschheit zeitigen müsse. Er rät den Vereinigten Staaten von Amerika, die Sache in die Hand zu nehmen, und phantasiert von den blühenden Handelsstädten, die an dieser Küste des Pazifik, wo die Natur mit geräumigen Häfen schon so glücklich vorgearbeitet habe, nach und nach entstehen müßten. Er konnte dies alles kaum erwarten, dies und die Verbindung von Donau und Rhein, die freilich ein über alles Hoffen riesenhaftes Unternehmen sein würde, und etwas Drittes, ganz Großes noch: den Kanal von Suez für die Engländer: »Dies alles noch zu sehen«, ruft er, »würde es wohl lohnen, auf Erden noch etliche fünfzig Jahre auszuhalten!« So ließ er sein Auge hingehen über die Erde; es haftete nicht an seinem eigenen Lande; seine Zukunftsfreudigkeit war umfassend, sie brauchte den Raum der ganzen Welt, und die Lebenserhöhung, das Glück oder Wehe fremden Volkes ging ihm nahe wie das Schicksal des eigenen. Es war der Liebesimperialismus eines sehr hochgestiegenen Geistes, der die Freiheit namentlich als Größe kannte und dessen Verkündigung der »Weltliteratur« aus dieser selben Verfassung kam.

Im technisch-rationalen Utopismus geht das Bürgerliche in Weltgemeinschaftlichkeit, es geht, wenn man das Wort allgemein genug und undogmatisch verstehen will, ins Kommunistische über. Sie ist nüchtern, diese Begeisterung. Aber was heute not tut, ist die große Ernüchterung einer Welt, die an verdumpften und das Leben hindernden Seelentümern zugrunde geht. Wer war es, der gesagt hat, man müßte den Deutschen verbieten, in dreißig Jahren das Wort Gemüt auszusprechen? Der Bürger ist verloren und geht des Anschlusses an die neu heraufkommende Welt verlustig, wenn er es nicht über sich bringt, sich von den mörderischen Gemütlichkeiten und lebenswidrigen Ideologien zu trennen, die ihn noch beherrschen, und sich tapfer zur Zukunft zu bekennen. Die neue, die soziale Welt, die organisierte Einheits- und Planwelt, in der die Menschheit von untermenschlichen, unnotwendigen, das Ehrgefühl der Vernunft verletzenden Leiden befreit sein wird, diese Welt wird kommen, und sie wird das Werk jener großen Nüchternheit sein, zu der heute schon alle in Betracht kommenden, alle einem verrotteten und kleinbürgerlich-dumpfen Seelentum abholden Geister sich bekennen. Sie wird kommen, denn eine äußere und rationale Ordnung, die der erreichten Stufe des Menschengeistes gemäß ist, muß geschaffen sein oder sich schlimmen Falles durch gewaltsame Umwälzung hergestellt haben, damit das Seelenhafte erst wieder Lebensrecht und ein menschlich gutes Gewissen gewinnen könne. Die großen Söhne des Bürgertums, die aus ihm hinaus ins Geistige und Überbürgerliche wuchsen, sind Zeugen dafür, daß im Bürgerlichen grenzenlose Möglichkeiten liegen, Möglichkeiten unbeschränkter Selbstbefreiung und Selbstüberwindung. Die Zeit ruft das Bürgertum auf, sich dieser seiner eingeborenen Möglichkeiten zu erinnern und sich geistig und sittlich zu ihnen zu entschließen. Das Recht auf die Macht ist abhängig von dem historischen Auftrag, als dessen Träger man sich fühlt und fühlen darf. Verleugnet man ihn oder ist man ihm nicht gewachsen, so wird man verschwinden und abtreten, abdanken müssen zugunsten eines Menschentyps, der frei ist von den Voraussetzungen, Bindungen und überständigen Gemütsfesseln, die, wie man zuweilen fürchten muß, das europäische Bürgertum untauglich machen, Staat und Wirtschaft in eine neue Welt hinüberzuführen. Kein Zweifel, der Kredit, den die Geschichte der bürgerlichen Republik heute noch gewährt, dieser nachgerade kurzfristige Kredit, beruht auf dem noch aufrechterhaltenen Glauben, daß die Demokratie, was ihre zur Macht drängenden Feinde zu können vorgeben, *auch kann*, nämlich eben diese Führung ins Neue und

Zukünftige zu übernehmen. Nicht indem es sich nur festlich mit ihnen brüstet, erweist das Bürgertum sich seiner großen Söhne wert. Der größte von ihnen, Goethe, ruft ihm zu:

> Entzieht euch dem verstorbnen Zeug,
> Lebend'ges laßt uns lieben!

GOETHE'S LAUFBAHN ALS SCHRIFTSTELLER

Der 22. März 1832 war gekommen. In seinem Lehnstuhl, ein Oberbett über den Knien, den grünen Arbeitsschirm über den Augen, starb Goethe. Die Qualen und Ängste, die dem Tode oft in einigem Abstande vorangehen, waren vorüber, er litt nicht mehr, er hatte schon ausgelitten, und da man ihm auf seine Frage nach dem Datum den 22. genannt hatte, erwiderte er, so habe denn der Frühling begonnen und um so eher könne man sich erholen. Danach hob er die Hand und schrieb Zeichen in die Luft. Die Hand rückte seitwärts dabei und sank tiefer, er schrieb wirklich, zeilenweise untereinander, und sein Arm ging nieder, gewiß nicht nur, weil oben kein Platz mehr für diese Geisterschrift gewesen wäre, sondern aus Schwäche. Er lag auf dem Deckbett schließlich, und dort schrieb er weiter. Wie es schien, war es zu wiederholten Malen dasselbe, was der Sterbende unsichtbar aufzeichnete, man sah, daß er genaue Interpunktionszeichen setzte, und glaubte einen und den anderen Buchstaben zu erkennen. Dann fingen die Finger an, blau zu werden, sie kamen zum Stillstand, und als man ihm den Schirm von den Augen nahm, waren sie schon gebrochen.
Goethe starb schreibend. Er tat in letzten, verschwimmenden Träumen seines Bewußtseins, was er mit eigener Hand, in seiner schönen, klaren, reinlichen Schrift, oder diktierend sein Leben lang getan hatte: er schrieb auf, er übte diese Tätigkeit, die das Feste zu Geist zerrinnen läßt und das Geisterzeugte fest bewahrt; er bannte letztes Gedanken- und Erfahrungsleben, das ihm vielleicht als endgültige und höchst mitteilenswerte Erkenntnis erschien, obgleich es wohl nur das Produkt hinüberträumender Schwäche war, in die Runen der Schrift; er suchte bis zum Ende den Gehalt seines Busens in die formende Sphäre seines Geistes zu erheben. Er war ein Schriftsteller,

noch jetzt, wie er es in dem frühen Augenblick gewesen war, als er brieflich, im Gefühl behaglicher Ergriffenheit von seinem stärksten Trieb, seiner innersten Anlage, ausgerufen hatte: »Eigentlich bin ich zum Schriftsteller geboren. Es gewährt mir eine reinere Freude als jemals, wenn ich etwas nach meinen Gedanken gut geschrieben habe.« So wie er es gewesen war, in den abendlichen Morgenstunden, da er der heiligen Anämie seines Hauptes nach kurzem Greisenschlaf die letzten Sphärenklänge des ›Faust‹ abgewonnen – eine Handbreit Schriftsatz täglich und manchmal weniger – und mit dem »Neige, neige, du Ohnegleiche« das Ende seines Lebens an den Anfang geknüpft hatte.

Ein Schriftsteller. Es ist, meine Damen und Herren, eine recht unfruchtbare kritische Manie, zwischen Dichtertum und Schriftstellertum lehrhaft zu unterscheiden – unfruchtbar und selbst undurchführbar, weil die Grenze zwischen beidem nicht außen, zwischen den Erscheinungen, sondern im Innern der Persönlichkeit selbst verläuft und auch hier noch bis zur Unbestimmbarkeit fließend ist. Dichterische Einschläge ins Schriftstellerische, schriftstellerische ins Dichterische gibt es so viele, daß die Sonderung zum wirklichkeitswidrigen Eigensinn wird, nur aus dem Wunsche geboren, dem Unbewußten, Vorgeistigen, dem, was man als das eigentlich Geniale empfindet, auf Kosten des Verstandesmäßigen zu huldigen und diesem unter der Hand Geringschätzung zu erweisen. Der ungeheure Verstand Goethe's, den Emerson in seiner Besprechung der Helena-Episode aus dem zweiten Teil des ›Faust‹ bestaunt, ist recht darnach angetan, solche Bestrebungen zu beschämen. »Das Wunderbare«, sagt er, »ist die gewaltige Intelligenz darin. Der Verstand dieses Mannes ist ein so mächtiges Lösungsmittel, daß die vergangenen und das jetzige Zeitalter, ihre Religionen, Politiken und Denkungsarten, sich darin zu Urtypen und Ideen auflösen.«

Der durchaus unintelligente Dichter ist der Traum einer gewissen romantischen Naturvergötzung, er existiert nicht, der Begriff des Dichters selbst, der Natur und Geist in sich vereinigt, widerspricht seinem Dasein; und nie könnte verstandloses Schöpfertum sich in ein Lebensalter hinüberretten, wo die Natur nicht mehr oder nicht in dem Grade mehr wie in vermögender Jugendzeit der Hervorbringung zu Hilfe kommt und, um mit Goethe zu reden, Vorsatz und Charakter für sie eintreten müssen. Etwas ganz anderes ist es mit der Naivität, der Unmittelbarkeit, dieser unentbehrlichen Bedingung allen Schöpfertums. Aber man braucht nicht zu sagen, und Goethe ist ein wundervolles Beispiel dafür, daß reinste Naivität und mächtigster Verstand Hand in Hand gehen können.

Emerson hat Shakespeare den größten Dichter und Goethe, in dem doch aller dichterische Ruhm unseres Volkes gipfelt, dagegen den größten Schriftsteller genannt. »Wer die Geschichte recht erkannt hat«, schrieb Goethe mit sechsundsechzig Jahren, »dem wird aus tausend Beispielen klar sein, daß das Vergeistigen des Körperlichen, wie das Verkörpern des Geistigen nicht einen Augenblick geruht, sondern immer unter Propheten, Religiosen, Dichtern, Rednern, Künstlern und Kunstgenossen hin und her pulsiert hat; vor- und nachzeitig immer, gleichzeitig oft.« Gleichzeitig oft. Das ist die Bekräftigung des schriftstellerischen und dichterischen Seins auf einmal, dieses Ineinanders von Geist und Form, von Kritik und Plastik.

Nichts ist also weniger meine Absicht, als den Goethe, aus dessen jugendlichem Blutsrhythmus ewige Lebenslieder entsprangen und der im Alter Urworte, orphisch, sprach, zu trennen von dem meisterlichen Analytiker und Psychologen, dem Romanschriftsteller der ›Lehr-‹ und ›Wanderjahre‹ und des kühnsten und tiefsten Ehebruchsromans, den die moralische Kultur des Abendlandes hervorgebracht hat, der ›Wahlverwandtschaften‹. Wenn ich von Goethe, dem Schriftsteller, und seiner Laufbahn als Schriftsteller spreche, so brauche ich das Wort eben nur als die überall gebräuchliche bürgerliche Bezeichnung für die irdische Lebensform des Dichters, als den alltäglichen und gelassen sachlichen Ausdruck statt des gehobneren in seiner ernsten Schwärmerei. Goethe hat gelebt im Fleische, er war ein Mensch, ein Bürger, und er war ein Schriftsteller. Er war es von Schicksals wegen, ein unvermeidlicher und unverleugbarer Schriftsteller, und nicht nur abgefunden hat er sich mit diesem Los, sondern es geliebt und bejaht und bei allen genauen Erfahrungen, die er von den Mißlichkeiten dieses Standes gemacht hat, sich mit Lust und Freude zu ihm bekannt.

Ein wunderlicher, ein schwerer Stand, wer wollte es leugnen! Ein Los, das seinem Träger wohl gelegentlich den Namen des

Fluches und der Krankheit zu verdienen schien. »Schriftstellen ist eine unheilbare Krankheit«, schrieb der schon alte Goethe im Jahre 1820, »deswegen man wohl tut, sich auch darin zu ergeben.« Und er hat sich selbst und anderen zu bedenken gegeben, daß der Mensch eigentlich nur berufen ist, in der Gegenwart zu wirken: »Schreiben«, erklärt er antiliterarisch, »ist ein Mißbrauch der Sprache, stille für sich lesen ein trauriges Surrogat der Rede. Der Mensch wirkt alles, was er vermag, auf den Menschen durch seine Persönlichkeit.« Aber wiederholt diese Wahrheit sich denn nicht in der Sphäre des Geistigen? Goethe wußte und hat es ausgesprochen, daß es nur die Persönlichkeit und der Charakter des Autors seien, durch die ein Werk eigentlich wirke und die in die Kultur eingehen. »Man muß etwas sein, um etwas zu machen.« Das ist seine lapidare Formel für das organische Geheimnis des Werkes; und so ist dieses denn doch wohl kein trauriges Surrogat, sondern Persönlichkeitswirkung auf höherer Ebene. Und was das Lesen betrifft, so führt er Schillers rapides Wachstum von Tag zu Tag ausdrücklich auch auf seine strebende Rezeptivität, sein leidenschaftliches Lesen zurück, und man hat ein dickes Buch zusammengestellt, das die Druckwerke anführt, die er selbst aus der Weimarer Bibliothek entliehen und studiert hat. Seine Produktivität hängt in hohem Grade mit seiner Fähigkeit zu bewundern, seinem Genie des Bewunderns zusammen, wie es sich etwa im Gespräch mit Eckermann gelegentlich des großen Italieners Manzoni äußert. Diese Bewunderung ist eine Hauptstütze seines Schöpfertums. Sie ist es, die etwa bei der Berührung mit den Elegien des Properz die Lust in ihm entfacht, Ähnliches hervorzubringen. Er gesteht, daß er nicht habe lesen können, ohne diesen Antrieb zu fühlen, und er gibt allen Künstlern zu bedenken, daß der ständige Verkehr mit dem Vortrefflichen und Meisterlichen unumgänglich sei, um den Künstler auf seiner Höhe zu erhalten und ihn vor dem »Zurückschwanken« zu bewahren. Hierin drückt sich das Gefühl einer Gefährdung aus, die auch er, der Größte, gekannt hat. Es zeigt die Bescheidenheit, das ständige Streben, Lernen, Sichaneignen, ja Nachahmen, das die Furcht des Selbstverlustes nicht kennt, sondern mit einem sorglosen Vertrauen einhergeht auf die Assimilationskräfte, die gemeint sind in den Versen:

Nur wer von Allah begünstiget ist,
Der nährt sich, erzieht sich, lebendig und reich.

Goethe übt humoristische Kritik am literarischen Leben, indem er äußert: »Das ganze Schriftsteller- und Rezensentenwesen ist doch immer nur dem fabelhaften Geisterstreite gleich, wo die gebeinlosen Heroen sich zur Lust in der Mitte voneinander hauen und alle, sogleich wiederhergestellt, sich mit Vater Odin wieder zu Tische setzen.« Aber ebendiese literarische Welt, deren groteske Seite er so wenig verkannte, preist er ein andermal mit desto freudigeren Worten: »Sie hat das Eigene«, sagte er, »daß in ihr nichts zerstört wird, ohne daß etwas Neues daraus entsteht, und zwar etwas Neues derselben Art. Es bleibt in ihr dadurch ein ewiges Leben, sie ist immer Greis, Mann, Jüngling und Kind zugleich, und da, wo nicht alles, doch das meiste bei der Zerstörung auch noch erhalten wird, so kommt ihr kein anderer Zustand gleich. Das macht auch, daß alle, die rein darinne leben, eine Art von Seligkeit und Selbstgenügsamkeit genießen, von der man auswärts keinen Begriff hat.«
Es gibt wenig Autoren, die neben ihrem Werk, in den Atempausen der Produktion, ihren Beruf, das Glück gerade dieses Berufes, mit innigeren Akzenten gefeiert haben als Goethe. »Wie köstlich ist's, wenn ein herrlicher Menschengeist ausdrücken kann, was sich in ihm bespiegelt!« Das ist so ein Ruf des Dreiunddreißigjährigen; und noch erfüllter lautet das Bekenntnis, das er schon mit vierundzwanzig aufs Briefpapier wirft und das als Bestimmung des Schöpfertums zugleich eine frühe Kundgebung schriftstellerischen Furors und Ingeniums ist. »Was doch alles Schreibens Anfang und Ende ist, die Reproduktion der Welt um mich durch die innere Welt, die alles packt, verbindet, neu schafft, knetet, und in eigener Form, Manier, wieder hinstellt, das bleibt ewig Geheimnis, Gott sei Dank, das ich auch nicht offenbaren will den Gaffern und Schwätzern.« –
Die Reproduktion der Welt durch eine innere Welt, die sie in eigener Manier wieder hinstellt, ist aber, wieviel Reiz und Bezauberung von dieser Manier ausgehen möge, der Welt niemals durchaus gefällig. Es ist in ihr eine Oppositions-Stellung wirksam, die von der Existenz des Schriftstellers untrennbar ist, die Stellung des geistigen Menschen gegen ein

obstinates, dumm-schlechtes Menschenwesen, die allezeit das Schicksal des Dichter-Schriftstellers ausgemacht, seine Lebensstimmung weitgehend bestimmt hat. »Von der Vernunfthöhe herunter«, schrieb Goethe, »sieht das ganze Leben wie eine böse Krankheit und die Welt einem Tollhaus gleich.« Das ist ein rechtes Schriftsteller-Wort, ein Wort leidender Ungeduld mit der Menschenwelt, wie sich viele, mehr als man glaubt, in Goethe's Schriften finden, – Worte über »das Menschenpack« im allgemeinen und seine »lieben Deutschen« im besonderen, die typisch sind für die spezifische Reizbarkeit und Vereinsamungsneigung, die ich hier meine. Denn welche Prinzipien sind es, die die Existenz des Dichters, des Schriftstellers bestimmen? Es sind Erkenntnis und Form – beide zugleich und auf einmal. Das Besondere ist, daß dieses beides für ihn eine organische Einheit bildet, worin eines das andere bedingt, fordert, hervorbringt. Diese Einheit ist ihm Geist, Schönheit, Freiheit – alles. Wo sie fehlt, da ist Dummheit, die alltägliche Menschendummheit, die sich zugleich als Form- und als Erkenntnislosigkeit äußert, – und er weiß nicht, was ihm mehr auf die Nerven geht, das eine oder das andere.

Übers Niederträchtige
Niemand sich beklage;
Denn es ist das Mächtige,
Was man dir auch sage.

Ich wiederhole: von Äußerungen dieser Gequältheit durch das Niederträchtige und Dumme ist mehr in Goethe's Schrifttum, als man sich gern gegenwärtig hält und als zu zitieren artig wäre, – zumal wir wissen, und gerade von Goethe's Fall ablesen können, wie starke Korrekturen der Versöhnung und des Ausgleichs eben Artigkeit und Menschenfreundlichkeit hier bewirken können. Setzen wir ein anderes, ein stärkeres und wärmeres Wort für diese Freundlichkeit ein: die Liebe. Goethe hat gewußt, wie wenig Geist und Kunst ohne Liebe sind, daß sie nichts sind ohne sie und daß der Geist nicht mit der Welt leben kann und sie nicht mit ihm, wenn er der Liebe nicht hat. Sie äußert sich als Rücksicht, als Zartheit, als Güte, äußert sich in einer echt Goethischen Schonungsbereitschaft, die er bekundet in einem Gespräch mit Eckermann, wo er sagt: »Könnten Geist und hohe Bildung ein Gemeingut werden, so hätte der Dichter ein gutes Spiel; er könnte immer durchaus wahr sein und brauchte sich nicht zu scheuen, das Beste zu sagen. So aber muß er sich immer in einem gewissen Niveau halten; er hat zu bedenken, daß seine Werke in die Hände einer gemischten Welt kommen, und er hat daher Ursache, sich in acht zu nehmen, daß er der Mehrzahl guter Menschen durch eine zu große Offenheit kein Ärgernis gebe.« So spricht die Konzilianz der Liebe, die eine Nachgiebigkeit gegen das Schlichte, wenn auch niemals gegen das Schlechte ist. Wir erkennen eine solche Gutmütigkeit etwa in den Schlußworten der ›Wahlverwandtschaften‹, diesem Trostwort über das im Tode vereinte Liebespaar: »Und welch ein freundlicher Augenblick wird es sein, wenn sie dereinst wieder zusammen erwachen.« Das ist wirklich sonderbar nachgiebig, gefühlshöflich und unverbindlich schnörkelhaft gesagt; denn der Schüler des Aristoteles, mit seiner Idee eines Fortbestandes der starken Entelechie, glaubte wohl nicht an eine persönlich-fleischliche Auferstehung. Es ist eine Art von poetischer Lizenz, eine höfliche Redensart des Gemütes, versöhnlich einfältig, aber nicht eigentlich unehrlich; denn auch persönlich kann er im Alter mit feuchten Augen sagen: »Dort oben sehen wir uns alle wieder.«

Ich will aber einen Gedanken, eine Neigung und Idee nennen, die der Hauptausdruck der Liebe des Geistes zum Leben ist. Es ist der Erziehungsgedanke. Goethe war ein durchaus erzieherischer Mensch. Die beiden großen Denkmale seines Lebens, der ›Faust‹ und der ›Wilhelm Meister‹, beweisen es. Namentlich der ›Wilhelm Meister‹ zeigt, wie der autobiographische, bekennerisch-selbstbildnerische Drang sich objektiviert, sich nach außen ins Soziale, ja Staatsmännische wendet und erzieherisch wird. Drang und Berufung aber zur Erziehung stammen nicht aus eigener Harmonie, sondern aus eigener Problematik, Disharmonie, Schwierigkeit, aus der bekennenden Not mit sich selbst. Das Erziehertum des Dichter-Schriftstellers ist zu bestimmen als eine bekennende Problematik, als eine Unalltäglichkeit, die dennoch zur Repräsentativität und zum Ausdruck des menschlich Allgemeinen berufen ist. »Das ist die wahre Symbolik«, sagt Goethe, »wo das Besondere das Allgemeine repräsentiert.« Es ist genau die Symbolik des dichterischen Ich, das nur sich selbst ganz auszudrücken braucht, um dem Allgemeinen die Zunge zu lösen, – nicht aber mit der Absicht, dem Anspruch, der Allüre des allgemein Gültigen, sondern ganz nur als Ich, mit allen Reizen und Bedingtheiten des Persönlichen, dem unvorhergesehene Bedeutung zuteil wird. Die Gnade, die am Werke teilhat, ist wesentlich Bedeutung in diesem Sinn des Repräsentativen, des unwillentlichen und unwissentlichen Für-viele-Stehens, – und zwar ohne daß das innere Schicksal eigentlich dasjenige vieler, also durchschnittlich und normal wäre. Es mag und muß vielleicht sehr sonderbar, leidvoll, ja krankhaft sein. Wie ausgefallen war Rousseau's Leben, und wie sprach dennoch die Zeit aus ihm, wie befreite er durch sein Werk ihre Sehnsucht, wie bewegte er die Welt, indem er sich bekannte. Er, der gewiß kein Liebling der Götter war, hat den Götterjüngling Goethe entscheidend bestimmt. Sein ganzes Erziehertum, die Idee der Erziehung selbst, hat Goethe von ihm. Das Wort der Ottilie in den ›Wahlverwandtschaften‹: »Ich leugne es nicht: ich denke es mir als eine glückliche Bestimmung, andre auf dem gewöhnlichen Wege zu erziehen, wenn wir auf dem sonderbarsten erzogen worden«, dies Wort ist echt rousseauisch und goethisch zugleich. Der Schriftsteller, so kann man definieren, ist der Erzieher, der selbst auf dem sonderbarsten Wege erzogen worden, und immer geht die Erziehung bei ihm Hand in Hand mit dem Kampf mit sich selbst: es ist ein Ineinander des Inneren und Äußeren, ein Ringen mit dem Ich und der Welt zugleich, und ein bloßes objektives Erziehertum unter Voraussetzung der eigenen Perfektheit ist leere Schulmeisterei. Dieses Ringen aber mit dem weiteren Ich, der Nation, dies Bestehen auf einer Selbstkorrektur und Selbstbezwingung, die man selber übt, diese pädagogische Solidarität mit der Umwelt, dem Volk, eine Solidarität, die sich natürlich oft als Distanzierung, kritische Kälte und Strenge äußert, wie wir sie aus den Worten und Urteilen aller großen Deutschen, im besonderen Goethe's und Nietzsche's kennen, – wieviel mehr Verbundenheit liegt darin als in der grölenden Selbst- und Volksbestätigung der Hurrapatrioten! –

Goethe's erzieherischer und moralisierender Hang bekundet sich im besonderen in seiner Neigung zum Sentenziösen, zum moralischen und psychologischen Aperçu, das in seiner Prosa so vielfach und, in antikischer Stilisierung, auch in den klassizistischen Dramen hervortritt. Die Sentenz, die moralische und gesellschaftliche Bemerkung, bildet einen jener schriftstellerischen Einschläge ins Dichterische, die die lehrhafte Unterscheidung zwischen Dichtertum und Schriftstellertum unmöglich machen. Denn einer humanen Aufgabe wird dabei Genüge getan, einem menschlichen Auftrage, der an den Dichter in seiner Eigenschaft als Schriftsteller ergeht. Es handelt sich bei der Sentenz kaum je um eigentlich Neues und Verblüffendes. »Neue Erfindungen«, sagt Goethe, »können und werden geschehen, allein es kann nichts Neues ausgedacht werden, was auf den sittlichen Menschen Bezug hat. Es ist alles schon gedacht, gesagt worden, was wir höchstens unter anderen Formen und Ausdrücken wiedergeben können.« Die Aufgabe besteht also in der endgültigen Formung menschlicher Erkenntnisse. Die Menschheit sorgt durch den Dichter sprachlich für ihre Erfahrungen, bringt sie in ewige Sicherheit. Nirgends vielleicht so deutlich wie im dichterischen Aperçu, in der Sentenz wird die Schönheit als ein humanes Phänomen erkennbar und verehrungswürdig. »Wir haben«, schreibt Goethe, »das unabweichliche, täglich zu erneuernde, grundernstliche Bestreben, das Wort mit dem Empfundenen, Geschauten, Gedachten, Erfahrenen, Imaginierten, Vernünftigen möglichst unmittelbar zusammentreffend zu erfassen.« Es gibt vielleicht kein Wort, worin die schriftstellerische Leidenschaft, der lebensbeherrschende Trieb zu schöner Genauigkeit sich so ausdrucksvoll kundgibt; und auch die Unterscheidung zwischen kritischer und plastischer Genauigkeit legt sich hier nahe. Die letztere war Goethe's Sache und ist die des dichterischen Schriftstellers immer. Auch die Abstraktion ist bei ihm im Grunde plastisch. Es gibt eine Genauigkeit von kritischer Spitzigkeit und Schärfe; so ist die seine nicht. Sie ist vielmehr das präzise Sein der Dinge, ist plastisch. – Der Auftrag der Schönheit gilt der abstrakten Erkenntnis nicht; das eigentlich Abgezogene, rein Denkerische ist nicht mit Form verbunden und trachtet nicht darnach. Der Künstler, Dichter und Schriftsteller ist auf eine sinnliche Art der Idee der Menschenwürde verbunden, eben als Träger des Bedürfnisses, der Erfahrung die reizvoll reinste und würdigste Form zu verleihen. Seine Existenz beruht auf einer besonderen und von Gefährdung nicht freien Vereinigung von Sinnlichkeit und Würde. Priesterliche Züge finden sich bei ihm, die das menschliche Amt ihm aufgeprägt und die oft in Widerstreit stehen mögen zu jener Libertinage, die der Sinnlichkeit zugehört. Über das Durchschnittliche hinaus sind bei ihm zwei Beziehungen verstärkt: diejenige zum Geschlecht und diejenige zum Geist, und mit innerer Notwendigkeit machen diese beiden Beziehungen ihn auf irgendeine heimliche oder offene Weise zum Revolutionär, zu einer bewegenden, aufstörenden, ja untergrabenden, in die Zukunft treibenden Kraft. »In jedem Künstler«, sagt Goethe, »ist ein Zug von Verwegenheit, ohne den kein Talent denkbar ist.« Diese Verwegenheit hat ihren Ursprung in seinem besonderen Verhältnis zu den beiden Mächten, die ich nannte und die für die freie Spielart des Menschen, die man Künstler nennt, die größten Stimulantien zum Leben sind. Sie waren es auch für Goethe. »Denn das Leben ist die Liebe und des Lebens Leben Geist.« Die moralisch geschlechtliche Kühnheit, das Revolutionäre auf sinnlichem Gebiet hat nicht aufgehört, sich durch sein ganzes Werk hin bis ins späteste und höchste zu äußern; aber es äußert sich natürlich am stärksten in der Jugend, am deutlichsten vielleicht in der ›Stella‹. Man hat den Ausgang dieses Stückes, das »Wir sind dein« der beiden Frauen, gerichtet an den liebenden Mann, oft genug als absurd und grotesk für die wirkliche Vorstellung bezeichnet. Das Peinliche und Unmögliche der Situation zu dritt, wenn man sie realisiert, leuchtet ein. Und doch bleibt das menschlich Kühne und Befreiende an und für sich zu bejahen. Wenn man aber hier bejaht, weil es sich um Goethe handelt, sollte man das Verwegene dem Dichter grundsätzlich und immer vorgeben. Auch wenn es den Schein gefährlicher und subversiver Unmoral erweckt, so bleibt es im Grunde doch recht und notwendig. Wozu denn wäre ein großes Dichtergedenkfest gut, wenn es nicht dem Dichterischen überhaupt, seiner Duldung, dem Verständnis seiner besonderen Würde zugute käme?

Die erbarmend empörerische Klage, die auch eine Anklage ist, über Gretchens Los klingt durch die Jahrhunderte; aber diese Klage richtet sich freilich nicht gegen menschliche Einrichtungen. Daß es nicht seine Art war, Einrichtungen zu bekämpfen, und daß er es vorzog, »nur ein entferntes Ende der Stange leise zu berühren«, hindert nicht, daß sein Wort zu Recht besteht:

Ihr könnt mir immer ungescheut,
Wie Blüchern, Denkmal setzen;
Von Franzen hat er euch befreit,
Ich von Philister-Netzen.

Ein Befreier war er wie jeder Dichter und Schriftsteller durch die Erregung des Gefühls und durch die analytische Erweiterung des Wissens vom Menschen. Er war es auch gegen die eigene konservative Absicht. Die Wirkung der ›Wahlverwandtschaften‹ etwa war und bleibt eine ihrer gesellschaftlich-moralischen Tendenz im hohen Grade entgegengesetzte. Goethe hat sich gegen den oft erhobenen Vorwurf einer unsittlichen Wirkung seiner Werke zu wehren gehabt. »Ich habe Gretchen hinrichten und Ottilien verhungern lassen«, rief er aus, »was will man denn noch mehr!« Aber was hilft es? Die Strenge des Dichters ist nicht beim Wort zu nehmen, seine Unerbittlichkeit wird nicht beim Wort genommen. Er ist doch ein Erreger von Mitgefühl und Sympathie für das Menschliche, er ist der Liebesmacht verwandt, die großen Sünderinnen ihre Nähe nicht verweigert, und wirkt also im Philistersinn zersetzend, auch da noch, wo er nach seinem Bewußtsein bewahren will, wie Goethe in den ›Wahlverwandtschaften‹ die Ehe bewahren wollte. Man kennt Byrons Libertiner-Spott über den »alten Fuchs«, der »nicht aus seinem Bau herausgeht und von da recht anständig predigt«. Die ›Wahlverwandtschaften‹ und ›Werthers Leiden‹ nennt dieser Spott eine Persiflage der Ehe, wie sie Mephisto selbst nicht besser hätte schreiben können. Der Schluß dieser beiden Romane sei der Gipfel der Ironie. Das ist die weitgehende Äußerung eines Geistes, der in viel höherem Grade als Goethe Geschmack daran fand, die Welt vor den Kopf zu stoßen. Nicht das war es, was Goethe liebte. Aber ein Konservativer genannt zu werden, hat er sich nachdrücklich verbeten, weil das ja so verstanden werden könne, als wolle er alles, auch das Gesellschaftlich-Schlechte, erhalten. Und am weitesten war er davon entfernt, dem Renegatentyp anzugehören, von dem Sainte-Beuve sagte, daß er »vom Schriftsteller nur das Talent habe«, vom Snobismus des Ungeistes also und jener »trahison des clercs«, über welche ein kundiger Franzose kürzlich ein Buch geschrieben hat. »Man halte sich an das fortschreitende Leben!« – »Es gilt im

Grunde doch nur vorwärts!« Das sind *schlichte* Worte, keine verderbten und verdrehten, und es sind die seinen.

Goethe's Weg als Dichter, ich meine jetzt seine äußere Schriftstellerlaufbahn, weist eigentümliche Merkmale auf, es ist ihresgleichen sonst nicht leicht in der Geschichte des Geisteslebens zu finden. Sie begann mit zwei ausgreifenden, ja sensationellen Erfolgen, einem dramatischen und einem epischen, einem behaglich-nationalen und einem morbid-mondänen, dem ›Götz‹ und dem ›Werther‹. Das Wort »behaglich« als Kennzeichnung des Götz-Erfolges ist nicht meines Gepräges, es stammt von Goethe selbst, der in ›Dichtung und Wahrheit‹ die Erläuterung dieses Erfolges gibt: »Es entsteht ein eigenes allgemeines Behagen«, sagt er, »wenn man einer Nation ihre Geschichte auf eine geistreiche Weise wieder zur Erinnerung bringt; sie erfreut sich der Tugend ihrer Vorfahren und belächelt die Mängel derselben, welche sie längst überwunden zu haben glaubt. Teilnahme und Beifall kann daher einer solchen Darstellung nicht fehlen, und ich hatte mich in diesem Sinn einer vielfachen Wirkung zu erfreuen.« Es ist keine bescheidenere und zugleich treffendere Kennzeichnung der volkstümlichen Wirkung denkbar, die der ›Götz‹ erregte. Was den ›Werther‹ betrifft, so wird der ganze Reichtum der Anlagen dieses jungen Autors sichtbar in dem vollkommen abweichenden Charakter der Wirkung dieses Frühwerks. Die entnervende und zerrüttende Empfindsamkeit des kleinen Buches, die der Schrecken und Abscheu der Moralisten war, erregte einen Erfolgssturm, der alle Grenzen überschritt, und machte buchstäblich die Welt verrückt vor Sterbenswonne: sie rief einen Rausch, ein Fieber, eine über die bewohnte Erde hinlaufende Ekstase hervor und wirkte wie der Funke, der ins Pulverfaß fällt, wobei in plötzlicher Ausdehnung eine gefährliche Menge gebundener Kräfte frei wird. Eine allgemeine Bereitschaft ist vorzustellen, auf die das kleine Buch traf. Es war, als ob das Publikum aller Länder, insgeheim und ohne es zu wissen, genau auf dies Werk eines noch ganz beliebigen jungen deutschen Reichsstädters gewartet hätte, das der gebundenen Sehnsucht einer Welt auf revolutionär entbindende Weise gerecht wurde, – ein Treffer ins Schwarze, das erlösende Wort. Es gibt die Geschichte, daß ein junger Engländer, der in späteren Jahren nach Weimar kam und Goethe vorübergehen sah, auf offener Straße ohnmächtig wurde, da er sich zuviel zugemutet hatte und es über seine Kräfte ging, den Verfasser des ›Werther‹ in Person zu erblicken. Der Erfolgssturm muß für den jungen Autor verwirrend und schwer belastend gewesen sein. Die Umarmung der Welt in so jungen Jahren ist eine Gefahr, der Goethe sich gewachsen zeigte und aus der er, immer beobachtend, immer fixierend, seine Erfahrungen zog. Er zitiert einen Franzosen: »Wenn irgendein guter Kopf die Aufmerksamkeit des Publikums durch ein verdienstliches Werk auf sich gezogen hat, so tut man das möglichste, um zu verhindern, daß er jemals dergleichen wieder hervorbringe.« – »Es ist so wahr«, fügt Goethe hinzu, »irgend etwas Gutes, Geistreiches wird in stiller abgesonderter Jugend hervorgebracht, der Beifall wird erworben, aber die Unabhängigkeit verloren; man zerrt das konzentrierte Talent in die Zerstreuung, weil man denkt, man könne von seiner Person etwas abzupfen und sich zueignen.« Er lernt die rücksichtslos zudringende Welt, er lernt die Kritik kennen. Seine Beobachtungen und Feststellungen in dieser Beziehung sind von der erheiternden Prägnanz, in der keine Feder die seine je übertroffen hat. »Mit einer Eigenheit der Leser«, schreibt er in ›Dichtung und Wahrheit‹, »die uns besonders bei denen, welche ihr Urteil drucken lassen, ganz komisch auffällt, ward ich gleichfalls früh bekannt. Sie leben nämlich in dem Wahn, man werde, indem man etwas leistet, ihr Schuldner und bleibe jederzeit noch weit zurück hinter dem, was sie eigentlich wollten und wünschten, ob sie gleich kurz vorher, ehe sie unsere Arbeit gesehn, noch gar keinen Begriff hatten, daß so etwas vorhanden oder nur möglich sein könnte.« Nie sind lustig zutreffendere Worte gefunden worden für das Verhältnis des Künstlers, der sich der Neuheit und Ursprünglichkeit seiner Hervorbringung bewußt ist, zur nachhinkenden Kritik; und wer hätte denn auch mehr Recht auf diesen Spott gehabt als er, von dem jedes neue Werk auf die Empfänglichen als köstliche Sensation, als eine wundervolle Überraschung wirkte, als etwas Ungeahntes, von dem bis zu seinem plötzlichen lebensvollen Vorhandensein sich niemand etwas hatte träumen lassen.

»Jeden Morgen«, seufzte Emile Zola, »hat man seine Kröte

zu schlucken!« Auch Goethe hatte seine Kröten zu schlucken gehabt, nicht nur in der Jugend, sondern bis in seine hohen Tage hinein, und die Schnödigkeit dessen, was noch über den geistig weltbeherrschenden Greis hat gesagt werden können und dürfen, mutet heute unwahrscheinlich an, ist aber belegbar. Er hat es in starrer Haltung hingenommen, aber nicht überhört. In sich beruhend und im Bewußtsein der Notwendigkeit seines Seins und Tuns sagt der Vierundvierzigjährige in einem Brief: »Wir können nichts machen, als was wir machen, und der Beifall ist eine Gabe des Himmels.« Das ist der Fatalismus desjenigen, der sich darlebt und es darauf ankommen lassen muß, was die Welt mit seinem Leben wird anzufangen wissen. Im Grunde ist es Bescheidenheit, die sein Verhältnis zu seinem Werk, ich meine dem einzelnen Werk, der einzelnen Station und produktiven Episode seines Lebens, bestimmt. »Denn wer liefert auch lauter Meisterwerke?« fragt er, und Improvisationen wie den ›Clavigo‹ gibt er gewissermaßen preis mit dem Wort: »Muß ja doch nicht immer alles über alle Begriffe sein!« Er macht die Kritik darauf aufmerksam, und gerade er hat das höchste Recht und die höchste Veranlassung, darauf zu bestehen, daß es auf das einzelne Werk nicht ankommt und daß man nicht gut tut, den Künstler auf ein einzelnes, das gerade neueste, festzulegen, als sei er nun eben dies und nichts anderes. »Es ist ja«, sagt er noch als älterer Mann, »bei einem fortschreitenden Tun und Handeln nicht die Frage, was einzeln lobens- und tadelnswert, bedeutend oder unbedeutend sei, sondern was im ganzen für eine Richtung genommen worden und was daraus zuletzt für das Individuum selbst, für seine nächsten Zeitgenossen irgend für ein Resultat sich ergeben und was daher für die Zukunft zu hoffen sei.« Er ist also willig, das einzelne beanstanden zu lassen, besonders, da er es jederzeit nach der Vollendung als etwas Abgetanes, als eine überschrittene Stufe empfunden und betrachtet hat.

›Die Feinde, sie bedrohen dich,
Das mehrt von Tag zu Tage sich;
Wie dir doch gar nicht graut!‹
Das seh' ich alles unbewegt:
Sie zerren an der Schlangenhaut,
Die jüngst ich abgelegt.

Und ist die nächste reif genug,
Ab streif' ich die sogleich
Und wandle neubelebt und jung
Im frischen Götterreich.

Und doch ist er weich, ist er Künstler genug, des Beifalls zu bedürfen, das Lob begierig aufzusaugen. Schon den Fünfundzwanzigjährigen fanden kritische Beobachter »nicht männlich gegen Beifall und gegen Leiden«; und solche, die ihm später nahestanden, hielten sich, wie Caroline von Wolzogen, wohl auf über seine Empfänglichkeit für Lob und daß diese Schwachheit mit dem Alter, wo sie sich abstreifen sollte, nur noch zunehme. Er ist sehr groß, aber er ist wie wir alle. Trotz seiner gewaltigen Gabe der Bewunderung kennt er die Eifersucht und stellt im ›West-östlichen Divan‹ die charakteristische Künstlerfrage: »Lebt man denn, wenn andre leben?« – »Da kam nun leider«, erzählt Boisserée von dem Zweiundsechzigjährigen, »eine schwache Seite zum Vorschein, gemischter Neid und Stolz des furchtsamen Alters.« Es geschieht im Gespräch über die Romantiker, die Schlegel und Novalis, daß er sich diese Blöße gibt, Verletzlichkeit und eine ungroße Gereiztheit offen an den Tag legt über die Kritik des Novalis an seiner Prosa, das Stillschweigen August Wilhelm von Schlegels über die ›Natürliche Tochter‹ und so fort. Besonders die ›Natürliche Tochter‹ ist ein wunder Punkt: das taktlose Witzwort Herders über dieses Stück: »Dein natürlicher Sohn ist mir lieber« bricht der alten Freundschaft das Genick, und es wäre schwer zu sagen, ob die Empfindlichkeit sich mehr auf die inkorrekten Familienverhältnisse am Frauenplan oder auf das problematische Kunstwerk bezog. Eine Dame des Kreises weiß zu berichten, daß er über die ›Wahlverwandtschaften‹ zur Zeit ihrer Beendigung recht kleinlaut gedacht habe, daß er sich aber von den Lobsprüchen, die das Werk hervorrief, rasch zu der Überzeugung oder, sagen wir, der Erkenntnis habe bestimmen lassen, daß er ein epochales Meisterwerk vorgelegt habe. »Die Welt tut ihr Möglichstes, uns gegen Lob und Tadel gleichgültig zu machen; aber es gelingt ihr denn doch nicht, und wir kehren, wenn wir günstige und zugleich im ganzen mit unseren Überzeugungen zusammentreffende Urteile vernehmen, immer gar zu gern aus unserer Resignation zum Genuß zurück.« Sein

Vertrauen zu dem Instinkt des Publikums ist im ganzen größer als das zur bestallten Kritik, deren guter oder böser Wille gegen die Person eine übergroße Rolle spiele und aus der fast immer die Fratze des Parteigeistes hervorblicke. »Was würde aus einem Autor werden«, ruft er, »wenn er nicht an die einzelnen hier und da verstreuten Menschen von Sinn glaubte!« Und er fügt ein andermal hinzu, es bleibe immer gewiß, daß dieses so geehrte und verachtete Publikum sich über das Einzelne fast immer betrüge, über das Ganze fast nie. Wie nur je sonst bewährt sich ein beglückend treffendes und blutvolles Wort in Hinsicht auf Kritik und Publikum. Es sind Kern- und Trostworte, die er jedem Künstler auch hierüber zu sagen weiß, in Prosa und im Vers. Das Bewußtsein des Künstlers, ein Sein zu bieten, das bei aller möglichen Tadelhaftigkeit schwerer wiegt als das urteilende Nichts, ist niemals stärker und schlagender ausgesprochen worden als in den Versen:

Ihr schmähet meine Dichtung;
Was habt *ihr* denn getan?
Wahrhaftig, die Vernichtung,
Verneinend fängt sie an;
Doch ihren scharfen Besen
Strengt sie vergebens an:
Ihr seid gar nicht gewesen!
Wo träfe sie euch an.

Und die letzte gelassen stolze Resignation dessen, der nun einmal in der Leute Mund ist, des Besprochenen, Beurteilten, Beschrienen, Beschimpften, faßt er in die Worte zusammen:

Sollen dich die Dohlen nicht umschrei'n,
Mußt nicht Knopf auf dem Kirchturm sein.

Die Laufbahn Goethe's nun also weist die besondere und sonst kaum wiederkehrende Eigenheit auf, daß nach den beiden außerordentlichen Anfangserfolgen die Figur des jungen Autors verblaßt, zurücktritt und verschwindet. Es handelt sich um das Jahrzehnt nach seinem Eintritt in den weimarischen Staatsdienst, diese zehn Mannesjahre, die er, um seinen eigenen Ausdruck zu gebrauchen, »ernsten Dingen opferte«. Diese Erscheinung des Vergessenwerdens und des literarischen Verstorbenseins eines eben noch von solchem Erfolgstumult umtosten Schriftstellers ist seltsam und hat nicht verfehlt, bei den Feinden des Werther-Dichters Genugtuung hervorzurufen. Ein damaliger Literaturhistoriker freut sich, daß »nach und nach der überschreiende Ruhm, welchen die trunkenen Bewunderer Goethe zugejauchzt haben, verhallet«. Es schien vorbei mit dem Phänomen Goethe, man hatte eine Sternschnuppe aufglänzen sehen, hatte »Ah!« gesagt, und alles war vorüber. Auch hat Goethe eine Popularität wie die seiner Anfänge nie wieder gewonnen, einen Erfolg von volkstümlicher Wärme wie denjenigen des ›Götz‹ allenfalls und vorübergehend noch einmal mit ›Hermann und Dorothea‹, aber sonst nie wieder erlebt. Er ist im Grunde nicht auf Popularität oder, wie er selbst sagt, auf das »Popularische«, das dem Volke Schmeichelnde, angelegt. Er findet keinen Geschmack daran, und ich habe mir die kleine Geschichte gemerkt, wie im Jahre 1828 Tiroler Volkssänger in seinem Weimarer Haus gastieren und mit ihren Liedern und Gejodel die Räume erfüllen. Es gefiel den jungen Leuten sehr. Ulrike und Eckermann waren besonders begeistert von »Du, du liegst mir im Herzen«. Aber Goethe selbst erschien, nach demselben Bericht, keineswegs so entzückt wie die anderen. »Wie Kirschen und Beeren behagen«, sagte er achselzuckend, »muß man Kinder und Sperlinge fragen.« Das ist nicht mürrische Zufallslaune, es ist aristokratisch-humanistische Ablehnung. Man erinnert sich der Traurigkeit des guten Eckermann, als Goethe ihm erklärte, seine Sachen könnten nicht populär werden. Er sagt es trotz dem ersten Teil des ›Faust‹, dessen Volkstümlichkeit eine höchste, geforderte, ideale ist, nicht eine so praktische wie die Popularität mehr als eines Stückes von Schiller. Das Paradoxon besteht, daß die mächtige und kernige, die lutherische Deutschheit Goethe's bei weitem nicht für die Popularität geschaffen war wie das künstlerische Halbfranzosentum seines Freundes. Goethe behauptet zwar, daß Schiller weit mehr Aristokrat gewesen sei als er; das mag zutreffen, aber Goethe's Aristokratentum, das künstlerischer Art war und in der Intimität und Innerlichkeit seiner Absichten und Aufgaben beruhte, war schicksalsmäßig ausschlaggebender. Er kannte eine Ironie gegen die populäre Wirkung, die dem großen Demagogen Schiller durchaus fremd war. Er weiß, wie man das Publikum nasführt. »Den

rohen Teil«, sagt er, »hat man durch Abwechslung und Übertreiben, den gebildeten durch eine Art Honnetetät zum besten.« Von dieser Honnetetät ist etwas in dem hohen Lied deutscher Mitte und Bürgerlichkeit, in ›Hermann und Dorothea‹, womit er es noch einmal traf und jenes vaterländische Behagen erzeugte, über das er selbst sich merkwürdigerweise ein wenig lustig macht. Er komme sich vor, schreibt er in einem ausgelassenen Brief an Schiller, wie ein glücklicher Taschenspieler, der die Karten gut gemischt hätte: »So wie jeder, der das Publikum zum besten haben mag, indem er mit dem Strome schwimmt, auf Glück rechnen kann.« Und er erwägt in seinem Übermut, aus dem ironischen Vergnügen an der Übereinstimmung mit dem Publikum, ob man nicht auf diesem Wege ein Stück schreiben könne, das auf allen Bühnen gespielt werden müßte und das jedermann für vortrefflich erklärte, ohne daß es der Autor selbst dafür zu halten brauchte, – eine Phantasie, mit der er bei dem hochspekulativen Schiller gewiß auf viel Verständnis gestoßen ist. Im Ernst aber ist das Human-Deutsche, das Bürgerliche, das er in ›Hermann und Dorothea‹ erhebt und verklärt, seine wirklich volkstümliche Möglichkeit, sein Zugang zum Deutschtum, das ihn in Reinkultur, als Tendenz, als ethnischer Kultus, abstößt. Das heißt: sein pädagogischer Wille ist dagegen gerichtet, in Wahrheit umfaßt seine gewaltige Natur beides, das Deutsche und das Mediterran-Klassische, das Volkhafte und das Europäische; und diese Vereinigung ist im Wesen dieselbe, wie die Vereinigung des Geniehaften und Vernunftvollen in ihm, des Geheimnisses und der Klarheit, des Tiefenlautes und des geschliffenen Wortes, der Lyrik und des Psychologentums. Er ist der Größte, weil er Dämonie und Urbanität auf das glückhafteste, auf eine vielleicht sonst nie gesehene Weise in sich vereinigt, und es ist ebendiese Synthese von Dämonie und Urbanität, die ihn zum Liebling der Menschheit gemacht hat.
Noch einmal aber: seine bewußte Tendenz, sein volkserzieherischer Wille richtet sich gegen das Nichts-als-Volkhafte, und sehr ähnlich wie Nietzsche, der hierin vollkommen sein Schüler ist, betrachtet er das Ethnisch-Barbarische als einen Exotismus, der Neugier errege, aber im tiefsten nicht zu befriedigen vermöge. Sein ablehnendes Verhältnis zur Eddawelt ist ein Beispiel dafür. Zu Eckermann sagt er: »Es ist in

der altdeutschen düsteren Zeit ebensowenig für uns zu holen, als wir aus den serbischen Liedern und ähnlichen barbarischen Volkspoesien gewonnen haben. Man liest es und interessiert sich wohl eine Zeitlang dafür, aber bloß um es abzutun und sodann hinter sich liegen zu lassen. Der Mensch wird überhaupt genug durch seine Leidenschaften und Schicksale verdüstert, als daß er nötig hätte, dieses noch durch die Dunkelheiten einer barbarischen Vorzeit zu tun. Er bedarf der Klarheit und der Aufheiterung, und es tut ihm not, daß er sich zu solchen Kunst- und Literaturepochen wende, in denen vorzügliche Menschen zu vollendeter Bildung gelangten, so daß es ihnen selber wohl war und sie die Seligkeit ihrer Kultur wieder auf andere auszugießen imstande sind.« Er sucht die traulichen Besonderheiten wegzuleugnen, die man gerade dem deutschen Kunstaltertum vorbehalten glaubt: »Das trocken Naive«, sagt er, »das steif Wackere, das ängstlich Rechtliche, und womit man ältere deutsche Kunst charakterisieren mag, gehört zu jeder früheren einfacheren Kunstweise. Die alten Venezianer, Florentiner und so weiter haben das alles auch. Und wir Deutschen sollten uns dann nur für original halten, wenn wir uns nicht über die Anfänge erheben?«

Es ist lohnend, sich diesen letzten Ausspruch noch unter einem anderen Gesichtspunkt anzusehen als unter dem kulturpolitischen, ich meine den sprachlich-stilistischen Gesichtspunkt. In seinen psychologisch-charakterisierenden Wortverbindungen erkennt man deutlich die Schule, in die Nietzsche gegangen ist, dessen Prosa in der Tat in ganz verwandter Weise auf derjenigen Goethe's fußt, wie die Prosa Goethe's – und namentlich des jungen Goethe – auf derjenigen Luthers. Lassen Sie mich eine Probe geben. »Es bleibt ewig wahr«, schreibt Goethe in einem Brief 1776, »sich zu beschränken, einen Gegenstand, wenige Gegenstände, recht bedürfen, so auch recht lieben, an ihnen hängen, sie auf alle Seiten wenden, mit ihnen vereinigt werden, das macht den Dichter, den Künstler – den Menschen.« – »Recht bedürfen, so auch recht lieben«, das ist echt lutherischer Tonfall, ein deutliches Symptom von Goethe's intensiver jugendlicher Bibellektüre; es ist der Lutherstil, mit dem sich die Derbheit des Sturmes und Dranges vermischte, diese Derbheit, die durch das lutherisch-biblische Element veredelt und gehoben, wenn ich so sagen darf: entburscht wird. Man weiß, daß Goethe's dichterisches Interesse für Luthers Bibel sich bis in seine späten Tage erhalten hat. Er hat die eigene Sprachkunst mit der ihren verglichen und hat erklärt, nur das Zarte darin hätte er allenfalls besser zu machen sich getraut. Die musische Verfeinerung, die das Sprachliche in ihm gegen die Bäuerlichkeit Luthers erfährt, ist ein großes schöpferisches Faktum unserer Geistesgeschichte, aber im hohen Grade ist das Lutherisch-Derbe bei Goethe konserviert. »Ohne Wein und ohne Weiber hol der Teufel unsre Leiber!« – Die Linie wird fortgesetzt durch den völlig underben und unbiederen Nietzsche, den Luthers Robustheit abstößt, der aber im ›Zarathustra‹ virtuos den Bibelstil parodiert. Die Lehrer-Schüler-Beziehung zwischen Goethe und Nietzsche ist so deutlich wie die zwischen Goethe und Luther. »Kantilene: Die Fülle der Liebe und jedes leidenschaftlichen Glückes verewigend.« Das ist doch Nietzsche? Nein, es ist von Goethe. Sehr häufige Anklänge an Goethische Sprachgewohnheiten finden sich bei Nietzsche, wie, um ein kleines Beispiel zu nennen, die charakteristische Einschiebung von »wie billig« im Sinn von »wie es nicht mehr als recht und billig ist«. Im ganzen: Man kann Nietzsche's, ja schon Heine's Verhältnis als Psychologen und Stilisten zu Goethe ähnlich sehen wie das Goethe's zu Luther, – und an der fortschreitenden Verfeinerung des Deutschtums sich freuen oder sie als Verderbnis beklagen. –

Lassen Sie mich zurückkommen. Es dauerte lange, bis Goethe's geistige Gestalt wieder sichtbar im Leben der Zeit hervortrat, sehr lange, bis sie zu einer beherrschenden Gestalt wurde. Die wissende Hoffnung seiner Jugend, daß »diese Stangen einst noch Frucht und Schatten geben« würden, brauchte Zeit zu ihrer Verwirklichung. Goethe brauchte viel Zeit für alles. Seine Langsamkeit, das tief Zögernde seiner Natur ist merkwürdigerweise erst in unseren Tagen recht erkannt und verstanden worden. Sein Leben war auf Dauer angelegt. Es ist von dem organischen Instinkt beherrscht, sich Zeit lassen zu können, und trägt sogar Züge von Indolenz und willenloser Schlenderei. Sein ungeheures, pflanzenhaft wachsendes Werk, die gewaltige Spur seines Lebens, ist nie mehr, wie zu Anfang, von der Begeisterung der Menge begleitet. Die Kühle der deutschen Öffentlichkeit, erzeugt durch die klassizistische Wendung, die Goethe's Kunstrichtung mit der ›Iphigenie‹ und dem ›Tasso‹ nahm, war vollkommen. Denn der zauberhafte und fast pikante Kontrast zwischen der klassischen Form und der dichterischen Intimität und Gewagtheit des Geformten wurde nicht empfunden. An keinem Dichter der Welt vielleicht ist das persönliche Geheimnis der Konzeption, der geheime Reiz, der zu einer Produktion treibt, glücklicher zu studieren als bei Goethe. Es gibt ein schönes, unheimliches Wort des französischen Malers Degas: »Ein Bild muß mit demselben Gefühl gemacht werden, mit dem ein Verbrecher seine Tat ausführt.« Dies ist das köstlich-schlimme Geheimnis, von dem ich hier spreche. »Es war ganz gegen meine Natur«, bekennt Goethe, »über das, was ich von poetischen Plänen vorhatte, mit irgend jemand zu reden. Ich trug alles still mit mir herum, und niemand erfuhr in der Regel etwas, als bis es vollendet war.« Von der wunderbaren Geschichte, die schließlich einfach den Titel ›Novelle‹ erhielt und die er dreißig Jahre mit sich herumgetragen hat, erzählt er, daß Schiller und Humboldt ihm davon abgeraten hätten, weil sie überhaupt nicht begriffen, was er damit anzufangen gedächte. »Nur der Dichter«, fügt er hinzu, »allein weiß, welche Reize er seinem Gegenstande zu geben fähig ist. Man soll daher nie jemanden fragen, wenn man etwas schreiben will.« Dieser geheime produktive Reiz ist in Fällen, wo das Werk Fragment geblieben, wie im Fall der ›Achilleis‹, gar nicht feststellbar, und niemand würde darauf verfallen. Betrachtet man das Renaissance-Relief, das der vorliegende Gesang darstellt, so würde man nicht vermuten, was Goethe eigentlich zu diesem homerisch-archaisierenden Unternehmen getrieben hat. Er verriet es eines Tages. Die Pointe, die Idee des Ganzen sollte sein: Achill weiß, daß er sterben muß, verliebt sich aber in Polyxena und vergißt sein Schicksal rein darüber nach der Tollheit seiner Natur. Hier haben wir also den Reiz, durch den Goethe an diesem entlegenen Stoff produktiv wurde, einen psychologischen Reiz, wie man sieht, – und immer war es ja das Persönliche und Intime, was Goethe produktiv machte, im Gegensatz zu der großartig-spekulativen, von außen ins Stoffliche greifenden Art seines Antipoden Schiller. Nichts ist charakteristischer, als daß Goethe vorübergehend geplant hat, aus der ›Achilleis‹ einen Roman zu machen, psychologische Prosa also statt der Hexameter. Und einen anderen Roman plante er, dessen Nichtausführung einen ewigen Verlust für die Geschichte dieser Kunstform bedeutet: ›Der Egoist‹, ein Werk, ein Traum, von dem nichts übriggeblieben ist als ein Aphorismus. Der Sinn war, berichtet Riemer, daß »die Meisterschaft oft für Egoismus gilt«. Da haben Sie wieder die höchst persönliche Intimität des Produktionsreizes. Egoismus, das war ja der Vorwurf, dem sich auszusetzen eine Natur wie Goethe immer Gefahr lief und von dem er nur zu gut wußte, daß er immer wieder gegen ihn erhoben wurde. Nie zuvor waren diese beiden Begriffe zusammengezogen, zusammengebogen worden, war gesehen worden, daß Meisterschaft menschlich als Egoismus wirken kann, und unsere ganze schmerzliche Neugier wird wach, wenn wir uns vorstellen, was für einen Roman Goethe aus dieser tief persönlichen seelischen Erfahrung entwikkelt hätte. –

»Wie haben sich die Deutschen nicht gebärdet, um dasjenige abzuwehren, was ich allenfalls geleistet!« So steht es in den Sprüchen. Aber wir dürfen uns erinnern, daß alles Künstlertum empfänglicher und empfindlicher für seine Verneinung als für seine Bejahung ist und daß Goethe hingebungsvolle Liebe empfangen hat auch bei seinen Lebzeiten, wenn diese Liebe auch keine popularische Angelegenheit war. Der ›Wilhelm Meister‹ war ein für damalige Zeiten extensiv bedeutender und der Intensität nach außerordentlicher Roman-Erfolg, und aus der Sphäre der höchsten deutschen Bildung von damals, der romantischen Bewegung, konnte das Wort kommen: Die Französische Revolution, Fichte's Wissenschaftslehre und der ›Wilhelm Meister‹, das seien die drei großen Ereignisse der Epoche.

Unter Feindseligkeiten, geistreichen und bornierten, versteckten und offenen, und begleitet auch wieder von der unverbrüchlichen Verehrung reinster Seelen, wächst sein Leben empor, wächst seine Autorität, rein durch die Dauer dieses Lebens, durch die mit den Jahren immer zunehmende Wucht seines Daseins. Der Haß, den er zu tragen hatte, war im wesentlichen politischer Art, er hing zusammen mit Goethe's eigensinnig und kalt ablehnender Haltung gegen die beiden Haupttendenzen des Jahrhunderts, die nationale und die demokratische. Dieser Haltung gelten alle Vorwürfe

und erbitterten Klagen, die sich gegen seinen Egoismus, seinen Mangel an Volksgefühl, seine, wie Börne sagte, »ungeheuer hindernde Kraft« richten, – Beschwerden und Anklagen, die um so verzweifelter lauteten, je stärker in ihnen gleichwohl die Empfindung seiner Größe waltete. Wird aber nicht Goethe's Auffassung der Deutschen als eines unpolitischen, dem rein Menschlichen zugewandten Volkes, von allen empfangend und alle lehrend, eines Übervolkes und Weltvolkes, allezeit, auch in Zeiten mächtiger und gewaltsamer Überkompensationen und nationaler Selbstkorrekturen, ihre tiefe Berechtigung behalten?
Auf jeden Fall spricht es ehrenvoll für die Geistigkeit und Bildung des damaligen, national doch so tief erregten Deutschland, daß sich vaterländisch gesinnte Männer fanden, die den Unzeitgemäßen gegen den Vorwurf der Undeutschheit zu verteidigen wußten. Vater Jahn war es, der große Patriot, der im Jahre 1810 Goethe motu proprio für den deutschesten Dichter erklärte, unbekümmert darum, daß der Dichter sich gegen teutsche Brüderschaften so empörend ablehnend verhalten hatte. Und als es ihm 1813 beinahe gelungen war, sich in den Geruch der Vaterlandslosigkeit zu bringen, rief Varnhagen von Ense: »Goethe kein deutscher Patriot? In seiner Brust war alle Freiheit Germaniens früh versammelt und wurde hier zu unser aller nie genug erkanntem Frommen das Muster, das Beispiel, der Stamm unserer Bildung.«
Der Freiherr vom Stein und Ernst Moritz Arndt dachten und sprachen nicht anders. Und daß Goethe, trotz mangelnder Volkstümlichkeit, ein nationaler Schriftsteller war und zur ganzen Nation sprach, bildete, wie unvermeidlich, im Alter die Grundlage seines Selbstbewußtseins. Auch hatte sich danach die Lebensökonomie eines Menschen zu richten, in dem vieles weit eher auf ein privates Dasein als auf Größe angelegt war und der gezwungen war, seine Güte, sein menschliches Entgegenkommen mit Rücksicht auf höhere Ansprüche zu dosieren. »Mit Briefantworten«, erklärt er, »muß man nolens volens Bankrott machen und nur unter der Hand diesen oder jenen Kreditor befriedigen. Meine Maxime ist: wenn ich sehe, daß die Leute bloß ihretwegen an mich schreiben, etwas für ihr Individuum damit bezwecken, so geht mich das nichts an. Schreiben sie aber meinetwegen,

senden sie etwas mich Förderndes, Angehendes, dann muß ich antworten. Ihr jungen Leute wißt freilich nicht, wie kostbar die Zeit ist, sonst würdet ihr sie mehr achten.« Die Härte, mit der er oft jungen Dichtern begegnete, die sich, um mit Kleist zu reden, »auf den Knien ihres Herzens« ihm näherten und ihm ihre Verse darbrachten, ist tragikomisch. Ich will nur den armen Pfizer nennen, nicht der Schlechtesten einen, der im Jahre 1830 Goethen mit einem innigen Brief seine Gedichte sandte. Goethe antwortete: »Ihr Büchlein habe angeblättert. Da man sich aber bei eindringender Cholera vor störenden Unpotenzen hüten muß, so legt' ich's bei Seite.« Man fragt sich, ob er sich die katastrophale Bedeutung solcher Antwort für den Betroffenen bewußt machte. Aber er hatte viel abzuwehren, und man muß seinen Ärger begreifen, wenn Leute, die sich für seine Schüler erklärten, ihm dummes Zeug zusandten.

Deine Werke zu höchster Belehrung
Studier' ich bei Tag und Nacht;
Drum hab' ich in tiefster Verehrung
Dir ganz was Absurdes gebracht.

Er weiß wohl, daß Genie in einem gewissen Grade Glückssache ist und daß es wichtig ist, im rechten Augenblick zu kommen. »Als ich achtzehn war«, sagt er, »war Deutschland auch erst achtzehn, man konnte damals etwas leisten. Ich bin froh, daß ich damals angefangen habe und nicht heute, wo die Ansprüche so ungeheuer gewachsen sind.« Aber er hat recht, wenn er den jungen Leuten begreiflich zu machen sucht, daß der Welt nur mit dem Außerordentlichen gedient und daß es kein Verdienst ist, sich bloß eines Niveaus zu bedienen, das andere gestiftet haben. »Das ganze Unheil entsteht daher«, sagt er, »daß die poetische Kultur in Deutschland sich so sehr verbreitet hat, daß niemand mehr einen schlechten Vers macht. Die jungen Dichter, die mir ihre Werke senden, sind nicht geringer als ihre Vorgänger, und da sie nun jene so hoch gepriesen sehen, so begreifen sie nicht, warum man sie nicht auch preist. Und doch darf man zu ihrer Aufmunterung nichts tun, eben weil es solcher Talente jetzt zu Hunderten gibt und man das Überflüssige nicht befördern soll.«
Kein Zweifel, daß die notwendige Unerbittlichkeit ihm er-

leichtert wurde durch die Mißbilligung, mit der er das Lebensgebaren der neuen deutschen Jugend überhaupt beobachtete. Goethe hat im tiefsten die Liebe und Güte seiner Natur nie eingebüßt, und wir haben sein Bekenntnis, daß er die Jugend herzlich liebe und sich selbst, da er noch jung gewesen, auch viel lieber gehabt habe als jetzt. Aber die Äußerung steht mitten zwischen vielen anderen, die seine Ungeduld mit dem neuen Geschlecht, seinen Unglauben an dieses nicht verhehlen. »Wenn man sieht«, schreibt er 1812, »wie die Welt überhaupt und besonders die junge, nicht allein ihren Lüsten und Leidenschaften hingegeben ist, sondern wie zugleich das Höhere und Bessere an ihnen durch die ernsten Torheiten der Zeit verschoben und verfratzt wird, so daß ihnen alles, was zur Seligkeit führen sollte, zur Verdammnis wird, unsäglichen äußern Drang nicht gerechnet, so wundert man sich nicht über Untaten, durch welche der Mensch gegen sich selbst und andere wütet.« – »Der unglaubliche Dünkel«, heißt es ein andermal, »in den die jungen Leute hineinwachsen, wird sich in einigen Jahren zu den größten Narrheiten manifestieren.« – »Das junge Volk hört nicht mehr. Zum Hören gehört freilich auch eine besondere Bildung«, heißt es ein Jahr vor seinem Tode, und all dies mündet aus in das hoffnungslose Wort, das nicht mehr allein die Jugend, sondern die ganze Zeit treffen soll: »Diesem düsteren Geschlecht ist nicht zu helfen.« Ist es wirklich sein letztes Wort? – Die Sympathie des greisen Lebensfreundes ist nie erstorben, seine Hoffnung auch nicht. »Das Alte ist vergangen«, sagt er, »und das Neue ist noch nicht worden. Doch regt sich so manches, das in einigen Jahren wohl erfreulich werden könnte.«

Die Vereinsamung und Vereisung seines Alters ist eine Erscheinung, die nicht weniger ans Herz greift, weil sie gesetzmäßig ist.

> Ich bin euch sämtlichen zur Last,
> Einigen auch sogar verhaßt.

Er weiß es wohl und wiederholt es im ›Divan‹:

> Sie lassen mich alle grüßen
> Und hassen mich bis in Tod.

Man will Äußerungen von ihm kennen, die bekundeten, daß er mit der Möglichkeit rechnete, ermordet zu werden. War das nur der Ausdruck jener Tasso-Hypochondrie, die zu den bekenntnishaften Zügen der Figur gehört? War es so undenkbar, daß irgend einem verwirrten Studenten, der in Goethe's starrer Autorität das Hindernis der politischen Auferstehung Deutschlands erblickte, das Gräßliche beikam? – Es ist der mildeste Ausdruck seiner Entfernung von Zeit und Welt, wenn er gesteht: »Warum sollte ich mir nicht sagen, daß ich immer mehr zu den Menschen gehöre, *in* denen man gerne leben mag, *mit* denen zu leben aber nicht erfreulich ist.« Nicht als ob darum sein Leben ungestört wäre; Neugier und Bewunderung drängt aus allen Gegenden herzu. Wahre Anhänglichkeit ist aber nur bei ein paar liebend-unterwürfigen Freunden, die ihn alltäglich umgeben; sonst lebt er im Weiten, in der Welt, bezieht seine Genugtuungen hauptsächlich aus dem Auslande. Zu Hause wirkt er eigentlich wie ein ruhmreiches Petrefakt, das in seinen Mauern zu haben wohl ehrenvoll, aber auch ziemlich belastend ist. Überlebende, die ihn noch gesehen, gekannt, erzählten nachgeborenen Fragern wohl von einem »bösen alten Mann«. Es ist die Bösheit des mächtigen Alters, das Schicksal greiser Größe, der immer etwas das Leben Bedrückendes anhaftet. Man erinnert sich des Erleichterungsgefühls beim Tode Friedrichs des Großen. Man denkt an Napoleon, der einen Marschall fragte, was seiner Meinung nach die Welt wohl dereinst bei seinem Tode sagen werde; und, da der Befragte sich in weihevollen Klagen erging, die die Menschheit in diesem Falle erheben werde, ihm das Wort abschnitt: »Alles Unsinn! Sie werden ›Ouf!‹ sagen.«

Goethe wußte, daß, laut oder leise, auch bei seinem Tode dieses »Ouf« erklingen werde: er fühlte sich als ein Vorkommnis jener Größe, die die Erde ebensosehr bedrückt, wie sie sie beglückt. Er verkörperte sie in der mildesten, friedlichsten Gestalt, die sie annehmen kann: in der des großen Dichters. Aber auch in dieser noch ist sie den Mitlebenden nicht bequem und erregt neben Liebe und Staunen Verwirrung und Abscheu.

Hier sollte von dieser Größe nicht die Rede sein, nicht von dem in der Verewigung über Menschenmaß Emporgewachsenen, dessen Liebschaften die Schulknaben auswendig lernen wie diejenigen des Zeus. Es ging um Zivileres und Realeres, um ein Schriftstellerleben, in dem wir Heutigen, die wir nichts sind als wärmeleitende Medien zwischen der Größe und dieser Zeit, unser Wesentlichstes wiedererkennen mögen und das den Blick der Erfahrung, der Freundschaft duldet. Und ich brauche nur wieder in die Welt seines eigenen Wortes zu greifen, um den versöhnlichen Ausklang zu finden, – ein Briefwort, das jeder zum Troste sich wiederholen mag, der sein zum Ausdruck berufenes Leben öffentlich durchkämpft: »Es ist der Mühe wert, lange zu leben und die mancherlei Pein zu ertragen, die ein unerforschlich waltendes Geschick in unsere Tage mischt, wenn wir zuletzt über uns selbst durch andere aufgeklärt werden und das Problem unseres Strebens und Irrens sich in der Klarheit der Wirkungen auflöst, die wir hervorgebracht haben.«

GOETHE UND TOLSTOI

Fragmente zum Problem der Humanität

Stötzer

In Weimar lebte noch zu Anfang unseres Jahrhunderts ein Mann, Julius Stötzer mit Namen und Lehrer seines Zeichens, der, als er noch ein Schüler, ein Gymnasiast von sechzehn Jahren war, mit Dr. Eckermann unter demselben Dache wohnte, nur wenige Schritte vom Hause Goethe's. An der Seite eines Schulkameraden, der mit ihm logierte, erhaschte Stötzer manchmal mit Herzklopfen einen Schimmer und Schatten von der Gestalt des Greises, wenn dieser an seinem Fenster saß. Aber beseelt von dem Wunsche, ihn einmal recht aus der Nähe und ganz genau zu sehen, wandten sich die Jungen an ihren Hausgenossen, den Famulus, und baten ihn sehr, ihnen eine solche Gunst doch irgendwie zu verschaffen. Eckermann war freundlich von Natur; er ließ die Knaben an einem Sommertage durch eine Hintertür in den Garten des berühmten Hauses ein, und da standen sie nun in ihrer Beklommenheit und warteten auf Goethe, der denn auch zu ihrem Schrecken wirklich daherkam: in einem hellen Hausrock – es wird wohl der Flanell-Schlafrock gewesen sein, von dem wir wissen – erging er sich hier um diese Stunde, und da er der Jünglinge ansichtig wurde, schritt er auf sie zu, blieb, nach Eau de Cologne duftend, natürlich die Hände auf dem Rücken, mit vorgeschobenem Unterleib und jener Miene eines Reichsstadt-Syndikus, hinter der er, wie glaubwürdig bezeugt ist, Verlegenheit verbarg, vor ihnen stehen und fragte sie nach Namen und Begehr – wahrscheinlich nach beidem zugleich, was, wenn es so geschah, wiederum sehr streng wirkte und kaum zu beantworten war. Da sie denn etwas gestammelt hatten, empfahl ihnen der Alte, fleißig in ihren Studien zu sein, was sie sich dahin übersetzen mochten: rätlicher, als hier Maulaffen feilzuhalten, sei es für sie, sich hinter ihre Schulaufgaben zu setzen – und ging weiter.

So lief das ab – es war im Jahre 1828. – Dreiunddreißig Jahre später, eines Mittags um ein Uhr, wollte Stötzer, der unterdessen ein tüchtiger, seinem Berufe in Liebe ergebener Mittelschullehrer geworden war, eben den Unterricht in der zweiten Klasse beginnen, als ein Schüler des Seminars den Kopf durch die Tür steckte und meldete, ein Fremder wünsche Herrn Stötzer zu sehen. Dieser Fremde trat denn auch ohne weiteres ein, bedeutend jünger als der Lehrer, mit nicht sehr starkem Vollbart, vortretenden Backenknochen, kleinen, grauen Augen und einem Paar Falten zwischen den dunklen Brauen. Er unterließ es, sich auszuweisen oder vorzustellen, sondern fragte sofort, worin heute nachmittag unterrichtet werde; und als er erfuhr, daß erst Geschichte, dann deutsche Sprache daran sei, fand er das ausgezeichnet und sagte, er habe die Schulen von Süddeutschland, Frankreich und England besucht und möchte nun auch die von Norddeutschland kennenlernen. Er sprach wie ein Deutscher. Man mußte ihn für einen Lehrer halten, auf Grund der sachkundigen und interessierten Fragen und Äußerungen, die er tat, indem er beständig Aufzeichnungen in sein Notizbuch machte. Er wohnte der Schulstunde bei. Als die Kinder einen Aufsatz, einen Brief über irgendein Thema in ihre Hefte geschrieben hatten, verlangte der Fremde, die »Kompositionen« mitnehmen und behalten zu dürfen; sie seien für ihn von größtem Interesse. Das fand nun Stötzer denn doch naiv. Und wer entschädigte die Kinder für ihre Schreibhefte? Weimar war eine arme Stadt... Er äußerte sich höflich in diesem Sinn. Aber der Fremde erwiderte, da könne Rat ge-

schaffen werden, und ging hinaus. Stötzer ließ den Direktor in die Klasse bitten. Etwas Ungewöhnliches, ließ er sagen, ereigne sich. Und da hatte er recht, wenn er es auch erst später so ganz begriff, wie recht er damals mit dieser Botschaft gehabt. Denn damals und auf der Stelle mochte es ihm nicht viel bedeuten, als der Fremde, der, ein Paket Schreibpapier unter dem Arm, zurückgekehrt war, dem Direktor und ihm seinen Namen nannte: »Graf Tolstoi aus Rußland.«
Der Lehrer Stötzer aber brachte es hoch zu Jahren und hatte folglich Zeit, gewahr zu werden, wessen Bekanntschaft er damals gemacht.

Rangfragen

Dieser Mann also, der von 1812 bis 1905 in Weimar lebte und dessen Leben sonst schlicht genug verlaufen sein mag, konnte sich des merkwürdigen Vorzugs rühmen, Goethe und Tolstoi persönlich gekannt zu haben – die beiden großen Männer, an deren Namen diese Betrachtung sich knüpft. Ja, Tolstoi war in Weimar! Dreiunddreißigjährig, geboren in dem Jahre, das dem jungen Stötzer seine Unterredung mit Goethe brachte, kam Graf Leo Nikolajewitsch von Brüssel, wo er erstens Proudhon gesehen und sich von diesem hatte überzeugen lassen, daß la propriété le vol sei, wo er aber zweitens die Erzählung ›Polikuschka‹ geschrieben hatte, nach Deutschland und besuchte die Stadt Goethe's. Als Fremder von Distinktion und Gast des russischen Gesandten hatte er Eintritt in das Wohnhaus am Frauenplan, das damals dem Publikum noch nicht offenstand. Es wird aber berichtet, daß er sich weit mehr für die Fröbelschen Kindergärten interessierte, die von einer Schülerin Fröbels selbst geführt wurden und deren pädagogisches System er mit großer Wißbegierde studierte.
Sie sehen wohl, warum ich Ihnen diese kleinen Geschichten erzählte. Es geschah, um Ihnen das »und« schmackhafter zu machen, das meinem Vortrag zu Häupten steht und nicht verfehlt haben wird, beim ersten Anblick ein fragendes Steigen der Augenbrauen zu bewirken. Goethe und Tolstoi – ist das nicht eine im höchsten Grade wilde, willkürliche und ungebührliche Kopulation? Nietzsche hat gegen uns Deutsche einmal den Vorwurf besonderer Taktlosigkeit im Ge-

brauche des Wortes »und« erhoben: Wir sagten »Schopenhauer und Hartmann«, höhnte er: »Goethe und Schiller« sagten wir ebenfalls, und er fürchte sehr, wir sagten noch obendrein: »Schiller und Goethe«. – Schopenhauer und Hartmann beiseite. Was Goethe und Schiller betrifft, so hätte Nietzsche's äußerst subjektive Abneigung gegen den Theatraliker und Moralisten von beiden ihn nicht verleiten dürfen, eine Brüderlichkeit zu leugnen, die durch die ihr innewohnende exemplarische Gegensätzlichkeit keinerlei Einbuße erleidet und in dem angeblich beleidigten Teil ihren besten Schutzherrn fand. Es war eine Voreiligkeit und durch nichts gerechtfertigte Eigenmächtigkeit Nietzsche's, durch seinen Spott über jenes Und eine Rangordnung auszurufen oder als selbstverständlich zu unterstellen, die höchst strittig, ja die strittigste Sache von der Welt ist und es bleiben mag. Voreiligkeit in der Entscheidung gerade dieser Frage ist im ganzen nicht deutsche Art. Instinktiv vermeidet der Deutsche es gerade hier, sich einseitig festzulegen, sondern bevorzugt eine ›Politik der freien Hand‹, zu deren strikter Befolgung übrigens die folgenden Betrachtungen allen Anlaß geben werden, ja zu deren Verherrlichung sie geradezu angestellt werden. Nichts anderes als eben diese Politik ist der Sinn der Kopula in der Verbindung »Goethe und Schiller«, wo sie für unser Bewußtsein einander entgegensetzt, was sie verbindet. Man müßte die Gedankenwelt des klassischen und umfassenden Essays der Deutschen, welcher eigentlich alle übrigen in sich enthält und überflüssig macht – ich meine Schillers Abhandlung ›Über naive und sentimentalische Dichtung‹ –, ja niemals berührt haben, um dieses Und nicht als tief antithetisch zu empfinden. Ein anderes hat ähnlichen Sinn, ein fernes und fremdes: Das »und« zwischen Tolstoi und Dostojewski. Entzöge man aber der Kopula ihr Recht auf Antithetik, gestände man ihr ausschließlich die Aufgabe zu, Wesensverwandtschaft, Wesensgleichheit zu statuieren – wie dann? Vollzöge sich da in unserer Vorstellung nicht augenblicklich ein Tausch und Platzwechsel unter den großen Paaren, die ich nannte? Rückten da nicht alsbald, aus tiefen geistigen – nein, besser: aus tiefen *natürlichen* Gründen Schiller und Dostojewski zusammen und andererseits – Goethe und Tolstoi?
Sie sind offenbar weit entfernt, sich zufriedenzugeben. Sie antworten: Außer dem Wesen gibt es den Rang. Die Antithe-

tik, sagen Sie, in Ehren, aber auch gegeneinander darf man nicht stellen, was verschiedenen Größenordnungen angehört. Daß der eine ein europäischer Humanist und ausgemachter Heide, der andere aber ein anarchistischer Urchrist des Ostens war, wollen wir hingehen lassen. Aber der deutsche Weltdichter, dessen Namen man mit den erhabensten nennt, mit Dante's, mit Shakespeare's – und der naturalistische Romancier, der kürzlich, zu unseren eigenen Lebzeiten, sein problematisches Leben auf freilich ergreifend problematische Weise endigte: es geht nicht an, zugleich von ihnen zu reden, es verstößt gegen den aristokratischen Instinkt, es ist geschmacklos.

Stellen wir zurück, was Sie hingehen lassen wollten: das Heidentum des einen, die Christlichkeit des anderen! Vielleicht finden wir Zeit, darauf zurückzukommen. Was aber den »aristokratischen Instinkt« betrifft, wie Sie sich auszudrücken beliebten, so behaupte ich sofort, daß gerade er es ist, gegen den ich mit meiner Zusammenstellung nicht nur nicht verstoße, sondern der geradezu dadurch gefeiert werden soll. Die Rang-, die Größenordnung? Sind Sie sicher, in diesem Punkt keiner perspektivischen oder anderen Täuschung zu unterliegen? Turgenjew, in seinem letzten Briefe an Tolstoi, jenem Brief, den er zu Paris auf dem Sterbebett schrieb und worin er den Freund beschwor, von den theologischen Selbstquälereien zur Kunst, zur Literatur zurückzukehren – Turgenjew war der erste, der ihm den Titel des »großen Schriftstellers des Russenlandes« verlieh, diesen Titel, der ihm seither zu eigen geblieben ist und der auszudrücken scheint, daß Tolstoi seinem Lande und Volk in der Tat ungefähr das bedeutet, was uns der Dichter des ›Faust‹ und des ›Wilhelm Meister‹. Tolstoi selbst angehend, so war er Christ durch und durch, wie Sie bemerkten, aber nicht Christ genug, um an übertriebener Demut zu leiden und seinen Namen nicht kühn neben die größten, ja neben die mythisch großen zu setzen. Von ›Krieg und Frieden‹ hat er gesagt: »Ohne falsche Bescheidenheit, es ist etwas wie die Ilias.« Andere haben ihn über sein Erstlingswerk, ›Kindheit und Knabenalter‹, dasselbe sagen hören. War das Größenwahn? In meinen Augen, lassen Sie mich das aussprechen, ist es nichts als die reine und schlichte Wahrheit. »Nur die Lumpe«, sagt Goethe, »sind bescheiden.« Eine heidnische Sentenz. Aber

Tolstoi hielt es mit ihr; seine Optik auf sich selbst war immer von historischer Großartigkeit, und schon mit siebenunddreißig Jahren reihte er in seinen Tagebüchern die eigenen Werke, die fertigen und die noch erst zu schreibenden, den berühmtesten Werken der Weltliteratur an.

Der »große Dichter des Russenlandes« also nach maßgeblichem Urteil; der Homer seiner Tage nach eigener Einschätzung – das ist nicht alles. Maxim Gorki hat nach Tolstois Tode ein kleines Buch der Erinnerung an ihn veröffentlicht – sein bestes Buch, wenn ich urteilen darf. Es schließt mit den Worten: »Und ich, der nicht an Gott glaubt, sah ihn aus einem dunklen Grunde sehr vorsichtig und ein wenig schüchtern an, sah ihn an und dachte: *›Der Mann ist Gott gleich‹*.« – Ist Gott gleich. Merkwürdig! Nie hat das jemand von Dostojewski gedacht und gesagt, noch hätte es je jemand von ihm denken und sagen können. Man hat ihn einen Heiligen genannt, und auch Schiller kann man aus wahrer Empfindung so nennen – wenn auch in einem weniger byzantinisch christlichen Sinn, so doch in dem christlichen Sinn, den dieses Wort auf jeden Fall besitzt. Aber Goethe und Tolstoi, diese beiden, hat man als göttlich empfunden. Die Redensart vom »Olympier« ist Gemeinplatz. Aber nicht erst den weltberühmten und geistig gebietenden Greis hat man göttlich genannt, schon als Mann, als Jüngling mit zaubernden Augen voll Götterblicken, wie Wieland sang, hat er tausendmal von den Mitlebenden dies Attribut empfangen, und Riemer erzählt, wie der Sechzigjährige sich bei Gelegenheit bitter darüber lustig gemacht und gerufen habe: »Ich habe den Teufel vom Göttlichen! Was hilft's mir, daß man mir nachsagt: das ist ein göttlicher Mann, wenn man nur nach eigenem Willen tut und mich hintergeht. Göttlich heißt den Leuten nur der, der sie gewähren läßt, wie ein jeder Lust hat.« – Was Tolstoi betrifft, so war er nicht eben ein Olympier – kein Humanistengott, natürlich. Er war, sagt Gorki, eher so eine Art von russischem Gott, der »auf einem Ahornthron unter einer goldenen Linde sitzt« – heidnisch also auf andere Art als der Jupiter von Weimar, aber heidnisch eben doch, denn Götter sind heidnisch. Warum? Weil sie naturhaft sind. Weil man nicht Spinozist zu sein braucht wie Goethe, der wußte, warum er es war, um Gott und Natur als Eines und den Adel, den die Natur verleiht, als göttlich zu empfinden.

»Seine über menschliches Maß hinausgewachsene Individualität ist ein monströses Phänomen, beinahe häßlich, und er hat etwas vom Recken Swiatogor, den die Erde nicht fassen kann.« So Gorki über Tolstoi. Und ich führe es an, weil wir von Größenordnungen sprachen. Gorki sagt zum Beispiel noch: »Es ist etwas in ihm, was mir immer das Verlangen erregte, laut zu rufen: ›Seht doch, was für ein wundervoller Mensch auf der Erde lebt!‹ Denn er ist, sozusagen, ganz allgemein und zu allererst ein Mensch, ein menschheitlicher Mensch.« – Das erweckt Erinnerungen; an wen? –
Nein, die Rangordnung, die »aristokratische« Frage, die Frage der *Vornehmheit* also, ist gar kein Problem innerhalb meiner Zusammenstellung. Sie wird es erst bei anderer Anordnung der Figuren, erst dann, wenn wir das *heilige* Menschentum heranziehen und es vermittelst des antithetischen Und gegen das göttliche stellen, wenn wir »Goethe und Schiller«, »Tolstoi und Dostojewski« sagen. Erst dann, meine ich, steht das Problem der Vornehmheit, die ästhetisch-moralische Frage »Was ist vornehmer? *Wer* ist vornehmer?« da. Wir werden sie gemeinsam nicht beantworten. Dem einzelnen muß es überlassen bleiben, nach seinem Geschmack, oder weniger leichtfertig ausgedrückt, nach der Art seines Humanitätsbegriffs, über die Wertfrage zu befinden – eines Humanitätsbegriffs, der freilich, wie wir mit halber Stimme hinzufügen, notwendig unvollkommen und einseitig sein muß, um zu solchen Entscheidungen zu ermutigen.

Rousseau

Berührt es nicht sonderbar zu hören, daß ein Mann sie beide gekannt hat, den Dichter des ›Faust‹ und den »großen Schriftsteller des Russenlandes«? Denn sie gehörten ja verschiedenen Jahrhunderten an. Das Leben Tolstois erfüllt den größten Teil des neunzehnten. Er ist dessen Sohn, unbedingt, zumal als Künstler weist er alle Merkmale dieser Epoche auf, und zwar ihrer zweiten Hälfte. Was Goethe betrifft, so hat das achtzehnte Jahrhundert ihn hervorgebracht, und wichtige, ja entscheidende Bestandteile seines Wesens und seiner Bildung gehören diesem an – das wäre leicht zu belegen. Nun ließe sich freilich sagen, daß in Tolstoi ebensoviel vom achtzehnten, von Goethe's Jahrhundert, lebendig war, wie in Goethe vom neunzehnten, von demjenigen Tolstois. Tolstois rationales Christentum hat mit dem Deismus des achtzehnten Jahrhunderts mehr zu schaffen als mit der mystisch-gewaltigen Religiosität Dostojewski's, die ganz neunzehntes Jahrhundert war. Sein Moralismus, der wesentlich in einer zersetzenden, alle menschlichen und göttlichen Einrichtungen unterminierenden Verstandeskraft bestand, war der Gesellschaftskritik des achtzehnten Jahrhunderts verwandter als dem viel, viel tieferen und wiederum religiöseren Moralistentum Dostojewski's. Und sein Hang zur Utopie, sein Haß auf die Zivilisation, seine Passion für die Ländlichkeit, den bukolischen Frieden der Seele – eine *noble* Passion, die Passion eines adligen Herrn – kann ebenfalls als achtzehntes, und zwar als französisches achtzehntes Jahrhundert angesprochen werden. Goethe andererseits: Sein Alterswerk, der soziale Roman ›Wilhelm Meisters Wanderjahre‹, gibt namentlich dadurch Anlaß zum Erstaunen, daß darin mit einer Intuition, einem Scharf- und Weitblick, die okkult, seherisch anmuten, aber nur der Ausdruck feinerer Organisation, Ergebnis der Sensitivität, des Spürsinns sind, die ganze gesellschaftlich-ökonomische Entwicklung des neunzehnten Jahrhunderts: die Industrialisierung der alten Kultur- und Agrarländer, die Herrschaft der Maschine, der Aufstieg der organisierten Arbeiterschaft, die Klassenkonflikte, die Demokratie, der Sozialismus, der Amerikanismus selbst, nebst sämtlichen aus diesen Veränderungen erwachsenden geistigen und erzieherischen Konsequenzen vorweggenommen ist.

Immerhin, und wie es nun mit der säkularen Zugehörigkeit der beiden großen Männer stehe – man kann sie nicht Zeitgenossen nennen. Nur vier Jahre lang haben sie die Zeitlichkeit geteilt: von 1828, dem Geburtsjahr des Russen, bis 1832, da Goethe starb. Und doch hindert dies nicht, daß mindestens *ein* Bildungsfaktor – und zwar ein moderner, aktueller (von den uralt-allmenschlichen, von Homer und der Bibel hier ganz zu schweigen) –, daß also wenigstens *ein* Element ihres seelisch-geistigen Aufbaues ihnen beiden gemeinsam ist. Es ist das Element *Rousseau*.

»Ich habe den ganzen Rousseau gelesen, die ganzen zwanzig Bände, das Lexikon der Musik inbegriffen. Ich empfand für ihn mehr als Enthusiasmus, ich betete ihn an. Mit fünfzehn

Jahren trug ich an Stelle des gewohnten Kreuzes ein Medaillon mit seinem Bilde um den Hals. Ich bin mit einigen seiner Stellen so vertraut, daß es mir ist, als hätte ich sie selbst geschrieben.« Das sind die Worte Tolstois aus seinen ›Bekenntnissen‹. Und sicher, er war Rousseauist auf eine intimere, persönlichere und bedenklichere Weise als Goethe, der als Mensch mit der nicht immer gewinnenden Problematik des armen Jean-Jacques so gar nichts zu schaffen hatte. Wenn aber Goethe, um irgendein Beispiel anzuführen, in einer frühen Rezension sich äußert: »Die Verhältnisse der Religion, die mit ihnen auf das engste verbundenen bürgerlichen Beziehungen, der Druck der Gesetze, der noch größere Druck gesellschaftlicher Verbindungen und tausend andere Dinge lassen den polierten Menschen und die polierte Nation nie ein eigenes Geschöpf sein, betäuben den Wink der Natur und verwischen jeden Zug, aus dem ein charakteristisches Bild gemacht werden könnte« – so ist das, literarisch gesprochen, ›Sturm und Drang‹, allgemein geistesgeschichtlich gesprochen aber ist es Rousseauismus, mit seinem Einschlag von Revolution, von Anarchismus sogar, der bei dem russischen Gottsucher religiös-urchristlich-bildungsfeindliches Gepräge annimmt, während bei Goethe schon hier ein Einlenken ins Humanistische, das Durchscheinen eines Bildungs- und Selbstausbildungs-Individualismus zu bemerken ist, den Tolstoi als unchristlich-egoistisch verpönt haben würde, obgleich er es nicht ist, obgleich er Arbeit am Menschen, am Menschentum, an der Menschheit bedeutet und, wie die ›Wanderjahre‹ zeigen, in die Welt des Sozialen mündet.

Erziehung und Bekenntnis

Welche beiden Assoziationen sind es, meine Damen und Herren, die anklingen, wenn der Name Rousseau ausgesprochen wird – abgesehen von der Assoziation ›Natur‹, die selbstverständlich zuallererst sich meldet? Es sind die Ideenverbindungen *›Pädagogik‹* und *›Autobiographie‹*. Denn J. J. Rousseau ist ja der Verfasser des ›Émile‹ und der ›Confessions‹. Beide Elemente, das pädagogische und das autobiographische, tun sich aufs stärkste hervor bei Goethe wie bei Tolstoi, sie sind aus beider Werk und Leben überhaupt nicht wegzudenken. Das Motiv der Erziehung angehend, so habe ich Tolstoi heute sofort als pädagogischen Amateur in unser Gespräch eingeführt, und Sie erinnern sich, daß er jahrelang nichts anderes getrieben, die ganze Macht der ihm innewohnenden Leidenschaft in dieses Bett geworfen und theoretisch und praktisch mit dem Problem der russischen Volksschule bis zur Erschöpfung gerungen hat. Unnötig, darauf hinzuweisen, daß Goethe ein erzieherischer Mensch in des Wortes vollkommenster Bedeutung war. Die beiden großen Denkmale seines Lebens, das poetische und das prosaische, der ›Faust‹ und der ›Wilhelm Meister‹, sind Erziehungsgedichte, Darstellungen menschlicher Ausbildung; und wenn in den ›Lehrjahren‹ noch die Idee der individualistischen Selbstformung vorherrscht – »denn mich selbst, ganz wie ich da bin, auszubilden, das war dunkel von Jugend auf mein Wunsch und meine Absicht«, sagt Wilhelm Meister –, so wendet sich in den ›Wanderjahren‹ der Erziehungsgedanke nach außen, ins Objektive, ins Soziale, ja ins Staatsmännische, und im Zentrum des Werkes steht, wie Sie wissen, die strenge und schöne Utopie der Pädagogischen Provinz.

Das zweite Motiv, das bekennerisch-autobiographische, bei beiden nachzuweisen ist ebenfalls leicht. Daß alle Werke Goethe's nur »Bruchstücke einer großen Konfession« darstellen, wüßten wir auch dann, wenn wir es nicht von ihm selbst wüßten; und außerdem hat er ja ›Dichtung und Wahrheit‹, neben Augustins und Rousseau's Bekenntnissen die berühmteste Autobiographie der Welt, geschrieben. Bekenntnisse nun hat auch Tolstoi verfaßt – ich meine zunächst ein Buch dieses Titels, gelegen durchaus auf der großen Linie der Lebens- und Seelenbeichten, die von dem afrikanischen Heiligen bis zu Strindberg, dem Sohn der Magd, heraufführt. Aber es ist wie bei Goethe: nicht durch ein Buch ist Tolstoi Autobiograph. Er ist es, angefangen bei dem Jugendroman, ›Kindheit und Knabenalter‹, durch sein gesamtes Lebenswerk in dem Grade, daß Mereschkowski, der große russische Kritiker, sagen konnte: »Die künstlerischen Werke L. Tolstois sind im Grunde nichts anderes als ein mächtiges, durch fünfzig Lebensjahre hindurch geführtes Tagebuch, eine endlose, ausführliche Beichte.« Ja, dieser Beurteiler setzt hinzu: »In der Literatur aller Zeiten und aller Völker wird sich wohl kaum ein zweiter Schriftsteller finden, der sein persönliches

Privatleben, ja oft die intimsten Seiten desselben, mit einer so großherzigen Aufrichtigkeit enthüllt wie Tolstoi.« – »Großherzig« – ich merke an, daß das ein etwas euphemistisches Beiwort ist. Man könnte, wollte man gehässig sein, dieser Aufrichtigkeit der berühmten Autobiographen auch andere Beiwörter geben, schlimmere, des Sinnes etwa, wie Turgenjew einmal ironisch von »Fehlern« sprach, die einem großen Schriftsteller unentbehrlich seien – womit offenbar das »Fehlen« gewisser Hemmungen gemeint ist, einer gewissen, sonst geforderten Schamhaftigkeit, Diskretion, Keuschheit, Bescheidenheit, oder, ins Positiv-Fehlerhafte gewendet, die Herrschaft eines gewissen *Liebesanspruchs* an die Welt, und zwar eines *unbedingten* Liebesanspruchs, insofern, als es bei der Selbstentblößung gleich viel gilt, ob Vorzüge oder Laster entblößt werden: man will gekannt und geliebt sein – geliebt, *weil* gekannt, oder geliebt, *obwohl* gekannt, das ist es, was ich »unbedingten« Anspruch auf Liebe nenne. Das Merkwürdige ist, daß die Welt diesen Anspruch bestätigt und erfüllt.
Es gibt ein gutes Wort, das lautet: »Liebe zu sich selbst ist immer der Anfang eines romanhaften Lebens.« Liebe zu sich selbst, so kann man hinzufügen, ist auch der Anfang aller Autobiographie. Denn der Trieb eines Menschen, sein Leben zu fixieren, sein Werden aufzuzeigen, sein Schicksal literarisch zu feiern und die Teilnahme der Mit- und Nachwelt leidenschaftlich dafür in Anspruch zu nehmen, hat dieselbe ungewöhnliche Lebhaftigkeit des Ichgefühls zur Voraussetzung, die, nach jenem klugen Wort, ein Leben »romanhaft« macht – subjektiv, für den Erlebenden, aber auch objektiv, für die anderen, die Welt. Selbstverständlich ist diese »Liebe zu sich selbst« etwas anderes, etwas Stärkeres, Tieferes und Produktiveres als gemeine ›Selbstgefälligkeit‹, ›Selbstverliebtheit‹. Sie ist in den schönsten Fällen das, was Goethe in den ›Wanderjahren‹ »die Ehrfurcht vor sich selbst« nennt und als die oberste Ehrfurcht feiert. Sie ist das dankbar-ehrfürchtige Erfülltsein der *Götterlieblinge* von sich selbst, wie es mit unvergleichlich innigem Nachdruck aus den Zeilen spricht:

Alles geben die Götter, die unendlichen,
Ihren Lieblingen ganz:
Alle Freuden, die unendlichen,
Alle Schmerzen, die unendlichen, ganz.

Sie ist das naiv-aristokratische Interesse an dem Mysterium hoher Bevorteilung, substantieller Vornehmheit, gefährlicher Auszeichnung, als deren Träger sie sich fühlen, ist die Lust, aus geheimster Erfahrung zu bekunden, wie ein Genie sich bildet, Glück und Verdienst nach irgendwelchem Gnadenschlusse sich unauflöslich verketten: diese Lust, die ›Dichtung und Wahrheit‹ hervorbrachte und die recht eigentlich die große Autobiographie überhaupt inspiriert.

»Ich fühlte das Bedürfnis«, schreibt Tolstoi von seiner Jünglingszeit, »von jedermann *gekannt und geliebt* zu sein, das Bedürfnis, *meinen Namen zu nennen* – und alle sollten von *dieser Mitteilung* großen Eindruck empfangen, sich um mich scharen und mir für etwas danken...« Das war ganz früh, bevor er irgendeines seiner künstlerischen Werke konzipiert, noch der Idee ansichtig geworden war, eine neue, praktische, irdische, dogmenlose Religion zu gründen – ein Gedanke, auf den er übrigens laut seinem Tagebuch schon mit siebenundzwanzig Jahren verfällt. Sein Name, so empfindet er, sein bloßer Name, Leo Tolstoi, diese Formel für sein dunkel und mächtig sich regendes Ich, soll einer »Mitteilung« an die Welt gleichkommen, wodurch diese aus einem vorläufig unbestimmten Grunde großen Eindruck empfangen und veranlaßt werden soll, sich dankend um ihn zu scharen. Viel später, im Jahre 1883, um die Zeit, als Tolstoi sich von einem befreundeten Künstler bei der Arbeit, in der Haltung des Schreibenden porträtieren läßt, liest er einem anderen Freunde und Verehrer, dem ehemaligen Offizier Tschertkow, eines Tages aus dem Manuskript seiner neuen Bekenntnisschrift ›Worin besteht mein Glaube?‹ vor. Er liest eine kategorische Verwerfung des Militärdienstes vom christlichen Standpunkt aus, und Tschertkow freut sich darüber so sehr, daß er nicht mehr zuhört, die weiteren Abschnitte nicht verfolgt und aus seinen eigenen Gedanken erst erwacht, als er den Vorleser plötzlich seinen eigenen Namen artikulieren hört: Tolstoi war zum Schlusse gekommen, und »besonders deutlich«, sagt Tschertkow, sprach er die unter den Text gesetzte Unterschrift aus: *»Leo Tolstoi«*.

Mit seinem Namen hat Goethe einmal ein poetisches Vexierspiel getrieben, das mich immer aufs wunderlichste und tiefste berührt hat. Man erinnert sich, daß er im ›West-östlichen Divan‹ für sich selbst, den Liebhaber Marianne-Suleika's, den Decknamen Hatem gewählt hat – eine glückselig icherfüllte Wahl, denn Hatem bedeutet »der reichlichst Gebende und Nehmende«. In einem herrlichen Gedicht des ›Divans‹ nun läßt er diesen Namen mit einem Worte korrespondieren, auf das er sich, der Struktur des Gedichtes nach, reimen müßte, auf das aber nicht *er* sich reimt, sondern ein anderer, Goethe's wirklicher Name, so daß der Leser oder Hörer gezwungen ist, in Gedanken diesen dafür einzusetzen. »Nur dies Herz«, spricht der schon weißhaarig Liebende zur jugendlichen Geliebten –

Nur dies Herz es ist von Dauer,
Schwillt in jugendlichstem Flor;
Unter Schnee und Nebelschauer
Rast ein Ätna dir hervor.

Du beschämst wie Morgenröthe
Jener Gipfel ernste Wand,
Und noch einmal fühlet *Hatem*
Frühlingshauch und Sommerbrand.

»Und noch einmal fühlet Goethe –«. Mit ergreifender Schelmerei ist hier durch die nicht erfüllte Klangforderung der Name Hatem als untergeschoben verleugnet, die östliche Maskerade autobiographisch durchbrochen, und besonders deutlich, weil das Gehör dem lesenden Auge widerspricht, tritt Goethe's eigener, von Gott und Menschen gesegneter Name hervor – gereimt auf das Schönste und bestrahlt von dem Schönsten, was die sinnliche Welt zu bieten hat: von der Morgenröte.

Darf man das ›Selbstgefälligkeit‹ nennen – im Sinn jenes dankbar-ehrfürchtigen Erfülltseins der Götterlieblinge von sich selbst? Goethe hat sich sein Leben lang gegen die Prüderie gewendet, die das Gefallen an sich selbst verpönen möchte. Er gab zu verstehen, daß sie Sache derer sei, denen zum Gefallen an sich selbst auch nicht der mindeste Grund gegeben ist. Offen hat er sogar die gewöhnliche Eitelkeit verteidigt, durch deren Unterdrückung die Gesellschaft zugrunde gehe, und hinzugefügt, der Eitle könne nie ganz roh sein. Ist denn Selbstliebe von der Liebe zu den Menschen überhaupt zu trennen?

Wie sie sich an mich verschwendet,
Bin ich mir ein werthes Ich;
Hätte sie sich weggewendet,
Augenblicks verlör' ich mich.

Und ist der Ruhmestraum des jungen Tolstoi, sein Wunsch »gekannt und geliebt« zu sein, nicht ein Beweis seiner Liebe zum großen Du der Welt? Ichliebe und Weltliebe sind psychologisch gar nicht auseinanderzuhalten – weshalb denn auch die alte Frage, ob Liebe eigentlich ein altruistisches Gefühl und nicht vielmehr ein egoistisches sei, die müßigste der Fragen ist. Der Gegensatz von Egoismus und Altruismus ist in der Liebe restlos aufgehoben.
Es wird damit zusammenhängen, daß der autobiographische Trieb sich kaum jemals als ein dilettantischer Irrtum erweist, daß er seine Rechtfertigung in sich zu tragen scheint. Talent, allgemein gesprochen, ist ein heikler, schwieriger Begriff, bei dem es sich weniger darum handelt, ob einer etwas *kann*, als darum, ob einer etwas *ist*, so daß man sagen könnte, Talent sei nichts weiter als *Schicksalsfähigkeit*. Aber wessen Leben hat Schicksalswürde? Mit Geist und Empfindung ist aus jedem Leben alles zu machen, ist aus jedem Leben ein ›Roman‹ zu machen. Anders als der rein poetische Impuls, der so oft auf Selbsttäuschung beruht, hat der autobiographische, wie es scheint, immer ein Maß von Geist und Empfindung bereits zur Voraussetzung, das ihn von vornherein rechtfertigt, so daß er nur produktiv zu werden braucht, um unserer Teilnahme sicher zu sein: darum sagte ich, daß die »Liebe zu sich selbst«, die sein Ursprung ist, von der Welt bestätigt, von ihr geteilt zu werden pflegt.

Ungeschicklichkeit

»Seht doch, was für ein wundervoller Mensch auf der Erde lebt!« Dieser Ruf Gorki's im Anschauen Tolstois ist es, zu dem alle Autobiographie die Welt bewegen will und zu dem sie sie wirklich auch regelmäßig bewegt. Denn jeder Mensch ist wundervoll; mit Geist und Empfindung läßt sich jedes Menschenleben als interessant und liebenswert erweisen, auch das elende. J. J. Rousseau war nicht das, was man unter einem ›Götterliebling‹ zu verstehen gewohnt ist. Der Vater der Französischen Revolution war ein Elender, ein halb oder dreiviertel Verrückter, ein Selbstmörder zum Schlusse wahrscheinlich auch, und die Mischung aus Empfindsamkeit und Blasenkatarrh, welche die ›Confessions‹ darstellen, ist rein ästhetisch genommen durchaus nicht nach jedermanns Geschmack. Trotzdem ist der Liebesanspruch, den seine Selbstentblößung enthält und erhebt, so ausgiebig und unter so vielen Tränen honoriert worden, daß man den armen Jean-Jacques wahrhaftig als den Vielgeliebten, le bien-aimé, bezeichnen könnte. Und diesen weltumfassenden Gefühlserfolg verdankt er seinem Bunde mit der *Natur* – einem etwas einseitigen Bunde, wie man hinzufügen muß, denn dieser geniereiche Halbnarr und exhibitionistische Welterschütterer war ja eher ein Stiefkind der Allmutter als einer ihrer Lieblinge, eher ein Malheur von Geburt als ein Glücksfall natürlicher Begünstigung und Bevorteilung. Sein Verhältnis zur Natur war sentimentalisch in des Wortes vollständigster Bedeutung, und eine Woge von Sentimentalismus, um nicht zu sagen: von Sentimentalität, war es, die der Roman seines Lebens über die Welt brachte.

»Der arme Jean-Jacques.« Man spricht nicht in diesem Tone von den beiden zuweilen als »göttlich«, »gottgleich« bezeichneten Männern, in denen, wie wir fanden, wichtige Elemente von Rousseau's Wesen sich wiederholen. Denn diese waren nicht sentimentalisch; sie hatten kaum Anlaß, sich nach Natur zu sehnen, sie selbst waren Natur. Ihr Bund mit der Natur war nicht einseitig, wie bei Rousseau, oder, wenn doch, so umgekehrt, auf entgegengesetzte Weise: die Natur war es, die sie, ihre begünstigten Kinder, liebte und hielt, und sie ihrerseits, gewissermaßen, strebten von ihr, aus der Dumpfheit und Gebundenheit des Naturhaften fort – mit unterschiedlichem Erfolge, muß man sagen, sowohl, wenn man jeden für sich betrachtet, als auch, wenn man beide miteinander vergleicht. »So bin ich«, bekennt Goethe, »bei meinen tausend Gedanken wieder zum Kinde herabgesetzt, unbekannt mit dem Augenblick, dunkel über mich selbst.« Und an Schiller, den Sänger höchster Freiheit, schreibt er: »Wie groß der Vorteil Ihrer Teilnehmung für mich sein wird, werden Sie bald sehen, wenn Sie bei näherer Bekanntschaft eine Art Dunkelheit und Zaudern bei mir entdecken, über die ich nicht Herr werden kann.« Immerhin darf man urteilen, daß Goethe's hochhumanistisches Bestreben, »aus einem dunklen Produkt der Natur ein klares Produkt seiner selbst, das heißt der Vernunft zu werden und so des Daseins Beruf und Pflicht zu erfüllen«, wie Riemer es so außerordentlich schön ausdrückt, von reinerem Erfolge gekrönt war als der Versuch des Grafen Leo Nikolajewitsch Tolstoi, sein Leben »in das heilige Leben unseres gebenedeiten Vaters, des Bojaren Lew, umzuwandeln«, wie Gorki sagt. Dieser Prozeß der Selbstverchristlichung und Selbstkanonisierung eines bis zur Göttlichkeit naturgeliebten Menschen- und Künstlertums war ein recht ungeschickter Vergeistigungsversuch und trotz großer populärer Erfolge bei den Angelsachsen für die Betrachtung eher peinlich als beglückend, im Vergleich mit der hohen Bemühung Goethe's. Denn Natur und Kultur, das ist kein Widerspruch; das zweite ist nur die Veredelung, nicht die Verleugnung des ersten. Selbstverleugnung aber, nicht Selbstveredelung, war die Methode Tolstois, und Selbstverleugnung kann die beschämendste Form der Lüge sein. Goethe hat wohl, auf einer gewissen Stufe der Kultur, seinen ›Götz‹ das Werk »eines ungezogenen Knaben« genannt; aber er hat niemals das eigene Schöpfertum so elend und kindisch beschimpft, wie der alternde Tolstoi es tat, als er »bedauerte«, ›Kindheit und Knabenalter‹, das Werk seiner frischesten Jugendkraft, geschrieben zu haben – so schlecht, so unaufrichtig, so literarisch, so sündhaft sei dieses Buch; oder wenn er in Bausch und Bogen von »all dem künstlerischen Geschwätz« sprach, »mit dem die zwölf Bände seiner Werke gefüllt seien und dem die Menschen unserer Zeit eine unverdiente Bedeutung beimäßen«. Das ist es, was ich lügenhafte Selbstverleugnung und ungeschickte Vergeistigung nenne. Und doch konnte er sich nur mit seinen Worten, nicht auch durch sein schweigendes Sein verleugnen, und Gorki sah ihn an, den Patriarchen mit dem »listigen« kleinen Lächeln und den dickgeäderten Schöpferhänden, und dachte bei sich: ›Der Mann ist Gott gleich.‹

Weimar und Jasnaja Poljana. Heute gibt es keinen Punkt in der Welt, von dem Kräfte ausstrahlten wie von diesen, keinen gnadenstarken Wallfahrtsort, wohin die Sehnsucht, die vage Hoffnung, das Verehrungsbedürfnis der Menschen pilgerte wie dorthin zu Anfang des neunzehnten und zu Anfang des zwanzigsten Jahrhunderts. Wir haben Schilderungen von dem Hofhalt Goethe's in Weimar, wie er, nicht länger nur der Dichter bestimmter Werke, sondern ein Fürst des Lebens, der höchste Repräsentant europäischer Kultur, Gesittung und Menschlichkeit, umgeben von dem Stabe der Sekretäre, der höheren Gehilfen und dienenden Freunde, mit jener besternten und amtlichen Würde, die die Welt ihm auferlegte und hinter der er das Geheimnis und die Abgründe seiner Größe verbarg, dem Zustrom der zivilisierten Menschheit, der Fürsten, der Künstler, der Jugend, der schlichten Existenzen, standhielt, denen das Bewußtsein, ihn haben anschauen zu dürfen, den Rest ihres Lebens vergolden mochte ... und dies, obgleich in den meisten Fällen der große Augenblick sich zu einer frostigen Enttäuschung gestaltet haben wird. – Auf vollkommen verwandte Weise, sage ich, war um 1900 das russische Dorf zum Wirbelpunkt und Zentrum, zu einem Gnadenort von Weltanziehungskraft geworden. Der Zudrang der Pilger war hier noch bunter, noch international gemischter, da unterdessen die Kommunikation gewachsen, die Welt weiter geworden war. Südafrikaner, Amerikaner, Japaner, Australier und Söhne des Malaiischen Archipels, sibirische Flüchtlinge, indische Brahminen und Angehörige sämtlicher europäischen Nationen, Gelehrte, Dichter und Künstler, Staatsmänner, Gouverneure, Senatoren, Studenten, Militärpersonen, Arbeiter, Bauern, französische Politiker, Journalisten aller Länder und aller Schattierungen und Jugend wiederum, Jugend aus aller Welt – »wer wendet sich nicht an ihn«, sagt ein russischer Schriftsteller, »mit einem herzlichen Gruß, mit sympathischen Äußerungen, mit quälenden Fragen?« Und sein Biograph Birjukow sagt: »Sie alle haben dieses Dorf besucht und dann zu Hause erzählt, wie groß die Worte und Gedanken des greisen Sehers waren, der dort wohnt.«

Große Worte und Gedanken – ja, ja. Die Worte und Gedanken, die der Seher zum besten gab, werden wohl nicht immer sonderlich groß gewesen sein – so wenig, wie Goethe, förmlich aus Befangenheit, denen, die ihm aufwarteten, große Worte zu sagen pflegte. Die Frage ist, ob die Leute denn überhaupt um großer Worte und Gedanken willen nach Weimar und zur ›Lichten Waldwiese‹ kamen und nicht vielmehr geführt von einem tieferen, elementareren Verlangen? Man muß fürchten, des Mystizismus geziehen zu werden, wenn man sagt, daß die Weltanziehungskraft solcher Erdenwinkel, von deren Besuch die Menschen sich Heil versprechen, gar nicht geistiger Art, sondern von irgendwie anderer, ich finde wieder nur das Wort: elementarerer Art ist. Was Goethe betrifft, so berufe ich mich auf Wilhelm von Humboldt, der wenige Tage nach dem Tode des Meisters erklärte, das Merkwürdige sei, daß dieser Mensch gleichsam ohne alle Absicht, unbewußt, bloß durch sein *Dasein* so mächtigen Einfluß geübt habe. »Es ist dies«, sagte er, »*noch geschieden* von seinem geistigen Schaffen als Denker und Dichter, es liegt in seiner großen und einzigen Persönlichkeit.« Sehr gut, aber »Persönlichkeit« ist eine Notbezeichnung für etwas, was sich der Bestimmung und Benennung im Grunde entzieht. Persönlichkeit hat mit Geist nicht unmittelbar zu tun, mit Kultur auch nicht – wir befinden uns mit diesem Begriff außerhalb des Gebietes des Rationalen, wir sind damit eingetreten in die Sphäre des Mystischen und Elementaren, die *natürliche* Sphäre. »Eine große Natur« – das ist ein anderes Wort, das die Menschen zu gebrauchen pflegen, wenn sie nach einer Formel und Chiffre für das suchen, wovon jene Weltanziehungskraft ausstrahlt. Aber Natur ist nicht Geist. Dies ist, sollte ich meinen, sogar der Gegensatz aller Gegensätze! Gorki glaubte nicht nur nicht an Tolstois christlich-buddhistisch-chinesische Weisheitslehre, sondern, was mehr sagen will, er glaubte *sie ihm* nicht. Dennoch sah er ihn an und dachte staunend: ›Der Mann ist Gott gleich!‹ Was ihn zu diesem inneren Ausruf bewog, war nicht Geist, es war *Natur*. Und was die Pilgerzüge, die nach Weimar und nach dem Dorf, genannt ›Lichte Waldwiese‹, strömten, zu ihrer Belebung und Erquickung dunkel erhofften, das war nicht Geist, es war die Anschauung und Berührung großer Lebenskraft, segensreicher Menschennatur, adliger Gotteskindschaft: denn man braucht nicht Spinozist zu sein wie Goethe, der wußte, warum er es war, um die Lieblinge der Natur als Lieblinge Gottes zu grüßen.

Schiller, obwohl schon schwer leidend, war gütiger, menschlicher gegen Besucher, wie wir zum Beispiel von dem Schauspieler Friederich wissen, der, wie er sagt, »von diesem herrlichen Dichter getrösteter schied«, nachdem er sich bei der Audienz am Frauenplan etwas wie eine »moralische Erkältung« zugezogen. »Goethes ganze Figur«, erzählt er, »kam mir steif und abgemessen vor, und vergeblich suchte ich in seinem Gesicht einen Zug, der mir den gemütvollen Verfasser von Werthers Leiden oder von Meisters Lehrjahren verraten hätte... Wie mißmutig mich der gegen alle meine Erwartungen glaziale Empfang und die unfreundliche Aufnahme gestimmt, kann man sich denken... Gar zu gerne hätte ich zu Goethe gesagt: Was sind Sie für ein hölzerner Patron, Sie können unmöglich ›Wilhelm Meisters Lehrjahre‹ geschrieben haben – verschluckte es aber.« Das erinnert an den Moskauer Biedermann, mit dem Gorki von Jasnaja Poljana wegfuhr und der lange Zeit seinen Atem nicht wiederfinden konnte, sondern nur jammervoll lächelte und überwältigt wiederholte: »Nun, nun, das war eine kalte Dusche. Er ist streng... puh! Und ich dachte, er sei wirklich ein Anarchist!« – Vielleicht, wahrscheinlich sogar, daß er Dostojewski, wenn er lieber *ihn* besucht hätte, »anarchistischer«, das heißt weniger »streng« gefunden hätte, daß er von ihm getröstet weggegangen wäre wie der gute Friederich vom »herrlichen« Schiller, dem er hatte vordeklamieren dürfen. Aber es ist nun so, daß weder Schillers noch Dostojewski's Genie einen Erdenwinkel zum gnadenkräftigen Wallfahrtsort gemacht hat. Sie wurden ja auch nicht alt genug dazu, sie starben zu früh, sie erreichten nicht das Patriarchenalter Goethe's und Tolstois, die Natur versagte ihnen die Würde und Weihe der hohen Jahre, sie vergönnte ihnen nicht, auf allen Stufen des Lebens charakteristisch fruchtbar zu sein, ein ganzes und klassisches Leben durchzuführen. Wiederum muß man sagen, daß die Würde der Hochbetagtheit nichts mit dem Geiste zu tun hat. Ein Greis kann ja dumm und gewöhnlich sein, was die Menschen nicht hindert, seine weißen Haare und Runzeln mit religiöser Ehrerbietung zu betrachten: es ist ein natürlicher Adel, den das Alter verleiht, aber »natürlicher Adel«, das ist wohl ein Pleonasmus. Adel ist immer natürlich, man wird nicht »geadelt«, das ist Unsinn, man ist adelig von Geburt, von Fleisches und Blutes wegen; Adel ist also etwas Körperliches, auf den Körper – und nicht auf den Geist – hat aller Adel immer das größte Gewicht gelegt, und damit mag ein gewisser Zug von Brutalität zusammenhängen, der allem menschlichen Adel immer eigentümlich war. Liegt nicht aber auch etwas gewissermaßen Brutales in dem heidnisch-reckenhaften Übermut, mit dem Goethe zuweilen auf seine Vitalität, seine Unverwüstlichkeit pochte? – Zum Beispiel, wenn er als Einundachtzigjähriger zu Soret sagte: »Da ist der Sömmering gestorben, kaum elende fünfundsiebzig Jahre alt. Was doch die Menschen für Lumpe sind, daß sie nicht die Courage haben, länger auszuhalten als das! Da lobe ich mir meinen Freund Bentham, diesen höchst radikalen Narren; er hält sich gut, und doch ist er noch einige Wochen älter als ich.«

Krankheit

Schiller und Dostojewski also, um wieder von ihnen zu sprechen, wurden des Adels der Hochbetagtheit nicht teilhaftig, sie starben vergleichsweise jung. Warum? Nun, weil es kranke Menschen waren, bekanntlich – krank alle beide, der eine schwindsüchtig, der andere epileptisch. Ich frage aber zweierlei. Empfinden wir die Krankheit nicht als etwas in dem Wesen dieser beiden tief Begründetes, als ein notwendiges und charakteristisches Zubehör ihres Typus? Und zweitens: scheint uns nicht, daß es die Krankheit ist, die in ihrem Falle einen Adel, eine Vornehmheit zeitigt oder zum Ausdruck bringt – sehr unterschieden von jenem autobiographischen Aristokratismus der Icherfülltheit und der »Liebe zu sich selbst«, der vorhin in Rede stand –, einen Adel, der eine ganz anders geartete Vertiefung, Erhöhung und Verstärkung ihrer Menschlichkeit, ja, ihrer *Menschlichkeit*, bedeutet, so daß uns angesichts ihrer die Krankheit geradezu als Adelsattribut höheren Menschentums erscheint? Offenbar ist das Wort »natürlicher Adel« doch kein Pleonasmus, und es existiert noch eine andere Vornehmheit als diejenige, die die Natur ihren Vorzugskindern verleiht. Offenbar gibt es zweierlei Erhöhung und Steigerung des Menschlichen: eine ins Gött-

liche, von Gnaden der Natur, und eine ins Heilige – von Gnaden einer anderen Macht, die der Natur entgegensteht, die die Emanzipation von ihr, die ewige Revolte gegen sie bedeutet: von Gnaden des *Geistes*. Die Frage aber, welcher Adel der höhere, welche Art von Erhöhung des Menschlichen die vornehmere ist, diese Frage ist es, was ich das »aristokratische Problem« nannte.
Hier ist ein wenig Philosophie der Krankheit am Platz – mit aller gebotenen Beschränkung. Krankheit hat ein doppeltes Gesicht, eine doppelte Beziehung zum Menschlichen und seiner Würde. Sie ist einerseits dieser Würde feindlich, indem sie durch Überbetonung des Körperlichen, durch ein Zurückweisen und Zurückwerfen des Menschen auf seinen Körper entmenschlichend wirkt, den Menschen zum bloßen Körper herabwürdigt. Andererseits aber ist es möglich, Krankheit sogar als etwas höchst Menschenwürdiges zu denken und zu empfinden. Denn wenn es zu weit ginge zu sagen, daß Krankheit Geist, oder gar (was sehr tendenziös klänge), daß Geist Krankheit sei, so haben diese Begriffe doch viel miteinander zu tun. Geist nämlich ist Stolz, ist emanzipatorische Widersetzlichkeit (dies Wort im rein logischen, wie auch im streitbaren Sinn genommen) gegen die Natur, ist Abgelöstheit, Entfernung, Entfremdung von ihr; Geist ist das, was den *Menschen*, dies von der Natur in hohem Grade gelöste, in hohem Maße sich ihr entgegengesetzt fühlende Wesen, vor allem übrigen organischen Leben auszeichnet, und die Frage, die *aristokratische* Frage ist, ob er nicht in desto höherem Grade *Mensch* sei, je gelöster von der Natur, das heißt, je kränker er sei. Denn was wäre Krankheit, wenn nicht Abgetrenntheit von der Natur? »Tut der Finger dir weh«, sagt Hebbel epigrammatisch, »schied er vom Leibe sich ab,

> Und die Säfte beginnen, im Gliede gesondert zu kreisen:
> *Aber so ist auch der Mensch, fürcht' ich, ein Schmerz nur in Gott.*«

War es nicht Nietzsche, der den Menschen »das kranke Tier« genannt hat? Und meinte er nicht damit, daß der Mensch eben nur insofern mehr sei denn Tier, als er krank sei? Im Geist also, in der Krankheit beruht die Würde des Menschen,

und der Genius der Krankheit ist menschlicher als der der Gesundheit.
Sie werden dem widersprechen, werden es nicht wahrhaben wollen. Aber erstens ist Krankheit, als philosophischer Terminus gebraucht, ja keine Negation und Verurteilung, sondern nur eine Feststellung, die ebensoviel Anerkennung enthält wie das Urteil ›Gesundheit‹; denn es gibt einen Adel der Krankheit, wie es einen Adel der Gesundheit gibt. Und zweitens darf ich Sie erinnern, daß Goethe den Schiller'schen Begriff des ›Sentimentalischen‹ mit dem des ›Kranken‹ identifiziert hat – nachdem er nämlich zuvor den Gegensatz von Naiv und Sentimental mit dem von ›Klassisch‹ und ›Romantisch‹ identifiziert hatte. »Der Begriff von klassischer und romantischer Poesie, der jetzt über die ganze Welt geht«, sagte er eines Tages zu Eckermann, »und so viel Streit und Spaltungen verursacht, ist ursprünglich von mir und Schiller ausgegangen. Ich hatte in der Poesie die Maxime des *objektiven* Verfahrens und wollte nur dieses gelten lassen. Schiller aber, der ganz subjektiv wirkte, hielt seine Art für die rechte, und, um sich gegen mich zu wehren, schrieb er den Aufsatz über naive und sentimentale Dichtung.« Und ein andermal: »Mir ist ein neuer Ausdruck eingefallen, der das Verhältnis von ›klassisch‹ und ›romantisch‹ nicht übel bezeichnet. Das Klassische nenne ich das *Gesunde* und das Romantische das *Kranke*. Wenn wir nach solchen Qualitäten Klassisches und Romantisches scheiden, *werden wir bald im reinen sein*.«
Wir haben hier also eine Anordnung der Dinge, nach welcher sich das Naive, das Objektive, das Gesunde und das Klassische auf der einen Seite und das Sentimentalische, das Subjektive, das Pathologische und das Romantische auf der andern Seite als identisch erweisen. Man könnte also den Menschen, sofern er als geistiges Subjekt außer der Natur steht und in dieser seiner sentimentalischen Abgetrenntheit, dieser seiner Zweiheit von Natur und Geist seine Würde und sein Elend findet, schlechthin das romantische Wesen nennen. Die Natur ist glücklich – oder sie scheint ihm doch so; denn er selbst, in tragische Antinomien verstrickt, ist ein romantisch leidendes Geschöpf. Beruht nicht alle *Liebe* zum Menschen auf der sympathievollen, brüderlich-mitbeteiligten Erkenntnis dieser seiner fast hoffnungslos schwierigen Situation? Ja, es gibt

einen Menschheitspatriotismus auf dieser Basis: man liebt den Menschen, weil er es schwer hat – und weil man selbst einer ist.

Erkrankungen

Tolstoi erinnert sich in seinen Bekenntnissen, daß er als kleines Kind von Natur nichts gewußt, sie überhaupt nicht bemerkt habe. »Es ist unmöglich«, sagt er, »daß man mir weder Blumen noch Blätter zum Spielen gab, daß ich das Gras nicht sah oder das Licht der Sonne. Dennoch habe ich bis zu meinem fünften oder sechsten Jahr keine Erinnerung an das, was wir Natur nennen. Wahrscheinlich muß man *sich von ihr loslösen*, um sie zu sehen, und *ich selbst war Natur.*« Hiermit ist ausgedrückt, daß schon das bloße Sehen der Natur, der sogenannte Natur*genuß*, ein zugleich spezifisch menschlicher und schon sentimentalisch-sehnsüchtiger, das heißt aber pathologischer Zustand ist – da er Losgelöstheit von der Natur bedeutet. Tolstoi hat, seinen Erinnerungen zufolge, den *Schmerz* dieser Loslösung zum ersten Male empfunden, als das Ende seiner Kindheit sich dadurch bezeichnete, daß er aus der Obhut von Frauen zu seinen älteren Brüdern und dem Hauslehrer Fjodor Iwanowitsch in das untere Stockwerk übersiedelte. Nie wieder, versichert er, habe er so stark empfunden, was Pflichtgefühl, was also Moral und ethisches Sollen sei: »Das Gefühl von dem *Kreuz*, das zu tragen ein jeder von uns berufen ist. Ich trennte mich schwer von dem Gewohnten (seit Ewigkeit Gewohnten). Ich war betrübt, poetisch betrübt, weniger weil ich mich von Menschen, der Pflegerin, den Schwestern, der Tante, als weil ich mich von meinem kleinen Bett trennen mußte, mit seinem Vorhang, seinem Kissen; und mir bangte vor dem neuen Leben, in das ich eintrat.« Die Art, in der hier das Wort »Kreuz« hervortritt, ist bezeichnend nicht nur für Tolstoi, sondern auch für die Sache selbst, den Vorgang der Loslösung von der Natur. Dieser Vorgang wird von Tolstoi als schmerzhaft und sittlich – schmerzlich, weil sittlich, und sittlich, weil schmerzhaft – empfunden, er wird von ihm asketisch-moralisch interpretiert als das, worin eigentlich alles ethische Sollen des Menschen besteht. Vermenschlichung, das bedeutet ihm Entnatürlichung, und in der Loslösung von der Natur, von allem, was überhaupt natürlich und besonders ihm natürlich ist, der Familie zum Beispiel, der Nation, dem Staat, der Volkskirche, allen sinnlichen und instinkthaften Leidenschaften, der Liebe, der Jagd, im Grunde dem ganzen Leibesleben, namentlich aber von der Kunst, die für ihn ganz wesentlich Sinnlichkeit und Leibesleben bedeutet – in dieser Art von Vermenschlichung besteht fortan der Kampf seines Lebens. Es ist durchaus falsch, sich diesen Kampf als eine in späten Jahren sich plötzlich ereignende Bekehrungskrise vorzustellen, seinen Beginn etwa mit dem Beginn von Tolstois Greisenalter zusammenfallen zu lassen. Der Franzose Vogué urteilte vollkommen richtig, als er, auf die Nachricht hin, daß der große russische Dichter jetzt »durch eine Art mystischen Wahns wie gelähmt« sei, erklärte, er habe das längst vorausgesehen; Tolstois Gedankenentwicklung habe als Keim bereits in dem Werk ›Kindheit und Knabenalter‹ gelegen, und die Psychologie Lewins in ›Anna Karenina‹ gebe seiner weiteren Entwicklung klar die Richtung an. Auch haben wir Zeugnisse von Kameraden Tolstois aus seiner Offizierszeit, der Zeit von Sebastopol – Zeugnisse, die von der Wut, mit der jener Kampf schon damals in seinem Inneren tobte, eine deutliche Vorstellung geben. Worauf aber in unserem Zusammenhange aufmerksam gemacht werden soll, ist der Umstand, daß dieser Kampf gegen seine tiefe und mächtige Naturgebundenheit, der Kampf um Entnatürlichung, bei ihm regelmäßig zur *Krankheit* führt, unmittelbar die Gestalt der Krankheit annimmt. »Leochen geht jetzt völlig in seinem Schreiben auf«, äußert sich seine Frau, die Gräfin Sofja Andrejewna, um das Jahr 1880, zur Zeit seiner Vertiefung in theologische und religionsphilosophische Arbeiten, die ihre Liebe sehr ungern sieht und von denen sie ihn beständig zur künstlerischen Tätigkeit zurückzuziehen sucht. »Er hat seltsame starre Augen, spricht fast gar nicht, ist ganz wie aus einer anderen Welt und entschieden nicht imstande, an irdische Dinge zu denken ...« – »Leochen ist ganz in seine Arbeit versunken. Der Kopf tut ihm immer weh ... Er hat sich sehr verändert, er ist ein sehr aufrichtiger und strenger Christ geworden. Aber er ist grau geworden und gesundheitlich schwach, auch ist er stiller, trauriger geworden ...« – »Morgen ist ein Monat vergangen, seit wir hier sind«, schreibt sie 1881 aus Moskau, »und ich habe die ersten zwei

Wochen ununterbrochen täglich geweint, weil Leochen nicht nur in Trübsinn, sondern in eine gewisse verzweifelte Apathie verfallen ist. Er schlief nicht und aß nicht, weinte manchmal à la lettre, und ich glaube einfach, daß ich den Verstand verliere...« Und an den Gatten selbst: »Ich fange an zu glauben, daß, wenn ein glücklicher Mensch plötzlich nur das Schreckliche im Leben sieht, für das Gute aber keine Augen hat, dies von Krankheit kommt. Du solltest dich kurieren, ich sage das ohne Hintergedanken, mir scheint das klar, Du tust mir furchtbar leid... Und hast Du denn nicht schon früher gewußt, daß es hungrige, kranke, unglückliche und böse Menschen gibt? Sieh doch besser hin: es gibt auch fröhliche, gesunde, glückliche und gute. Wenn Gott Dir nur helfen wollte – was kann ich tun?« – »Du mußt krank sein«, klagt die arme Frau – und ist er es nicht? Er selbst schreibt: »Meine Gesundheit wird immer schwächer, und ich möchte oft sterben... Warum ich so eingefallen bin, weiß ich selbst nicht. Vielleicht ist es das Alter, vielleicht das Unwohlsein...«

Man vergleiche damit Beschreibungen seines Wesens aus der Zeit, da er sich aus der unlösbaren Wirrnis der geistigen Probleme in den heiligen Animalismus des Ehe- und Familienlebens geflüchtet hatte und mit jenem Talent von Bärenart und -kraft, das die Kritiker ihm nachrühmten und das, wie Turgenjew ihm klarzumachen suchte, ihm von dorther verliehen war, woher alles kommt, die beiden Roman-Epen ›Krieg und Frieden‹ und ›Anna Karenina‹ schuf! »Er war damals ewig in gehobener Stimmung«, erzählt seine Schwägerin, »high spirit, wie der Engländer sagt, frisch, gesund und fröhlich. An den Tagen, wo er nicht schrieb, ging er mit mir oder seinem Nachbarn Ribikow auf die Jagd. Wir jagten mit Windhunden... Abends legte er in Tantchens Zimmer Patiencen...« – Gute Zeiten! Wer will es der armen Gräfin Sofja Andrejewna verargen, daß sie über die Nachricht, der »eingefallene« Christ plane ein neues dichterisches Werk, sich vor Freude kaum zu lassen weiß? Ihr Jubel ist wahrhaft ergreifend. »Welch ein freudiges Gefühl erfüllte mich plötzlich, als ich las, daß Du wieder etwas von poetischer Art schreiben willst! Du hast das empfunden, was ich längst erwarte und wünsche. Das ist Rettung, das ist Freude, darin werden wir beide wieder zusammenkommen, das wird Dich trösten und unser Leben erleuchten. Das ist wirkliche Arbeit, für sie bist Du geschaffen, und außerhalb dieser Sphäre gibt es keinen Frieden für Deine Seele. Gott gebe Dir Kraft, diesen Lichtstrahl festzuhalten, damit dieser Gottesfunke wieder in Dir auflodere. Mich entzückt dieser Gedanke ...«

Die Biographien Goethe's und Tolstois weisen die Übereinstimmung auf, daß beide große Schriftsteller ihr Talent, die plastische Schöpfung, für die sie, wie Gräfin Sofja Andrejewna sagt, »geschaffen waren«, viele Jahre sich unterdrückt haben, und zwar um einer unmittelbar sozialen Tätigkeit willen – also aus hochmoralischen Gründen. Tolstoi unterdrückte den Künstler in sich zugunsten seiner Tätigkeit als Mirowoj posrednik, als Friedensrichter, und als freier Volksschullehrer; Goethe regierte das Herzogtum Sachsen-Weimar, widmete durch zehn frühe Mannesjahre seine Kräfte der Betreuung von Akziseordnungen, Tuchmanufaktur-Reglements, Rekrutenaushebungen, Wasser- und Straßenbauten, Armenanstalten, Gruben und Steinbrüchen, Finanzen und ähnlichen Dingen mehr – während Merck beständig im Stile Turgenjews bemüht war, ihn der Literatur zurückzugewinnen, und während er selbst in wachsender Resignation sich mit inneren Kommandorufen wie »Eherne Geduld!« »Steinern Aushalten!« bei der Sache, der schweren, ernsten, enttäuschungsvollen, unnatürlichen Sache hielt. Hinzu kam in Goethe's Fall jene etwas seraphische Liebschaft mit Frau von Stein, die zur Sittigung des Titaniden zweifellos das Schönste beitrug, aber doch nur *einer* jener berühmten »zwei Seelen«, die, ach, in seiner Brust wohnten, gerecht wurde, indem sie die andere, die mit den »klammernden Organen«, leer ausgehen ließ. – Nun, in beiden Fällen, dem Tolstois und dem Goethe's, ist das Ergebnis *Krankheit.* »Mein Amt als Friedensrichter«, schreibt Tolstoi, »hat meine Beziehungen zu den Grundbesitzern endgültig zerstört, abgesehen davon, daß es meine Gesundheit ruiniert.« Was den Unterricht der Dorfkinder betrifft, so ist der Effekt der gleiche. Er erklärt zwar die Aufsätze, die er die Kinder schreiben läßt, in seinem pädagogischen Journal für vollkommener als diejenigen Leo Tolstois, Puschkins und Goethe's, aber er entdeckt irgend etwas Schlimmes und sogar »Verbrecherisches« in seinem Umgang mit ihnen, es scheint ihm, als mißbrauche und verderbe er ihre Seelen. »Die Sache ging scheinbar gut«, sagt er in den ›Bekenntnissen‹, »aber ich fühlte, daß ich geistig nicht gesund sei und daß es nicht lange so fortgehen könne. Ich erkrankte mehr geistig als physisch, ich warf alles beiseite, fuhr in die Steppe zu den Kalmücken, um Stutenmilch zu trinken und ein tierisches Dasein zu fristen.« – Dieses Entweichen in die Steppe erinnert sehr lebhaft an die berühmte heimliche Flucht nach Italien, die Goethen zur Rettung wurde, nachdem auch er eingesehen, »daß es nicht lange mehr so fortgehen könne«. Der Vierunddreißigjährige war schweigsam, still, genaugenommen melancholisch geworden. Er meinte, daß man »von ernsten Sachen ernst werde«, sei begreiflich. In Wirklichkeit war sein Körper ernstlich angegriffen, und das Gesicht des Sechsunddreißigjährigen ist das eines Erschöpften. Um diese Zeit fand er sich zum erstenmal bewogen, ein Bad aufzusuchen. Er fing an, der ruinösen Naturwidrigkeit seiner Existenz innezuwerden. Er findet das einsichtsvolle, wenn auch allzu bescheidene Wort, daß er »zum Privatmenschen erschaffen« sei. Und er flieht, bevor er zugrunde geht. Übrigens setzt die Ähnlichkeit der beiden Fälle sich dadurch fort, daß Tolstoi, aus der Steppe und von der Stutenmilchkur zurückgekehrt, seine Sofja Andrejewna heiratet, die fortan fast unausgesetzt sich in der Hoffnung befindet, während Lew Nikolajewitschs epische Urkraft die beiden großen Romane schafft; und daß Goethe, aus Italien zurückgekehrt, Christiane Vulpius zu sich nimmt und sich ebenfalls, von Ämtern befreit, seinen natürlichen Aufgaben widmet. Auch dies zur »Philosophie der Krankheit«.

Plastik und Kritik

Plastik ist objektive, naturverbundene und schöpferische Anschauung, Kritik dagegen die moralistisch-analytische Haltung zum Leben und zur Natur. Mit anderen Worten: Kritik ist Geist, während die plastische Gesinnung Sache der Natur- und Gotteskinder ist.

»Ich hatte in der Poesie die Maxime des objektiven Verfahrens«, spricht Goethe. »Ich bin ein Plastiker.« Und wirklich, der Kontrast seiner poetischen Haltung zu dem rhetorisch-idealistischen Moralismus, das ist aber Kritizismus, seines großen Gegenspielers ist zu populär, als daß man sich weiter stark zu machen brauchte, ihn zu erweisen. Goethe betrachtet das ihm eingeborene dichterische Talent »ganz als Natur«. Seine Duldsamkeit, sein Geltenlassen, die Konzilianz seines Wesens hängen damit zusammen. Sie gründen sich auf die spinozistische Idee von der Vollkommenheit und Notwendigkeit alles Daseins, auf die Vorstellung von einer Welt, die von Endursachen und Endzwecken frei ist und in der das Böse wie das Gute sein Recht hat. »Wir kämpfen«, erklärt er, »für die Vollkommenheit des Kunstwerkes in und an sich selbst. Jene (die Moralisten) denken an dessen Wirkung nach außen, um welche sich der wahre Künstler gar nicht bekümmert, so wenig als die *Natur*, wenn sie einen Löwen oder einen Kolibri hervorbringt.« Die Zweckfremdheit der Kunst- wie der Naturschöpfung ist ihm oberste Maxime, und dies ist der Punkt, wo der Spinozist mit Kant sympathisiert, der die interesselose Anschauung als den eigentlich ästhetischen Zustand bestimmt und dadurch das ästhetisch-plastische Prinzip von dem moralisch-kritischen grundsätzlich unterscheidet. »Wenn die Philosophie«, sagt Goethe, »unsere ursprüngliche Empfindung, als seien wir *mit der Natur eins*, erhöht, sichert und in ein tiefes, ruhiges *Anschauen* verwandelt, dann ist sie mir willkommen.« Es gibt zehn, zwölf weitere Äußerungen von ihm, worin er im Namen der Kunst die moralische Forderung, die ja immer *sozial*-moralisch ist, zurückweist. »Es ist wohl möglich, daß ein Kunstwerk moralische Folgen habe; aber vom Künstler moralische Absichten und Zwecke verlangen, heißt, ihm sein Handwerk verderben.« – »Ich habe in meinem Berufe als Schriftsteller nie gefragt, wie nütze ich dem Ganzen? sondern ich habe immer nur danach getrachtet, *mich selbst* einsichtiger und besser zu machen, den Gehalt meiner eigenen Persönlichkeit zu steigern und dann immer nur auszusprechen, was ich als gut und wahr erkannt hatte.« –

Wenn man den christlichen Sozialmoralismus des alten Tolstoi dem heidnischen Kulturidealismus Goethe's entgegensetzt, so darf man zum mindesten nicht vergessen, daß am Anfang des Tolstoi'schen Sozialismus die intimste und persönlichste Not, die tiefste Sorge um das *eigene* Seelenheil steht, daß ein immerwährendes Gefühl der Unzufriedenheit mit sich selbst, ein dauernd gequältes Suchen nach dem Sinn des Lebens der Quell dieses Sozialismus war und daß dieser

Moralist all sein Lehren und Bessern mit einer Selbstzüchtigung (nämlich den ›Bekenntnissen‹) begann, wie der eigentliche und rechte Sozialkritiker sie sich niemals zumutet. Es fehlt viel, daß man ihn einen Revolutionär im eigentlichen und politischen Sinne nennen dürfte. »Die Bedeutung der christlichen Lehre«, erklärte er, »besteht nicht darin, daß man in ihrem Namen die Gesellschaft mit Gewalt ändern soll, sondern darin, daß man einen Sinn des Lebens finde.« Und es ist nachzuweisen, daß Tolstois Kunstidee ursprünglich genau mit der Goethe's übereinstimmte, – was nur den verwundern kann, der ihn auf Grund seiner kindlich ungeschickten Vergeistigungsversuche ernstlich für einen Sohn des Geistes, gleich Schiller und Dostojewski, hält und nicht den Naturadel Goethe's in ihm wiedererkennt. Kein Zweifel: sein Haß auf Shakespeare, der von viel früher datiert, als man gewöhnlich annimmt, bedeutet Widerstreben gegen die universale und allbejahende Natur, die Eifersucht des moralisch Gequälten auf das Weltglück und die Ironie des absoluten Schöpfers; sie bedeutet das Wegstreben von Natur, Naivität, moralischer Indifferenz zum Geist, das heißt zur sittlichen und gar sozialen *Wertung* – ein Streben allerdings von so ›naivem‹ Eifer, daß er schließlich die Verfasserin von ›Onkel Toms Hütte‹, Mrs. Beecher-Stowe, gegen Shakespeare ausspielte – eine Absurdität, die Beweis ist für das Vorwalten des Naturkindlichen in seinem Wesen. Wirkliche Söhne des Gedankens, der Idee, des Geistes, wie Schiller und Dostojewski, stranden nicht an solcher Unsinnsküste. Tolstois Kritizismus, Moralismus, kurz: sein Wille zum Geist war etwas Sekundäres, war eben nur Wille, um nicht zu sagen: Velleität; er hat sich mit seinem ungeheuren plastischen Talent, seinem Schöpfertum nie organisch verbinden wollen, und wir besitzen unumwundene Erklärungen von ihm, des Sinnes, daß ihm Begabung, die ›rein künstlerisch‹ war, höher stand als eine, die soziale Färbung trug. Daß Dostojewski sich mit der Politik eingelassen habe, kritisierte er als alter Mann in demselben Sinne, wie Goethe etwa die Politisierung Uhlands beklagte; und als Einunddreißigjähriger, im Jahre 1859, hielt er als Mitglied der ›Moskauer Gesellschaft der Freunde der russischen Literatur‹ eine Rede, worin er dermaßen scharf die Vorzüge des rein künstlerischen Elements in der Literatur vor allen Zeittendenzen betonte, daß der Präsident der Gesell-

schaft, Chomjakow, ihm in seiner Antwort bedeuten mußte, ein Diener reiner Kunst könne sehr wohl zum sozialen Ankläger werden, und zwar ohne es zu wissen und zu wollen.
Einen Ausbruch von intellektueller Skepsis, von jener geistigen Demut, die den Natursöhnen eigen ist, haben wir am Schluß der Tolstoi'schen Novelle ›Luzern‹. Hier findet sich eine großartige Klage über das Geschick des Menschen, »der mit seinem Bedürfnis nach positiven Lösungen in diesen ewig wogenden, uferlosen Ozean von Gut und Böse hineingeworfen ist«. »Wenn der Mensch nur endlich gelernt hätte«, ruft Tolstoi, »nicht so scharf und entscheidend zu urteilen und zu denken und nicht immer Antworten auf Fragen zu geben, die ihm nur darum gegeben sind, damit sie ewig Fragen bleiben! Wollte er doch begreifen, daß jeder Gedanke zugleich falsch und richtig ist ... Die Menschen haben sich in diesem ewig wogenden, uferlosen, unendlich durcheinander gemischten Chaos von Gut und Böse Fächer geschaffen, haben in diesem Meer imaginäre Grenzlinien gezogen, und sie erwarten, daß das Meer sich nach diesen Linien teile. Als ob es nicht Millionen anderer Einteilungen von ganz anderen Gesichtspunkten aus und in anderen Ebenen gäbe! ... Die Zivilisation ist das Gute, die Barbarei das Böse; die Freiheit ist das Gute, die Unfreiheit das Böse. Dieses imaginäre Wissen vernichtet in der menschlichen Natur *das instinktive, selige, ursprüngliche Streben nach dem Guten.*« Und nachdem er sich gefragt hat, ob in der Seele des Armen nicht vielleicht mehr Glück und Lebensbejahung ist als in der des harten Reichen, gegen den sein Herz sich um seinetwillen empörte, bricht er in die Worte aus: »Unendlich ist die Güte und Weisheit dessen, der alle diese Widersprüche gestattet und befohlen hat. Nur dir, elender Wurm, der du frech und verwegen seine Gesetze und seine Ratschläge zu durchdringen suchst, nur dir erscheinen sie als Widersprüche. Er schaut mild von seiner strahlenden, unermeßlichen Höhe herab und freut sich der *unendlichen Harmonie*, in der ihr euch alle in ewigem Widerspruch bewegt!«
Kann man sich goethischer ausdrücken? Sogar die »Harmonie des Unendlichen« fehlt nicht. Skepsis, moralische Skepsis ist ein zu dünnes, intellektuelles und frivoles Wort für die Frömmigkeit, die religiöse Allbejahung, die Naturandacht, die aus diesen Zeilen spricht und die nicht eben den ›Prophe-

ten‹, den Lehrer, den Besserer kennzeichnet, sondern das ›Weltkind‹, den Plastiker, den Künstler macht. Die Natur war sein Element, wie sie das Element, die geliebte, gütige Mutter Goethe's war – und sein beständiges Zerren an dem Bande, das ihn unzerreißbar mit ihr verknüpfte, sein verzweifeltes Wegstreben von ihr zum Geist, zur Moral, von der Plastik zur Kritik hat viel Ehrwürdig-Erschütterndes, während doch auch etwas Peinliches, Quälendes und Beschämendes darin liegt, das in Goethe's Wesen nicht vorkommt. Man beachte Tolstois Verhältnis zur *Musik*, es ist sehr lehrreich. Als er in Dresden mit Berthold Auerbach zusammentrifft, nennt dieser mäßig tiefe Moralist die Musik einen »pflichtlosen Genuß« und fügt hinzu, ein solcher sei »der erste Schritt zur Unsittlichkeit«. Tolstoi macht sich diesen geistreichen und trotzdem miserablen Ausspruch in seinem Tagebuch zu eigen. Er haßte und fürchtete die Musik aus denselben moralischen, und zwar sozialmoralischen Gründen, aus denen er Shakespeare haßte und fürchtete. Es wird erzählt, daß, wenn er Musik hörte, sein Gesicht erblaßte und sich zu einer leichten Grimasse verzerrte, die Schrecken auszudrücken schien. Gleichwohl hat er nie ohne Musik leben können. In jüngeren Jahren hat er einmal sogar eine musikalische Gesellschaft gegründet. Vor dem Arbeiten, heißt es, pflegte er sich ans Klavier zu setzen, was *viel* heißen will, und als er in Moskau an Tschaikowski's Seite dessen D-Dur-Quartett anhörte, da begann er bei dem Andante in Gegenwart aller Welt zu *schluchzen*. Nein, unmusikalisch war er nicht. Die Musik liebte ihn – wenn auch er, das große, moralisierende Kind, sie nicht glaubte wiederlieben zu dürfen...

Die Sage erzählt von dem Riesen Antäus, der unbesieglich war, weil ihm aus der Erde, seiner Mutter, immer neue Kräfte zuströmten, solange er sie berührte. Die Erinnerung an diesen Mythos drängt sich in gleicher Weise immer wieder auf, wenn man das Leben Goethe's und das Tolstois betrachtet. Söhne der mütterlichen Erde alle beide, unterscheiden sie sich nur darin, daß der eine sich der Art seines Adels bewußt war, der andere nicht. Es gibt Stellen in Tolstois bußfertigen ›Bekenntnissen‹, Stellen, wo er die Erde berührt und wo auf einmal die innigste Sinnlichkeit seine Worte, die, solange sie theoretisierten, hölzern und verworren waren, mit einer Lebenskraft und Frische durchtränkt, der keine Seele wider-

steht. Er erinnert sich, wie er als Kind mit der Großmutter zum Nüssepflücken in die Haselsträucher gegangen ist. Lakaien ziehen statt der Pferde das Wägelchen der Großmutter in das Nußwäldchen. Sie brechen durch das Gestrüpp, biegen die Zweige mit den reifen, oft schon abfallenden Nüssen zu der Alten nieder, die sie in einen Sack sammelt, und der kleine Leo staunt über die Kraft des Hauslehrers Fjodor Iwanowitsch, der dicke Stämme niederzwingt. Läßt er los, so richten die Büsche sich wieder auf, indem sie sich langsam ineinander verschlingen. »Ich entsinne mich, wie heiß es an sonnigen Stellen, wie angenehm kühl es im Schatten war, wie man den scharfen Geruch des Haselnußlaubes einatmete, wie auf allen Seiten die Nüsse zwischen den Zähnen der Mädchen, die mit uns waren, krachten und wie wir unaufhörlich die frischen, vollen, weißen Kerne kauten.« – Die frischen, vollen, weißen Kerne zwischen den Zähnen der Mädchen krachend – das ist Tolstoi-Antäus, er, den die Kräfte der Mutter durchströmen, wie in ›Krieg und Frieden‹, wo auf philosophische Exkurse, die nebelhaft, spitzfindig und wenig überzeugend sind, Seitenreihen folgen, von denen Turgenjew schrieb: »Sie sind herrlich, erstklassig, alles Ursprüngliche, Beschreibende, die Jagd, die nächtliche Kahnfahrt und so weiter, macht ihm in ganz Europa niemand nach.«
Wie beherrscht das Antäus-Bewußtsein Goethe's ganze Existenz! Wie stetig waltet es durch sein Forschen und Formen! Die Natur ist ihm »Heil und Behagen« nach den Heimsuchungen der Leidenschaft; und während er wohl weiß, daß zu ihrer Erkenntnis »alle Manifestationen des menschlichen Wesens zu einer entschiedenen Einheit ausgebildet« sein müssen, daß wahres Forschertum nicht ohne die Gabe der Phantasie zu denken ist, meidet er wohlweislich das Phantastische, meidet die naturphilosophische Spekulation, hütet sich, die Berührung mit der Erde zu verlieren, und nennt die Idee »das Resultat der Erfahrung«. Seine Forscherphantasie ist Intuition, ist, noch richtiger gesagt, die eingeborene Sympathie des Naturkindes mit dem Organischen. Sie ist antäisch, wie die Einbildungskraft, die sein Künstlertum bestimmt und die ebenfalls nicht phantastischer Art, sondern exakt und sinnlich ist. Dies ist die Phantasie der Plastiker. Diejenige der Söhne des Gedankens, der Idee, des ›Geistes‹ ist eine andere.

Wir wollen nicht sagen, daß die eine mehr Wirklichkeit schafft als die andere, aber die Gestalten der plastischen Phantasie besitzen die Wirklichkeit des Seins, während die Wirklichkeit der Gestalten des Sentimentalikers sich nur durch Handeln herstellt, wie Schiller selbst unterscheidet. Sofern sie nicht handeln, gesteht er selbst, haben sie »etwas Schattenhaftes«, dies ist sein Ausdruck – und man übersetze ihn sich aus dem Deutsch-Idealistischen ins Russisch-Apokalyptische, so hat man als nationales Gegenstück zu Schillers rhetorisch-dramatischer Idealwelt die übergroße und überwahre Schattenwelt Dostojewski's. Ein kunstphilosophisches Schlagwort drängt sich hier auf, das heute in aller Munde ist oder es gestern war, das Wort Expressionismus. Wirklich ist das, was wir Expressionismus nennen, nur eine späte und stark mit russischer Apokalyptik durchsetzte Form des sentimentalen Idealismus. Sein Gegensatz zur epischen Kunstgesinnung, der Gegensatz von Anschauung und wilder Vision, ist weder neu noch alt, er ist ewig. Er ist in Goethe und Tolstoi einerseits, in Schiller und Dostojewski auf der anderen Seite vollkommen ausgedrückt. Und ewig wird die Ruhe, Bescheidenheit, Wahrheit und Kraft der Natur gegen die groteske, fieberhafte und diktatorische Kühnheit des Geistes stehen.

Buhlerei

Sehr ähnlich, ja genau wie Goethe's »tiefes, ruhiges Anschauen«, seine exakt sinnliche Phantasie, die Seinswirklichkeit seiner Gestalten sich zu der idealen Vision Schillers und dem rhetorischen Aktivismus seiner Geschöpfe verhält, so verhält sich die mächtige Sinnlichkeit von Tolstois Epik zu Dostojewski's krankhaft verzückter Traum- und Seelenwelt – wenn auch freilich die zeitlichen und volklichen Unterschiede den Gegensatz vertiefen und also bei Tolstoi, dem adelig-bäuerlichen Sohn einer jungen Rasse, dem naturalistischen Romancier, das sinnliche Element sich weit stärker, unmittelbarer, schwerer, fleischlicher, sinnennäher aufdrängt als bei dem hochbürgerlichen deutschen Humanisten und Klassiker.
Neben dem Liebespaar Eduard und Charlotte in den ›Wahlverwandtschaften‹ wirken Wronski und Anna Karenina wie

ein schöner starker Hengst und eine edle Stute; – der animalische Vergleich ist nicht von mir, man hat das oft bemerkt, und Tolstois Animalismus, sein unerhörtes Interesse für das körperliche Leben, sein Genie im Sichtbarmachen des leiblichen Menschen, ist oft geradezu als anstößig empfunden worden, auch von der russischen Kritik, einer gewissen untergeordneten und feindseligen Kritik natürlich, die zum Beispiel über ›Anna Karenina‹ schrieb, der Roman sei durchtränkt von dem klassischen Geruch der Kinderwindeln, die sich über die Schlüpfrigkeit mancher seiner Szenen entrüstete und Tolstoi den ironischen Vorwurf machte, er habe vergessen zu beschreiben, wie Anna badet und Wronski sich wäscht – was nicht einmal richtig ist, denn es wird in der Tat erzählt, wie Wronski sich wäscht: wir sehen, wie er seinen roten Körper frottiert. Sogar den Körper des Kaisers Napoleon in ›Krieg und Frieden‹ bekommen wir nackt zu sehen in der Szene, wo er sich den fetten Rücken mit Kölnischem Wasser bespritzen läßt, und der Kritiker der Zeitschrift ›Die Tat‹ schrieb über dieses Buch: seine Grundidee bestehe in der Befriedigung eines jeden Menschen durch das eheliche Glück – dieses Glück im gröbsten Sinne verstanden –, worauf derselbe Kritiker, Tolstois Stil karikierend, ihm vorschlug, einen Roman zu schreiben, worin er die Liebe Lewins zu seiner Kuh Pania zeichnen solle.
Das alles ist natürlich noch unter dem Niveau dessen, was Caroline Herder über Goethe an Knebel schrieb: »Oh, könnte er nur etwas Gemüt seinen Schöpfungen geben und sähe man nicht überall eine Art von Buhlerei oder, wie er es selbst so gern nennt, das betuliche Wesen darin!« Aber untergeordnete Äußerungen können sehr wohl charakteristisch sein, wenn auch auf unverständige Weise, mit falschem Vorzeichen gleichsam; und diese drücken auf dumme Art zweifellos etwas Wahres aus. Caroline's »buhlerisch« ist ein zimperlich pathetisches Wort für das Wesen von Goethe's Werk, aber es hat etwas Zutreffendes, wenn man die innig-sinnliche Seinswirklichkeit dieses Werkes mit der edelmütigen Schattenhaftigkeit des Schiller'schen vergleicht, und der Vorschlag, Lewin solle sich in seine Kuh verlieben, ist kein ganz schlechter Witz, um die Fleischlichkeit von Tolstois Epik im Vergleich mit der heiligen Seelenhaftigkeit Dostojewski's zu kennzeichnen, zumal, wenn man sich an Tolstois persönliche

Passion für einen bestimmten Zweig der Landwirtschaft, nämlich die Vieh- und Schweinezucht, erinnert – ein Interesse, das dem Gutsbesitzer natürlich durchaus wohl anstand, aber in seiner Ausgeprägtheit doch auch wieder nicht der tieferen Bedeutung entbehrt.

Freiheit und Vornehmheit

Wir bleiben entschlossen, keine Werturteile zu fällen. Wir werfen die Vornehmheits-, die aristokratische Frage wohl auf, hüten uns aber, sie voreilig zu entscheiden, und halten, ohne den Vorwurf der Charakterlosigkeit zu scheuen, fest an jener Politik der freien Hand, an deren schließlich positive Fruchtbarkeit wir glauben. Wie sollte auch der schwebende Streitfall nicht vorsichtige Richter in uns finden, da wir doch wissen, daß das, was wir oben die diktatorische Kühnheit des Geistes nannten, eins ist mit jenem großen und hochpathetischen Prinzip, das wir *Freiheit* nennen!

Schillers Ruhm ist der des Sängers höchster Freiheit; aber Goethe hat sich zu diesem Begriff zu jeder Zeit sehr vorsichtig verhalten, nicht nur im Politischen, sondern konsequent, grundsätzlich und in jeder Beziehung. Von Schiller sagte er: »In seinem reiferen Leben, wo er der physischen Freiheit genug hatte, ging er zur ideellen über, und ich möchte fast sagen, daß diese Idee ihn getötet hat; denn er machte dadurch Anforderungen an seine physische Natur, die für seine Kräfte zu gewaltsam waren. Ich habe vor dem kategorischen Imperativ allen Respekt, ich weiß, wieviel Gutes aus ihm hervorgehen kann, allein man muß es damit nicht zu weit treiben, denn sonst führt diese Idee der ideellen Freiheit sicher zu nichts Gutem.« – Ich gestehe, daß diese pflegliche Art, unter Hindeutung auf Schillers heroisches Leben vor Übertreibungen im Gebrauch des kategorischen Imperativs zu warnen, mich von jeher humoristisch angemutet hat, genau so humoristisch, wie das Naive gegenüber dem Sittlichen immer wirkt. Aber es gibt andere Äußerungen des Gotteskindes über den Helden und Heiligen, die anders lauten und mit großartiger Treuherzigkeit für den Adel zeugen, welchen der Geist verleiht. Denn wenn Goethe eines Tages erklärte, er gälte zwar für einen Aristokraten, aber Schiller sei es im

Grunde weit mehr gewesen als er, so zielt diese Bemerkung, die das Problem der Vornehmheit direkt berührt, gewiß nicht aufs Politische, nicht darauf, daß Schiller von den Ewig-Blinden gesprochen hat, denen man nicht des Lichtes Himmelsfackel leihen solle, sondern sie meint den Aristokratismus des Geistes selbst, den Goethe in diesem Augenblick mit seinem eigenen, mit dem Adel der Natur verglich und höher, strenger als diesen erfand. »Nichts genierte ihn«, sagte er bewundernd, »nichts engte ihn ein, nichts zog den Flug seiner Gedanken ab. Er war am Teetisch so groß, wie er es im Staatsrat gewesen wäre.« Diese Bewunderung und Verwunderung kommt aus der Tiefe von Goethe's Antäus-Natur, die sich einer solchen Freiheit, Unbedingtheit, Unabhängigkeit durchaus nicht bewußt war, sich vielmehr allezeit durch hundert Umstände bedingt, gebunden, beeinflußt, und zwar willig, ja mit erdadeligem Stolz gebunden und beeinflußt wußte. Pantheistische Notwendigkeit war das Grundgefühl seines Daseins. Es ist zu wenig gesagt, daß er an Willensfreiheit nicht glaubte, er negierte den Begriff, er leugnete, daß so etwas zu denken sei. »Man gehorcht den Gesetzen der Natur«, sagte er, »auch wenn man ihnen widerstrebt; man wirkt mit ihr, auch wenn man gegen sie wirken will.« Das dämonisch Determinierte seines Wesens ist von anderen oft empfunden worden. Man nannte ihn einen »Besessenen«, dem es nicht gestattet sei, willkürlich zu handeln. Seine tellurische Abhängigkeit äußerte sich zum Beispiel in einer solchen Wetter-Empfindlichkeit, daß er sich ein »dezidiertes Barometer« nannte, und es ist *nicht* anzunehmen, daß er eine solche Gebundenheit, die *Ver*bundenheit bedeutet, je für seine Person als entwürdigend empfunden, je mit seinem Willen sich dawider gestemmt hätte. Der Wille ist des Geistes; die Natur ist eher läßlich und gelinde. Aber gleichwie der Adel der Gebundenheit einen adeligen Stolz dareinsetzt, die dunkle Macht zu salutieren, der er gehört und von der er sich wohl geführt weiß, so verfügt er auch, wie wenigstens der Fall Goethe's lehrt, über die vornehme Geste der Huldigung vor dem Adel der Freiheit. »Denn hinter ihm«, sagt Goethe im ›Epilog zu Schillers Glocke‹,

> Denn hinter ihm in wesenlosem Scheine
> Lag, was uns alle bändigt, *das Gemeine*.

Dies ist wahrhaftig ein Huldigungswort der tiefsten Selbstentäußerung. Denn was ist das »Gemeine«? Nichts anderes als das Natürliche, vom Standpunkt des Geistes und der Freiheit gesehen. Denn Freiheit ist Geist, ist Loslösung von der Natur, Widersetzlichkeit gegen sie; sie ist Humanität, begriffen als Emanzipation vom Natürlichen und seinen Bindungen, diese Emanzipation als das eigentlich Menschliche und Menschen*würdige* verstanden. Man sieht, wie hier das aristokratische Problem mit dem der Menschenwürde zusammenfließt! Was ist vornehmer und menschenwürdiger: Freiheit oder Gebundenheit, Wille oder Gehorsam, das Sittliche oder das Naive? Wenn wir es ablehnen, die Frage zu beantworten, so geschieht es aus der Überzeugung, daß sie endgültig *niemals* beantwortet werden wird.

Allein der sittliche Sentimentaliker müßte eben kein Sentimentaliker sein, wenn sich auf seiner Seite nicht eine viel tiefere und lebhaftere Bereitschaft zur Huldigung vor dem Adel der Natur zeigen sollte als umgekehrt. Es gibt ohne Zweifel eine gewisse liebevolle Unterwürfigkeit, eine zärtliche und oft ganz unbedankte Dienstwilligkeit im Verhältnis des Geistes zur Natur, die zu den größten und rührendsten Erscheinungen des höheren Lebens zählt. Dostojewski las Tolstois Jugendwerk ›Kindheit und Knabenalter‹ in Sibirien, wohin die Monatsschrift ›Der Zeitgenosse‹ es brachte, und war so entzückt davon, daß er sich überall nach dem anonymen Verfasser erkundigte. »Ruhig, tief, klar und doch unbegreiflich wie die Natur, so wirkt es«, schrieb er, »so steht es da, und alles, auch das kleinste Nebenwerk, zeigt die schöne Gleichheit des Gemüts, aus welchem alles geflossen ist.« – Nein, nicht Dostojewski gebraucht diese Worte, obwohl er sie hätte gebrauchen können. Es ist Schiller, der so über den ›Wilhelm Meister‹ schreibt –, in jenem Brief, worin er Goethe zum ersten Male »Geliebter Freund!« anredet –, eine gefühlvolle Apostrophe, zu der umgekehrt Goethe sich unseres Wissens niemals verstanden hat. Dostojewski hat die tiefste und liebevollste aller existierenden Kritiken über Tolstois ›Anna Karenina‹ geschrieben, ein Meisterwerk begeisterter Exegese, während Tolstoi diesen Aufsatz vielleicht nicht einmal gelesen (da er überhaupt nie Kritiken seiner Werke las), noch weniger aber sich je bemüßigt gefühlt hat, ein Werk Dostojewski's kritisch zu feiern. Als Fjodor Michailowitsch starb, soll Tolstoi geäußert haben: »Diesen Menschen hab ich sehr geliebt.« Aber diese Erkenntnis kam ein wenig spät, denn zu seinen Lebzeiten hat er sich nie im geringsten um ihn gekümmert, und später, in einem Brief an Dostojewski's Biographen Strachow, verglich er ihn mit einem Pferde, das ganz prächtig und tausend Rubel wert scheine, plötzlich aber einen »Gehfehler« habe, also hinke, und das schöne, starke Pferd sei keine zwei Groschen wert. »Je länger ich lebe«, sagte er, »desto mehr schätze ich die Menschen ohne Gehfehler.« Aber diese Pferdephilosophie scheint in Beziehung auf den Dichter der ›Brüder Karamasow‹, gelinde gesagt, nicht ganz passend.

Wir wissen und sind dessen froh, daß im Falle Goethe's und Schillers die Natur zum Geiste sich würdiger und edler, sich brüderlicher verhielt. Aber wenn Goethe gewiß auch in diesem Verhältnis »Hatem«, das heißt ein »reichlich Gebender und Nehmender« war: hat er von dem liebenden Freunde nicht doch mehr genommen, als er ihm gab, wobei man das abrechnen muß, was er ihm durch sein bloßes *Sein*, also unbewußt und unwillkürlich gab? War in dem Verhältnis nicht Schiller dennoch eigentlich der *Dienende*? Ich für mein Teil glaube das, einfach weil es in der Natur der Sache liegt, weil Schiller des Maßes von Lob, Liebe, Anfeuerung gar nicht bedurfte, das er Goethe zuwandte, um ihn zur Fruchtbarkeit anzuhalten; und ich sehe, daß er einen solchen Brief, wie seinen berühmten ersten, der das Bündnis knüpfte und worin er mit freundschaftlicher Hand die Summe von Goethe's Existenz zog, denn doch seinerseits niemals empfangen hat.

Immer hat eine Äußerung Schillers gegen Goethe mich entzückt, die mir das Verhältnis wundervoll zu kennzeichnen scheint: ich meine die Briefstelle, wo er Goethe vor *Kant*, seinem eigenen geistigen Lehrer und Abgott, *warnt*. Goethe könne nur Spinozist sein, sagt er ihm; seine *schöne naive* Natur würde sofort zerstört werden durch das Bekenntnis zu einer *Freiheits*philosophie. – Es ist nicht mehr und nicht weniger als das Problem der *Ironie*, dessen wir hier ansichtig werden, das ohne Vergleich tiefste und reizendste der Welt. Dem Geiste, das sieht man hier, liegt nichts ferner, als die Natur zu sich bekehren zu wollen. Er warnt sie vor sich. Dem sittlichen Sentimentaliker erscheint die Naivität als *schön* und als höchst bewahrenswert. Die Erkenntnis empfindet das Leben, die Sittlichkeit empfindet die Unschuld, das Heilige empfindet das Göttliche, der Geist empfindet die Natur als *schön*, und in diesem eigentümlich absoluten Werturteil lebt der ironische Gott, lebt Eros. Der Geist tritt damit zur Natur in ein gewissermaßen erotisches, gewissermaßen durch die männlich-weibliche Geschlechtspolarität bestimmtes Verhältnis, kraft dessen er sich tief neigen, tief niederbeugen, die höchste Selbstentäußerung wagen kann, ohne dem eigenen Adel etwas zu vergeben, und das einer gewissen zärtlichen Verachtung niemals entbehren wird. Die sentimentalische Ironie ist verewigt in den Versen Hölderlins:

> Wer das Tiefste gedacht, liebt das Lebendigste,
> Hohe Tugend versteht, wer in die Welt geblickt,
> Und es neigen die Weisen
> Oft am Ende zu Schönem sich.

Andererseits kennt die naive Natur eine ironische Gesinnung, die mit ihrer *Objektivität* eines Wesens ist und für sie geradezu mit dem Begriff der Poesie zusammenfällt, indem sie sich über die Gegenstände, über Glück und Unglück, Gutes und Böses, Tod und Leben in freiem Spiele erhebt. Von ihr spricht Goethe in ›Dichtung und Wahrheit‹, anläßlich Herders.

Es ist ganz klar, daß das, was Goethe so lange von Schiller fernhielt, in erster Reihe dessen Freiheitspathos war; sein Begriff der Menschenwürde, der durchaus geistesdiktatorischer, das heißt revolutionärer Art war, der alle Humanität, alle Vornehmheit, allen Menschenadel emanzipatorisch verstand und einem Wesen wie Goethe naturbeleidigend scheinen und zuwider sein mußte. Es ist zum Beispiel a priori gewiß, daß Goethe an der berühmten Abhandlung ›Über Anmut und Würde‹ den schwersten und ärgerlichsten Anstoß genommen hat. Darin stehen Dinge wie die folgenden: »Bewegungen, welche keine andere Quelle als die Sinnlichkeit haben, gehören bei aller Willkürlichkeit doch nur der Natur, die für sich allein sich nie bis zur Anmut erhebet. Könnte sich die Begierde mit Anmut, der Instinkt mit Grazie äußern, so würden Anmut und Grazie nicht mehr fähig und würdig sein, der Menschheit zu einem Ausdruck zu dienen.« Das darf man idealistische Geistesgehässigkeit gegen die Natur nennen, und gehässig mußte es Goethen erscheinen. Denn es ist kühn behauptet, daß Anmut nicht aus Sinnlichkeit stammen und Natur zur Anmut sich nicht erheben könne. Anmut und Grazie sind also kein der Menschheit würdiger Ausdruck; denn daß die Begierde mit Anmut, der Instinkt mit Grazie sich äußern kann, ist eine »anmutige« Erfahrungstatsache. Und wenn Schiller fortfährt: »Anmut ist eine Schönheit, die nicht von der Natur gegeben, sondern von dem Subjekte selbst hervorgebracht wird ... Sie ist die Schönheit der Gestalt unter dem Einfluß der *Freiheit*; die Schönheit derjenigen Erscheinungen, die die Person bestimmt. Die architektonische Schönheit macht dem Urheber der Natur, Anmut und Grazie machen ihrem Besitzer Ehre. *Jene ist ein Talent, diese ein persönliches Verdienst*«: so ist diese sittliche Unterscheidung von »Talent« und »persönlichem Verdienst« für das Goethische Lebensgefühl und seinen Aristokratismus ein vollendeter Affront. »Wie sich *Verdienst* und *Glück* verketten«, sagte Goethe, »das fällt den Toren niemals ein.« Wobei unter »Glück« das zu verstehen ist, was Schiller als »Natur« und »Talent« vom freien, vom menschlichen »Verdienste« absondert. Und um dem Worte »Verdienst« fast trotziger-, fast paradoxerweise den moralischen Geschmack, der ihm anhaftet, zu nehmen, spricht Goethe gern von *»angeborenen Verdiensten«*. Niemandem ist verwehrt, diesen Ausdruck als einen logischen Widersinn zu bezeichnen. Allein es gibt Fälle, in denen der Logik eine metaphysische Gewißheit entgegensteht, die höher ist als sie; und Goethe, der im ganzen gewiß kein Metaphysikus war, empfand das Problem der Freiheit ganz zweifellos als metaphysisch. Das heißt, eine unbegriffliche Einsicht sagte ihm, daß Freiheit, daß also Schuld und Verdienst nicht Sache der empirischen Welt, sondern der intelligiblen seien, daß, um mit Schopenhauer zu reden, Freiheit nicht im *operari*, sondern im *esse* liege. Hierin beruht die Demut seines Adels, der Adel seiner Demut, welche beide der idealistischen Würde Schillers, seinem personalen und sittlichen Freiheitsstolz so strikt entgegenstehen. Goethe spricht, wenn er das Prinzip bezeichnen will, das seine Wesenheit bildete, mit Dank und Demut von einer »Gnade des Schicksals«. Allein der Begriff der ›Gnade‹, der ›Begnadigung‹ ist aristokratischer, als man gemeinhin glauben mag: er

bedeutet in der Tat die unauflösliche Verkettung von Glück und Verdienst, die Synthese von Freiheit und Notwendigkeit, er bedeutet: »angeborenes Verdienst«; und der Dank, die Demut, sie enthalten zugleich das *metaphysische* Bewußtsein, der Gnade des Schicksals absolut und unter allen Umständen sicher zu sein.
Es gibt, was Goethe betrifft, einen humoristischen Beleg hierfür, den ich unmöglich unangeführt lassen kann. Er spricht von dem englischen Nationalökonomen und Utilitaristen Bentham, er findet, es sei »der Gipfel der Tollheit, in dessen Alter so radikal zu sein«. Man antwortete ihm, Seine Exzellenz würde, in England geboren, dem Radikalismus und der Rolle eines Kämpfers gegen Mißbräuche kaum entgangen sein. Darauf Goethe mit der Miene des Mephistopheles: »*Wofür halten Sie mich?* Ich hätte sollen Mißbräuchen nachspüren und noch obendrein sie aufdecken und sie namhaft machen, ich, der ich in England von Mißbräuchen würde gelebt haben? In England geboren, *wäre ich ein reicher Herzog gewesen* oder vielmehr ein Bischof mit jährlichen 30000 Pfund Sterling Einkünften.« – Recht hübsch! Aber wenn er zufällig nicht das große Los, sondern eine Niete gezogen hätte? Es gebe so unendlich viele Nieten! – Darauf Goethe: »Nicht jeder, mein Allerbester, ist *für das große Los gemacht*. Glauben Sie denn, daß *ich die Sottise begangen haben* würde, auf eine Niete zu fallen?«
Das ist Scherz, selbstverständlich. Aber ist es nur Scherz? Spricht nicht vielmehr daraus jene tiefe, metaphysische Sicherheit, selbstverständlich niemals und unter keinen Umständen anders als bevorzugt und bevorteilt, niemals anders als *wohl*geboren werden zu können, und liegt nicht in dieser Sicherheit dennoch etwas wie das Bewußtsein der Willensfreiheit, wenn auch freilich einer Freiheit hinter der Erscheinung? Es ist wirklich nicht übel! Als revolutionärer Hungerleider, als idealistischer Sentimentalist zur Welt zu kommen, das nennt er eine »Sottise«. Ist das die Ironie, welche die Gotteskinder dem Geiste zuwenden? Wenn es ein natürliches Verdienst gibt, so gibt es auch natürliche Schuld, und wenn als kümmerlicher Durchschnittsmensch oder arm oder krank oder dumm zur Welt zu kommen eine Tölpelei ist, dann ist der Verbrecher zwar nicht erst empirisch, aber schon metaphysisch *straf*würdig. Denn die Begriffe Verdienst und Lohn,

Schuld und Strafe gehören zusammen. Und *eine* Strafe wenigstens trifft alle, die die Sottise begingen, eine Niete zu ziehen: die der ewigen Vernichtung; während den Erwählten zum Schlusse auch noch das ewige Leben gehört. »Wer keinen Namen sich erwarb, noch Edles will, gehört den Elementen an; *so fahret hin*!« Aber da die Möglichkeit, sich einen Namen zu erwerben und Edles zu wollen, jedenfalls nicht Sache empirischer Willensfreiheit ist, so liegt in diesem »So fahret hin!« eine große Unbarmherzigkeit; und wenn der Begriff der ›Gnadenwahl‹, mit dem ja derjenige der metaphysischen *Verworfenheit* korrespondiert, ein christlicher Begriff ist, so kehrt jedenfalls mit ihm das Christentum seine aristokratischste Seite hervor ...

Adelsanmut

Es schien uns kein Zufall, daß Schiller und Dostojewski kranke Menschen waren und es darum nicht wie Goethe und Tolstoi zu ehrwürdiger Hochbetagtheit bringen konnten. Dies schien uns vielmehr in ihrer Wesenheit tief begründet. Ebenso symbolisch ist die weitere äußere Tatsache, daß die beiden großen Plastiker und Realisten *vornehmer Abkunft* waren, in eine bevorzugte soziale Stellung hineingeboren wurden, während die Helden und Heiligen der Idee, Schiller und Dostojewski, der Sohn des schwäbischen Feldschers und der des Moskauer Hospitalarztes, kleiner Leute Kind waren und in beschränkten, unansehnlichen, man möge sagen: unwürdigen Verhältnissen all ihre Tage verbrachten. Ich nenne dies biographische Faktum symbolisch, weil sich darin die *Christlichkeit des Geistes* bewährt, dessen Reich, wie das Schriftwort lautet, »nicht von dieser Welt« ist, im Persönlichen so wenig wie im Ideellen und Künstlerischen – entgegengesetzt auf ewig dem Reiche der Natur und ihrer Lieblinge, deren Wesen und Adel in der Tat ganz und gar »von dieser Welt«, der leiblich-heidnischen Welt ist – darin beruht ihr ›Realismus‹. Auch waren beide, Tolstoi sowohl wie Goethe, Realisten genug, sich ihrer bevorzugten Abkunft naiv zu freuen, ja, in einer Weise Gewicht darauf zu legen und sich davon durchdrungen zu zeigen, die sonderbar ungeistig anmuten müßte, wenn nicht klar wäre, daß sie selbst diesen

Vorzug symbolisch nahmen und daß sich ihr Bewußtsein davon mit dem Gefühl ihrer höheren, übersozialen, menschlichen Vornehmheit auf eine gewisse kindliche Art verschränkte und vermischte. Goethen war seine edelbürgerliche Geburt so lieb, daß ihm das Adelsdiplom, als er es in Händen hielt, »nichts, gar nichts« bedeutete. »Wir Frankfurter Patrizier«, sagte er, »hielten uns immer dem Adel gleich.« Aber in demselben Gespräch und Zusammenhang äußert er auch, um seinen Ruf als Fürstenknecht zu widerlegen: »Ja, es war mir selber *so wohl in meiner Haut*, und ich fühlte mich selber so vornehm, daß, wenn man mich zum Fürsten gemacht hätte, ich es nicht eben sonderlich merkwürdig gefunden haben würde.« Am Rande bemerkt: Es hätte durchaus bei ihm gestanden, Fürst zu werden. Wäre er der Aufforderung Napoleons gefolgt, seine Tätigkeit nach Paris zu verlegen, hätte er dort den ›Cäsar‹ geschrieben, den Napoleon wünschte und in dem Goethe nur seinem Jugendhaß auf die »nichtswürdigen«, die »niederträchtigen« Mörder hätte die Zügel schießen zu lassen brauchen – so hätte der Kaiser ihn mit Sicherheit zum Fürsten gemacht, wie er nach eigener Aussage Corneille dazu gemacht haben würde. Worauf wir hinweisen wollten, ist dies: wie nahe in Goethe's Selbstgefühl das Bewußtsein seiner sozialen Wohlgeborenheit dem seines menschlichen Adels, seiner Gotteskindschaft steht – beides fließt zusammen zu einem und demselben Adelsbewußtsein oder »angeborenen Verdienst«.

Graf Leo Tolstoi, wie man weiß, entstammte einer der ältesten und vornehmsten Adelsfamilien Rußlands. Liest man seine Werke, ›Kindheit‹ zum Beispiel oder ›Anna Karenina‹, diesen Roman aus der eleganten Moskauer Gesellschaft, so hat man vor allem das Gefühl, es mit einem Manne von der besten Kinderstube zu tun zu haben, dasselbe Gefühl, das einen auch beim Lesen von ›Dichtung und Wahrheit‹ oder der ›Wahlverwandtschaften‹ nicht verläßt. Aber auch jene intime und vielleicht kindliche Erscheinung, die wir eben bei Goethe bemerkten, finden wir bei Tolstoi wieder: sein Blutsadel und jene Auszeichnung, die das große Talent verleiht, gehörten ihm zusammen, ganz einfach, weil sie beide ihm gehörten, und in der Freude an sich selbst, von der er trotz aller Zerknirschungsanfälle sehr viel besaß, vereinigte sich die Vorstellung beider. Der schriftstellerische Ruhm, schrieb er an seinen Schwiegervater, beglücke ihn sehr; Schriftsteller *und Aristokrat* zu sein, empfinde er als höchst angenehm. »Schriftsteller und Aristokrat« – all seines Christentums, all seines ›Anarchismus‹ ungeachtet, hat er nicht aufgehört, diese persönliche Mischung auf das markanteste darzustellen. Als Turgenjew die Bekanntschaft des jungen Tolstoi gemacht hatte, sagte er: »Nicht ein Wort, nicht eine Bewegung ist natürlich an ihm. Er posiert beständig, und es ist mir rätselhaft, wie ein so kluger Mann diesen *kindischen Stolz auf seinen dummen Grafentitel* haben kann.« Da das derselbe Turgenjew war, der gegen einen französischen Verleger äußerte: »Ich bin nicht würdig, seinen Schuhriemen zu lösen« – so wird, was er damals sagte, wohl auf Wahrheit beruht haben. Was den *alten Tolstoi* betrifft, so erzählt Gorki: »Sein äußeres behagliches Demokratentum täuschte viele Leute, und ich habe oft gesehen, wie Russen, die Menschen nach ihren Kleidern beurteilen, einen Strom von ihrer abscheulichen ›Offenherzigkeit‹ ergossen, die richtiger ›die Vertraulichkeit des Schweinekobens‹ heißt. Und plötzlich kam unter seinem Bauernbart, unter seiner demokratischen, zerknitterten Bluse der alte russische ›Barin‹, der hohe Aristokrat zum Vorschein: und die Nasen der treuherzigen Besucher wurden sogleich blau von der unerträglichen Kälte, die von ihm ausging. Es war eine Freude, dieses Geschöpf von reinster Rasse zu sehen, die edle Anmut seiner Bewegungen, die stolze Zurückhaltung seiner Rede zu beobachten, die erlesene Schärfe seiner mörderischen Worte zu hören. Er ließ gerade so viel vom ›Barin‹ sichtbar werden, wie für diese Knechtsseelen nötig war, und wenn sie den ›Barin‹ in Tolstoi weckten, so kam der leicht und natürlich und erdrückte sie so, daß sie zusammenschrumpften und winselten.« – Die blauen Nasen wecken weimarische Erinnerungen, erkältende Erinnerungen an dortige Empfangs- und Huldigungsszenen – nur daß Goethe erstens nicht so boshaft war, den »behaglichen Demokraten« überhaupt erst zu spielen, und daß sich zweitens noch hinter seiner repräsentativesten Miene mehr Liebe verbarg, als Tolstoi je besessen hat – er, von dem Turgenjews Scharfsichtigkeit urteilte: sein letztes und schrecklichstes Geheimnis sei, daß er niemanden lieben könne als sich selbst. Eine »Freude« in Gorki's Sinn aber ist es zum Beispiel, Tolstoi auf dem Petrowsker Jahrmarkt zu sehen, wohin er mit Behrs von

seinem Gute in Samara in den siebziger Jahren fuhr und wo er sich in dem bunten Gewühl der Bauern, Kosaken, Baschkiren, Kirgisen durch seine Liebenswürdigkeit sehr populär machte. Sogar mit Betrunkenen, heißt es, scheute er sich nicht, Gespräche zu beginnen. Da ereignet sich nun der folgende stille und charakteristische kleine Vorfall. Ein betrunkener Bauer will ihn im Überschwang seiner Gutmütigkeit umarmen. Aber ein »strenger«, ein »ausdrucksvoller« Blick aus Leo Nikolajewitschs Augen trifft ihn und *ernüchtert* den Mann, hält ihn zurück. »Der Bauer ließ von selbst seine Hände fallen und sagte: ›Nein, so, schon gut‹.« – Was lag in diesem Blick, was so ernüchternd, ablehnend und bändigend wirkte? War es das Bewußtsein des ›Barins‹ oder das des großen Schriftstellers? Das ist gerade in diesem Fall absolut nicht auseinanderzuhalten – objektiv so wenig, wie es, zweifellos, subjektiv auseinandergehalten wurde.
»Wenn Leo Nikolajewitsch gefallen wollte«, berichtet Gorki, »so konnte er das leichter als eine kluge und schöne Frau. Stelle dir eine Menge von allen möglichen Leuten vor, die in seinem Zimmer sitzen: der Großfürst Nikolai Michailowitsch, der Hausmaler Ilja, ein Sozialdemokrat aus Jalta, ein Musiker, ein Deutscher, der Dichter Bulgakow usw. usw., und alle schauen ihn mit denselben verliebten Augen an, während er ihnen die Lehre Laotse's erklärt ... Ich pflegte ihn genau so anzuschauen wie die anderen. Und jetzt sehne ich mich, ihn noch einmal zu sehen – und werde ihn niemals mehr sehen.« – Eines ist offensichtlich: Es war *nicht* die Lehre Laotse's, die diese Verliebtheit in aller Augen brachte. Diese Lehre wäre allgemein nur sehr geringem Interesse begegnet ohne den, der sie vortrug. Jene »Verliebtheit in aller Augen« aber ist genau dieselbe, die der Herzog Carl August im Sinne hatte, als er Goethen die Grüße des von Rußland kommenden Kaisers Napoleon ausrichtete und hinzufügte: »So wirst du von Himmel und Hölle beliebäugelt.«
Übrigens waren die demokratischen Mushik-Blusen, die Tolstoi trug, stets sehr sauber, aus feinem, weichem Stoff, höchst bequem und angenehm, und seine Wäsche war parfümiert. Das heißt: nicht er selbst parfümierte sie, sondern die Gräfin tat es, und er, der es sehr gern hatte, gab sich den Anschein, als merke er es nicht – wie er sich auch den Anschein gab, nicht zu merken, daß die vegetarischen Ge-

richte, die er ausschließlich zu sich nahm, mit Bouillon bereitet waren. »Sein Gesicht ist das eines Bauern«, berichtet ein Augenzeuge, »mit breiter Nase, wettergebräunter Haut und dichten, überhängenden Brauen, unter denen kleine, graue, scharfe Augen hervorstechen. Aber trotz der bäuerlichen Gesichtszüge erkannte man in Leo Nikolajewitsch sofort den Angehörigen der höchsten Gesellschaft, einen weltgewandten, vornehmen russischen Herrn.« So, etwa mit einem Großfürsten englisch oder französisch konversierend, erinnert er sehr an Goethe, dem Fürsten aufwarten und der es nicht für Raub an seinem menschlichen, seinem Gottesadel erachtete, die Banalität weltmännischer Gewandtheit und Vornehmheit damit zu verbinden. Als Tolstoi in London Alexander Herzen besuchte, durfte dessen Tochter, die junge Natalja Alexandrowna, auf ihren flehentlichen Wunsch in einer dunklen Zimmerecke dabei anwesend sein, um den Verfasser von ›Kindheit und Knabenalter‹ leibhaftig zu sehen. Mit klopfendem Herzen erwartete sie Tolstois Erscheinen, war aber bitter enttäuscht, als sie einen Mann gewahrte, der nach der letzten Mode gekleidet war, gute Manieren hatte und ausschließlich über Hahnen- und Boxerkämpfe sprach, die er sich in London angesehen. »Nicht ein Wort, das vom Herzen kam, nicht ein Wort, das meinen Erwartungen entsprochen hätte, vernahm ich während des einzigen Zusammentreffens, bei dem ich gegenwärtig war.«
Es gibt keine ähnliche Nachricht über Dostojewski oder Schiller. Niemals haben diese die Erwartung der Welt durch Weltlichkeit enttäuscht. Die Söhne des Geistes wirken persönlich geistlich, wie der hoffnungsvolle Durchschnitt es sich von denen verspricht, die ihm die Seele erschüttern. Die tiefe, bleiche, leidvoll-heilige Verbrechermiene Dostojewski's entsprach den Vorstellungen, die das Russentum von der Erscheinung seines Genius hegt, wie die kühne, sanfte, schwärmerische und ebenfalls kranke Physiognomie Schillers, mit offenem Hemdkragen und lose um den Hals geschlungenem Seidentuch, dem Bilde entsprach, das das deutsche Gemüt sich von seinem Helden mochte entworfen haben – während dagegen Goethe, nach Riemers Schilderung, im blauen Überrock unter seine Gäste tretend, »das kräftig-ausdrucksvolle Gesicht von Luft und Sonne zeugend, umwallt von schwarzen Seitenlocken, das Hinterhaar in einen Zopf ge-

bunden, einem wohlhabenden, behaglichen Pachter oder einem vielversuchten Stabsoffizier in Zivilkleidung eher glich als einem sentimentalen und umbratilen Dichter«. Auch ist von vornherein sicher, daß von jenen beiden keiner je durch die Bekundung eines banalen Interesses an Hahnen- und Boxerkämpfen die Verehrung befremdet hat, wogegen der Sinn für das Sportliche, der Geschmack an körperlicher Übung, Leibeszucht und -glück im Leben Tolstois wie in dem Goethe's eine charakteristische Rolle spielt. Man nennt dergleichen Tendenzen ›ritterlich‹ – und deutet damit die Körperlichkeit jenes Adels an, der von dieser Welt ist. »Man mußte ihn sehen«, schreibt Riemer über Goethe, »wie er strack und fest auf seinen Füßen stand, wie er einherging ernsten und sicheren Schrittes und gewandten Körpers. Eine frühe Gymnastik: Tanzen, Fechten, Schlittschuhlaufen, Reiten, sogar Kurier- und Parforceritte hatten ihm diese Beweglichkeit und Gewandtheit mitgeteilt; die ihn auf den schlimmsten Pfaden keinen Fehltritt tun ließ, nicht in Gefahr des Ausgleitens, des Fallens brachte, daß er über Glatteis, schmale Stege, schroffe Fels- und Fußsteige leicht und sicher hinauskam. Wie er als Jüngling in Felsklüften und Steingeröllen mit seinem fürstlichen Freunde herumklettert, Turmhöhen und Alpenklippen mit Gemsenfreche erklimmt, so ist ihm bei seinen geologischen Forschungen fünfzig Jahre hindurch ›kein Berg zu hoch, kein Schacht zu tief, kein Stollen zu niedrig und keine Höhle labyrinthisch genug‹.«

Das hohe Interesse, das Tolstoi an seinem Körper nahm und das sich sowohl auf negative wie auf positive Weise bekundete: negativ durch christlich-asketische Schimpfereien auf diesen seinen tierischen Leib, durch solche Sentenzen wie, daß der Leib dem wahren Guten ein Hindernis sei, und durch Redensarten wie: »Ich schäme mich, von meinem ekligen Körper zu sprechen« – positiv aber durch jederlei Zucht und Wohltat, die er ihm zuteil werden ließ –, dies Interesse also beginnt in dem Augenblick, von dem er in den ›Bekenntnissen‹ erzählt: wie er als kleines Kind in einer Holzwanne sitzend, eingehüllt in den Geruch des Kleienwassers, in dem man ihn badet, zum erstenmal seinen kleinen Körper mit den vorn an der Brust sichtbaren Rippen bemerkt und sofort eine starke Zuneigung zu ihm faßt. Tolstois Gesicht war im gewöhnlichen Sinne häßlich, und er litt schwer darunter, er war überzeugt, daß es für einen Menschen mit so breiter Nase, so dicken Lippen und so kleinen, grauen Augen kein Glück geben könne, und er gesteht, daß er alles für ein hübsches Gesicht hingegeben hätte. Der Jüngling, den das Problem des Todes quält, der über allen höchsten und letzten Fragen grübelt, und zwar auf eine Art, die durchaus nicht kindlicher und unreifer ist als die des »greisen Propheten« – dieser Jüngling ist zugleich unausgesetzt mit seinem Äußeren beschäftigt, zeigt sich erfüllt von dem Wunsch, elegant, comme il faut zu sein, und setzt den äußersten Ehrgeiz in die Tugend, Ausbildung, gymnastische Kultur seines Körpers, turnt, reitet, jagt, als hätte er keinen höheren Gedanken im Kopf und beabsichtige auch nicht, einen solchen darin zu haben. Seine Passion für die Jagd war so übergroß, daß er seiner Frau gestand, unter Menschen vergäße er Sofja Andrejewna's nie, aber auf der Jagd denke er an nichts als an sein Doppelgewehr. Aus mehr als einem Bericht und Briefen solcher, die ihn in seinen Mannesjahren gekannt, geht hervor, was für ein kühner Sportsmann er gewesen, wie er über Gräben und Abgründe mit erstaunlicher Behendigkeit zu springen pflegte und ganze Tage in der Einöde verbrachte. Einen besseren Gefährten, heißt es, habe man sich nicht denken können. Der christliche oder buddhistische oder chinesische Pazifismus seiner späten Jahre verbietet ihm selbstverständlich das Töten von Tieren, obgleich die unverwüstliche Kraft und geschulte Behendigkeit seines Körpers ihm die Jagd noch immer erlaubt hätte und obgleich er auch die größte Lust dazu hatte. Er nahm Abschied von ihr. Er unterzog sich einer Prüfung und fand, daß er die Kraft besaß, den Hasen laufen zu lassen. Dazu gehörte wirklich Kraft in seinem Falle, wie deutlich aus der folgenden Anekdote hervorgeht, die Gorki erzält: Tolstoi zog einen dicken Überrock und hohe Schaftstiefel an und nahm Gorki mit zu einem Spaziergang in den Birkenwald. Er sprang wie ein Schuljunge über die Gräben und Pfützen, schüttelte die Regentropfen von den Zweigen, streichelte die feuchten, seidigen Birkenstämme liebevoll mit der Hand und sprach dabei über Schopenhauer ... »Plötzlich sprang vor unseren Füßen ein Hase auf. Leo Nikolajewitsch schnellte aufgeregt empor, sein Gesicht erhellte sich, und er ließ einen Jagdruf hören wie ein richtiger, alter Sportsmann. Dann sah er mich mit einem neugierigen Lächeln an und fing herzlich und menschlich zu lachen an. Er war bezaubernd in diesem Augenblick.« – Noch schöner ist die Geschichte von dem Habicht, den der Alte über seinen Hühnern kreisen sieht, im Begriffe zuzustoßen. Leo Nikolajewitsch schaut unverwandt zu dem Raubvogel hinauf, die Hand über den Augen, und »flüstert aufgeregt«: »Der Schelm ... jetzt, jetzt ... er kommt ... Oh, er fürchtet sich ... Ich werde den Stallknecht rufen ...« Und er ruft, der Habicht verschwindet. Aber Tolstoi ist voller Reue; er seufzt und sagt: »Ich hätte nicht rufen sollen. Er würde schon zugestoßen haben.« Es sind seine Hühner. Aber alle Sympathie dieses greisen Propheten des Pazifismus ist beim Habicht.

Über sein Söhnchen Iljuscha schrieb er in einem Brief: »Iljuscha ist faul, er wächst und seine Seele ist noch nicht erdrückt von organischen Vorgängen.« Was heißt das? Wachsen ist ja selbst ein organischer Vorgang, und wenn Wachsen unschuldig ist, so werden es auch die organischen Vorgänge sein, die durch das Wachstum herbeigeführt werden und die Tolstoi im Sinne hatte, da sie ihm sein ganzes Leben lang so schwer zu schaffen machten. Die kirchenväterliche Auffassung der Frau als instrumentum diaboli ist bei ihm nicht etwa bloß eine Stimmung aus der Zeit der ›Kreutzersonate‹, sondern sie datiert von viel früher her, schon aus den Tagebüchern seiner Jünglingszeit geht sie hervor, und wenn er von »organischen Vorgängen» spricht, so geschieht es im Geist jenes frühchristlichen Papstes, der zu Kasteiungszwecken eine ausführliche Liste aller widerwärtigen und übelriechenden Funktionen des Körpers aufstellte – dieses Körpers, der zum Schlusse noch der Schande der Verwesung anheimfalle. Dergleichen rankünöse Betrachtungen hätte auch Tolstoi anstellen können, und er hat sie angestellt. Sehr sinnliche Menschen gerade kennen solche Stimmungen wohl. Maupassant nennt den Zeugungsakt einmal »schmutzig und lächerlich« – ordurier et ridicule – man kann nicht objektiver urteilen. Tolstois Sache war eine so zynische und heitere Objektivität nun freilich nicht. Seine Gehässigkeit gegen das Organische trägt einen Akzent subjektiver Qual und Leidenschaft, der erschüttert. Und doch ist er in dem Grade ein Gunstkind der schaffenden Macht, des organischen Lebens, daß man bis auf Goethe zurückgehen muß, um eines Menschenwesens ansichtig zu werden, dem es »so wohl war in seiner Haut« wie ihm. Ja, die Parallele ist genauer: Bei beiden vermischt sich auf dieselbe Art das gesegnetste organische Wohlsein, das bis zum organischen Rausch gehen kann, mit der radikalsten Melancholie, der tiefsten Intimität mit dem Tode. Der stutzerhafte und ausschweifende Studiosus Goethe in Leipzig flieht jeden Augenblick die Gesellschaft der Menschen, Kartenspiel und Tanz, um sich der Einsamkeit zu ergeben. Sein Glanz, seine kindische, ja fratzenhafte Ausgelassenheit im Freundeskreise, etwa mit den Jakobis, Heinse, Stilling in Elberfeld, ist zur Genüge bezeugt. Er schneidet Gesichter, tanzt um den Tisch wie ein Narr, kurz, weiß sich vor mysteriöser Trunkenheit nicht zu lassen, so daß die umsitzenden Philister ihn für verrückt halten. Und das ist derselbe Goethe, dessen ›Werther‹ mehr als einen jungen Menschen zum Selbstmord trieb und der sich selbst im Selbstmorde übte, indem er ein scharfes Dolchmesser, das auf seinem Nachttisch lag, sich jeden Abend ein wenig tiefer in den Körper zu treiben suchte.

Wir beobachten denselben animalischen Übermut bei Tolstoi, und zwar bis in sein hohes Alter, das ohne die Würde, Gemessenheit, repräsentative Gehaltenheit von Goethe's Spätzeit ist. Das darf nicht wundernehmen. Denn wer wollte zweifeln, daß Goethe das Leben ernster, schwerer, vorbildhafter geführt hat als der slawische Junker: daß seine Kulturarbeit im Grunde viel mehr wirkliche Entsagung, Beschränkung, Zucht und Selbstbändigung bedingte als Tolstois radikalistisch-hilfloses, im Halbwilden und Absurden steckengebliebenes Vergeistigungswerk? Tolstois Adelsanmut war, wie auch Gorki sie schildert, die eines edlen Tieres. Zur Würde des Gesitteten, des Überwinders hat er es niemals gebracht. Es ist nichts weiter als liebenswürdig, von den Possen zu hören, die er mit Kindern trieb, den Schnurren, die er ihnen erzählte, den Turnspielen, an denen er sich mit ihnen ergötzte, den unendlichen Krocket-, Lawn-Tennis- und Hockebock-Partien im Garten von Jasnaja Poljana – Übungen und Vergnügungen der jungen Welt, an denen er sich nicht nur beteiligt, sondern deren Seele er ist. Der Sechzigjährige läuft mit den Knaben um die Wette, und seine Velozipedtouren erstrecken sich zur Besorgnis der Gräfin über dreißig Werst. »Wenn es eine Unterhaltung gilt«, erzählt ein Besucher, »die Beweglichkeit, Kraft und Gewandtheit erfordert, so wendet er seine Augen nicht von den Spielenden ab, mit ganzer Seele nimmt er an dem Gelingen oder Mißlingen Anteil. Oft konnte er es nicht mehr aushalten und beteiligte sich selbst am Spiel, wobei er so viel jugendliches Feuer und muskulöse Geschmeidigkeit zeigte, daß man ihm nur mit Neid zusehen konnte.« Im Familienkreis treibt er den reinsten Unsinn. Er hatte zum Beispiel ein Spiel erfunden, das er »Numidische Reiterei« nannte und das besonders die Kinder zu lärmendem Entzücken hinriß. Es bestand darin, daß Leo Nikolajewitsch plötzlich vom Stuhl aufsprang, eine Hand erhob, mit ihr in der Luft fächelte und so im Zimmer umherlief, wobei alle, Kinder und Erwachsene, seinem Beispiel folgten. Das ist, wie gesagt, reizend, und um so reizender – wenn auch zugleich etwas sonderbar –, als von all diesem Übermut aus Jahren *nach* seiner sogenannten ›Bekehrung‹ berichtet wird, aus Zeiten seelischer Krisis, asketischer Verdüsterung, theologischer Grübelei. Aber was soll man zu dem Vorfall sagen, von dem sein Schwiegervater Behrs erzählt und der darin bestand, daß der greise Prophet, mit eben diesem Behrs im Zimmer herumgehend und scherzend, ihm plötzlich *auf die Schulter springt*? Er ist wohl gleich wieder heruntergesprungen; aber einen Augenblick hat er dort oben gehockt wie ein graubärtiger Kobold, und das mutet unheimlich an! Ich fordere niemanden auf, sich den alten Goethe vorzustellen, wie er sich einem Besucher unverhofft auf die Schulter schwingt. Der Unterschied der Lebensstimmung ist deutlich. Die Verwandtschaft aber ist es nicht weniger.

Problematik

Man findet bei genauerem Zusehen, daß den Söhnen der Natur, den Plastikern, den Objektiven, eine Problematik eignet, die den Kindern der Idee durchaus fremd ist, die ihr Leben, bei allem Liebesglanz, der darauf ruht, eigentümlich dunkel färbt und ihnen jenes adelige ›Wohlsein in ihrer Haut‹ offenbar beträchtlich verkümmert. Man gewinnt den Eindruck, daß es ein vollständiger Irrtum ist, zu meinen, Problematik sei die Sache des Geistes, während das Reich der Natur ein Reich der Harmonie und der Klarheit sei. Das Umge-

kehrte scheint richtig zu sein. Wenn, was wir ›Glück‹ nennen, in der Harmonie, der Klarheit, der Einigkeit mit sich selbst, dem Zielbewußtsein, einer positiven, gläubigen und entschiedenen Sinnesrichtung, kurz: dem Frieden der Seele besteht, so ist offenbar den Söhnen des Geistes das Glück viel leichter erreichbar als den Naturkindern, die im Gegenteil, obgleich ›Einfalt‹ ihr Teil sein sollte, das Glück und den Frieden der Einfachheit, der Eindeutigkeit niemals zu gewinnen scheinen, sondern in deren Wesen die Natur selbst ein Element der Fragwürdigkeit, des Widerspruchs, der Verneinung, des umfassenden Zweifels mischt, das durchaus kein Element des Glückes ist, denn es ist kein Element der Güte. Der Geist ist gut. Die Natur ist es durchaus nicht. Sie ist *böse*, würde man sagen, wenn moralische Kategorien in Hinsicht auf sie überhaupt statthaft wären. Sie ist also weder gut noch böse, sie entzieht sich dem scheidenden Urteil, wie sie selbst, es ablehnt zu scheiden und zu urteilen; sie ist indifferent, objektiv gesprochen, und wie diese Indifferenz in ihren Kindern geistig-subjekthaft erscheint, wird sie zu einer Problematik, die mit Qual und Bösartigkeit mehr zu tun hat als mit Glück und Güte, und die durchaus nicht gekommen scheint, Frieden zu bringen, wie der menschenwürdig-menschenfreundliche Geist, sondern Zweifel und Verwirrung.
Man sieht: ich spreche hier nicht von dem vergleichsweise harmlosen Widerstreit der faustischen »zwei Seelen«, dem Kampf zwischen den Trieben einer starken animalischen Veranlagung und der Sehnsucht nach den »Gefilden hoher Ahnen« – diesem Kampf, dieser Problematik, von der Goethe aus so tiefer Erfahrung spricht und die nicht nur Tolstois Jugend so schwer und reuezerrissen gestaltete, sondern sein ganzes Leben bis ins hohe Alter begleitete. Was ich meine, ist etwas zunächst viel leichter und heiterer Anmutendes: eine Situation etwa wie die Goethe's zwischen Lavater und Basedow, in der Goethe sich als das »Weltkind in der Mitten« bezeichnet. Das klingt leicht, heiter und selbstgefällig und war auch wohl so gemeint. Und doch liegt in dem Worte »Weltkind« und der Existenz, die ihm entspricht, eine Dunkelheit, Schwierigkeit und Problematik, gegen welche die ›prophetische‹ Daseinsform nichts weiter als Licht, Einfalt und Geradsinn bedeutet. »Goethes Neigung zum Negieren«, schreibt der Kanzler von Müller bei irgendeiner Gelegenheit,

»und seine ungläubige Neutralität traten wieder einmal auffallend vor.« – »Dieses Etwas«, schreibt Gorki über Tolstoi, »was er vermutlich nie einem Menschen sagen wird, was sich nur andeutungsweise in seine Unterhaltung schlich und wovon sich Andeutungen auch in seinem Tagebuch finden, scheint mir eine Art ›Verneinung aller Bejahungen‹, der tiefste und entsetzlichste Nihilismus, der aus der Erdschicht einer schrankenlosen und hoffnungslosen Verzweiflung entsprungen ist, aus einer Einsamkeit, die wohl keiner außer ihm mit so furchtbarer Klarheit erfahren hat.« Keiner? Nicht Tolstoi war es, der die so unermeßlich viel Lyrik enthaltende Figur des Mephistopheles schuf – wenn auch freilich das Element des Mephistophelischen seinem Leben niemals, auf keiner Stufe, gefehlt hat. Die unaufhörliche, qualvolle Mühe, das zu gestalten, was er seine Lebensauffassung nennt, zur Wahrheit und Klarheit, zum innern Frieden zu gelangen, äußert sich in seiner Jugend teils in einer finstern Gereiztheit und Grobheit, die zu Szenen mit den Freunden, zu Duellaffären führt, die er verzweifelt ernst nimmt und bei denen es ihm wirklich um Töten und Sterben zu tun ist, – teils aber in einem boshaften Negativismus, einem allgemein feindseligen Widerspruchsgeist, der, wie ausdrücklich versichert wird, ganz mephistophelisch anmutete, wenn er auch gewiß nicht nihilistisch, sondern moralisch gemeint war und nur dem gelten sollte, was nicht ›das Wahre‹ war, aber das war eben – alles. Man gewahrte bei dem jungen Tolstoi »von Anfang an eine Art unbewußter Feindseligkeit gegen alle im Reich des Denkens angenommenen Gesetze. Gleichviel welche Meinung ausgesprochen wurde, und je größer die Autorität des Sprechers war, um so mehr bestand er darauf, einen gegnerischen Standpunkt zu betonen und schroff zu erwidern. Wenn man ihm zusah, wie er dem Sprechenden lauschte, ihn prüfend betrachtete, wie sarkastisch er die Lippen verzog, hätte man annehmen müssen, daß er nicht so sehr daran dachte, eine Frage zu beantworten, als daran, eine Meinung auszusprechen, die den Frager überraschen und verwirren müßte.« Das ist Nihilismus, ist Bosheit. Aber es ist nicht eigentlich kalte Bosheit, sondern gequälte Mißgunst gegen jeden, der Klarheit und Wahrheit zu besitzen glaubt, es ist der Unglaube an Klarheit und Wahrheit. Diese Mißgunst und dieser Unglaube richteten sich vor allem gegen den klarhumanen Turgenjew, mit dem er sich nie vertrug. »Tolstoi«, sagte Turgenjew, »entwickelte früh einen Charakterzug, der, da er seiner düstern Lebensauffassung zugrunde liegt, ihm selbst ganz besonders viel Leid verursacht. Er vermochte nie, an die Aufrichtigkeit der Menschen zu glauben. Jede Empfindung erschien ihm erlogen, und er hatte die Gewohnheit, dank seinem außergewöhnlich durchdringenden Blick, den Menschen, den er für falsch hielt, mit den Augen zu durchbohren.« Und Turgenjew fügte, als er dies sagte, das Geständnis hinzu, er habe nie im Leben etwas kennengelernt, was ihn mehr zu entmutigen vermocht hätte als die Wirkung dieses durchdringenden Blickes, der – in Verbindung mit zwei oder drei giftigen Bemerkungen – jeden, der keine besonders große Selbstbeherrschung hatte, bis zur Grenze des Wahnsinns habe bringen können. Nun war Turgenjews Selbstbeherrschung groß. Auf der Höhe seiner literarischen Erfolge, ruhig und heiter, setzte er der Problematik des jüngeren Kollegen die Gelassenheit eines mit sich selbst im Einverständnis lebenden Menschen entgegen. Aber diese Sicherheit war es eben, was Tolstoi reizte; er schien es darauf abgesehen zu haben, diesen ruhigen, gütigen Menschen, der mit der vollen Überzeugung, das Rechte zu tun, wirkte, außer Rand und Band zu bringen. Und gerade die Überzeugung, »das Rechte« zu kennen und es zu tun, war ihm bei andern unerträglich, da er selbst durchaus nicht wußte, was »das Rechte« sei. »Nach seiner Ansicht«, sagt Garschin, »waren die Menschen, die man für gut hält, nur Heuchler, die mit ihrer Güte paradierten und sich den Anschein gaben, überzeugt zu sein, daß ihre Arbeit einem guten Zwecke diene.« Auch Turgenjew erkannte diese sonderbare düstere und boshafte Disposition Tolstois, und entschlossen, bei dem, was er als »recht« erkannt, auszuharren und nicht die Selbstbeherrschung zu verlieren, mied er Tolstoi, ging von Petersburg, wo dieser damals lebte, nach Moskau und dann auf seinen Landsitz. Aber – und dies ist nun erst recht bezeichnend für Tolstois Gemütszustand –: Tolstoi verfolgte ihn. Er folgte ihm Schritt für Schritt, »wie ein verliebtes Frauenzimmer«, um Turgenjews eigene Worte zu gebrauchen.

Das alles ist sehr merkwürdig und stark. Es zeigt vor allem, wie vollständig der alte Tolstoi, von dem Gorki erzählt, in dem jungen vorgebildet war. Hat er je das »Rechte«, das Eigentliche, das Wahre, das nicht zu Negierende gefunden? Er fand dergleichen für die andern, fand sie damit ab. Aber er selbst ist der Negation und Neutralität des Elementarwesens bestimmt niemals entkommen. »Rousseau log und glaubte seine Lügen«, sagte er. Glaubte auch er seine Lügen? Aber er log gar nicht. Er war elementar, nihilistisch, boshaft und unergründlich. »Möchten Sie es sehr gern wissen?« fragt er. – »Sehr.« – »Dann werde ich's Ihnen nicht sagen.« Und er lächelt und spielt mit den Daumen. Dies Lächeln, dies »listige kleine Lächeln«, wiederholt sich in Gorki's Schilderungen beständig. Es hat nicht nur etwas Außermoralisches, sondern auch etwas Außergeistiges, Außermenschliches, es ist das Geheimnis des Naturhaften, des Elementaren, das nicht menschenfreundlich ist, sondern an der Verwirrung seine Lust hat. Nach Gorki liebte der Alte es, heimtückische Fragen zu stellen. »Wie denken Sie über sich?« »Lieben Sie Ihre Frau?« »Wie gefällt Ihnen die meine?« »Haben Sie mich gern, Alexei Maximowitsch?« – »Das ist Arglist«, ruft Gorki. »Die ganze Zeit experimentiert er, prüft er etwas, als ob er in den Kampf ginge. Es ist interessant, aber nicht nach meinem Geschmack. Er ist der Teufel, und ich bin noch ein Wickelkind, und er sollte mich in Ruhe lassen.«

Eines Tages sieht Gorki den alten Tolstoi allein am Meere sitzen – die Szene ist der Höhepunkt seiner Erinnerungen. »Er saß, den Kopf auf die Hände gelegt, der Wind blies ihm die Silberhaare seines Bartes durch die Finger; er sah in die Ferne auf das Meer hinaus, und die kleinen, grünlichen Wellen rollten sich gehorsam zu seinen Füßen und streichelten sie, als wollten sie dem alten Magier etwas von sich erzählen ... Er erschien mir wie ein uralter, lebendig gewordener Stein, der Anfang und Ausgang aller Dinge weiß und bedenkt, wann und wie das Ende der Steine, der Gräser der Erde, der Wasser des Meeres, des ganzen Weltalls vom Sandkorn bis zur Sonne sein wird. Und das Meer ist ein Teil seiner Seele, und alles um ihn kommt von ihm, aus ihm. In der sinnenden Regungslosigkeit des alten Mannes empfand ich etwas Schicksalvolles, Magisches. Ich kann es nicht in Worten ausdrücken, was ich in jenem Augenblick mehr fühlte als dachte, in meinem Herzen war Jubel und Furcht und dann schmolz alles in einem einzigen seligen Gefühl: ›Ich bin nicht verwaist auf Erden, solange dieser Mann auf ihr lebt.‹ Und Gorki schleicht sich »auf Zehenspitzen« fort, damit der Sand nicht unter seinen Füßen knirsche und die Gedanken des Alten störe.

Die mystische Ehrfurcht, die Gorki hier schildert, ist nicht diejenige, die uns beim Anblick der Helden der Idee ergreift. Weder Dostojewski noch Schiller haben diese Art von Scheu und Schaudern eingeflößt, so heilig sie wirken mochten, das ist sicher. Aber auch die Ehrfurcht, die Goethe erregte, kann dieser nicht ähnlich gewesen sein, obgleich sie ihr verwandt war. Diese Tolstoi'sche Größe und Einsamkeit ist urheidnisch-wilder Art, vor aller Gesittung gelegen. Es fehlt ihr das humanistische Element, das menschliche. Dieser wissende, allverbundene, sinnende Urgreis, der am Rande des ewigen Meeres sitzend Anfang und Ende aller Dinge bedenkt, ruft eine halbdunkle, vormenschlich-unheimliche Gefühlswelt wach, eine Welt des Raunens und der Runen – was er sinnt, sagen dir nächtlich die Nornen. Er glich, sagt der erschütterte Betrachter, einem uralten, lebendig gewordenen Stein – aber eben nur einem Steine also, keinem Werk der Kultur, nicht dem herausgearbeiteten Gottbilde, nicht dem Menschen, wie Goethe. Die humanistische Göttlichkeit Goethe's wird hier deutlich zu etwas anderem als die urheidnisch-ungebildete Göttlichkeit Tolstois, von dem Gorki sagte: »Er ist der Teufel.« Und doch bleibt in der Tiefe die Gemeinschaft bestehen, und doch ist auch in Goethe das Elementare, das Dunkle, Neutrale, das Boshaft-Verwirrende, das Negierend-Teuflische.

Es gibt ein herrisches und dabei heimlich gequältes Wort von ihm, das einen tiefern Blick in sein Inneres tun läßt als manches Wort der Weisheit, der Klarheit und Ordnung, das er sprach. »Wenn ich die Meinung eines andern anhören soll«, sagte er (sie also auch nur anhören soll, nicht etwa sie annehmen), »so muß sie positiv ausgesprochen werden; Problematisches hab' ich in mir selbst genug.« Das ist ein Geständnis, in Form einer hochfahrenden Forderung. Es hat olympisch-imperatorischen Akzent, und dabei ist ein Zittern der Ungeduld in der Stimme, die es spricht, des gepeinigten Überdrusses am Problematischen, der nach außen hin gereizt auf dem Positiven besteht... »Aus dem einen Auge blickt ihm ein Engel«, schreibt jemand, der auf Reisen seine Bekanntschaft machte, »aus dem andern ein Teufel, und seine Rede ist eine tiefe Ironie über alle menschlichen Dinge.« Über alle? Das ist groß, aber es ist nicht liebreich, und er selbst ist doch schließlich auch ein Mensch. »Überhaupt«, meldet einer, der ihn oft sah, »war er heute in jener bitterhumoristischen Stimmung und sophistischen Widerspruchsart, die man so oft an ihm wahrnimmt.« Da haben wir abermals die Negation, die Bosheit, den Widerspruchsgeist, die Medisance, von der der junge, sanfte Sulpiz Boisserée in seinem Tagebuch ein Lied zu singen weiß. »Um elf Uhr bin ich wieder bei Goethe. Das Lästern geht wieder an.« Es geht her über Politisches, Ästhetisches, Gesellschaftliches, Religiöses, Deutschland, Frankreich, Philhellenismus, Parteiwesen und so fort, in einem Stil, daß sich der arme Boisserée »mit allen diesen moquanten Reden zuletzt wie auf dem Blocksberge vorkommt«. »Auf dem Blocksberge« – das ist stark gesagt. Es ist entweder zu stark im Zusammenhang mit dem Worte »moquant«; oder aber dieses ist viel zu schwach, und das ist das Wahrscheinlichere. Auf jeden Fall zeigt die Aufzeichnung, die aus dem Jahre 1826 stammt, wie noch der hohe Greis frommgeartete Menschen verwirren konnte. Ein Beobachter, der nicht dumm gewesen sein kann, schrieb über ihn ein Wort, das geheimen Schrecken erregt, irgendwie erstarren läßt: »Er ist tolerant, ohne milde zu sein!« Man überlege doch, was das heißt! Toleranz, Duldsamkeit ist unsrer menschlichen Erfahrung nach stets mit Milde, mit Menschen- und Weltfreundlichkeit verbunden; unsres Wissens ist sie ein Produkt der Liebe. Aber Toleranz ohne Milde, *harte* Toleranz – was ist das? Das ist ja außermenschliche, eisige Neutralität, entweder etwas Göttliches oder etwas Teuflisches . . .

Natur und Nation

Es wird nichts Neues damit gesagt sein, doch kann es der inneren Ordnung und Übersicht dienen, sich gegenwärtig zu halten, daß alles nationale Wesen dem Gebiet der Natur zugehört, alle kosmopolitische Tendenz des Geistes ist. Das Wort ›ethnisch‹ faßt zusammen, was man gemeinhin zusam-

menzudenken gewohnt ist: die Begriffe des Heidnischen und des Völkischen; womit das Gegenteil, nämlich jederlei übernationale und humane Gesinnung, als geistiges Christentum gedanklich anerkannt ist.
Das angeblich dezidierte Heidentum Goethe's (der in den ›Wanderjahren‹ das Judentum zu den ethnisch-heidnischen, den Volksreligionen rechnet) sollte also logisch eine antihumane, völkisch-nationale Grundverfassung gewärtigen lassen. Ob man sie, eben als Grundverfassung, als ›Natur‹, völlig mit Unrecht gewärtigen würde, darüber wird sich reden lassen. Er war jedoch in seinem Bewußtsein Humanist und Weltbürger; war, aller olympischen Göttlichkeit ungeachtet, in hohem Grade geistiger Christ. Nietzsche hat Goethe's historisch-psychologischen Ort als gelegen »zwischen Griechentum und Pietismus« bestimmt. Er sagt damit das Plastische und das Kritische, das Naive und das Sentimentalische, das Antikische und das Moderne seines Wesens aus. Denn Goethe's ›Pietismus‹ ist ja nichts anderes als seine Modernität. Es brauchte viele Jahrhunderte christlicher Innerlichkeitskultur und ein Jahrhundert pietistisch-selbstprüferisch-autobiographischer Übung, damit ein Werk wie der ›Werther‹ erzeugt werden konnte; und damit ist gesagt, daß im autobiographischen Triebe der aristokratisch-gotteskindliche Liebesanspruch, von dem wir früher redeten, sich mit christlich-demokratischen Elementen vermischt – mit eben der »demokratischen Tendenz«, aus der Tolstoi seine ›Bekenntnisse‹ hervorgegangen wissen will: Er beschließt, rousseauisch, »eine ganz, ganz wahrheitsgetreue Geschichte seines Lebens zu schreiben«, und glaubt, daß diese »den Menschen nützlicher sein werde« als jene vorausgegangenen zwölf Bände voller Kunstfrivolität, von deren ebenfalls und längst schon moralisch-autobiographischem Charakter er nichts zu wissen scheint, sondern die er als heidnisch-plastisch, als luxuriös und »pflichtlos« verleugnet.
Goethe hat, bei aller Abneigung gegen das ›Kreuz‹, wie man weiß, der christlichen Idee häufige und ausdrucksvolle Ehrfurchtszugeständnisse gemacht. Das Leidensheiligtum der Pädagogischen Provinz ist so bedeutend wie überraschend; und wenn er in der Kirche »etwas Gebrechliches und Wandelbares« sah und in ihren Satzungen »gar viel Dummes« fand, so hat er doch bezeugt, daß »in den Evangelien der Abglanz

einer Hoheit wirksam sei, die von der Person Christi ausging und die so göttlicher Art, wie nur je das Göttliche auf Erden erschienen ist«. »Über die Hoheit und *sittliche Kultur* des Christentums«, sagte er mit Sympathie und offenkundigem Gefühl der Bundesgenossenschaft, »wie es in den Evangelien schimmert und leuchtet, wird der menschliche Geist nicht hinauskommen.« Aber Goethe's Christlichkeit wird manifest in seinem bewunderungsvollen Schülerverhältnis zu Spinoza, den er »theissimus« nennt und von dem er gesagt hat, daß niemand über die Gottheit so ähnlich dem Heiland gesprochen habe wie er. Ist freilich die dualistische Trennung von Gott und Natur Grundbedingung der Christlichkeit, so war Spinoza Heide, und Goethe war es mit ihm. Allein mit Gott und Natur ist die Welt nicht ausgedacht, das Menschliche, das Humane gehört mit hinein, und Spinoza's Humanitätsbegriff ist christlich, insofern er das menschliche Phänomen als das *Bewußt*werden der Gott-Natur im Menschen, als ein Durchbrechen dumpfen Seins und Webens, als ein Sichlösen also von der Natur und damit als *Geist* bestimmt. Auch ist jene berühmte »Beilegung der Leidenschaften durch ihre Analyse« unbedingt nichts Heidnisches, und das Spinoza-Motiv der ›Entsagung‹, das zum Generalmotiv von Goethe's Leben und Werk wurde, wie für Schiller die Idee der Freiheit und für Wagner die der Erlösung, ist es ebensowenig.

Im Gegenteil ist es eben dies Pathos der Entsagung, das die gotteskindlich-heidnisch-naturadelige Wohligkeit von Goethe's Leben so christlich überschattet, seinem geistigen Antlitz einen so ausdrucksvoll gotischen Leidenszug verleiht, daß nur der populärste Aberglaube an die aristokratische Glückhaftigkeit dieses Lebens ihn übersehen kann. Wieviel Resignation muß über dem Lebensende des scheinbar Vollendeten und Beglückten gelegen haben! Sein Lebenswerk, obgleich fast übermenschlich, war doch durchaus Fragment geblieben – es ist wenig gesagt, daß »nicht alle Blütenträume reiften«. Das Werk Wagners etwa, oder Ibsens, ist ungleich vollendeter, ausgeführter, geschlossener. Man kann sagen, daß sein Geist weit gewaltiger gewesen war als seine Natur, als seine formende Kraft und die ihm organisch verstattete Zeit, und man versteht seine ungestüme Unsterblichkeits- und Erneuerungs*forderung*, die zu den großartig-dämonischen Äußerungen seines Wesens gehört: Die Natur sei verpflichtet, rief er, ihn neu zu beleiben, wenn dieser Leib seinen Geist nicht mehr tragen könne. –

Oder man sehe sein Liebesleben an, das man ebenfalls populärerweise als sonnig und wonnig, als göttlich glückhaft und verzichtlos zu denken geneigt ist. Der Liebereiche und Vielgeliebte hat gewiß viel genossen. Er hatte im Erotischen Anwandlungen und Perioden der Derbheit, wo er ein wenig Gartengott war – antikisch unbefangen und sentimental seinem Herzchen das Gute gönnte und vorurteilslos ausschweifte. Seine Ehe, eine Mesalliance in gesellschaftlicher und geistiger Hinsicht, ging aus dieser Gesinnung hervor. Aber wo er liebte, so, daß große Dichtung daraus wurde und nicht nur eine muntere Elegie, worin er den Takt des Hexameters seinem Mädchen auf den Rücken fingert – wo es Ernst war, endete regelmäßig der Roman mit Entsagung. Er hat weder Lotte, noch Friederike, noch Lili, noch die Herzlieb, noch Marianne, noch endlich Ulrike, noch auch jemals Frau von Stein besessen. Er hat niemals unglücklich geliebt, es sei denn in dem grotesk erschütternden, großartig peinlichen Fall der kleinen Levetzow; aber er hat um seiner Freiheit willen, oder aus sittlichen Gründen, in allen diesen Fällen zu resignieren gehabt. Meistens floh er.

Die Entsagung reicht tiefer, reicht höher. Was Maß, was Form ist an ihm, seine Gestalt, sein Standbild, wie es heute der Nation vor Augen steht, ist Werk der Entsagung. Wir reden nicht allgemein, nicht von dem Opfersinn, der Sinn aller Kunst ist, nicht von dem Kampf mit dem Chaos, dem Verzicht auf Freiheit, der schöpferischen Bescheidung, die das innere Wesen des *Werkes* ausmacht. Goethe's Entsagungspathos – oder, da es sich um Dauerndes, die Existenz Durchwaltendes handelt –, sein Entsagungs*ethos* ist persönlicherer Art, ist Schicksal, ist der Instinkt-Befehl seiner besonderen nationalen Sendung, die eine wesentlich *sittigende* Sendung war. Wie, oder sollte dies Schicksal und diese Sendung, diese Bindung, Bedingung und Beschränkung, diese erzieherische Entsagungspflicht dennoch etwas weniger Goethisch-Persönliches sein, als es uns eben schien? Wäre sie die Schicksalsvorschrift, der eingeborene und bei schwerer geistiger Strafe unverbrüchliche Imperativ jedes geistigen Deutschtums, welches irgendwie und in welchem Grade immer zu bildender Verantwortlichkeit zu erwachsen bestimmt ist? – Wir sprachen von einem Gefühl der Bundesgenossenschaft, das Goethe offenbar augenblicksweise im Angesichte des Christentums berührt habe. Worin bestand diese Bundesgenossenschaft und worauf bezog sie sich? Goethe neigt sich vor der »sittlichen Kultur« des Christentums, das heißt: vor seiner Humanität, seiner sittigend-antibarbarischen Tendenz. Es war die seine, und jene gelegentlichen Huldigungen entstammen ohne Zweifel der Einsicht in die Verwandtschaft der Sendung des Christentums innerhalb der völkisch-germanischen Welt mit seiner eigenen. Hier, das ist: darin, daß er seine Aufgabe, seine nationale Berufung als wesentlich zivilisatorisch begriff, liegt der tiefste und deutscheste Sinn seiner ›Entsagung‹. Wer zweifelt, daß in Goethe Möglichkeiten einer Größe lagen – wilder, üppiger, gefährlicher, ›natürlicher‹ als die, welche sein Selbstbändigungsinstinkt zu entfalten ihm gestattete und in der das hoch-pädagogische Bildwerk seiner Gestalt uns heute vor Augen steht? In seiner ›Iphigenie‹ gewinnt die Idee der Humanität, als Gegensatz der Barbarei, das Gepräge der Zivilisation – nicht in dem polemischen und schon politischen Sinn, in dem man heute das Wort zu gebrauchen pflegt, sondern in dem der ›sittlichen Kultur‹. Es war ein Franzose, Maurice Barrès, der die ›Iphigenie‹ »ein zivilisierendes Werk« genannt hat, das »die Rechte der Gesellschaft gegen den Hochmut des Geistes vertrete«. Die Äußerung trifft fast genauer noch auf jenes andere Werk der Selbstzucht und -züchtigung, ja, der Kasteiung, den ob seiner Atmosphäre von Bildung, Hof und Zimperlichkeit gern verschmähten ›Tasso‹ zu. Es sind Werke der Entsagung, Werke deutsch-erzieherischen Verzichtes auf die Avantagen des Barbarismus, die der durchaus voluptuöse Richard Wagner mit so ungeheuerer Wirkung sich gönnte – und mit der gesetzmäßigen Straffolge, daß sein ethnisch-schwelgerisches Werk täglich einer roheren Popularität verfällt.

Was dauernd in Rede steht, ist das Streben der Naturkinder zum Geiste, das ebenso ›sentimentalischer‹ Art ist wie das umgekehrte Streben der Geistessöhne zur Natur und das mit mehr oder weniger Glück und Geschick, mehr oder weniger ›Naivität‹ oder Feinheit geübt wird. Tolstois Entnatürlichungsmühsal will uns, wie schon gesagt, neben Goethe's majestätischem Vergeistigungswerk nicht recht gesegnet scheinen. Wozu aber ein gewisser Humor uns verlockt, ist

dies: den mächtigen Kern ethnischer Volkhaftigkeit aufzuzeigen, den die Christlichkeit des einen, die Humanität des andern umschloß, ihre aristokratische Echtheit mit anderem Worte: denn das völkisch Echte ist natur-aristokratisch; Christentum, Humanität, Zivilisation bilden hier ein und dasselbe geistesdemokratische Gegenprinzip, und der Prozeß der Vergeistigung ist zugleich ein solcher der Demokratisierung. Was Tolstoi zutreffend seine »demokratische Tendenz« nennt – zutreffend, weil das Wort Tendenz eine Richtung, einen Willen irgendwohin bezeichnet, ein Streben und kein Sein –, findet sich auch bei Goethe gelegentlich kräftig angedeutet. »Man müßte«, äußert er, »gleich *katholisch* werden, um Teil an der Existenz der Menschen zu haben!« Unter sie sich zu mischen, gleichgestellt, ein Leben auf dem Markt, im Volk, erscheint ihm in solchen Augenblicken als das Glück. »Was wir«, ruft er, »in den kleinen souveränen Staaten für elende, *einsame* Menschen sind!« Und er preist Venedig als Monument nicht eines Befehlenden, sondern eines *Volkes*. Aber unverkennbar tragen solche Wendungen doch einen mehr korrektiven als ursprünglichen Charakter; sie sind selbstkritische Richtigstellungen seines germanisch-protestantischen Aristokratismus, ›Tendenz‹ also, sentimentalische Velleität, wie die radikalistisch-pazifistische Christlichkeit des russischen Riesen, diese ›Heiligkeit‹, der für jeden schärferen Blick so viel von Selbsttäuschung, Kindlichkeit und Maskerade anhaftet.
Das sinnlich Patriarchalische, die innig lebenverbundene Animalität dieser Heiligkeit, ist von einem unmittelbaren Beobachter wie Gorki, einem geistigen Kritiker wie Mereschkowski aufs stärkste empfunden worden. Tolstoi heiratete mit vierunddreißig Jahren die achtzehnjährige Sofja Andrejewna Behrs, die fortan meistens gesegneten Leibes war und dreizehnmal niederkam. Seine Ehe war lange, schöpferische Jahre hindurch ein patriarchalisches Idyll von gesunder, fromm-animalischer Fülle des Familienglücks, mit der ökonomischen Grundlage einer üppigen Landwirtschaft und Tierzucht und eher jüdisch-alttestamentarischen als christlichen Geistes. Er kennt die große, einfache Liebe zum Dasein, die ewig kindliche Lebensfreude, die auch Goethe beseelte. Wenn er »jeden Tag um seiner Schönheit willen lobt«, wenn er »Gottes Reichtum bewundert«, der sich darin äuße-

re, »daß jeder Tag sich bei Ihm durch irgend etwas vom anderen unterscheide«, so fühlen wir uns an das erinnert, was dem Goethischen Begriff des »Behagens« zugrunde liegen mag. Innig-sinnlichster Naturgenuß durchsetzt noch die Jahre der Verdüsterung, wo er an Selbstmord denkt, die ›Beichte‹ plant, kurz, jenes Mißverständnis heraufbeschwört, dem seine ›Heiligkeit‹ nun verfällt und das sie, die Majestät des Patriarchen, entwest, verdünnt, verchristlicht, ins Englisch-Indische stilisiert.

Mereschkowski hat ihn den großen Seher des Leibes genannt, zum Unterschiede von Dostojewski, dem Visionär der Seele; und wirklich ist es der Leib, dem seine Liebe, sein tiefstes Interesse gehört, auf den sein Wissen sich bezieht, von dem her sein Genie bestimmt ist, wie sich so recht in seiner Empfindung des Alterns zeigt. 1894 schreibt er: »Das Alter naht – heißt: die Haare fallen aus, die Zähne werden schlecht, es kommen Runzeln, es riecht aus dem Munde. Sogar früher, als alles endet, wird alles schrecklich, widerwärtig; es treten aufgeschmierte Schminke, Puder, Schweiß, Häßlichkeit zutage. Wo ist denn das geblieben, dem ich gedient habe? Wo ist denn die Schönheit geblieben? Sie ist der Inbegriff von allem. Ohne sie gibt es nichts, kein Leben.« – Diese Beschreibung des Sterbens bei lebendigem Leibe mag für christlich gelten, kraft ihres Bestehens auf dem Elend und der im geistigen Sinne greuelhaften und schimpflichen Bestimmung des ›Fleisches‹; aber sie ist heidnisch durch die Sinnlichkeit, mit der Alter und Tod hier körperlich begriffen werden.

»Sein Talent«, urteilt Aksakow über Tolstoi, »ist von Bärenart und -kraft.« Und ist es nicht diese Bärenart seines Genies, die Tolstoi zum »großen Schriftsteller des Russenlandes«, zum Epiker des völkischen Kampfes gegen *Rom*, gegen Cäsar-Napoleon, zum Dichter von ›Krieg und Frieden‹ gemacht hat? Wir erklären offen unsere Absicht, die Echtbürtigkeit des Pazifismus zu verdächtigen, die der »humanitäre Prophet« didaktisch zur Schau stellte, und fügen hinzu, daß die Verdächtigung keineswegs einem Mangel an Friedensliebe, sondern allein unserm Sinn für Humor entspringt. Daß Tolstoi in seiner Jugend Soldat, Offizier war, wissen wir ja. Seine Biographie fügt hinzu, daß er es mit Leib und Seele war, und wir besitzen die Zeugnisse seiner kriegerisch-heroischen Begeisterung aus den Tagen von Sebastopol – dieser

»prachtvollen Zeit«, dieser »ruhmreichen Zeit«, dieser Zeit voll rührenden Stolzes auf das russische Heer, wo Patriotismus eingestandenermaßen ihn ganz erfüllte und das Erlebnis der Kameradschaft, wie erst der Ernstfall es mit sich bringt, ihn entzückte. Noch sein Verhältnis zum serbisch-türkischen Krieg (1877) ist durchaus positiv. Es sei ein *wirklicher* Krieg, sagte er, und er rühre ihn. Die Unterscheidung zwischen »wirklichen« und »unwirklichen« Kriegen bedeutet zweifellos einen Fortschritt im Pazifismus. Aber ist Pazifismus »wirklich«, solange er noch bedingt ist und des Fortschritts bedarf?

1812 hatte es jedenfalls einen »wirklichen« Krieg gegeben, und seine Geschichte hatte Tolstoi beschäftigt, lange bevor er zum großen Schriftsteller des Russenlandes daran wurde. Sein Volksschulunterricht in Jasnaja Poljana handelte davon – in einem durchaus patriotischen Sinn. Er war weniger historisch als mythisch, dieser Unterricht, nach allem, was wir hören: aber ausdrücklich wird der Überlieferung des kriegerischen Mythos der Zweck zugeschrieben, den Patriotismus zu beleben. Und dann also bewährte das Grund- und Stockrussentum, die adelig-bäuerliche Volkhaftigkeit dieses Erziehers sich in dem Epos vom Abwehrkampf gegen den Einfall der latinistischen Zivilisation! Der populäre Erfolg war gewaltig, obgleich die literarischen Menschen und die Heeresspezialisten zu tadeln fanden. Das *Verstandeselement* darin, hieß es, *sei schwach*, die Geschichtsphilosophie eng und oberflächlich, die Negierung des Einflusses des Individuums auf die Ereignisse eine mystische Spitzfindigkeit. Die künstlerische Kraft aber, jene »Bärenkraft«, wurde einstimmig für außer aller Diskussion stehend erklärt – zusammen mit der ungeheuren volkhaften Echtheit des Werkes. Die liberale Kritik Rußlands mußte zugeben, daß ›Krieg und Frieden‹ ein »durch und durch russisches Werk« sei, daß »niemand mit einer solchen Kraft der künstlerischen Analyse und Synthese, mit solcher Schöpferkraft also, den Typus der russischen Volksseele in ihrer ganzen Mannigfaltigkeit und ihrer erhabenen Einheitlichkeit nachgebildet habe« wie Tolstoi. Was man ihm verübelte, war »die geflissentliche Entfernung, in der er sich von allen zeitgenössischen *fortschrittlichen Strömungen* hielt«, – eine Erscheinung und ein Vorwurf, die sich im Falle von ›Anna Karenina‹ wiederholen sollten. »›Anna Karenina‹«, schrieb Turgenjew, »gefällt mir nicht, obgleich auch herrliche Seiten vorkommen. (Das Rennen, das Mähen, die Jagd.) Aber das ist alles säuerlich und *riecht nach Moskau*, nach Weihrauch, nach alten Jungfrauen, Slawophilen, Adeltum usw.« Mit einem Worte, Turgenjew, der Sapadnik, perhorreszierte das Östliche in dem Roman, und mit ihm tat es die ganze liberal-radikale Partei, die ›Anna Karenina‹ beschwieg, ironisierte oder beschimpfte, während die Slawophilen und die aristokratische Hofpartei sich vor Vergnügen die Hände rieben. Tatsächlich hatte Tolstoi geistig-politisch genommen die ›Höhlenmenschen‹ für sich, die freilich für die künstlerischen Eigenschaften seines Werkes wenig Sinn haben mochten. Diese zu würdigen, waren die Liberalen liberal genug, und sie taten es im Zustande jener Verwirrung, worein das reaktionäre Genie die Menschheit immer versetzt und in die zum Beispiel Europa durch die Erscheinung Bismarcks versetzt wurde.

Hier liegt ein Paradoxon, das zu bedenken sich lohnt. Ein idealistischer Instinkt in uns will wahrhaben, das Talent, die schöpferische Potenz müsse, als Lebensmacht, notwendig der Idee und Gesinnung des fortschreitenden Lebens, dem humanitären Willen vorbehalten und der Lebenswidrigkeit, der Sympathie mit dem Tode, der gegen Freiheit und Fortschritt gerichteten und also im humanitären Sinn *schlechten* Gesinnung gesetzmäßig versagt sein, derart, daß es ein metaphysischer Beweis für die Güte einer Sache wäre, wenn in ihrem Namen ausgezeichnet geschrieben wird. Wirklich ist das etwas wie ein Gesetz: Die humane Rückschrittlichkeit ist in der Regel mit Talentlosigkeit geschlagen. Allein diese Regel ist nicht unverbrüchlich. Das rückschlägige Genie, das glanzvolle und sieghafte Talent als Anwalt der ›Höhle‹ kommt vor – und eine tiefere Verwirrung gibt es nicht als diejenige, die diese paradoxale Erscheinung in der Menschenwelt anrichtet. Sainte-Beuve sagte von Joseph de Maistre, er habe »vom Schriftsteller nichts anderes als das Talent«: – ein Satz, in dem sich diese Verwirrung vollkommen ausdrückt und der genau den Fall bezeichnet, den wir meinen.

Das liberale und fortschrittliche Rußland muß die Erscheinung Tolstois als einen solchen Fall empfunden haben: als einen Fall rückschlägiger Bärenkraft. Aber es ist klar genug, daß diese Bärenkraft eines Wesens ist mit seinem Stockrussentum, seiner ungeheueren völkischen Echtheit, seinem heidnischen Natur-Aristokratismus, dessen ›Tendenz‹ zu demokratischer Vergeistigung eben nur sentimentalische Tendenz und von so auffallend mangelhaftem Erfolge gekrönt war. Seine gewaltige *Östlichkeit* äußerte sich intellektuell darin, daß er die europäische Fortschrittsidee auf eine Weise verspottete und verleugnete, die alles Westlertum, allen Liberalismus, das ganze *petrinisch* gesinnte Rußland schwer beleidigen mußte. Tatsächlich hat er sich über den Fortschrittsglauben des Westens, den das Rußland Peters des Großen angenommen hatte, unumwunden lustig gemacht. Man habe, sagte er, das Gesetz des Fortschritts im Herzogtum Hohenzollern-Sigmaringen und an seinen dreitausend Einwohnern beobachtet. Andererseits aber habe man China mit seinen zweihundert Millionen Einwohnern, das unsere ganze Fortschrittstheorie über den Haufen werfe. Nichtsdestoweniger zweifle man keinen Augenblick daran, daß Fortschritt ein allgemeines Gesetz der Menschheit sei, und so ziehe man mit Kanonen und Gewehren aus, um den Chinesen die Fortschrittsidee beizubringen. Der gewöhnliche Menschenverstand könnte uns jedoch sagen, daß, wenn die Geschichte des größeren Teiles der Menschheit, der ganze sogenannte *Osten*, das Gesetz des Fortschritts nicht bestätigt, dieses Gesetz nicht für die ganze Menschheit bestehe, sondern höchstens einen Glaubensartikel für einen bestimmten Teil der Menschheit bilde. Tolstoi bekennt, daß er im Leben der Menschheit überhaupt kein gemeinsames Gesetz zu finden vermag und daß man ebensogut die Geschichte jeder beliebigen anderen Idee oder »historischen Phantasie« unterordnen könne wie der Fortschrittsidee. Er sieht aber, weitergehend, auch nicht die geringste Notwendigkeit, Gesetze für die Geschichte zu finden, ganz unabhängig von der Unmöglichkeit. Das gemeinsame ewige Gesetz der Vervollkommnung, sagt er, stehe in der Seele jedes Menschen geschrieben, und nur durch Irrtum werde es auf die Geschichte übertragen. Solange es persönlich bleibe, sei dieses Gesetz fruchtbar und allen zugänglich; auf die Geschichte übertragen, müßiges Geschwätz. Ein allgemeiner Fortschritt der Menschheit sei eine unerwiesene Sache und existiere nicht für sämtliche Nationen des *Ostens*; und es sei daher ebenso unbegründet, wenn man behaupte, daß der Fortschritt das Urgesetz der

Menschheit sei, wie die Behauptung vernünftig wäre, daß alle Leute blond seien mit Ausnahme der Dunkelhaarigen.

Es ist merkwürdig, wie hier Ideen aus der Sphäre eines idealistischen Individualismus, der deutsch ist und der die menschliche Vervollkommnung in das Innere der Einzelnen verlegt, sich mit anderen vermischen, die die entschiedenste Kampfansage an die Überheblichkeit Europas als geistige Gesetzgeberin der Welt bedeuten. Tolstoi *protestiert* gegen die in seinen Augen naive Verwechslung europäischer, das heißt westeuropäischer Menschlichkeit mit der Gesamtmenschheit, und in diesem Protest bekundet sich die Richtung seines Blickes nach Osten, sein Asiatismus mit einem Wort, der anti-petrinisch, urrussisch-zivilisationsfeindlich, kurz: bärenmäßig ist. Was wir vernahmen, war die Stimme des russischen Gottes auf dem Ahornthron unter der goldenen Linde.

Diejenige des Humanistengottes klingt anders. Goethe hat das Asiatentum gehaßt und verachtet, darüber ist kein Zweifel. Das Element sarmatischer Wildheit, in dem Tolstoi immer beheimatet blieb und das sich in seiner Greisenprophetie nur rationalisiert findet, mußte dem durchaus kulturell interessierten Geiste des großen Deutschen fern und fremd bleiben. Er berührt das Slawentum gelegentlich einer Reise ins Oberschlesisch-Polnische: seine Eindrücke sind »meist negativ merkwürdig«. Er beobachtet Mangel an Kultur, Unwissenheit, Stumpfheit, niedrige Lebenshaltung. Er fühlt sich »fern von gebildeten Menschen«. Sein patriotisch anstößiges Verhalten zur Zeit des Befreiungskrieges, die bewunderungsvolle und innerlich freundschaftliche Ehrerbietung, die er der klassischen Erscheinung Napoleons widmete (»Der Mann ist euch zu groß«), gehören in diesen Zusammenhang. »Es ist wahr«, sagte er 1813, »Franzosen sehe ich nicht mehr und nicht mehr Italiener, dafür aber sehe ich Kosaken, Baschkiren, Kroaten, Magyaren, Kassuben, Samländer, braune und andere Husaren.« Diese Aufzählung östlicher Stämme hat außerordentlich verächtlichen Akzent. Daß die Kosaken und Kassuben als Verbündete im Lande sind, die Franzosen aber als Feinde dort waren, scheint ihm nichts auszumachen. Er gesteht zwar, daß auch er froh ist, die gallische Soldateska los zu sein; aber offenbar fehlt nicht viel, daß er das Bündnis mit Rußland, die Abhängigkeit Deutschlands vom Osten, als erniedrigender empfindet denn seine Unterjochung durch den Westen, und gewiß ist, daß die Humanität des Dichters der ›Iphigenie‹ mit der westeuropäischen Humanität, deren Form die Zivilisation ist, mehr sympathisiert als mit der weichen, wilden Menschlichkeit Halbasiens.

Unpatriotisch hat er erklärt, er könne die Franzosen nicht hassen; zuviel verdanke er ihnen von seiner Bildung. Die Äußerung ist nur recht und billig, aber der Humor beginnt, wie bei Tolstoi, sobald es sich um seine Natur, um jene vorerwähnte, vorgeistige »Grundverfassung« handelt, die sich ebenfalls zu äußern wußte und die so außerordentlich unfranzösisch ist, daß man sie wohl als hervorragend deutsch bezeichnen kann. Es wäre fehlerhaft, hier seine Kälte gegen die ›Freiheit‹ als Beweismittel heranziehen zu wollen. Denn erstens ist das Prinzip der Ordnung (ordre) etwas ebenso Französisches, Klassisch-Rationales wie das ihm parteimäßig entgegenstehende der Freiheit; und zweitens ist Freiheit nichts Ungermanisches: Man erinnert sich, mit welchem Beifall Goethe den Ausspruch Guizots zitiert, die Germanen hätten der Welt den Gedanken der persönlichen Freiheit gebracht. Allein es ist in Goethe etwas Unideelles, Anti-Doktrinäres, Anti-Konstruktives; ein Unglaube daran, daß von der Abstraktion aus das Einzelne, unter bestimmten Bedingungen Existierende je gebessert werden könne; ein Realismus und politischer Skeptizismus also, die man wohl als ebenso unfranzösisch wie ausgesprochen deutsch bezeichnen darf, wenn man Frankreich als das Land der Revolution und Deutschland als das Land einer gewissen nationalen Schwäche für das Lebendige, historisch Bedingte, ›Organische‹ nimmt. Man muß bedenken, daß er politischer Praktiker war: er hat Sachsen-Weimar regiert. Die Praxis aber ist dem Geiste wenig hold, sie erzieht zum Zynismus, was mancher Politiker, sogar in Frankreich, erfahren hat, wo mehr als ein Radikalist schon zum Konservativen geworden ist und auf das Volk hat schießen lassen, nachdem er zur Macht gelangt war. Vielleicht, daß Goethe politisch generöser zu denken und zu empfinden vermocht hätte, wäre er nicht durch Praxis dem Idealismus verlorengegangen. Aber auch dies ist wenig wahrscheinlich, da er von vornherein dem historischen Demokratismus, der Bestimmung der Geschichte als Entwicklung der Idee in den Massen, wenig zugänglich war, Begeisterung für politische Ideen von Hause aus nicht kannte und die Historie durchaus als Heroenbiographie verstand – ein Aristokratismus, der zu der schwungvoll-demokratischen Geste Schillers wie zu der christlich-muschikhaften Heldenverkleinerung Tolstois in dem gleichen Gegensatz steht.

Es wäre töricht, ihn sich devot zu denken, trotz der Geschichte mit Beethoven und den kaiserlichen Herrschaften auf der Promenade in Karlsbad. Seine Fürstenknechtschaft war rein mondäner Natur, soweit nicht einfach persönliche Freundschaft im Spiele war, und als der Freiherr von Gagern in Jahre 1794 jenen Aufruf erließ, worin er die deutsche Intelligenz und insbesondere Goethe aufforderte, ihre Feder in den Dienst der »guten«, das heißt der konservativen Sache und eigentlich in den eines neuen deutschen Fürstenbundes zu stellen, bestimmt, das Land vor der Anarchie zu retten, – da antwortete er charakteristischerweise nach höflicher Danksagung für das ihm erwiesene Vertrauen, er halte es für unmöglich, Fürsten und Schriftsteller zu gemeinsamem Wirken zu vereinigen. Trotzdem ist über sein strikt negatives Verhältnis zur Französischen Revolution kein Wort zu verlieren.

Unter dem Gesichtspunkt des Geistes gesehen, war sein Verhältnis zum Menschen zynisch, das heißt: radikal ungläubig. Daß aber dies eben nur der Blickwinkel des Geistes ist, zeigt sich in der Tatsache, daß es ihn nicht hinderte, die Menschen zu lieben: Wir besitzen von ihm das Bekenntnis, daß der bloße Anblick eines Menschenangesichts ihn von Verdüsterung heilen konnte. Woran er nicht glaubte, das waren Verfassungsartikel und Eintrachtsfeste. Nie wird ganz klar werden, ob es eigentlich Begeisterung oder Spott war, wenn Hegel sagte: »Solange die Sonne am Firmament steht und die Planeten um sie kreisen, war das nicht gesehen worden, daß der Mensch sich *auf den Kopf*, d.i. auf den Gedanken stellt und die Wirklichkeit nach diesem erbaut.« Jedenfalls war es dies, was Goethe abstieß. Es sei völlig *wider die Natur*, urteilte er, dem ganzen Menschengeschlecht über die Wahl der Mittel und Wege zur bürgerlichen Glückseligkeit nur *einen* Sinn aufdringen zu wollen. Man darf dem erstens hinzufügen, daß ein Satz wie dieser die ganze Masse seiner Gleichgültigkeit gegen die Befreiungskriege aufwiegt; denn er trägt streng national-individualistisch-aristokratisches Gepräge, und allein die wiederum aristokratische Bewunderung für Napoleons Größe konnte den Sprecher eines solchen Satzes hindern, in dem Imperator den Schwertträger eben dieser demokratischen »Aufdringlichkeit« zu sehen. Zweitens aber ist zuzugeben, daß er ein Recht hatte, sich zum Anwalt der Natur aufzuwerfen. Nochmals zitiert:

> Franztum drängt in diesen verworrenen Tagen,
>   wie einstmals
> Luthertum es getan, ruhige Bildung zurück.

Welche charaktervolle, national unvoreingenommene Zusammenziehung, diese, von Franztum und Luthertum! Es ist ihm gleich, ob die ›Störung‹, die ›Aufregung‹ von diesseits oder jenseits des Rheines kommt: Auf jeden Fall ist sie seine Feindin, die Feindin von Natur und Kultur, von »ruhiger Bildung«, worauf seine Idee der Menschlichkeit beruht. Das Distichon zeigt klar und deutlich – zeigt es trotz aller sonstigen »Lust am Protestieren« –, wie er sich im sechzehnten Jahrhundert etwa würde gehalten haben: Im Namen jenes Hochbegriffes der »Bildung«, der Natur und Kultur in sich vereinigt, wäre er für Rom und gegen die Reformation gewesen – oder hätte doch eine so zweideutige und unzuverlässige Stellung eingenommen wie Erasmus, von dem Luther sagte, daß die Ruhe ihm teurer sei als das Kreuz. »Das Kreuz«: das war ein paar Jahrhunderte später die Revolution. Sie war der Geist. Und »ruhige« Bildung war Goethen teurer.

In einem edelbürgerlichen Quietismus, humanistischer Friedensliebe fließen uns hier die Gestalten Erasmi und Goethe's einen Augenblick zusammen. Allein die Identität ist wenig stichhaltig – gar zu verschieden ist das Format, durch das doch auch der Charakter, das Wesen mächtig bestimmt wird. Ist nicht Tolstois Volkhaftigkeit einfach Äußerung und Zubehör seiner Bärengröße? Ist nicht beides ein und dasselbe? Und läßt nicht Goethe's Größe a priori auf einen mächtigen ethnischen Kern seines humanistischen Kosmopolitismus schließen? Erasmus, der Feine, war nicht volkhaft. Das war vielmehr Luther. Und dem Format, dem Wesen nach, als Verkörperung großen Deutschtums, gehört wahrhaftig Goethe mehr mit Luther zusammen als mit dem Humanisten, –

auch mit Bismarck gehört er ja, in dieser Eigenschaft, weit näher zusammen, als eine namentlich im Auslande beliebte Antithese es wahrhaben will.
Gefährlich zu sagen – weil man fürchten muß, den Höhlenbären des Nationalismus allzu wohl damit zu gefallen –, aber zuweilen ist es unmöglich, nicht auf ketzerische Gedanken über die Echtheit und Rechtmäßigkeit von Goethe's Humanismus zu verfallen. Ein göttlicher Mann, wie Tolstoi. Aber war nicht vielleicht der antik-humanistische, der Jupiter-Charakter dieser Göttlichkeit eine wenig tief reichende Stilisierung seines Wesens, und war nicht vielmehr auch er, wie Tolstoi, der russische Gott unter der goldenen Linde, eine ethnische Gottheit, ein Ausbruch jenes germanisch-aristokratischen Heidentums, als dessen Söhne wir auch Luther und Bismarck empfinden und das in der Ideologie des zurückliegenden Krieges auf beiden Seiten eine Rolle spielte?
Die offene Feindseligkeit, die in der Sphäre eines gewissen literarisch-humanitären Radikalismus gegen Goethe so gut wie gegen Bismarck lebendig, das Verlangen nach seiner nationalen Entthronung, das dort an der Arbeit ist, kann nicht des Rechtes und guten Sinnes entbehren. Indem Goethe, als Spinozaschüler, die natürlichen Endursachen und -zwecke als anthropomorphische Erdichtungen verstand, entfernte er sich von einer anthropozentrischen Humanität, dem emanzipatorischen Menschlichkeitsbegriff, der alles teleologisch auf sich bezieht und in der Kunst eine Dienerin des menschlich Nützlichen sieht. Seine Zusammenziehung von Kunst und Natur ist nicht humanitär. Sein Realismus, der erwähnte Mangel an ideellem Schwung, die Sinnlichkeit seines Wesens, die ihn die Brandschatzung eines Bauernhofes als wirklich und der Teilnahme wert, den »Untergang des Vaterlandes« aber als Phrase empfinden läßt, ist es ebensowenig: Das alles ist, offen gestanden und humoristisch gesprochen, immer nur drei Schritt vom Brutalen entfernt.
Es ist in ihm ein Sinn für Macht, für den Kampf, »bis eins dem andern Übermacht bethätige«, – an welchem der Pazifismus des Geistes unmöglich Gefallen haben kann. Es »macht ihn traurig, mit allen Leuten gut zu sein«. Er »braucht den Zorn«. Nun, christliche Friedensliebe ist das nicht, – wenn es auch lutherisch ist und bismärckisch dazu. Zur

Kennzeichnung seiner Streitbegier, seiner Lust, »dreinzufahren und zu züchtigen«, seiner Bereitschaft, gegnerische Meinungen durch Machtgebrauch mundtot zu machen und »solche Leute aus der Gesellschaft zu entfernen«, ließe sich manches beibringen und ist manches beigebracht worden. Aber ich liebe geradezu, wenn auch nur humoristischerweise, die Geschichte von Kotzebue und der Schiller-Gedächtnisfeier, deren Veranstaltung dieser betrieb, einzig und allein, um Goethe zu ärgern und Schiller gegen ihn auszuspielen. Der niederträchtige Kotzebue! Er *weiß*, daß er den Alten mit diesem Plane ärgert, und er weiß zweitens, daß dieser die Feier mit amtlichen Machtmitteln verhindern kann. Er stellt ihn also vor die Wahl, entweder dies zu tun und damit seine absolutistische Eifersucht offen zu bekunden oder, wenn er sich davor scheut, den Ärger, die Faust in der Tasche, hinzunehmen. In majestätischer Naivität wählt Goethe den Machtgebrauch. Er *verbietet die Feier*. Das hätte auch Bismarck getan!

Gewalt und Sentimentalität sind rauhe und naturalistisch herabsetzende Ausdrücke für gewisse komplementäre Zusammengehörigkeiten im Seelenhaushalt dieses Riesengeschlechts. Wir gebrauchen sie humoristischerweise, denn auch beim besten Willen nicht wüßten wir die geheime Ironie – eine durchaus objektive, durchaus unbewußte Ironie, natürlich – auf dem Grunde ihrer riesenhaften Mannentreue, ihrer aristokratischen Knechtschaft zu übersehen. Sie waren beide »treue deutsche Diener ihres Herrn«, o mein Gott – der »Zivil-Wallenstein« und der absolutistische Kultur-Imperator; germanische Edelknechte waren sie beide, und das war wahrhaftig nicht Heuchelei, sondern höchste Riesenempfindsamkeit. Die Ähnlichkeit der Charakter-Situationen ist zuweilen verwirrend. Carl August und der einfache alte Mann, dem Bismarck »diente«, fließen in *ein* Symbol zusammen. Im Jahre 1825 beging der Sachsen-Weimarer sein fünfzigjähriges Regierungsjubiläum, und zugleich waren es fünfzig Jahre, seit Goethe nach Weimar gekommen. An diesem Tage nennt Goethe sich den »beglücktesten Diener seines Herrn«. Er ist der erste Gratulant, früh sechs Uhr im Römischen Hause des Parks. Die Rührung war groß und echt. »Bis zum letzten Hauch beisammen!« Wir sehen den greisen Wilhelm und Bismarck, dem er bis auf den Treppenpodest entgegengekommen ist, in derselben Umarmung; und wir sehen eine fliegende Röte in die Wangen Roderich von Posa's steigen, der sich abwendet und spricht: »Ich kann nicht Fürstendiener sein!«

Wir haben unsere Neigung schon eingestanden, aus der Frage des Formats eine Frage der Echtheit zu machen. Der größte deutsche Dichter wird auch der deutscheste gewesen sein, – das ist ein Zusammenhang noch engerer und notwendigerer Art, möchten wir sagen, als der kausale, es ist wahrhaftig ein exaktes Futurum, bestätigt übrigens von zweifellos maßgeblicher Seite, nämlich vom Vater Jahn, der Goethe im Jahre 1810 motu proprio für den deutschesten Dichter erklärt hat, unbekümmert darum, daß Goethe sich gegen teutsche Bruderschaften allezeit so ablehnend verhielt wie Tolstoi gegen die slawischen. Ja, als es ihm 1813 beinahe gelungen war, sich in den Geruch der Vaterlandslosigkeit zu bringen, rief Varnhagen von Ense: »Goethe kein deutscher Patriot? In seiner Brust war alle Freiheit Germaniens früh versammelt und wurde hier, zu unser aller nie genug erkanntem Frommen, das Muster, das Beispiel, der Stamm unserer Bildung. In dem Schatten dieses Baumes wandeln wir alle. Fester und tiefer drangen nie Wurzeln in unseren vaterländischen Boden, mächtiger und emsiger sogen nie Adern an seinem markigen Innern. Unsere waffenfrohe Jugend, die höhere Gesinnung, die in ihr wirkte, stehen wahrlich bezugreicher zu diesem Geiste als zu manchem andern, der dabei besonders tätig gewesen sein will.«

Gute, kraftvolle und schöne Worte. Sie laufen auf die Wahrheit hinaus, daß in nationalen Dingen an dem Meinen und Sagen eines Mannes sehr wenig, am Sein, am Tun dagegen alles gelegen ist. Hat man den ›Götz‹, den ›Faust‹, den ›Meister‹, die ›Sprüche in Reimen‹ und ›Hermann und Dorothea‹ geschrieben, ein Gedicht, das Schlegel mit dem Beiwort »vaterländisch« ehrte, so kann man sich einige kosmopolitische Unzuverlässigkeit am Ende leisten, wie auch der »große Schriftsteller der Russenerde« sich den rational-christlichen Pazifismus seiner Spätzeit leisten konnte. Man hat genug nationale Natur alsdann, um dem Geiste das Wort reden zu dürfen, ohne ins literatenhaft Wesenlose zu fallen; und als Natur hat Goethe das Nationale immer empfunden, wie unter anderm die berühmten, zu Eckermann gesprochenen

Sätze lehren: »Überhaupt ist es mit dem Nationalhaß ein eigenes Ding. *Auf den untersten Stufen der Kultur* werden Sie ihn immer am stärksten und heftigsten finden. Es gibt aber eine Stufe, wo er ganz verschwindet und wo man gewissermaßen *über* den Nationen steht und man ein Glück oder Wehe seines Nachbarvolkes empfindet, als wäre es dem eigenen begegnet. Diese Kulturstufe war meiner Natur gemäß, und ich hatte mich darin lange befestigt, ehe ich mein sechzigstes Jahr erreicht hatte.« –
Vergeistigung! lautet der sentimentalische Imperativ der Lieblinge der Natur, wie derjenige der Geistessöhne Verleiblichung! lautet. Mit mehr oder weniger Geschick, sagten wir, wird ihm gehorcht. Aber Tolstois Entnatürlichungsnotwerk, obgleich nur spiritualisierte Wildheit, bleibt rührend und verehrungswürdig auch neben Goethe's majestätischer Kultur. Worauf es ankommt, ist aber, daß nichts zu leicht falle. Mühelose Natur, das ist Roheit. Müheloser Geist ist Wurzel- und Wesenlosigkeit. Eine hohe Begegnung von Geist und Natur auf ihrem sehnsuchtsvollen Weg zueinander: Das ist der Mensch.

Sympathie

Über Tolstoi macht Gorki einmal eine ganz merkwürdige und erschreckende Äußerung. Er deutet die Möglichkeit an, daß Tolstoi, ungeachtet seiner starken Vernunft, zuweilen gehofft oder doch daran gedacht habe, die Natur werde möglicherweise mit ihm eine Ausnahme machen und ihm physische Unsterblichkeit gewähren. »Die ganze Welt, die weite Erde sieht auf ihn, von China, Indien, Amerika, von überallher strecken sich lebendige, vibrierende Fäden nach ihm aus, seine Seele ist für alle und für immer. Warum sollte nicht die Natur ihr Gesetz durchbrechen, einem Menschen leibliche Unsterblichkeit verleihen – warum nicht?« Welch ein Wahnwitz! Aber wenn es nicht wahr ist, wenn der vernünftige alte Mann nie auf einen so ungeheuerlich anmaßenden Gedanken verfiel, so bleibt es doch bezeichnend, daß Gorki für ihn auf den Gedanken kam, es bezeichnet das Verhältnis zur Natur, zum Leben, in welchem Tolstoi einem aufmerksamen Beobachter zu stehen schien. – Und Goethe? Meint man, der greise Liebhaber des Fräuleins von Levetzow hätte sich nicht zuweilen an den Grenzen des Lebens und der Menschheit gestoßen, wie ein Napoleon sich an den Grenzen der Macht stieß und es beklagte, daß die Menschen zu skeptisch geworden seien, um ihn wirklich für einen Gott zu halten, wie seinen Bruder Alexander? Meint man, er wäre des Gedankens, den Gorki dem alten Tolstoi zuschreibt, ganz und gar unfähig gewesen: daß nämlich die Natur doch vielleicht Anstand nehmen werde, ihn, ihren liebsten Sohn, zu vernichten, wie all das andere gemeine Menschengut?

Er starb jedoch unversehens mit dreiundachtzig Jahren. Die Natur überlistete ihn liebevoll, sozusagen. Er hatte gelitten, er drückte sich bequem in die Ecke seines Sessels, um zu ruhen, zu schlummern, und war hinüber. Die Stelle, wo Eckermann den Anblick der Leiche schildert, ist berühmt. »Der Körper lag nackend in ein weißes Bettuch gehüllet, große Eisstücke hatte man in einiger Nähe umhergestellt, um ihn frisch zu erhalten so lange wie möglich. Friedrich (der Diener) schlug das Tuch auseinander, und ich erstaunte über die göttliche Pracht dieser Glieder. Die Brust überaus mächtig, breit und gewölbt; Arme und Schenkel voll und sanft muskulös; die Füße zierlich und von der reinsten Form; und nirgends am ganzen Körper eine Spur von Fettigkeit oder Abmagerung und Verfall. Ein vollkommener Mensch lag in großer Schönheit vor mir, und das Entzücken, das ich darüber empfand, ließ mich auf Augenblicke vergessen, daß der unsterbliche Geist eine solche Hülle verlassen.«

Hier darf nichts mißverstanden werden. Niemand behauptet, daß Goethe und Tolstoi vierschrötig, daß sie, im Gegensatz zu den kranken Genien Schiller und Dostojewski, im banausischen Sinn des Wortes ›normal‹ gewesen seien. Auch das naturgesegnetste Genie ist niemals im Sinne des Philisters natürlich, das heißt gesund, normal und nach der Regel. Da bleibt im Physischen immer viel Zartes und Irritables, zu Krise und Krankheit Geneigtes, im Psychischen immer viel den Durchschnitt Befremdendes, ihn unheimlich Berührendes, dem Psychopathischen Nahes, wenn man auch dem Philister verbieten muß, es so anzusprechen ... Nein! Aber von jener *sinnlichen Begabtheit* ist hier die Rede, die zu dem besonderen Adel des antäischen Genies gehört und die Goethe's Faust in den Worten feiert, mit denen er den *Erdgeist* anredet:

Erhabner Geist, du gabst mir, gabst mir alles,
Worum ich bat. Du hast mir nicht umsonst
Dein Angesicht im Feuer zugewendet.
Gabst mir die herrliche Natur zum Königreich,
Kraft, sie zu fühlen, zu genießen. Nicht
Kalt staunenden Besuch erlaubst du nur,
Vergönnest mir, in ihre tiefe Brust,
Wie in den Busen eines Freunds, zu schauen ...

»Kraft, sie zu fühlen, zu genießen.« Tolstois sinnliche Begabung, persönlich gesprochen, muß die eines edlen, von der Natur aufs vollkommenste ausgestatteten, hochempfindlichen Tieres gewesen sein, – verstärkt, sublimiert durch das reflektierende Bewußtsein des Menschen. Seine Augen, die kleinen, scharfen, grauen Augen, unter den buschigen Brauen, waren die eines Falken; sie sahen alles. Sie waren einer hellsichtigen Analyse fähig, die übertrieben anmuten konnte und einen Kritiker veranlaßte, ihm zu schreiben: »Sie sind manchmal imstande zu sagen, die und die *Körperbeschaffenheit* eines Menschen wies darauf hin, daß er nach Indien zu reisen wünschte.« Besonders penetrant war offenbar sein Geruchssinn. Er trägt ein großes Teil zur ungeheueren Sinnlichkeit seines Werkes bei und war, wie es scheint, in seiner Nachhaltigkeit seiner eigenen menschlichen Pietät zuweilen anstößig. »So ungern ich davon spreche«, sagt er in seinen Erinnerungen, »ich erinnere mich noch immer an den charakteristischen scharfen Geruch, der meiner Tante anhaftete und wohl eine Folge der Nachlässigkeit in ihrer Kleidung war.«
Von Goethe's Wetterempfindlichkeit war schon die Rede. Sie ist jener fast übertriebenen sinnlichen Begabtheit zuzurechnen und geht ins Okkult-Natursichtige über, wenn er nachts in seinem Schlafzimmer zu Weimar das Erdbeben von Messina wittert. Auch der nervöse Apparat der Tiere vermag ja dergleichen Ereignisse vor- und mitzufühlen. Das Tierische transzendiert. Alle Transzendenz ist tierisch. Naturvertraute sinnliche Irritabilität überschreitet die Grenzen des eigentlich Sinnlichen und mündet ins Übersinnliche, Naturmystische ein. Bei Goethe findet sich das Göttlich-Tierische mit Freimut und naturaristokratischem Stolz bejaht auf allen Stufen und in allen Formen, auch in der geschlechtlichen. Das »Priapische« war Gesinnung bei ihm zuzeiten, – eine Gesin-

nung, die selbstverständlich bei Tolstoi nicht vorkommt, da das antike Kulturelement seinem Wesen fehlt. Die geschlechtliche Lust war also in seinem Falle nicht humanistisch-antik akzentuiert, sondern russisch-kraftschwelgerisch und dabei immer moralistisch verdunkelt, von tiefer Reue wahrscheinlich nicht nur gefolgt, sondern schon begleitet. Wir haben Zeugnisse von Kameraden Tolstois aus seiner Offizierszeit, der Zeit von Sebastopol, – Zeugnisse, die von der Wut, mit welcher der Kampf zwischen seinen sinnlichen und geistigen Trieben schon damals in seinem Innern tobte, eine deutliche Vorstellung geben. Nach einer solchen Schilderung war der junge Graf Tolstoi ein herrlicher Kamerad, die Seele seiner Batterie, von übersprudelnder Laune. War er abwesend, so herrschte Niedergeschlagenheit. »Man hörte nichts von ihm«, sagte der Erzähler, »einen, zwei, drei Tage lang... endlich kam er zurück... und sah ganz aus wie der verlorene Sohn – düster, abgezehrt, mit sich selbst zerfallen. Er nahm mich beiseite und begann Beichte zu tun. Er gestand mir alles, einfach alles, sein Zechen, Kartenspiel, wo er die Tage und die Nächte verbrachte, und, würdet ihr es glauben? seine Reue und sein Leid waren so tief, als hätte er ein furchtbares Verbrechen begangen. Seine Verzweiflung war so grenzenlos, daß *sie peinlich anzusehen war*... Ein solcher Mensch war er. Er war, mit einem Worte, sonderbar und, wenn ich die Wahrheit gestehen soll, mir nicht ganz verständlich.«

Das wollen wir glauben. Die »peinliche Verzweiflung«, deren Zeuge der junge Offizier da sein mußte, kam ja aus jenem inneren Zwiespalt, der den späteren Tolstoi zu einem der größten Gewissenswecker, der stärksten Erreger von Gottesangst unter den Menschen gemacht hat. Aber die Tiefe seiner sittlichen Not eben zeugt von der Heftigkeit seiner Triebe, und wenn das Naturhafte seiner Christlichkeit mehr und mehr eine schwere Last bedeutete, einen Stachel, vor der sie sich Ruhe wünschte, so erlangte sie diese Ruhe doch niemals, bis zum Ende nicht. Tolstoi hielt geschlechtlich so lange aus wie Goethe, der sich selber neckte:

> Alter, hörst du noch nicht auf?
> Immer Mädchen!

– aber sein geistiges Verhältnis zum Weibe, das er früh im Stil der Kirchväter als *instrumentum diaboli* empfinden lernte, hatte sich längst so gestaltet, daß ein Erlebnis wie das des alten Goethe mit Ulrike bei ihm undenkbar war. Das Merkwürdige aber oder bei der Größe und Mächtigkeit seiner Anlagen eigentlich Selbstverständliche bei alledem ist, daß von Mukkerei, von Prüderie oder auch nur von Delikatesse in seinem Verhältnis zu dieser Sphäre auch nicht eine Spur zu finden ist. Im Gegenteil: seine Äußerungen darüber sind von einem heidnischen Freimut, dessen Großartigkeit ans Zynische grenzt. Er geht mit Gorki und Anton Tschechow am Meere spazieren, und plötzlich richtet er an Tschechow eine Frage, dessen jugendliches Vorleben betreffend, und bedient sich dabei eines biblischen Ausdrucks von roher Feierlichkeit. Anton Pawlowitsch ist verwirrt, murmelt etwas, indes er an seinem Bärtchen zupft. Der Alte aber läßt ihn stammeln und legt dann seinerseits, den Blick auf das Meer gerichtet, in vier Worten ein höchst positives Bekenntnis in betreff seiner eigenen Führung ab, das er mit einem schweren und niedrigen Bauernausdruck schließt. »Wenn sie von seinen rauhen Lippen kommen«, sagt Gorki, »klingen alle derartigen Worte einfach und natürlich und verlieren ihre soldatenhafte Roheit.«

Er sagt an einer anderen Stelle: »Wäre Lew Nikolajewitsch *Naturforscher*, er würde sicherlich die scharfsinnigsten Hypothesen entwickeln, größte Entdeckungen machen.« Diese Äußerung tut Gorki nicht im Zusammenhang mit dem mächtig Sinnlichen in Tolstois Wesen; aber wir sind geneigt, es damit in Zusammenhang zu bringen. Er erinnert sich, wie es scheint, auch nicht an Goethe, indem er Tolstoi ein latentes naturwissenschaftliches Genie zuschreibt; aber wir unsererseits erinnern uns an ihn. Und uns will folgende Tatsache nicht ganz zufällig scheinen: Es geschah in Venedig, 1790, zugleich mit den sinnlichen Abenteuern, von denen die Epigramme Zeugnis geben, daß Goethe, am Lido, im Anschauen eines geborstenen Schafschädels, jene morphologische Einsicht in die Entstehung aller Schädelknochen aus den Wirbelknochen gewann, die eine so wichtige Aufklärung über die Metamorphose des tierischen Körpers bedeutete. Was Gorki meint, wenn er sagt, daß Tolstoi, falls er sich darauf verlegt hätte, geniale naturwissenschaftliche Entdekkungen gemacht haben würde, kann nicht zweifelhaft sein. Es ist die wissende Sympathie der Naturgesegneten mit dem organischen Leben – eine Sympathie, der Eros nicht fern ist und der Goethe's biologische Intuitionen, zum Beispiel seine unglaublich sichere Vorwegnahme der Zellentheorie, entstammen.

Drückt sie sich nicht aus, diese Sympathie, in Goethe's jugendlichem Ganymed-Pathos? In diesem »Mit tausendfacher Liebeswonne sich an mein Herz drängt deiner ewigen Wärme heilig Gefühl«, diesem »Aufwärts an deinen Busen, all-liebender Vater!«? Drückt sie sich nicht aus in seinem Pantheismus, der nur die Objektivierung seines Gefühls ist, so, daß die eigene Allhingegebenheit ihn die Gottheit nicht als von außen stoßend, sondern als alldurchdringend empfinden läßt? Jedenfalls ist sie ganz und gar auf das Leben, auf die »Ewige Wärme« gerichtet, diese organische Sympathie, dieses liebende Interesse – während (und was könnte charakteristischer für die Verschiedenheit der beiden großen Naturkinder sein!) Tolstois stärkstes, quälendstes, tiefstes und produktivstes Interesse dem *Tode* gilt. Der Todesgedanke ist es, der sein Sinnen und Dichten in dem Maße beherrscht, daß man sagen kann, kein Meister der Weltliteratur habe den Tod empfunden und dargestellt wie er, – ihn so schrecklich durchdringend empfunden und so unersättlich oft dargestellt. Tolstois Genie in der dichterischen Erkundung des Todes ist in der Tat das Gegenstück zu Goethe's naturwissenschaftlicher Intuition, und Sympathie mit dem Organischen ist die Grundlage beider. Der Tod ist eine sehr sinnliche, sehr körperliche Angelegenheit, und es wäre schwer zu sagen, ob Tolstoi sich so sehr für den Tod interessiert, weil er sich so sehr sinnlich für den Körper, die Natur als Leibesleben interessiert – oder umgekehrt. Auf jeden Fall ist auch bei seiner Todesfixierung *Liebe* im Spiel: denn Todesfurcht, diese Quelle von Tolstois Poesie und Religiosität, ist Natur-Liebesfrucht, sie ist die negativ-naturalistische Seite des Goethischen Ganymedaufschwunges.

»Du führst«, spricht Goethe-Faust zum Erdgeist,

> Du führst die Reihe der Lebendigen
> Vor mir vorbei, und lehrst mich meine Brüder
> Im stillen Busch, in Luft und Wasser kennen ...

Meine Brüder: Man weiß, daß es Goethe war, der mit dem Gedanken, daß »der Mensch aufs nächste mit den Tieren verwandt« sei, Ernst machte auf eine Weise, wie der Wissenschaft bis dahin nicht beigekommen war, es zu tun; und das Erfülltsein von diesem Gedanken, seine tiefe, wirkliche Anschauung, ist bezeichnend für das Naturkind und seine Sympathie mit dem Organischen. Schillers Humanität, sein Menschlichkeitsbegriff, der emanzipatorischer, im Grunde stolz-naturfeindlicher Art war, hätte wenig Gefallen an diesem Gedanken gehabt, und man findet Gedanken nicht, die einem nicht gefallen, das heißt ideell willkommen sind. Es gibt keine »voraussetzungslose Wissenschaft«. Die Entdekkungen der Wissenschaft sind immer das Ergebnis einer ideellen Voraussetzung; das mittelalterliche Wort »Ich glaube, damit ich erkenne« wird ewig recht behalten; der Glaube ist das Organ der Erkenntnis, und ohne die vorgefaßte, vorangeschaute Idee eines einheitlichen Bildes, nach welchem die höhere Tierwelt nebst dem Menschen geformt ist und dem im botanischen Reich die angeschaute Idee der ›Urpflanze‹ entspricht, hätte Goethe niemals das os intermaxillare am Menschen gefunden. Man darf auf den humoristischen Widerspruch hinweisen, der zwischen der Tatsache dieser Entdeckung und der humanen Erläuterung besteht, die Goethe dazu gibt. Der Zwischenkieferknochen, sagt er, der bei den Tieren, je nach Umständen und Bedürfnis, verschieden gestaltet sei, – zuletzt, im Menschen, dem edelsten Geschöpf, verberge er sich schamhaft, »aus Furcht, tierische Gefräßigkeit zu verraten«. Idealistischer Menschenstolz könnte einwenden, dann sei es recht inhuman, das schamhaft Verborgene zu entdecken und an den Tag zu bringen.
Und doch ist es eben das Merkwürdige und tief Bedeutsame, zu sehen, wie bei Goethe das Biologisch-Medizinische von Grund aus mit dem humanistischen Interesse, dem Interesse am Menschen und seiner Schönheit, und also auch mit der Kunst verquickt ist, wie bei ihm die Kunst als humanistische Disziplin erscheint und alle Disziplinen und Fakultäten menschlichen Forschens, Wissens und Könnens sich als Abschattungen und Variationen ein und desselben großen, dringlichen und liebevollen Interesses und Anliegens darstellen, des Interesses am Menschen. Die Betrachtung des Menschlichen unter dem naturwissenschaftlich-medizini-

schen Gesichtswinkel lag nicht in der Überlieferung seiner Familie, wie bei Schiller und Dostojewski, die beide Söhne von Ärzten waren, sich aber beide um den Leib des Menschen niemals gekümmert haben. Von Goethe dagegen weiß man, daß er seit seinen Leipziger Tagen sich mit medizinischen Studien befaßt hat, in Straßburg täglich mit Medizinern verkehrte und mit einem Ernst, als seien nicht besonders die sogenannten ›Schönen Wissenschaften‹ sein zukünftiger Beruf, sondern etwa die Chirurgie, im Seziersaal, in der inneren Klinik und in der für Geburtshilfe arbeitete. Der Geist, in dem er diese Studien trieb, das Interesse, aus dem er sich ihnen hingab, erhellt aus der Tatsache, daß er später selbst jungen Künstlern in der Zeichenakademie Vorlesungen über den Knochenbau des menschlichen Körpers hielt. Es erhellt noch klarer aus gewissen Äußerungen Wilhelm Meisters, in den ›Wanderjahren‹, der sich zum Wundarzt ausbildet, sich also vor allem der Anatomie zuwendet und über die Art, wie er sich auf einem ganz anderen Tätigkeitsgebiet schon von langer Hand her darauf vorbereitete, sehr merkwürdige Auskunft gibt.

»Auf eine sonderbare Weise«, sagt er, »welche niemand erraten würde, war ich schon in Kenntnis der menschlichen Gestalt weit vorgeschritten, und zwar während meiner theatralischen Laufbahn; alles genau besehen, spielt denn doch der körperliche Mensch da die Hauptrolle, ein schöner Mann, eine schöne Frau! Ist der Direktor glücklich genug, ihrer habhaft zu werden, so sind Komödien- und Tragödiendichter geborgen. Der losere Zustand, in dem eine solche Gesellschaft lebt, macht ihre Genossen mehr mit der eigentlichen Schönheit der unverhüllten Glieder bekannt als irgendein anderes Verhältnis; selbst verschiedene Kostüme nötigen, zur Evidenz zu bringen, was sonst herkömmlich verhüllt wird. Hiervon hätte ich viel zu sagen, so auch von körperlichen Mängeln, welche der kluge Schauspieler an sich und anderen kennen muß, um sie, wo nicht zu verbessern, wenigstens zu verbergen, und auf diese Weise war ich vorbereitet genug, dem anatomischen Vortrag, der die äußeren Teile näher kennen lehrte, eine folgerechte Aufmerksamkeit zu schenken; so wie mir denn auch die inneren Teile nicht fremd waren, indem ein gewisses Vorgefühl davon mir immer gegenwärtig geblieben war.«

Das ist, wie gesagt, eine bedeutsame Auskunft. Sie gestattet einzusehen, daß die Bekanntschaft mit dem menschlichen Körper, die Wilhelm dem »loseren Zustand« des Schauspielerlebens verdankte, nicht nur eine glückliche Vorbereitung auf seine anatomischen Studien war, sondern daß beides, sein Hang zum Theater wie seine medizinischen Neigungen, ein und demselben tiefen Interesse, der Sympathie mit dem organischen Leben und dessen höchster Offenbarung, der Menschengestalt, entstammt, einem Interesse, einer Sympathie, der, wie wir sagten, Eros nicht fern ist. Er ist zum Beispiel nicht fern, als Wilhelm Meister eines Tages auf seinem Platze im Seziersaal als zu bearbeitendes Präparat »den schönsten weiblichen Arm« vorfindet, »der sich jemals um den Hals eines Jünglings geschlungen hatte«, und als er sich bei seinem Anblick denn doch nicht überwinden kann, »dies herrliche Naturerzeugnis« mit senem Besteck noch weiter zu entstellen. Und aus dieser Situation ergibt sich für ihn die Bekanntschaft mit jenem merkwürdigen Mann, dem »plastischen Anatomen«, einem Bildhauer, der zugleich aus Wachs oder sonstiger Masse anatomische Zergliederungen anfertigt, die das frische, farbige Aussehen natürlicher Präparate haben und mit deren reichlicher und immer verfeinerter Herstellung er der Anschauung lernender und praktizierender Mediziner in aller Welt zu dienen hofft. Da ergeben sich nun die beziehungsreichsten Gespräche über das Verhältnis von bildender Kunst und anatomischer Wissenschaft, und wunderlich greift beides ineinander dort, wo der Meister »einen schönen Sturz eines antiken Jünglings in eine bildsame Masse abgießt und nun mit Einsicht die ideelle Gestalt von der Epiderm zu entblößen und das schöne Lebendige in ein reales Muskelpräparat zu verwandeln sucht«.
Hier knüpft das prosaische Alterswerk an frühe Gedanken und Bildungserlebnisse Goethe's an. Daß Kunst- und Naturerkenntnis sich welchselweise vertiefen, hatte er zeitig empfunden und ausgesprochen. »Wie ich die Natur betrachte«, schreibt er aus Rom, so betrachte ich nun die Kunst, ich gewinne, wonach ich so lange gestrebt, auch einen vollständigen Begriff von dem Höchsten, was Menschen gemacht haben, *und meine Seele bildet sich* auch von dieser Seite mehr aus und sieht in ein freyeres Feld.« »Nun ist mir Baukunst und

Bildhauerkunst und Mahlerey wie Mineralogie, Botanik und Zoologie«, heißt es in einem Brief an Herder. Und ein andermal: »Wir können zuletzt beim Kunstgebrauch nur dann mit der Natur wetteifern, wenn wir die Art, wie sie bei Bildung ihrer Werke verfährt, ihr wenigstens einigermaßen abgelernt haben ... Die menschliche Gestalt kann nicht bloß durch das Beschauen ihrer Oberfläche begriffen werden: man muß ihr Inneres entblößen, ihre Teile sondern, die Verbindungen derselben bemerken, die Verschiedenheiten kennen, sich von Wirkung und Gegenwirkung unterrichten, das Verborgene, Ruhende, das Fundament der Erscheinung sich einprägen, wenn man dasjenige wirklich schauen und nachahmen will, was sich als schönes ungetrenntes Ganzes in lebendigen Wellen vor unserm Auge bewegt.« Dies sind Goethe's Worte, und wer wollte zweifeln, daß sie die Wahrheit treffen? Wer wollte leugnen, daß es dem Künstler nützlich ist, auch unter der Epidermis Bescheid zu wissen, so daß er mitmalen kann, was nicht zu sehen ist; mit andern Worten: wenn er zur Natur noch in einem andern Verhältnis steht als bloß dem lyrischen, wenn er zum Beispiel im Nebenamt Arzt ist, Physiolog, Anatom ist und von den Dessous auch noch seine stillen Kenntnisse hat? Die Hülle eines Menschenkörpers besteht nicht nur aus den Schleim- und Hornschichten der Oberhaut, sondern darunter ist das Lederhautgewebe zu denken, mit seinen Salben- und Schweißdrüsen, Blutgefäßen und Wärzchen, und darunter wieder die Fetthaut-Polsterung, deren vielen Fettzellen die Anmut der Form überhaupt erst zu danken ist. Was aber mitgewußt und mitgedacht ist, das spricht auch mit; es fließt in die Hand und tut seine Wirkung, ist nicht da und irgendwie doch da, und dies eben ergibt Anschaulichkeit. Die Kunst, wie wir sagten, ist nur eine humanistische Disziplin unter den anderen; sie alle, Philosophie, Juristerei, Medizin, Theologie, wie selbst auch Naturwissenschaften und Technologie, sind nur Abwandlungen und Spielarten einer und derselben hohen und interessanten Angelegenheit, zu welcher man niemals verschiedenartig und vielseitig genug sich verhalten kann, denn es ist der Mensch; und die *menschliche Gestalt* ist der Inbegriff ihrer aller, sie ist, mit Goethe zu reden, »das non plus ultra alles menschlichen Wissens und Tuns«, »das A und O aller uns bekannten Dinge«.

Autobiographie und Erziehung... Die beiden Gedanken fügen sich uns wieder zusammen in dem Augenblick, da die Idee der menschlichen Gestalt, dieses höchsten Gegenstandes der Sympathie mit dem Organischen, vor uns ersteht. Ja, angesichts dieser Idee, der eigentlich plastischen, verfließen diese beiden Triebe zu humaner Einheit: Das pädagogische Element lebt, bewußt oder unbewußt (und besser, wenn unbewußt), bereits in dem autobiographischen, es ergibt sich daraus, es wächst daraus hervor.
Goethe nennt Wilhelm Meister irgendwo sein »geliebtes Ebenbild«... Wieso doch? Liebt man sein Ebenbild? Sollte nicht ein Mensch, der nicht an unheilbarer Selbstgefälligkeit krankt, in der Anschauung seines Ebenbildes der eigenen Verbesserungsbedürftigkeit sich recht bewußt werden? Doch, eben dies sollte er. Und eben dies Gefühl der Verbesserungs- und Vervollkommnungsbedürftigkeit, diese Empfindung des eigenen Ich als einer *Aufgabe*, einer sittlichen, ästhetischen, kulturellen Verpflichtung, *objektiviert* sich im Helden des autobiographischen Bildungs- und Entwicklungsromans, vergegenständlicht sich zu einem Du, an welchem das dichterische Ich zum Führer, Bildner, Erzieher wird – identisch mit ihm und zugleich ihm überlegen in dem Grade, daß Goethe seinen Wilhelm, den guten Kerl in seinem dunklen Drange, den er aus sich herausgestellt, einmal mit väterlicher Zärtlichkeit einen »armen Hund« nennt – ein Wort voller Empfindung für sich und ihn. Im Innern des autobiographischen Pathos selbst also vollzieht sich bereits die Wendung ins Erzieherische. Und dieser Objektivierungsprozeß schreitet im ›Wilhelm Meister‹ fort durch die Einführung der Gesellschaft des ›Turmes‹, die Wilhelms Schicksal und menschliche Ausbildung in die Hände nimmt, sein Leben an geheimen Fäden leitet; immer deutlicher wandelt sich in den ›Lehrjahren‹ die Idee der persönlich-abenteuernden Selbstausbildung in die der Erziehung, um in den ›Wanderjahren‹, wie wir sagten, völlig ins Soziale, ja Politische zu münden, und Goethe hat nicht versäumt, auch am Ende des Faust-Gedichtes noch diese unfehlbare Zusammengehörigkeit von Selbst- und Menschenbildung einen Augenblick poetisch aufleuchten zu lassen: Denn den Verklärten, der drunten »immer

strebend sich bemüht«, empfangen selige Knaben dort oben mit dem Gesange:

Wir wurden früh entfernt
Von Lebechören;
Doch dieser hat gelernt,
Er wird uns lehren.

Niemand hat je das eigene Ich in dem Sinne geliebt, niemand war je ›egozentrisch‹ in dem Sinne, daß er sein Ich als kulturelle Aufgabe verstand und es sich in der Betreuung dieser Aufgabe sauer werden ließ, ohne auch zu erzieherischer Wirkung in der äußeren Menschenwelt, zum Glück und der Würde eines Jugendführers und Menschenbildners wie von ungefähr zu gelangen; und der Augenblick dieser Einsicht ist, wie er erst auf der Höhe des Lebens sich einstellt, der höchste im Leben des produktiven Menschen. Er wird nicht vorhergesehen, vorhergeahnt auch nur, dieser Augenblick – wahrscheinlich niemals. Der autobiographische arme Hund, auf nichts als die hinlänglich schwierige Kultur des eigenen Ackers oder, religiös gesprochen, auf die Rettung und Rechtfertigung des eigenen Lebens von Hause aus bedacht, wird sich nicht eingebildet haben, er »könne was lehren, die Menschen zu bessern und zu bekehren«. Dennoch kommt der Tag, wo er mit noch ungläubigem Staunen gewahr wird, daß er gelehrt hat, indem er lernte, daß er gebildet, erzogen, geführt, durch das hohe, eroserfüllte und menschenverbindende Kulturmittel der Sprache junges Leben mit dem Stempel seines Geistes geprägt hat, und diese Erkenntnis, diese seine Existenz fortan beherrschende Gewißheit läßt an plastischer Lust alles gemein-menschliche Liebes- und Vaterglück so weit zurück, wie überhaupt geistiges Leben das sinnlich-individuelle an Würde, Schönheit und Großartigkeit übertrifft.

Unterricht

»Ich lese Goethe. Die Gedanken schwärmen«, schrieb Tolstoi zu Anfang der sechziger Jahre in sein Tagebuch – als Mann von einigen Dreißig also, um die Zeit, als er vom Auslande nach Rußland zurückkehrte und seine Arbeit als pädagogischer Schriftsteller und Praktiker begann. Was las er damals? War es die Berührung mit der Sphäre des deutschen Idealismus und Humanismus, die ihn und seine Gedanken so »schwärmen« machte? Es konnte niemals die seine sein. Anders als bei Goethe, war bei Tolstoi die pädagogische Neigung unmittelbar sozial-moralischer Herkunft. Ein Mann von Begabung und Wissen, sagt er, müsse denen, die dieser Vorteile ermangeln, Anteil daran gewähren, ehe er für sich selbst *Vergnügen daraus ziehe* –: eine ärmliche Motivierung seiner Bestrebungen, wie uns scheint, rational-humanitär, wie das bewußte Denken des mächtigen Künstlers nun einmal war, und tief untergeordnet der schönen Menschlichkeit, mit der bei Goethe das Soziale aus der Kultur- und Bildungsidee organisch erwuchs. Aber was Tolstoi dachte, pflegte unendlich geringer zu sein als das, was er *war*, – und wohin übrigens »schwärmten« damals seine Gedanken, als er Goethe las und gleichzeitig sich anschickte, die pädagogischen Ideen, die in ihm rumorten, als Volksschullehrer auf eigene Hand, als Gründer einer Schule für Bauernkinder zu praktizieren?

Zutreffender gesagt: er experimentierte damit; er hatte beschlossen, durch Versuch zu ergründen, wie und worin das Volk und der junge Mensch überhaupt unterrichtet zu werden wünsche: Denn daß dies nicht feststehe und daß es vor allem darauf ankomme, dies festzustellen, war seine oberste pädagogische These. »Das Volk«, sagte er, »dieser an der ganzen Angelegenheit meistinteressierte Teil, Partei und Richter in einer Person, hört unsere mehr oder weniger geistreichen Auseinandersetzungen darüber, wie man seine geistige Nahrung zubereiten soll, ruhig an. Sie sind ihm völlig gleichgültig, denn es weiß genau, daß es in der großen Angelegenheit seiner geistigen Entwicklung nicht einen falschen Schritt machen und nichts annehmen wird, was falsch ist, und alle Versuche, es auf eine ihm nicht gemäße Art, zum Beispiel auf deutsche Art, zu bilden, zu lehren und zu lenken, werden von ihm abprallen wie Erbsen von der Wand.« Wenn man, so erklärt Tolstoi in Schriften und Polemiken, den Typus der deutschen Schule auf Grund historischer Erfahrung als etwas Wünschenswertes anerkennen müsse, so bleibe doch die Frage offen, ob man als Russe für eine Volksschule eintreten dürfe, die in Rußland noch gar nicht bestehe.

Denn welche geschichtlichen Argumente könne man für die Behauptung anführen, daß die russischen Schulen das gleiche sein müßten wie die des übrigen Europa? Das Volk, sagt er, braucht Erziehung, und jedes einzelne Individuum sucht sie unbewußt. Die höher kultivierte Menschenklasse, die Gesellschaft, die Regierungsbeamten, trachtet ihr Wissen auf die anderen zu übertragen und die weniger gebildete Menge zu erziehen. Man sollte meinen, daß ein derartiges Zusammentreffen der Notwendigkeiten sowohl der Klasse, die den Unterricht erteilt, als auch der, die ihn empfängt, zur Befriedigung gereichen müsse. Allein das Gegenteil ist der Fall. Die Menge handelt unaufhörlich den Anstrengungen entgegen, die für ihre Erziehung von den oberen Klassen gemacht werden, so daß diese Anstrengungen häufig vereitelt werden. Wer hat schuld? Was ist rechtmäßiger – der Widerstand oder die Handlung, gegen die er sich richtet? Muß der Widerstand gebrochen oder die Handlung geändert werden? Dies letztere, entscheidet Tolstoi, ist der Fall. »Sollen wir«, sagt er, »uns nicht ehrlich und offen eingestehen, daß wir nicht wissen können, was das Bedürfnis der kommenden Generation sein wird, daß wir uns jedoch verpflichtet fühlen, dem nachzuforschen? Daß wir das Volk nicht der Unwissenheit beschuldigen wollen, weil es unsere Erziehung nicht annimmt, sondern uns selbst der Unwissenheit und Selbstüberhebung bezichtigen sollen, wenn wir darin fortfahren, das Volk nach unseren eigenen Ideen zu erziehen? Hören wir doch endlich auf, in dem Widerstand des Volkes gegen unsere Erziehung ein feindliches Element zu erblicken; sehen wir doch darin eher den Ausdruck des Volkswillens, der allein uns leiten sollte. Nehmen wir endlich die Tatsache an, die uns die ganze Geschichte der Pädagogik so deutlich lehrt, daß, wenn die erziehende Klasse wissen soll, was gut und was schlecht ist, die zu erziehenden Klassen die volle Macht besitzen müssen, ihrer Unzufriedenheit Ausdruck zu geben und sich von einer Erziehung abzuwenden, die sie instinktiv nicht befriedigt – daß das einzige Kriterium der Erziehungsmethoden die *Freiheit* ist!«

»Das einzige Kriterium der Pädagogik ist die Freiheit, die einzige Methode die Erfahrung, das Experiment.« Dies ist Tolstois oberste Erziehermaxime. Die Schule soll seiner Ansicht nach zugleich ein Mittel der Erziehung und ein Experiment an der jungen Generation sein, das stets neue Resultate ergäbe; sie soll mit anderen Worten ein erzieherisches Laboratorium sein, worin das Experiment der pädagogischen Wissenschaft eine feste Basis schafft. Damit es das aber tun könne, ist nötig, daß es sich unter Umständen vollziehe, die den Wert seiner Ergebnisse sicherstellen, das heißt: in Freiheit. Die Schule, wie sie ist, erklärt Tolstoi, verblödet die Kinder, da sie ihre geistigen Fähigkeiten verzerrt. Sie reißt sie während der kostbarsten Entwicklungszeit aus dem Kreis der Familie, beraubt sie des Glücks der Freiheit und macht aus dem Kinde ein abgehetztes, gedrücktes Geschöpf, dem ein Ausdruck der Müdigkeit, Furcht und Langeweile anhaftet, während es mit den Lippen fremde Worte in einer fremden Sprache wiederholt. Geben wir aber dem Volke bei seiner Ausbildung Freiheit, so geben wir ihm auch die Möglichkeit, auszusprechen, was ihm not tut, und weiter die Möglichkeit, unter den dargebotenen Kenntnissen zu wählen. Alle Philosophen von Plato bis Kant erstreben einstimmig die Befreiung der Schule von den Fesseln der Tradition. Sie streben herauszufinden, worin die geistigen Bedürfnisse des Menschen bestehen, und bauen auf diesen mehr oder weniger richtig erschauten Bedürfnissen ihre neue Schule auf. Luther verlangt, daß das Volk die Heilige Schrift im Urtext und nicht nach den Kommentaren der heiligen Väter studiere. Bacon rät das Studium der Natur nach der Natur und nicht nach den Büchern des Aristoteles. Rousseau möchte das Leben aus sich selbst heraus, so wie er es auffaßt, lehren und nicht nach veralteten Erfahrungen. Alle Philosophie verficht die Befreiung der Schule von der Idee, die jüngere Generation in dem zu unterrichten, was die ältere Generation für Wissenschaft hielt, zugunsten der Idee, sie das zu lehren, dessen sie selbst bedarf. Und jeder Schritt vorwärts in der Pädagogik, wenn wir ihre Geschichte aufmerksam betrachten, besteht in einer größeren natürlichen Annäherung zwischen Schüler und Lehrer, in weniger Zwang und größerer Erleichterung des Lernprozesses.

Also wendet Tolstoi, ein anarchistischer Pädagog, sich geradeswegs gegen die Disziplin. »Die Schule, in der weniger Zwang ist«, sagt er, »ist besser als die, in der mehr Zwang ist. Die Methode, die zu ihrer Einführung keiner Anstrengungen der Disziplin bedarf, ist gut; die, welche mehr Strenge braucht, ist sicherlich schlecht. Nehmen wir eine Schule wie die meine, und versuchen wir, dort Gespräche über Tische und Zimmerecken zu führen oder kleine Würfel hin und her zu schieben. In der Schule wird eine entsetzliche Unordnung entstehen, und es wird unbedingt nötig werden, die Schüler durch Strenge zur Ruhe zu bringen. Aber versuchen wir, ihnen eine interessante Geschichte zu erzählen oder Aufgaben zu stellen, oder lassen wir einen an der Tafel schreiben und die anderen korrigieren, und *lassen wir alle aus den Bänken heraus*, und sie werden alle beschäftigt sein, es wird zu keinem Schabernack kommen, und eine Verschärfung der Disziplin wird überflüssig sein. Man kann ruhig sagen, daß diese Art *gut* ist.«

»Die Kinder bringen nichts mit«, so schildert Tolstoi den Schulbetrieb von Jasnaja Poljana, – »weder Lesebücher noch Schreibhefte. Sie bekommen keine nach Hause mit. Sie brauchen nicht nur in den Händen, sie brauchen selbst in den Köpfen nichts zu tragen. Sie sind nicht verpflichtet, sich irgendeine Aufgabe zu merken, nichts von dem, was sie tags vorher getan. Der Gedanke an die kommende Lektion quält sie nicht. Sie bringen nichts mit sich als ihre empfängliche Natur und die Überzeugung, daß es heute ebenso lustig in der Schule sein wird wie gestern; sie denken an den Unterricht erst, wenn dieser begonnen hat. Keiner, der zu spät kommt, wird je ausgescholten, und sie kommen niemals zu spät, ausgenommen einige der älteren, deren Väter sie hin und wieder zur Arbeit zurückhalten. Geschieht das einmal, so laufen sie voll Hast in die Schule und langen atemlos dort an.«

Glückliche Dorfkinder von Jasnaja Poljana! Aber es begreift sich, daß Tolstoi den Kindern aus der Schule wenigstens ein Vergnügen zu machen sucht, denn sein Glaube an ihren erzieherischen Wert ist schwach, er macht letzten Endes kein Hehl aus seiner Überzeugung, die er aus persönlichen Erfahrungen an den Schulen von Marseille, Paris und anderen Städten des westlichen Europas geschöpft zu haben erklärt, der Überzeugung, daß der größte Teil der Volkserziehung überhaupt nicht der Schule, sondern dem Leben verdankt werde, und daß ein freier, offener Unterricht durch öffentliche Vorträge, Vereine, Bücher, Ausstellungen und so weiter weitaus jedem Schulunterricht überlegen bleibe. Aber wie

dem nun sei: nicht das Richtige oder Falsche an Tolstois Ideen ist es, was uns hier in erster Linie interessiert, sondern das Charakteristische daran; und charakteristisch sind sie wirklich im höchsten Grade und nach allen Seiten hin, nicht nur in persönlicher Beziehung, sondern als Zeichen, ja als prophetische Vorzeichen der Zeit.
Was vor allem auffällt, ist ein Akzent, der mit gewissen anderen Lehrmeinungen Tolstois, den pazifistisch-antinationalen, den demokratischen Gleichheitslehren seines Alters im strikten Widerspruch steht: der nationale Akzent, mit dem er das Recht des russischen Volkes auf eine seiner Sonderart gemäße, von ausländischem Geiste unabhängige Erziehung betont. Sein Grund- und Stockrussentum, noch recht unvergeistigt zu dieser Zeit, verneint das Recht der europäisch-westlich-liberal gebildeten Ober- und Beamtenklasse, dem Volk einen Unterricht aufzudrängen, der seinem wirklichen Bedürfnisse nicht enspreche. Er wendet sich damit gegen Peter den Großen, dessen Werk diese europäisch-westlich-liberale Beamtenklasse war. Seine pädagogischen Ideen sind extrem anti-petrinisch, anti-westlich, anti-fortschrittlich, er erklärt offen, daß die gebildete Klasse nicht imstande sei, das Volk recht zu unterrichten, da sie das Wohl des Volkes in der Zivilisation und im Fortschritt sehe. Was in ihm denkt, was aus ihm spricht, ist ›Moskau‹, ist jener Asiatismus, der Turgenjew und seinesgleichen in Tolstois Werk erschreckte und der hier pädagogischer Grundsatz wird. Sein Anarchismus, sein offenkundiger Glaube an das anarchische Prinzip als einzig vernünftige Grundlage menschlichen Zusammenlebens, seine Lehrmeinung, daß absolute Freiheit alle Disziplin überflüssig mache, steht damit in nahem Zusammenhange – diese Meinung, die sich pädagogisch in dem Vorschlag äußert, die Kinder »alle aus den Bänken herauszulassen« und sie von jeder drückenden Pflichtvorstellung zu entbinden.
Diese Redensart vom Herauslassen aller Kinder aus den Bänken ist in ihrer erheiternden Anschaulichkeit ein rechtes Symbol für Tolstois gesellschaftlich-politische oder vielmehr anarchisch-antipolitische Anschauung überhaupt, die er am bündigsten in seinem berühmten Brief an den Zaren Alexander III. entwickelt hat, dessen Vater am 1. März 1881 ermordet worden war und den Tolstoi durch jenen Brief zur Begnadigung der Mörder bestimmen wollte. Tolstoi setzt

dem Kaiser da in Worten, so eindringlich, daß man sich über ihre Erfolglosigkeit fast wundern muß, auseinander: Die beiden *politischen* Mittel, die man bisher gegen die um sich fressende politische Krankheit angewendet habe, also erstens Gewalt und Terror und zweitens Liberalismus, Konstitution, Parlament – hätten sich endgültig als unwirksam erwiesen. Es bleibe aber noch ein drittes Mittel, das nicht politischer Natur sei und das zum mindesten den Vorzug habe, noch niemals versucht worden zu sein. Es bestehe in der Erfüllung des göttlichen Willens ohne jede Rücksicht und staatskluge Einschränkung, also in der Liebe, der Vergebung, der Vergeltung des Bösen mit Gutem, in der Sanftmut, der Widerstandslosigkeit gegen das Übel, in der Freiheit ... Mit einem Worte, Tolstoi rät, »alle Kinder aus den Bänken herauszulassen«, er rät Anarchie – dieses Wort nicht als Schimpfwort gebraucht, sondern rein sachlich, im Sinne einer bestimmten sozialen und pädagogischen Heilslehre.

Es ist sehr merkwürdig, wie in dieser anarchischen Grundlehre des großen Russen sein Asiatentum, das seinerseits schon eine Mischung aus unterschiedlichen seelischen Bestandteilen, aus orientalischer Passivität, religiösem Quietismus und einer unleugbaren Neigung zu sarmatischer Wildheit darstellt, wiederum eine Verbindung eingeht mit Bestandteilen westeuropäischen Revolutionarismus, mit den pädagogisch-politischen Ideen Rousseau's und seines Schülers Pestalozzi, in denen dies Element der Wildheit, der Rückkehr zum Urstande, kurzum das anarchische Element in einer anderen Gestalt und Färbung ebenfalls lebendig ist. Wir sind also hier bei dem unseren beiden Helden gemeinsamen Bildungserlebnis, bei Rousseau, wieder angelangt, – haben aber festzustellen, daß Goethe's Rousseau-Schülerschaft im Erzieherischen völlig versagte, daß er sich gegen den pädagogischen Rousseauismus, wie Pestalozzi ihn propagierte und praktizierte, gegen den anarchischen Individualismus der revolutionären Erziehung mit wirklicher Wut, ja mit Verzweiflung empörte.

Boisserée erzählt, wie Goethe ihm seinen Jammer über das Pestalozzi'sche Wesen geklagt. Es möge vortrefflich gewesen sein nach seinem ersten Zweck und Bestimmung, wo Pestalozzi nur die geringe Volksklasse im Sinn gehabt, die armen Menschen, die in einzelnen Hütten in der Schweiz wohnen und die Kinder nicht in die Schulen schicken können. Aber das Verderblichste der Welt werde es, sobald es aus den ersten Elementen hinausgehe, auf Sprache, Kunst und alles Wissen und Können angewandt werde, welches notwendig *ein Überliefertes voraussetze* ... Und nun gar der Dünkel, den dieses verfluchte Erziehungswesen errege; da sollte man nur einmal die Dreistigkeit der kleinen Buben hier in der Schule sehen, die vor keinem Fremden erschrecken, sondern ihn in Schrecken setzen! Da falle aller Respekt, alles weg, was die Menschen untereinander zu Menschen mache. »Was wäre denn aus mir«, rief Goethe, »geworden, wenn ich nicht immer genötigt gewesen wäre, Respekt vor anderen zu haben. Und diese Menschen mit ihrer Verrücktheit und Wut, alles auf das einzelne Individuum zu reduzieren und lauter Götter der Selbständigkeit zu sein! Diese wollen ein Volk bilden und den wilden Scharen widerstehen, wenn diese einmal sich der elementarischen Handhaben des Verstandes bemächtigt haben, welches nun gerade durch Pestalozzi unendlich erleichtert ist.«

Überlieferung, Ehrfurcht, welche »die Menschen untereinander zu Menschen macht«, Unterordnung des Ich unter eine edle, schätzenswerte Gemeinschaft – spüren wir nicht die Nähe der Pädagogischen Provinz? Erinnern wir uns einen Augenblick an diesen herrlichen und weisen, zugleich strengen und heiteren Traum von Erziehung und Jugendbildung, in dem von der Humanität des achtzehnten Jahrhunderts, vom Geiste der ›Zauberflöte‹, vom Geist des Sarastro, von diesem »An Freundes Hand zum Guten wandeln« noch viel zu spüren ist, der aber zugleich an Neuem, Kühnem, menschlich Zukünftigem so viel umschließt, daß er gewiß nicht weniger revolutionär als Tolstois erzieherische Ideen zu nennen ist. Nur freilich fehlt das anarchische Ideal vollkommen darin, vielmehr fällt sein Begriff der Menschlichkeit, der Menschenwürde, Gesittung und Bildung so sehr mit dem der feierlichsten Ordnung und Stufung, mit einem so ausgeprägten Sinn für Ehrfurcht, Überlieferung, Symbol, Geheimnis, für Disziplin, Rhythmus, eine reigenartige, fast choreographische Gebundenheit in der Freiheit zusammen, daß man diesen Begriff wohl als staatsmännisch im höchsten und schönsten Sinn, im Gegensatz zu Tolstois »Herauslassen aus den Bänken«, ansprechen kann. Auch die Knaben und Jünglinge von Goethe's Traumgebiet sitzen nicht an Bänke geschmiedet, jedenfalls sehen wir sie nicht in diesem Zustand. Die Grundlage ihrer Erziehung ist, wie Pestalozzi es wollte, der *Ackerbau*, und im Freien, unter Gesängen, die alles begleiten, Arbeit und Spiel, vollzieht sich ihre Ausbildung, die vor allem darin besteht, daß, wie es wörtlich heißt, »weise Männer den Knaben unter der Hand dasjenige finden lassen, was ihm gemäß ist; daß sie die Umwege verkürzen, durch welche der Mensch von seiner Bestimmung, nur allzu gefällig, abirren mag«. Jede entschiedene Berufsneigung also wird begünstigt und gepflegt, denn »Eines recht wissen und ausüben, gibt höhere Bildung, als Halbheit im Hundertfältigen«. Wenn aber damit die Erziehung individuell ist, so ist sie darum nicht im entferntesten individualistisch – dies in der Tat so wenig, daß Respekt sogar vor dem Konventionellen verlangt und als hervorstechende Eigenschaft gerade des Genies betrachtet wird: denn dieses begreife, daß Kunst eben darum Kunst heiße, weil sie nicht Natur sei; und es bequeme sich am leichtesten zum Respekt vor dem Konventionellen, in der Einsicht, daß dieses ja nichts anderes sei als »die Übereinkunft vorzüglicher Menschen, das Notwendige, das Unerläßliche für das Beste zu halten«. Das ist weitgehende Feindschaft gegen das Willkürliche, welche man bezeichnenderweise durch ein Beispiel aus der Musik zu verteidigen bemüht ist. »Würde«, heißt es, »der Musiker einem Schüler vergönnen, wild auf den Saiten herumzugreifen oder sich gar Intervalle nach eigener Lust und Belieben zu erfinden? Hier wird auffallend, daß nichts der Willkür des Lernenden zu überlassen sei; das Element, worin er wirken soll, ist entschieden gegeben, das Werkzeug, das er zu handhaben hat, ist ihm eingehändigt, sogar die Art und Weise, wie er sich dessen bedienen soll, ich meine den Fingerwechsel, findet er vorgeschrieben, damit ein Glied dem anderen aus dem Wege gehe und seinem Nachfolger den rechten Weg bereite; durch welches gesetzliche Zusammenwirken denn zuletzt allein das Unmögliche möglich wird.« – Kein Zufall, wie gesagt, daß die Musik von den Oberen der Provinz derart als Paradigma herangezogen wird; denn ist sie nicht wirklich das geistigste Symbol für alles »gesetzliche Zusammenwirken« des Vielfachen zu einem menschenwürdigen, kulturellen Zweck und Ziel? In der Pädagogischen Provinz durchwaltet der Gesang alles Tun und Treiben, er ist »die erste Stufe der Bildung«,

alles andere schließt sich daran und wird dadurch vermittelt. »Der einfachste Genuß«, heißt es, »sowie die einfachste Lehre werden bei uns durch Gesang belebt und eingeprägt, ja selbst was wir überliefern von Glaubens- und Sittenbekenntnis, wird auf dem Weg des Gesanges mitgeteilt.« Sogar die Wissenschaftselemente des Lesens, Schreibens, Rechnens ergeben sich aus dem Gesange, dem Notenschreiben, der Textunterlage, der Beobachtung der zum Grunde liegenden Maße und Zahlen – und kurz, wie der Ackerbau das natürliche, so ist die Musik hier das geistige Element der Erziehung, »denn von ihr laufen gleichgebahnte Wege nach allen Seiten«.
Ein anderer großer Deutscher und Bildner deutschen Schicksals kommt uns hier in den Sinn: Luther, der der Musik als pädagogischem Mittel eine sehr verwandte Schätzung entgegengebracht hat, wie Goethe sie hier bekundet. »Musicam«, sagte er, »habe ich allzeit lieb gehabt. Die Jugend soll man stets zu dieser Kunst gewöhnen, denn sie machet feine, geschickte Leute. Einen Schulmeister, der nicht singen kann, sehe ich nicht an.« Und in den Schulen, die seinem Einfluß unterstanden, wurde fast so viel gesungen wie in der Pädagogischen Provinz – während ich nicht wüßte, daß in Tolstois Schule überhaupt gesungen worden wäre. Dem Wanderer durch die Pädagogische Provinz scheint es, als ob keiner ihrer Bewohner »aus eigener Macht und Gewalt etwas leiste, sondern als ob ein geheimer Geist sie alle durch und durch belebe, nach einem einzigen großen Ziele hinleitend«. Dieser Geist ist der Geist der Musik, der Kultur, des »gesetzlichen Zusammenwirkens«, wodurch allein zuletzt »das Unmögliche«, das heißt der Staat als Kunstwerk, möglich wird; es ist ein aller Wildheit ferner und entgegengesetzter, man möchte sagen dürfen: es ist deutscher Geist.
Dieses dreifach abgestufte Grüßen, dessen Sinn, die dreifache Ehrfurcht, den Knaben selbst ein Geheimnis bleibt, weil das Geheimnis, die Achtung vor dem Verhüllten, große, sittigende Vorteile habe; dieses Dringen auf Scham und Scheu; dies stracke Frontmachen des jungen Menschen gegen die Welt in ehrenhaft kameradschaftlicher Verbindung mit seinesgleichen; dieses Erhöhen der eigenen Ehre, indem man Ehre gibt; dieser ganze hochvergeistigte und musisch durchheiterte Militarismus: wie fernab ist er von dem rationalen Radikalis-

mus, der innerlich wilden Christlichkeit Tolstois! Sollte man glauben, daß trotzdem in entscheidenden Punkten die merkwürdigste Verwandtschaft zwischen den Erziehungsideen der beiden großen Dichter besteht?
Tolstoi erklärt es einmal in frommer Simplizität für das Heilmittel der Welt, einfach all das nicht mehr zu tun, was man selbst nicht vernünftig findet, das heißt all das nicht, was jetzt unsere ganze europäische Welt tue, zum Beispiel »die Grammatik toter Sprachen lehren«. Was in dieser polemischen Äußerung gegen das Studium der antiken Sprachen fühlbar wird, ja offen zum Ausbruch kommt, ist die Auflehnung des russischen Volkstums gegen die *humanistische Zivilisation* selber; es offenbart sich darin Tolstois unklassisches Heidentum, jene ethnische Göttlichkeit, welche nach Gorki nicht diejenige eines Jupiter, sondern eines russischen Gottes war, »der auf einem Ahornthron unter einer goldenen Linde sitzt«. Eine extrem antihumanistische, antiliterarische, antirhetorische Auffassung von der Wichtigkeit und Vordringlichkeit der Lehrfächer herrscht in Tolstois Erziehungsschriften; er achtet die Disziplinen des Lesens und Schreibens keineswegs für so wichtig, wie es in Europa überlieferterweise geschieht, er hegt nicht die geringste Humanistenfurcht vor dem Begriff des ›Analphabetentums‹, sondern hat diesen nach unseren Vorstellungen rohen Zustand offen verteidigt. »Wir sehen Leute mit allen Kenntnissen für die Zwecke der Landwirtschaft ausgerüstet«, sagt er, »die den inneren Zusammenhang davon wohl erfassen, wiewohl sie weder lesen noch schreiben können; oder ausgezeichnete militärische Befehlshaber, Kaufleute, Werkmeister, Maschinenmeister, Handwerker, lauter Leute, die einfach vom Leben erzogen wurden und die sich durch diese Erziehung einen großen Vorrat an Wissen und klarem Denken angeeignet haben, die aber weder lesen noch schreiben können. Andererseits gibt es solche, die es können, sich aber durch diesen Vorteil keinerlei neue Kenntnis angeeignet haben.« Und wenn er den Widerspruch zwischen dem wirklichen Bedürfnis des Volkes und dem Unterricht, den die gebildeten Klassen ihm aufdrängen, behauptet, so hat er vor allem die Herkunft der niederen Schulen von den höheren im Sinn; zu allererst seien diese, nicht jene, gegründet worden, zuerst die Klosterschulen, dann die höheren Schulen, dann die Elementarschulen, und

das sei eine falsche Hierarchie; denn es sei falsch, daß die Volksschule, statt sich selber zu entsprechen, nur in geringerem Maße den Anforderungen der höheren Schule entspreche. Was er meint, ist klar. Er findet die Volksschule zu literarisch, zu untertan immer noch dem klassischen Bildungsideal, nicht sachlich-lebendig genug, nicht hinlänglich auf Berufsbildung gestellt. Man würde aber irren, wenn man mehr Beifall für Geist und System der höheren Schulen und der Universität von ihm erwartete. Er legt ihnen »völlige Absonderung vom wirklichen Leben« zur Last; er vergleicht die wahre Erziehung durch das Leben mit der der akademischen Studenten und findet, daß jene berufstüchtige Männer, diese aber bloß »sogenannte Leute mit Universitätsbildung, fortgeschrittene, das ist reizbare, schwächliche Liberale« zeitige. Er prophezeit dem »Lateinischen und der Rhetorik« einen Fortbestand von noch hundert Jahren – keinen längeren, und auch einen so langen nur deshalb, weil, »wenn die Medizin einmal gekauft sei, man sie doch trinken müsse«. Mit dieser Redensart ist sein Verhältnis zur klassischen Erziehung, zur europäischen Bildungsgeschichte, zum Humanismus deutlich genug bezeichnet – zugleich aber auch sein Verhältnis zum Westen, zur Zivilisation, ein Verhältnis volkhaften Hasses gegen das Unvolkstümliche, Fremde, Oktroyierte, nur Bildungsmäßige, kurz, die Empörung des Urrussentums gegen Peter.
Es ist an der Zeit, daß wir uns in Goethe's Pädagogischer Provinz nach dem Orte umsehen, wo die Zöglinge sich mit den antiken Sprachen beschäftigen. Sehen wir uns um, und trauen wir unsern Augen! Dieser Ort findet sich nicht. Goethe ist nicht der Barbar, die Beschäftigung mit der Sprache und mit den Sprachen als Bildungsmittel überhaupt zu verachten. Er nennt diese Beschäftigung mit Innigkeit »die zarteste von der Welt«, und er betont ihren sittigenden Wert, indem er Sprachlehre und Sprachübung für seine imaginären Zöglinge mit der gewaltsamen und rauhen Obliegenheit des Pferdehütens verbindet, damit sie nicht, Tiere nährend und erziehend, selbst zum Tier verwildern. Aber es handelt sich um die lebenden Sprachen. Abwechselnd werden die Zungen der verschiedenen Nationen geübt – Lateinisch und Griechisch, es will festgestellt sein, kommen im Erziehungsplan der Provinz nicht vor.

Nun, es kommt noch so manches andere nicht ausdrücklich darin vor; aber daß gerade dies Element vergebens gesucht wird, muß doch auffallen. War Goethe ein Humanist, oder war er es nicht? – Er war es erstens von jeher in einem weiteren und selbst andern Sinn als dem philologischen gewesen. Zweitens aber liegt der Akzent einer gewissen edlen Härte, aller musischen Heiterkeit ungeachtet, überhaupt auf den Anordnungen der Pädagogischen Provinz, und es ist kein Zweifel, daß Goethe zur Zeit seiner bewußten Erzieherschaft sich zu dem winckelmannisch-humanistischen Bildungsideal ein wenig verhielt, wie Tolstoi und Auerbach sich zur Musik verhielten, das heißt mit sozialer Strenge gegen das Sybaritische, dilettantisch Schweifende und Genüßliche, worin die Gefahr dieses »allgemein menschlichen« Bildungsideals besteht. Er achtete diese Gefahr für bedrohlicher als die der Verengung und Verarmung durch ein Spezialistentum, dessen Schrecken wir Späteren freilich kennengelernt haben; er verteidigt Berufsbildung gegen Wortunterricht – aus derselben antiliterarischen Tendenz, die wir bei Tolstoi beobachteten; er teilt mit diesem den Glauben, daß menschliche Bildung aus der Beschränkung am redlichsten hervorgehe, und so ist er radikal genug, durch einen Wortführer der ›Wanderjahre‹ der humanistisch-allgemeinen Bildung »und allen Anstalten dazu« das Wort »Narrenpossen« entgegenschleudern zu lassen. Das ist hart. Aber klingt es nicht heute, wo niemand mehr von seinen Zinsen leben kann, wie eine nur zu hellsichtige Prophezeiung, wenn er ebendort verkündet: »Wer sich von nun an nicht auf eine Kunst oder ein Handwerk legt, der wird übel dran sein«?

Wir haben aus unserer Neigung, das Heidentum der Naturkinder primär ethnisch zu deuten, kein Hehl gemacht. Goethe's erstaunlich radikale Ablehnung der humanistisch-literarischen Bildung an entscheidender Stelle ist unleugbar danach angetan, uns in dieser Auffassung zu bestärken. Wir hätten nicht viel zu fürchten, wenn wir sein krasses Urteil: »Narrenpossen!« für die Auflehnung germanischen Volkstums gegen die humanistische Zivilisation selber erklärten. Wir haben alle Befugnis in Händen, zu behaupten, daß Goethe den Wahn, Volksbildung sei verwässerte Gelehrtenbildung – diesen Wahn, mit dem man Sinn und Geist des Volkes selbst verwässert, entwürdigt und beleidigt, statt, wie man sich einbildet, ihn emporzuziehen –, ebenso bekämpft haben würde wie Tolstoi. Und der in den ›Wahlverwandtschaften‹ unterderhand – »weil die Menge gleich verhöhnet« – die reaktionäre pädagogische Geheimlehre aufstellt: »Man erziehe die Knaben zu Dienern und die Mädchen zu Müttern, so wird alles gut stehen«, war nicht der Mann, die Züchtung »fortgeschrittener, das ist reizbarer und schwächlicher Liberaler« zu befürworten. War auch bei der entsagenden Strenge seiner Erziehungsgrundsätze prophetische Empfindlichkeit im Spiel? Bewilligte auch sein Zeitwissen »dem Lateinischen und der Rhetorik« nur noch einen Fortbestand von allenfalls hundert Jahren? Eigentümliche Vorgänge im heutigen Europa sind wohl geeignet, seine pädagogischen Maximen in ein solches wahrsagerisches Licht zu setzen.

Aller westlich-marxistische Einschlag, den die große Umwälzung im Lande Tolstois an den Tag legt – an jenen Tag, der die Oberfläche der Dinge bescheint –, hindert uns nicht, in der bolschewistischen Umwälzung das Ende der Epoche Peters, der westlich-liberalisierenden, der *europäischen* Epoche Rußlands zu sehen, welches mit dieser Revolution sein Angesicht wieder nach Osten wendet. Keiner europäischen Fortschrittsidee ist Zar Nikolai gefallen. In ihm wurde Peter der Große ermordet, und sein Sturz gab der russischen Volkheit nicht etwa den Weg nach Europa, sondern den Heimweg nach Asien frei. Aber ist nicht, genau seit dem Zeitpunkt dieser Wende, deren Prophet Leo Tolstoi war, obgleich man es in Moskau nicht sieht, – ist nicht auch im europäischen Westen die Empfindung lebendig, daß auch für ihn, für uns, für alle Welt und nicht nur für Rußland eine Epoche sich endigt: Die bürgerlich-humanistisch-liberale, die, in der Renaissance geboren, mit der Französischen Revolution zur Macht gelangte und deren letzten Zügen und Zuckungen wir anwohnen? Die Frage ist heute gestellt, ob die mediterran-klassisch-humanistische Überlieferung eine Menschheitssache und darum menschlich-ewig oder ob sie nur Geistesform und Zubehör einer Epoche, nämlich der bürgerlich-liberalen, war und mit ihr sterben kann.

Europa scheint diese Frage bereits beantwortet zu haben. Der anti-liberale Rückschlag ist mehr als klar, er ist kraß. Er äußert sich politisch in der überdrußvollen Abkehr von

Demokratie und Parlamentarismus, in einer mit finsteren Brauen vollzogenen Wendung zur Diktatur und zum Terror. Der Faschismus Italiens ist das genaue Gegenstück zum russischen Bolschewismus, und seine antikische Geste und Mummerei kann nicht über die Humanitätsfeindlichkeit seines Wesens hinwegtäuschen. Auf der Iberischen Halbinsel, wo die Verderbnis des liberalen Systems noch augenfälliger war als auf der Apenninischen, haben die Dinge denselben Weg noch entschiedener genommen: soldatische Befehlshaberschaft hält sich dortzulande schon seit merkwürdig geraumer Zeit. Überall aber sind – als zugehöriges Zeichen antiliberaler Verfassung und als Folge des Krieges – die Wasser des Nationalismus mächtig angeschwollen; das truthahnmäßige Selbstgefühl der einzelnen europäischen Völker, eine kollerige Selbstvergötterung, steht in sonderbarem Gegensatz zur Ärmlichkeit und Gesunkenheit des Erdteils als eines Ganzen genommen.

Die geistigen Schicksale *Frankreichs* sind überaus merkwürdig und für uns Deutsche von unmittelbarer Wichtigkeit. Kein Land schien während der ersten Jahre nach dem Kriege erhaltenderen Sinnes in bürgerlich-klassischer Tradition gefestigt als dieses. Es schien das eigentlich konservative Land Europas – weit entfernt, den Krieg als eine neue Revolution zu empfinden, nach dem Siege und auf Grund des Sieges vielmehr entschlossen, nichts darin zu sehen als die Bestätigung und Vollendung der alten, der bürgerlichen von 1789. Auf Fragestellungen, wie die eben angedeutete, antwortete Frankreich mit gelassener Ironie. Wenn Deutschland Apokalypsen träume, ließ es sagen, so möge es sie haben. Frankreich fühle sich in seiner klassischen Überlieferung wohl geborgen. Ich vergesse nicht, wie gelegentlich eines internationalen Ideenaustausches, bei dem ich diese Dinge zur Sprache zu bringen versucht hatte, ein Mitarbeiter des Pariser Regierungsblattes mir entgegnete, Frankreich sei immer geblieben und werde allzeit bleiben solidement rationaliste et classique.

Was da sprach, war jedoch nur das offizielle, bürgerlich-konservative Frankreich, nicht das heimlich lebendige, höhere, geistige und junge. Damals regierte dort drüben Herr Raymond Poincaré, ein in Deutschland ebenso verhaßter wie auch wohl überschätzter Staatsmann, der aber als geistiger Repräsentant bedeutsam genannt werden kann, da er es ist, der das bürgerlich-klassische Frankreich, die Herrschaftsidee der lateinischen Zivilisation politisch vertritt. Dieser Mann hegt in seinem Busen *einen* großen persönlichen und geistig-politischen Haß, dessen Gegenstand er nicht besser als mit dem Namen des »Kommunismus« zu nennen weiß. Was aber Herr Poincaré »Kommunismus« nennt, ist nichts als die Unterminierung seines bürgerlich-klassisch-altrevolutionären Frankreich, die im Werke ist, die Zersetzung des lateinischen Zivilisationsgedankens durch geistige Fermente, die von außen eingedrungen sind und im Blute der Jugend ihr Wesen treiben, – eine neue, antibürgerliche, geistig-proletarische Revolution, als deren oberflächlich politischen Ausdruck man die Wahlen betrachten darf, durch die Herr Poincaré gestürzt und ein Sozialist an seine Stelle gesetzt wurde. Man bezweifelt in Deutschland, daß dieser Nachfolger, Herr Herriot, die streng konservativ-humanistische Schulgesetzgebung, die das Werk der Regierung Poincaré ist, bestehen lassen wird, wenn er an der Macht bleibt; und es ist bezeichnend, daß eine kulturelle Angelegenheit, eine Frage des Unterrichts, gewissermaßen als springender Punkt des politischen Programms empfunden werden kann.

Sicher, auch Frankreich beginnt, »Apokalypsen zu träumen«; um seine Geborgenheit in der Tradition steht es nachgerade recht zweifelhaft, und wir in Deutschland glauben Gründe zu haben, uns von den atmosphärischen Veränderungen, denen es unterworfen ist, mehr Atemfreiheit zu erhoffen. Denn es steht ja so, daß in Frankreich Nationalismus und humanistische Kulturgesinnung zusammenfallen, insofern beiden die Überzeugung von dem absoluten Hoheitsrang und der Weltherrschaftssendung der lateinischen Zivilisation als ewiger Menschheitsangelegenheit zugrunde liegt; daß dagegen europäischer Menschheitsgeist und eine gewisse, wenn auch noch so bedingte Bereitschaft zur Verständigung mit Deutschland eher auf seiten des kulturell nicht mehr zuverlässig latinistischen, des neu-revolutionären, des »kommunistischen« Frankreich zu finden ist. Herr Poincaré, der Mann des bürgerlich-konservativen Frankreich, hegt nämlich außer dem Haß auf den »Kommunismus« noch einen anderen, ebenso elementaren Haß, der aber im Grunde derselbe ist, in seinem Busen: den Haß auf Deutschland, das ist auf die Barbarei. Er ist es, der am liebsten am Rhein den limes romanus der Gesittung errichten und Deutschland, sofern es sich nicht der lateinischen Zivilisationsidee unterwerfen will und kann, in die skythische Wildnis zurückwerfen möchte. Er ist es, der sich durch Jahre als der eigentlich überzeugte und unerbittliche Quälgeist Germaniens bewährt hat, wogegen eine gewisse Milderung der Methoden, eine gewisse Lockerung des auf Deutschland liegenden Druckes in dem Augenblick einsetzte, da der nicht mehr bürgerlich-humanistische Sozialismus Frankreichs die Macht ergriff.

Was nun Deutschland betrifft, so befindet es sich diesen westlichen Erscheinungen gegenüber in einer eigentümlichen und komplizierten Lage, deren klare Anschauung und Erkenntnis für uns Deutsche selbst und die Welt von größter Bedeutung ist. Auch in Deutschland nämlich gibt es den Gegensatz eines humanistischen und eines (sozusagen) »kommunistischen« Gesinnungslagers – mit dem Unterschiede nur, daß hier die nationalistische Fixierung nicht, wie drüben, im humanistischen, sondern im (sozusagen) »kommunistischen« Lager zu Hause ist: Woraus sich die Lehre ergibt, daß, wenn zwei Völker kulturell dasselbe tun, es nicht dasselbe ist und daß die Verfolgung der gleichen geistigen Tendenz unter Umständen das ungeschickteste Mittel ist, eine politische Annäherung zu befördern.

Wir brauchen hier über den deutschen Faschismus, seine Entstehung, die vollkommene Erklärlichkeit seiner Entstehung nicht viel Worte zu machen. Es genügt die Feststellung, daß er eine ethnische Religion ist, der nicht nur das internationale Judentum, sondern ausdrücklich auch das Christentum, als menschheitliche Macht, zuwider ist und deren Priester zum Humanismus unserer klassischen Literatur sich nicht freundlicher verhalten; er ist völkisches Heidentum, Wotanskult, – feindlich ausgedrückt (und wir wollen uns feindlich ausdrücken) romantische Barbarei. Er ist nur konsequent, wenn er auf kulturell-erzieherischem Gebiet die Humaniora, den klassischen Unterricht, zugunsten deutschen Urwesens zurückzudrängen strebt. Und er sieht nicht oder will nicht sehen, ein wie unglückliches Gegenstück er damit zu dem Anti-Latinismus des nach-bürgerlichen Frankreich bildet und wie sehr er Herrn Poincaré, dem Kommunistenfresser, in die Hände arbeitet. Heute in Deutschland Heidentum zu prästieren, Sonnwendfeiern und Odinsgottesdienste zu begehen, sich als völkischer Barbar aufzuführen, das heißt jene französischen Patrioten der Zivilisation vollkommen ins Recht setzen, welche am Rhein die Brustwehr der abendländischen Gesittung zu errichten wünschen, und es heißt, die Stellung derjenigen aufs tölpelhafteste kompromittieren, die in Frankreich zwischen Latinität und Barbarei weniger säuberlich unterscheiden und denen es um Frieden, Verständigung, Ausgleich, ein gentlemen's agreement mit Deutschland zu tun ist.

Dies meinten wir, als wir sagten, daß die Verfolgung der gleichen geistigen Tendenz zuweilen das verkehrteste Mittel ist, die politische Annäherung zweier Völker zu fördern. Es ist für Deutschland nicht der Augenblick, sich anti-humanistisch zu gebärden, Tolstois pädagogischen Bolschewismus zum Vorbild zu nehmen und Goethe's Strenge gegen die Genußsucht des allgemein menschlichen Bildungsideals, seinen Willen zur Entsagung und Beschränkung als ethnische Wildheit zu deuten. Im Gegenteil ist es der Augenblick, unsere großen humanen Überlieferungen mit Macht zu betonen und feierlich zu pflegen – um ihrer selbst willen nicht nur, sondern auch, um so die Ansprüche der »lateinischen Zivilisation« recht sichtlich ins Unrecht zu setzen. Unserem Sozialismus insbesondere, dessen geistiges Leben sich allzulange in einem inferioren Wirtschaftsmaterialismus erschöpft hat, ist nichts notwendiger, als Anschluß zu finden an jenes höhere Deutschtum, das immer »das Land der Griechen mit der Seele« gesucht hat. Er ist heute in politischer Hinsicht unsere eigentliche nationale Partei; aber er wird seiner nationalen Aufgabe nicht wahrhaft gewachsen sein, bevor nicht, um das Ding auf die Spitze zu stellen, Karl Marx den Friedrich Hölderlin gelesen hat, eine Begegnung, die übrigens im Begriffe scheint, sich zu vollziehen.

Ein letztes Fragment

Schön ist Entschlossenheit. Aber das eigentlich fruchtbare, das produktive und also das künstlerische Prinzip nennen wir den Vorbehalt. Wir lieben ihn in der Musik als das schmerzliche Glück des Vorhaltes, als diese schwermütige Neckerei des Nochnicht, dieses innige Zögern der Seele, welches die

Erfüllung, die Auflösung, die Harmonie in sich selber trägt, aber sie noch für ein kleines versagt, verschiebt und vorenthält, ein wenig noch selig ansteht, sie sich ergeben zu lassen. Wir lieben ihn im Geistigen als Ironie – jene nach beiden Seiten gerichtete Ironie, welche verschlagen und unverbindlich, wenn auch nicht ohne Herzlichkeit, zwischen den Gegensätzen spielt und es mit Parteinahme und Entscheidung nicht sonderlich eilig hat: voll der Vermutung, daß in großen Dingen, in Dingen des Menschen, jede Entscheidung als vorschnell und vorgültig sich erweisen möchte, daß nicht Entscheidung das Ziel ist, sondern der Einklang, – welcher, wenn es sich um ewige Gegensätze handelt, im Unendlichen liegen mag, den aber jener spielende Vorbehalt, Ironie genannt, in sich selber trägt, wie der Vorhalt die Auflösung. Wir haben sie bewährt auf vorliegenden Blättern, diese »unendliche« Ironie, und man möge urteilen, gegen welche Seite sie sich mit *Vorliebe* gerichtet, welchen Teil des unsterblichen Gegensatzes sie am schärfsten aufs Korn genommen hat, und möge seine Schlüsse daraus ziehen – jedoch keine zu weitgehenden!

Ironie ist das Pathos der Mitte ... Sie ist auch ihre Moral, ihr Ethos. Schnellfertigkeit, sagten wir, in der Entscheidung der Vornehmheitsfrage – um den ganzen Komplex von Wertgegensätzen, der in unsere Betrachtungen hineinspielte, in dieser Formel zusammenzufassen –, sei im ganzen nicht deutsche Art. Diesem Volke der Mitte und der Welt-Bürgerlichkeit geziemt das Pathos seiner Situation und auch ihre Sittlichkeit: Erkennen und Einsicht, hörte ich sagen, seien im Hebräischen desselben Wortstammes wie »Zwischen«.

Der deutsche Schriftsteller, der über das Problem der Vornehmheit, das aristokratische Problem am angelegentlichsten nachgedacht, trieb eine kecke Philologie, als er den Namen des deutschen Volkes von »Tiusche« Volk, »Täusche-Volk« ableiten wollte, – aber eine sehr geistvolle. Das Volk, das in bürgerlicher Welt-Mitte siedelt, ist das täuschende Volk, das Volk der Verschlagenheit und des ironischen Vorbehaltes nach beiden Seiten, dessen Sinn mit unverbindlicher Herzlichkeit zwischen den Gegensätzen spielt und mit der Moralität, nein, der Frömmigkeit dieses täuschenden »Zwischen«, dem Glauben an Erkennen und Einsicht, an weltbürgerliche Bildung.

Fruchtbare Schwierigkeit der Mitte, du bist Freiheit und Vorbehalt! Man mahne uns doch immerhin, daß die ›Politik der freien Hand‹ uns in praktisches Unglück gebracht habe! Diese Praxis ist zweifelhaft, dieses Unglück selbst ist es im höchsten Grade; es ist mehr als wahrscheinlich, daß es zu unserem Besten über uns kam und daß wir auf eine so tiefe Weise danach getrachtet haben, wie man nach seinem ›Glükke‹ niemals trachtet. Auch ist die Devotion vor dem Mißerfolg nichts Edleres als die vor dem Erfolge, und nur Mißerfolgsanbetung könnte uns im Glauben an die Rechtmäßigkeit und heilige Gegebenheit einer Geistespolitik beirren, deren Freiheitsbedürfnis und ironischer Vorbehalt nicht Sinn und Zweck seiner selbst, sondern einer letzten Zusammenfassung und Harmonie, der reinen Idee des Menschen selbst verpflichtet ist.

Die Wechselseitigkeit der sentimentalischen Sehnsucht (denn nicht nur der ›Geist‹, fanden wir, ist sentimentalisch), das Streben der Geistessöhne zur Natur, der Naturkinder zum Geist, deutet auf eine höhere Einheit als Ziel der Menschheit, welches sie, die in Wahrheit alles Strebens höchste Trägerin ist, mit ihrem eigenen Namen, mit dem der humanitas belegt. Der Instinkt vorbehaltvoller Selbstbewahrung des weltbürgerlich-mittleren Volkes der Deutschen ist echter Nationalismus. Denn so nennen wir die Freiheitsbegierde der Völker, ihr Mühen um sich, ihr Trachten nach Selbsterkundung und Selbstvollendung. Treu und sorgenvoll glaubt sich auch wohl der Künstler nur darauf bedacht, dem Steine sein Werk, seinen eigensten Traum zu entreißen – und mag doch in rührender, in feierlichster Stunde erfahren, daß seine Besessenheit reinerer Abkunft war, daß er an einem höheren Bilde meißelte.

Volk und Menschheit, – es war ein Geist aus Osten, einer jener Verkünder, welche, wie Goethe, Nietzsche und Whitman, längst in das langsam steigende Licht einer neuen Frömmigkeit blickten: es war Dimitri Mereschkowski, der gesagt hat, das Animalische enthalte den Tier-Menschen und den Tier-Gott. Das Wesen des Tier-Göttlichen sei von der Menschheit noch kaum begriffen worden, und doch werde erst die Vereinigung dieses Tier-Göttlichen mit dem Gott-Menschen einst die Erlösung des Menschengeschlechtes bringen. Dies »Einst«, diese Erlösungsidee, die nicht mehr

Christentum und nicht wieder Heidentum ist, trägt in sich die Lösung des Vornehmheitsproblems, wie sie die Rechtfertigung, ja die Heiligung in sich trägt alles ironischen Vorbehaltes angesichts letzter Wertfragen.
Wir handelten zutraulich von großen Naturen und Plastikern, von Gotteskindern, in denen das Tier-Göttliche stark war, das Volk, das Sein, die Ruhe, das Weib, und labten uns an dem Witz des Weltgeistes, der ihre bekennerische Icherfülltheit im pädagogischen Drange humanisiert. Wir rührten scheuer an die gottmenschliche Sphäre ihrer pathetischen Gegenspieler, der Tat-Männer, der Geistessöhne, der heiligen Kranken. Die Wahrheit des Russen: das Wesen des Tier-Göttlichen sei von der Menschheit noch kaum begriffen, könnte uns Mut machen zu der Lehre, daß ironischerweise bei denen, die im Grunde »niemanden lieben können als sich selbst«, die größere Gnade sei. Aber wir wissen wohl, daß niemand entscheidet, welche der beiden erhabenen Typen berufen ist, zum höchstgeliebten Bilde vollendeter Humanität das Beste beizutragen.

ZU GOETHE'S ›WAHLVERWANDTSCHAFTEN‹

Der Schreiber dieser Zeilen gesteht, einigen Einfluß auf die Entscheidung gehabt zu haben, welcher Roman von Goethe in das epische Pantheon dieser Sammlung aufgenommen werden sollte: ›Wilhelm Meister‹ oder ›Die Wahlverwandtschaften‹. Die von jenem ausgehende Lockung war groß. Die äußere Neugestaltung und zwanglose Wiederauflegung eines Werkes der großen Literatur bedeutet immer eine glückliche Erfrischung und Aktualisierung solchen Besitzes: Das unbefangen moderne Gewand, die philologiefreie Art der Darreichung schafft die Möglichkeit, ihn jugendlich unmittelbaren und unhistorischen Auges zu betrachten; vom Duft des Museums befreit, wird das Meisterwerk wieder Natur und Leben und übt einen starken Reiz, es auf veränderter Lebensstufe neu zu durchdringen, zu erkennen und es dem eigenen inneren Haushalt und dem der Zeit auf vielleicht unvermutete Weise wieder fruchtbar zu machen. Das deutsche Publikum beim gegenwärtigen Stand seiner Reife und Erfahrung in neue und freie Berührung mit der Welt des ›Wilhelm

Meister‹ zu bringen, mit dieser Welt des Abenteuers und der Bildung, in der aus dem Bekennerischen das Erzieherische, aus diesem die soziale Idee und die des Staates so rein organisch erwächst, das war ein Gedanke, dessen Anziehungskraft wir hinlänglich gekostet haben, um das Bedürfnis zu spüren, unsere schließliche Option für die ›Wahlverwandtschaften‹ vor uns selbst zu rechtfertigen.

Vor allem, wir wurden der Sphäre von ›Wilhelm Meisters Wanderjahre oder die Entsagenden‹ mit dieser Entschließung nicht untreu. Man weiß, daß die ›Wahlverwandtschaften‹ ursprünglich als novellistische Einschaltung in den Gang des epischen Lebenswerkes gedacht waren, nicht anders, als etwa ›Der Mann von fünfzig Jahren‹, ›Die wandernde Törin‹ und weitere solcher Geschichten und Märchen. Der Autor hatte sich über die räumlichen Ansprüche des Gegenstandes getäuscht, ihn anfänglich zu klein gesehen; ein Werk wollte hier, wie das gehen mag, sich selber viel größer, als sein Erzeuger es gemeint hatte. »Ein solches Werk«, sagte Goethe später darüber, dankbar dafür, daß ein einsichtiger Freund das Buch als ein für sich bestehendes, mit eigenem Leben begabtes Ganzes empfand, »ein solches Werk wächst einem unter den Händen und legt einem die Notwendigkeit auf, alle Kräfte aufzubieten, um seiner Meister zu bleiben und es zu vollenden.« Und was denn also 1809, nach zweijähriger Arbeit, nachdem der Sechzigjährige »was er vermochte, daran gewendet«, bei Cotta in Tübingen ans Licht kam, war ein Kapitalwerk des Dichters, ein wohlausgewachsener Roman in zwei Teilen und Bänden, – der größte nicht, aber der höchste der Deutschen.

Er ist unser höchster, darum haben wir ihn gewählt: ein Gebild, so mondän wie deutsch, ein Wunderding an Geglücktheit und Reinheit der Komposition, an Reichtum der Beziehungen, Verknüpftheit, Geschlossenheit. Denn Rochlitz hatte recht, als er an Goethe schrieb: »So sehr die Ausbeugungen, betrachtet man sie einzeln für sich, diesem zu widersprechen scheinen, so sehr bestätigen sie es, siehet man sie im Ganzen und aus dem Ganzen an.« Es ist ein Werk von so zarter und unerbittlicher Kenntnis des Menschenherzens, so ausgeglichen in Güte und Strenge, Klarheit und Geheimnis, Klugheit und Ergriffenheit, Form und Gefühl, daß wir es nur mit Staunen das unsere nennen. Aber da es denn wirklich unser ist, wollen wir es uns und den Fremden wieder aufstellen, als leuchtendes Zeichen der Möglichkeit deutscher Vollendung.

Wir haben hastig und voreilig nach einigen Lobesworten gegriffen, in Ungeduld, unserer Liebe damit gerecht zu werden, noch bevor wir sie besser begründet haben; aus Ungeduld auch im Sinne derjenigen, die eben die Dichtung neu in sich aufgenommen. Denn diese Zeilen sind nicht als Vor-, sie sind als Nachwort gedacht; sie wollen den Leser nicht sowohl auf ein Herrliches vorbereiten, als dem Erfüllten, der von der Lektüre kommt, kameradschaftlich ein wenig Ausdruck an die Hand geben, der seiner Ergriffenheit allenfalls etwas helfen kann, zu sich selber zu kommen. Ist denn nicht das auch der Liebesdienst, zu welchem der Schriftsteller unter den Menschen ganz wesentlich berufen ist? Und sollten wir nicht im Bannkreise Goethe's uns dieses edlen Auftrags besonders bewußt werden? Wie hat er die Menschheit auszudrücken gewußt, welch ein Schriftsteller war er, um, wenn auch auf die Gefahr hin, das deutsche Ohr damit zu verletzen, diesen Titel für den des Dichters unbefangen einzusetzen! Denn in dem hochhumanen Begriff des *Ausdrucks* löst jener schwierige und oft so plump gehandhabte Gegensatz von Schriftsteller- und Dichtertum sich auf, dessen Goethe sich denkwürdigerweise bediente, um gegenüber Shakespeare, dem Dichter, sich selbst als Schriftsteller zu kennzeichnen, und dessen er überhaupt vergaß in jenem Augenblick, als Lust des Ausdrucks ihm das Selbstgefühl schuf, er sei »recht eigentlich zum Schriftsteller geboren«. Darum sei gleich hier noch etwas zum Preise unseres Buches, sofern es Schriftstellerwerk, sofern es Prosa ist, eingefügt, – am bequemsten mit Zelters, des *Musikers*, Worten, der unterm 27. Oktober 1809 an Goethe schreibt: »Es gibt gewisse Sinfonien von Haydn, die durch ihren losen liberalen Gang mein Blut in behagliche Bewegung bringen und den freien Teilen meines Körpers die Neigung und Richtung geben, wohltätig nach außen zu wirken ... So geht mir's, wenn ich Ihre Romane lese, und so ist mir's geworden, wie ich heute Ihre ›Wahlverwandtschaften‹ las. Das mutwillige, geheimnisvolle Spiel mit den Dingen der Welt und den Figuren, die darinne angestellt und geleitet werden, kann Ihnen niemals mißlingen, mag auch zwischendurchlaufen, was Platz hat oder sich Platz macht. Dazu eignet sich endlich noch eine *Schreibart*, welche wie das klare Element beschaffen ist, dessen flinke Bewohner durcheinander schwimmen, blinkend oder dunkelnd auf- und abfahren, ohne sich zu verirren oder zu verlieren. Man könnte zum Poeten werden über eine solche Prosa, und ich möchte des Teufels werden, daß ich keine solche Zeile schreiben kann.« Mit diesen Worten ist der Gewandtheit und Präzision der Goethe'schen Prosa, ihrem rhythmischen Zauber, der ein vernünftiger Zauber, die klarste Mischung von Eros und Logos ist und uns so wohlig-unwiderstehlich führt und trägt, der reinen Humanität ihrer Linie sehr glücklich genuggetan.

Wir haben die Worte gebraucht, in denen die hohe Ausgewogenheit sich schon andeutet, die dem Werk seinen menschlichen Adel verleiht, und die wir hauptsächlich zur Sprache zu bringen wünschen: das Gleichgewicht von Sinnlichkeit und Sittlichkeit oder, künstlerisch gesprochen, von Plastik und Kritik, Unmittelbarkeit und Gedachtheit, in dem es schwebend ruht, und das auch mit jenem oft unbedacht gehandhabten Gegensatz von Dichter- und Schriftstellertum etwas zu schaffen hat, insofern dieser nur ein Name und Untername ist für den obersten, das Problem der Menschheit selbst aussprechenden Gegensatz von Natur und Freiheit.

Halten wir uns auf der künstlerischen Ebene vorderhand! Stellen wir fest, daß die ›Wahlverwandtschaften‹ Goethe's *ideellstes* Werk sind, – wie er selbst es in einem Gespräch mit Eckermann bezeugt, in dem er sagt, es sei im ganzen nicht seine Art gewesen, als Poet nach der Verkörperung von etwas Abstraktem zu streben. Das einzige Produkt von größerem Umfang, wo er sich bewußt sei, nach Darstellung einer durchgreifenden Idee gearbeitet zu haben, möchten etwa seine ›Wahlverwandtschaften‹ sein. – Die Erinnerung an Schillers unsterbliche Abhandlung über das Naive und Sentimentalische ist deutlich – an diesen klassischen Essay der Deutschen, der eigentlich alle übrigen überflüssig macht, da er sie in sich enthält, in dessen Antithesenwelt aber Wirklichkeit und Leben niemals rein aufgegangen sind. Die Kunstwelt war allezeit voll von Mischungen beider Elemente, und Schillers kritische Sonderung irrt selbst theoretisch in dem einen Punkt, daß er nur das Geistige als strebend – nämlich nach Natur, nach Verleiblichung –, die Natur aber, das

Naive, als in sich ruhend schildert. Streben ist nicht nur beim Geist, es ist auch dort, wohin er strebt. Auch die Natur ist sentimentalisch, ihr Ziel ist Vergeistigung. Eine hohe Begegnung von Natur und Geist auf ihrem sehnsuchtsvollen Weg zueinander: das ist der Mensch; und wir dürfen ein Werk, worin sie sich rein durchdringen, als ein höchstes, ein menschlichstes ansprechen.

Wirklich sind die ›Wahlverwandtschaften‹ geistige Konstruktion in einem Grade, wie man ihn bei Goethe, dem Sohn der Natur, nicht leicht zum zweitenmal findet. Die Bewußtheit und Kunstklugheit des Werkes wurde denn auch den Zeitgenossen sofort bemerklich, – im Sinn der Bewunderung teils und teils des Tadels. Eine gewisse Magerkeit der Gestalt und Symmetrie der Anordnung fiel auf, die Kürze der Erzählung gegen die langen und häufigen Reflexionen ebenfalls, und Solger schrieb damals an Goethe selbst, daß »man nach gemeiner Ansicht die Geschichte fast nur das *Gerippe* eines Romanes nennen könnte«. Er bewundert als »äußerst kunstreich«, wie die Personen nur in Gruppen einander entgegengestellt und die Teile jeder Gruppe einander nicht wenig verwandt und doch so weit, so sicher, so konsequent geschieden seien, »ja auch in dieser Verschiedenheit so geistreich *unter sich* gruppiert erscheinen«. Er räumte ein, daß »einigemal die Personen etwas mehr um des Dichters und besonders um der herbeizuführenden Situation willen, als aus sich selbst und ihrem inneren Wesen zu tun schienen«, aber er betont auch mit Genugtuung, daß sie, die Charaktere, »keine wesenlosen Ideen« seien, sondern »wahre Personen« und Individuen, ohne daß, wie er hinzufügt, viel auf das gezählt wäre, was man im gemeinen Leben Eigenheiten nennt. »Diese scheinen vielmehr, wie kleine späte Drucker auf das Gemälde, nur aufgetragen, den Schein der Wirklichkeit täuschender – so täuschend zu machen, als die würdige Kunst mag.« – Würdiger Solger! Nicht wachsplastische Panoptikum-Illusion, vor welcher der Pöbel das Maul aufsperrt: Leben im Licht des Gedankens, die ideelle Transparenz der Charaktere, die aber keineswegs wesenlose Ideen, sondern Menschen sind, – das empfand er als »würdige Kunst«, und er gibt in der Tat damit die Bestimmung des Dichterischen. Die Figuren der ›Wahlverwandtschaften‹ sind voll warmen individuellen Lebens. Riemer erzählt, wie man in Karlsbad förmlich unter diesen eingebildeten Personen der Phantasie verkehrt habe, als wären es wirkliche, und wie sie auch zu Vergleichungen mit wirklichen nötigten. Eine Charlotte war gleich unter den Badegästen gefunden, ein Hauptmann ebenfalls, ein Lord, ein Mittler desgleichen. Daß vollends der Architekt, die Figur, die vielleicht am meisten Beifall erhielt, ein ausgemachtes Porträt sei, war rasch herum: man kannte das Urbild, man wies mit Fingern auf den lang gewachsenen jungen Künstler aus Kassel, Engelhardt mit Namen, der Goethen für diese Gestalt seine Züge hatte leihen müssen, und Abbilder gesellschaftlicher Wirklichkeit wollte man auch sonst in den Gestalten des sensationellen Romanes erkennen: in der Charlotte die Herzogin Luise, im Hauptmann einen Freiherrn von Müffling, in Luciane das Fräulein von Reitzenstein und so fort. *Zugleich* aber sind diese Menschen Symbole, ebenmäßig angeordnete und durcheinander bewegte Schachfiguren einer hohen Gedankenpartie, Repräsentanten einer Naturmystik, die ihnen die Namen Otto und Ottilie, korrespondierende Kopfschmerzen zuspielt, sie anderer Leute Kinder zur Welt bringen läßt ... Wir sagen »zugleich«, nicht nebenher, außerdem. Denn es handelt sich um ein Ineinander von Plastik und Idee, von Vergeistigung und Verleiblichung, eine wechselseitige Durchdringung des naiven und sentimentalischen Wesens, wie sie sich, sollten wir denken, so glücklich in aller Kunstgeschichte nicht wieder ereignet hat.

Das Verhältnis ist auf der moralischen Ebene kein anderes, – dort, wo das Plastische und das Kritische, das Dichterische und das Schriftstellerische die Namen des Sinnlichen und Sittlichen führen oder die historischen Namen des Heidentums und Christentums.

Alles in allem ist es mit Goethe's angeblich so dezidierter Nicht-Christlichkeit ja ein recht fragwürdiges Ding. Es hat etwas Wohlfeiles, seine humanistische Abneigung gegen das ›Kreuz‹ mit Zitaten zu belegen. Es ist zum mindesten gewählter, solche heranzuziehen, die höchst ausdrucksvolle Ehrfurchtszugeständnisse an die christliche Idee bilden. Das Leidensheiligtum der Pädagogischen Provinz ist so bedeutend wie überraschend, und er fand in den Evangelien »den Abglanz einer Hoheit wirksam, die von der Person Christi ausging und so göttlicher Art war, wie nur je das Göttliche auf Erden erschienen ist«. »Über die Hoheit und *sittliche*

Kultur des Christentums«, sagte er mit Sympathie und offenkundigem Gefühl der Bundesgenossenschaft, »wie es in den Evangelien schimmert und leuchtet, wird der menschliche Geist nicht hinauskommen.« Er war Spinoza-Schüler, und wenn freilich die dualistische Trennung von Gott und Natur Grundbedingung der Christlichkeit ist, so war Spinoza Heide, und Goethe war es mit ihm. Allein mit Gott und Natur ist die Welt nicht ausgesagt, das Menschliche, das Humane gehört mit hinein, und Spinoza's Humanitätsbegriff ist christlich, insofern er das menschliche Phänomen als das *Bewußt*werden der Gottnatur im Menschen, als ein Durchbrechen dumpfen Seins und Webens, als ein Sich-Lösen also von der Natur und damit als *Geist* bestimmt. Auch ist jene berühmte »Beilegung der Leidenschaften durch ihre Analyse« unbedingt nichts Heidnisches, und das spinozistische Motiv der »Entsagung«, das mit der Zeit zum Generalmotiv von Goethe's Leben und Werk wurde, wie für Schiller die Idee der Freiheit und für Wagner die der Erlösung, ist es ebensowenig.

Über die Ausstrahlung dieses zentralen Motivs, das schon im Untertitel der ›Wanderjahre‹ erklingt, von denen die ›Wahlverwandtschaften‹ ein Ableger sind, wäre vieles zu sagen, wozu hier kein Raum ist. Wir wollen nur aussprechen: Was Maß, was Form ist an Goethe, seine Gestalt, sein Standbild, wie es heute der Nation vor Augen steht, ist Werk der Entsagung. Wir reden nicht allgemein, nicht von dem Opfersinn, der Sinn aller Kunst ist, nicht von dem Kampfe mit dem Chaos, dem Verzicht auf Freiheit, der schöpferischen Bescheidung, die das innere Wesen des *Werkes* ausmacht. Goethe's Entsagungspathos – oder, da es sich um Dauerndes, die Existenz Durchwaltendes handelt – sein Entsagungsethos ist persönlicher Art, ist Schicksal, ist Instinktbefehl seiner besonderen nationalen Sendung, die eine wesentlich *sittigende* Sendung war. Oder sollte dies Schicksal und diese Sendung, diese Bindung, Bedingung und Beschränkung, diese erzieherische Entsagungspflicht dennoch etwas weniger Goethisch-Persönliches sein, als es uns eben schien? Wäre sie die Schicksalsvorschrift, der eingeborene und bei schwerer geistiger Strafe unverbrüchliche Imperativ jedes geistigen Deutschtums, welches irgendwie und in welchem Grade immer zu bildender Verantwortlichkeit zu erwachsen bestimmt ist? –

Wir sprachen von einem Gefühl der Bundesgenossenschaft, das Goethe offenbar augenblicksweise im Angesichte des Christentums berührt habe. Worin bestand diese Bundesgenossenschaft und worauf bezog sie sich? Goethe neigt sich vor der »sittlichen Kultur« des Christentums, das heißt: vor seiner Humanität, seiner sittigend-antibarbarischen Tendenz. Es war die seine, und jene gelegentlichen Huldigungen entstammen ohne Zweifel der Einsicht in die Verwandtschaft der Sendung des Christentums innerhalb der völkisch-germanischen Welt mit seiner eigenen. Hier, das ist: darin, daß er seine Aufgabe, seine nationale Berufung als wesentlich zivilisatorisch begriff, liegt der tiefste und deutscheste Sinn seiner »Entsagung«. Wer zweifelt, daß in Goethe Möglichkeiten einer Größe lagen, – wilder, üppiger, gefährlicher, ›natürlicher‹ als die, welche sein Selbstbändigungsinstinkt zu entfalten ihm gestattete, und in der das hochpädagogische Bildwerk seiner Gestalt uns heute vor Augen steht? In seiner ›Iphigenie‹ gewinnt die Idee der Humanität, als Gegensatz der Barbarei, das Gepräge der Zivilisation – nicht in dem polemischen und schon politischen Sinn, in dem man heute das Wort zu gebrauchen pflegt, sondern in dem der »sittlichen Kultur«. Es war ein Franzose, Maurice Barrès, der die ›Iphigenie‹ ein »zivilisierendes Werk« genannt hat, das »die Rechte der Gesellschaft gegen den Hochmut des Geistes vertrete«: Die Äußerung trifft fast genauer noch auf jenes andere Werk der Selbstzucht und -züchtigung, ja, der Kasteiung, den ob seiner Atmosphäre von Bildung, Hof und Zimperlichkeit gern verschmähten ›Tasso‹ zu. Es sind Werke der Entsagung, Werke deutsch-erzieherischen Verzichtes auf die Avantagen des Barbarismus, die der durchaus voluptuöse Richard Wagner mit so ungeheuerer Wirkung sich gönnte – und mit der gesetzmäßigen Straffolge, daß sein ethnisch-schwelgerisches Werk täglich einer roheren Popularität verfällt.
Neben die ›Iphigenie‹, den ›Tasso‹ stellen wir die ›Wahlverwandtschaften‹. Sie sind nach Sprache, Geist, Haltung, Gesinnung ein deutsches Werk höchster Gesittung; und es ist wunderbar, wie gesellschaftliche und religiöse Gegen-Natur – die nicht Wider-Natur, sondern eben nur »sittliche Kultur« ist – sich hier finden, vereinigen, und wie Gesittung zur Sittlichkeit wird. ›Die Wahlverwandtschaften‹ sind Goethe's *allerchristlichstes* Werk, und auf sie hat er sich berufen, wenn

ihm daran lag, sich gegen den Vorwurf des Heidentums zu verteidigen. »Ich heidnisch?« rief er eines Tages. »Nun, ich habe doch Gretchen hinrichten und Ottilien verhungern lassen, ist denn das den Leuten nicht christlich genug? Was wollen sie noch Christlicheres?« Aber aus diesen Worten spricht auch ein tiefer Schmerz um die holden Naturkinder, seine Schwestern und Geschöpfe, und um das Opfer, das er mit ihrer Vernichtung dem Sittengesetz gebracht. Die Sterne waren aufgegangen während einer Fahrt mit Sulpiz Boisserée von Karlsruhe nach Heidelberg, sechs Jahre nach Beendigung des Romans. »Er sprach von seinem Verhältnis zu Ottilie, wie er sie lieb gehabt, und wie sie ihn unglücklich gemacht. Er wurde zuletzt fast rätselhaft ahndungsvoll in seinen Reden.« – Großes, gütiges Herz, das der Natur, seinem Elemente, in allem Gehorsam gegen das Vergeistigungsgebot nicht untreu wird; das dem Sittlichen tragisch-männlichen seinen Tribut zollt, aber am Weibe hängt und unter den Sternen Ahnungsvolles über das rätselhafte Schicksal der Menschheit murmelt, die er lieb hat und die ihn unglücklich macht!
»Der sehr einfache Text dieses weitläufigen Büchleins«, schrieb er, »sind die Worte Christi: *Wer ein Weib ansieht, ihr zu begehren* etc. Ich weiß nicht, ob irgend jemand sie in dieser Paraphrase wieder erkannt hat.« – Das ist ja Tolstoi! Aber, ach Gott, es ist nicht Tolstoi, denn nicht um die Asketik des Absurden, nicht um den erschütternd hilflosen Vergeistigungsdrang *wilder* Naturkindschaft, nicht um Widernatur, wir wiederholen es, handelt es sich hier, sondern um sittliche Kultur, um die tiefste, ahnungsvoll verwandte Sympathie mit dem Naturhaften bei allem Gehorsam gegen den höheren Befehl, um sittliche Überwindung in einer Tragik, die voller Liebe ist und in eine Verklärung ausgeht, welche die Menschheit das unauflöslich Tragische eben ihres Loses als heilig empfinden lehrt.
Denn Ottilie ist eine Heilige, – wenn sie als solche auch nicht erkannt wurde, als ihr Roman erschien. Sollte man es glauben? Das Buch chokierte. »Jede Art Wartburg in Deutschland«, wie Nietzsche sagen würde, schrie Zeter über seine Sündhaftigkeit, – als ob Christentum es überall mit etwas anderm zu tun hätte als mit der Sünde, und als ob Heiligkeit aus etwas anderm erwachsen könnte als eben aus ihr. Ottilie

ist eine Heilige. Wieland fühlte es, wenn er es auch weder goutierte noch verstand. Auch er war »chokiert«, von seiner Seite, und zwar über des Buches »moralische Tendenz«. Auch dieses Gegenteil kam vor. Er nannte die ›Wahlverwandtschaften‹ »ein wirklich schauerliches Werk« und sprach damit den Radikalismus ihrer Christlichkeit aus, der zuletzt nicht weniger unbedingt ist als der der ›Kreutzersonate‹, den Kryptenduft, der uns am Schlusse umschauert, die »schaurige Ruhe«, zu der, wie Knebel sagt, »die Geschichte gegen das Ende steigt«, und vor der Wieland zu den humoristischen Menschlichkeiten des Buches flüchtete: zu solchen freilich entzückenden Dingen, wie daß Eduard nach dem ersten Zusammensein mit Ottilie äußert: »Sie ist ein angenehmes, unterhaltendes Mädchen«; worauf Charlotte antwortet: »Unterhaltend? Sie hat ja den Mund noch nicht aufgetan.« – Für dieses Wort, sagte Wieland, würde er, wenn er der Herzog wäre, Goethen ein Rittergut schenken. Wir pflichten ihm vollkommen bei, – ohne zu meinen, daß der vorurteilsfreie alte Herr von der Heiligengeschichte sehr viel verstanden habe.

Der erste Keim dazu senkte sich früh in Goethe's Seele. Er war Student, als er, von Straßburg aus, jene Wanderung nach dem Sankt Odilienberge im Niederelsaß unternahm, von der er in ›Dichtung und Wahrheit‹ erzählt. »Hier, wo das Grundgemäuer eines römischen Kastells noch übrig, sollte sich in Ruinen und Steinritzen eine schöne Grafentochter aus frommer Neigung aufgehalten haben. Unfern der Kapelle, wo sich die Wanderer erbauen, zeigt man ihren Brunnen und erzählt gar manches Anmutige. Das Bild, das ich mir von ihr machte, und ihr Name, prägte sich tief bei mir ein. Beide trug ich lange mit mir herum, bis ich endlich eine meiner zwar spätern, aber darum nicht minder geliebten Töchter damit ausstattete, die von frommen und reinen Herzen so günstig aufgenommen wurde.« – »Von frommen und reinen Herzen.« Spricht er von dem Buch, das doch auch etwas wie einen Skandal erregte, nicht ganz wie von einer Heiligenlegende? – Das Naturwissenschaftliche kam später hinzu: die Idee, den Begriff der ›Wahlverwandtschaft‹, der chemischen Affinitäten ins Menschlich-Soziale zu übertragen, die eigentümlichste, mystisch-innigst empfundene Erotisierung stofflich-naturhafter Anziehungskräfte, die so wenig verstanden wurde, daß die Philister einander fragten, wie Goethe doch zwei Bände über diese chemische Sache habe schreiben mögen, da er ja nichts als das Bekannte, in einem Kapitel der Chemie Vorkommende, »abhandle«. Abhandle, – es ist nicht stupider zu sagen. Aber auch heute noch ist kaum die Kühnheit ganz nachzufühlen, die in der Konzeption lag, die Naturgebundenheit des Menschen, seine leidenschaftliche Notwendigkeit in ein Symbol jener Wissenschaft zu kleiden, in der das Exakte mit dem Mystischen sich von jeher, wie in keiner anderen, vermischte, – und ihm die *Freiheit* des Menschen entgegenzusetzen: jene unberechenbaren Kräfte der Menschenseele, die das Ungeheuerste, das Natürliche zu überwinden vermögen, die über seinen ›Gesetzen‹ sind und vielleicht einer höheren Ordnung angehören.

Ottilie ist das süßeste Kind der Natur, das je von eines Künstlers Hand gebildet wurde. Sie hat, in ihrer Sanftmut, ihrer lächelnden Stummheit und nachtwandlerischen Lieblichkeit, von einem Elementarwesen der Romantik, einer Undine, nicht wenig, ihre sympathetische Naturverbundenheit ist recht aus dem Herzen ihres Dichters erfunden, dessen Liebe sie atmosphärisch umgibt: das Pendel schlägt aus in ihrer Hand über den Metallen, ihr linksseitiger Kopfschmerz stellt sich ein in der Nähe eines Kohlenlagers, von dem niemand weiß. Die ganze Unschuld und Schuldhaftigkeit der Natur ist ausgedrückt in der sensitiven Unbewußtheit dieser holden Gestalt. Sie liebt nach dem Naturgesetz gegen das Sittengebot, sie wird, wie ihre Schwester Gretchen, der Sünde bloß, doch – alles, was sie dazu trieb, Gott! war so gut, ach, war so lieb! – Goethe liebte, als er sie schuf, man sieht es wohl. Der Schatten der heiligen Odilie gewann süßes Blut durch ein gegenwärtiges Menschenbild, als er eben begonnen hatte, seine Erzählung zu schreiben. Er stand in einer seiner späten Passionen damals: die achtzehn Jahre der kleinen Herzlieb, Pflegetochter des Buchhändlers Frommann in Jena, hatten es dem Achtundfünfzigjährigen angetan; und die Entsagung, die der »dezidierte Heide« in diesem wie in sämtlichen höheren Fällen seines Liebeslebens übte, legte er in die Brust seines Geschöpfes: aus dieser Entsagung ist die grundeigentümliche, süße und namenlos unheimliche Friedensstimmung gegen Ende des Romans gewoben, als Eduard, Charlotte und Ottilie scheinbar wie ehedem wieder beieinander leben; sie ist es sicher, die dem Dichter den schauerlich-sublimen Schluß, das Karterieren Ottiliens eingegeben hat (so klüglich vorbereitet durch die frühe Mitteilung ihrer befremdlichen Mäßigkeit im Essen und Trinken schon während ihrer Pensionszeit), die volkstümliche Wundertätigkeit ihres Leichnams, das seraphische Ende. Der Knabentraum des Studenten von der heiligen Odilie vermischt sich mit der entsagenden Leidenschaft des Ergrauten für ein junges Leben zum tragischen Gedicht, das beides feiert: die Macht der Natur und die einer menschlichen Übernatur, die sich durch den Tod ihre Freiheit salviert.

›Die Wahlverwandtschaften‹ sind höchste Dichtung in ihrer Einheit von Gestalt und Gedanke. Sie *sind* im Künstlerischen wahrhaftig, was sie im Ideellen darstellen: Naturvergeistigung, ›sittliche Kultur‹. Von jeher war große Kunst die Künderin des dritten Reiches; Kunst ist das Vorbild der Menschheit; und der Dichter, im Bunde gleichermaßen mit beiden Mächten, Natur und Geist, ist wohl der Menschheit Meister zu nennen.

EINE GOETHE-STUDIE

An die japanische Jugend

So der Westen wie der Osten
Geben Reines dir zu kosten
DIVAN

Am 31. Januar 1827 war Johann Peter Eckermann bei Goethe zu Tisch, und der achtundsiebzigjährige Dichter, das geistige Haupt Europas, erzählte dem begierig lauschenden und innerlich notierenden Famulus von der wie immer vielfachen und ausgebreiteten Lektüre, die er in den letztvergangenen Tagen gepflogen: besonders von einem chinesischen Roman, der ihn noch immer beschäftige und ihm in hohem Grade merkwürdig scheine. Der Eindruck, sagte er, sei weniger fremdartig gewesen, als man glauben sollte. Die Menschen dächten, handelten und empfänden fast ebenso wie wir Europäer, und sehr bald fühle man sich als ihresgleichen, nur daß bei ihnen alles klarer, reinlicher und sittlicher zugehe als bei uns. Und er sprach von der verständigen Bürgerlichkeit dieser Poesie, die durch das Fehlen großer Leidenschaft und dichterischen Schwunges viel Ähnlichkeit mit einer gewissen europäischen Idyllik, mit seinem eigenen Versepos ›Hermann und Dorothea‹ und mit den englischen Romanen des Richardson aufweise. Geschmack und Moralität, stellte er fest, seien in dieser östlichen Erzählung durchaus auf das Nette und Zierliche gerichtet, es herrsche darin ein hoher Sinn für Sittlichkeit und Mäßigung, und darin freilich unterscheide sie sich gar sehr von der moralischen Lockerheit, Gewagtheit und Problematik Europas...

Gleichviel. »Ich sehe immer mehr«, sagt Goethe, »daß die Poesie ein Gemeingut der Menschheit ist.« Es komme darauf an, und gerade für uns Deutsche, aus dem engen Kreise unserer eigenen Umgebung hinauszublicken, um nicht individuell und national einem pedantischen Dünkel zu verfallen. »Ich sehe mich daher gern«, fuhr er fort, »bei fremden Nationen um und rate jedem, es auch seinerseits zu tun. Nationalliteratur will jetzt nicht viel sagen, die Epoche der Weltliteratur ist an der Zeit, und jeder muß jetzt dazu wirken, diese Epoche zu beschleunigen.«

An diese Worte des majestätischen, aus kernigstem Deutschtum in überschauende Größe emporgewachsenen Greises muß ich denken, da mir der ehrenvolle und rührende Auftrag zuteil wird, der ostasiatischen Festpublikation zu Goethe's hundertstem Todestag, diesem seinem Leben und Werk gewidmeten Sammelwerk hervorragender japanischer Gelehrter ein deutsches Vorwort zu schreiben, es mit einem Gruß aus dem Geburtslande des Gefeierten zu versehen. Weltliteratur! Alle brustweitende Expansivität des Wortes, alles Glück, das die Erfahrung der Einheit des Menschengeistes uns bereitet und das sich auf eine strenge und gütige Weise in diesem Worte sammelt, ergreift mich beim Empfang einer so wunderlich weitläufigen Aufforderung, und man versteht, daß, indem ich ihr folgen will, die angeführte Gesprächsstelle mir zuerst in den Sinn kommt und der Sinn des Wortes, in welchem sie gipfelt, mir zu denken gibt.

Was meinte Goethe mit »Weltliteratur«? Da er von einer Epoche spricht, die »an der Zeit« sei, kann ihm nicht die blasse Summe und Gesamtheit alles schriftlich befestigten

Geisteslebens vorgeschwebt haben. Eher schon jene höchste Auswahl und Blüte des Schrifttums, zu der sein eigenes Werk längst gehörte, und die, *wo immer erwachsen*, kraft ihres ins Allgemeingültige ragenden Ranges als Besitz der Menschheit empfunden und anerkannt wird, – die Erkenntnis mit eingerechnet, daß die Zeit gekommen sei, wo nur noch das Weltfähige eigentlich an der Tagesordnung sei und in Betracht komme: die Tage des nur in seiner Entstehungssphäre Gültigen seien vorüber.

Großartige persönliche Erfahrungen hatten ihm, der im Alter diese Ankündigung aufstellte, die geistige Welt-Perspektive beizeiten nahegelegt und zur Gewohnheit gemacht. Sein erster Roman gleich, die ›Leiden des jungen Werther‹, den er mit fünfundzwanzig Jahren schrieb, diese Geschichte eines unselig liebenden, von Gefühl und Weltschmerz zerrissenen, auf eine verführerisch edle Weise am Leben zerbrechenden Jünglings, deren entnervende und zerrüttende Empfindsamkeit der Schrecken und Abscheu der Moralisten war, erregte einen Erfolgssturm, der alle Grenzen überschritt, und machte buchstäblich die Welt verrückt vor Sterbenswonne: Sie rief einen Rausch, ein Fieber, eine über die bewohnte Erde hinlaufende Ekstase hervor, wirkte wie der Funke, der ins Pulverfaß fällt, wobei, in plötzlicher Ausdehnung, eine gefährliche Menge gebundener Kräfte frei wird. Das kleine Buch traf auf eine allgemeine Bereitschaft; es war, als ob das Publikum aller Länder, insgeheim und ohne es zu wissen, genau auf dies Werk eines noch ganz beliebigen jungen deutschen Reichsstädters gewartet hätte, das der gebundenen Sehnsucht einer Welt auf revolutionär-entbindende Weise gerecht wurde, – ein Treffer ins Schwarze, das erlösende Wort. Die jungen Leute gingen in Werthertracht, im blauen Frack mit gelber Weste. Man tötete sich, den ›Werther‹ in der Tasche. Ein junger Engländer, der nach Weimar kam und Goethe vorübergehen sah, wurde, obgleich er gekommen war, um ihn zu sehen, auf offener Straße ohnmächtig, da er sich zuviel zugetraut hatte und es über seine Kraft ging, den Verfasser des ›Werther‹ in Person zu erblicken. Selbst der Chinese malte, wie Goethe ohne Übertreibung im Verse sagt, »mit zitternder Hand« das Liebespaar des Romans, Lotten und Werthern, auf Glas.

Eine so turbulente Wirkung hat keines von Goethe's späteren

Werken wieder ausgeübt, wie dies mit der ganzen Dynamik einer genialischen Jugend geladene Büchlein. Aber wie er als aufnehmender Geist, dessen Fähigkeit zur Bewunderung ebenso groß war wie seine produktive Kraft, sich beständig mit den besten Hervorbringungen aller Zeiten und Zonen in Berührung hielt, weil, wie er sagte, der Künstler immer in Gefahr sei, »zurückzuschwanken«, wenn er die höchsten Kriterien aus den Augen und aus dem Gefühl verliere, so ist auch alles, was er selbst später gab, von dem unterscheidenden und auf die Dauer maßgebenden Urteil als »Weltliteratur« empfunden und aufgenommen worden, – und zwar nicht nur der mittelmeerisch beeinflußte, von einem humanistisch-klassischen Geist geprägte und geformte Teil seiner Werke, sondern auch, und sogar vorzugsweise, das exemplarisch Nordische und Deutsche darin, wie der erste Teil des ›Faust‹ und der Bildungsroman ›Wilhelm Meisters Lehrjahre‹. Der Greis, nicht länger mehr der Dichter bestimmter Werke, sondern ein Fürst des Lebens, der höchste Repräsentant europäischer Kultur, Gesittung und Menschlichkeit, dessen Haus am Frauenplan in Weimar zu einem Wallfahrtsort geworden war, wohin das Verehrungsbedürfnis der Menschen pilgerte; der von dem Schotten Thomas Carlyle die englische Übersetzung des ›Wilhelm Meister‹ nebst einem Brief voll kindlich inniger Liebe und Unterwürfigkeit empfing; der in einer französischen Ausgabe seines Faust-Gedichtes blätterte, die mit Zeichnungen des genialen Eugène Delacroix geschmückt war; der über die neu erschienene Helena-Episode, aus dem zweiten Teil der Tragödie, feierliche Besprechungen in den Revuen von Edinburgh, Paris und Moskau las – er mochte wohl finden, daß die Zeit der Weltliteratur gekommen sei, da er sie ja für sein Land heraufführte, Deutschland damals in der Weltliteratur vertrat und noch heute vertritt.

Dennoch lag viel Vorwegnahme in seiner Feststellung, und die Entwicklung der zehn Jahrzehnte seit seinem Tode, die Vervollkommnung der Kommunikation, die Beflügelung des Austausches, die sie brachten, das selbst durch den großen Krieg eher geförderte als aufgehaltene Intim-werden Europas, ja der Welt: dies alles war nötig, um die Epoche, die Goethe als »an der Zeit« empfand, erst eigentlich zu verwirklichen, – in dem Grade sogar, daß heute die Gefahr der

Verwechselung des Weltfähig-Weltgültigen mit dem nur Weltläufigen, einem minderen internationalen Gebrauchsgut, sehr nahe liegt und von den Provinzlern des Geistes mit Vorliebe zur nationalen Diskreditierung allgemein anerkannter Leistungen ausgenützt wird: Geflissentlich nennen sie den echten und den wohlfeilen Weltruhm in einem Atem und meinen so das Mehr-als-Nationale zugleich mit dem Unter- und Zwischennationalen zu verunglimpfen. Diese Möglichkeit bot sich zu Goethe's Zeit noch nicht oder in viel geringerem Maße. Es war nicht tunlich, die Ehren, welche das Ausland ihm erwies, der undeutschen Plattheit seines Niveaus zuzuschreiben. Dennoch hat seine Wendung vom Volkhaft-Nordischen, von dem Nebelspuk des ersten ›Faust‹ zum Griechentum und zu einem human geläuterten Kunstgeist nicht verfehlt, viel vaterländisches Bedauern hervorzurufen – in einem gewissen Sinn mit Recht; denn dieser Kosmopolitismus war die klassische Vorform dessen, was durch einen späteren Weltdeutschen, Nietzsche, den Namen des »guten Europäertums« erhalten hat. –

Das Vorwegnehmende, um darauf zurückzukommen, lag in Goethe's Natur und gehörte zu seiner Größe. Den dicht vor der Mitte des achtzehnten Jahrhunderts Geborenen trug sein vitaler Antrieb noch ein Menschenalter ins neunzehnte hinein, und es wäre schwer zu sagen, welcher dieser beiden, doch ziemlich scharf gegeneinander abgesetzten Epochen er vorzugsweise angehörte. Er, der im Alter mit erschütternder Gelassenheit von sich aussagte, daß er »in Jahrtausenden lebe«, stiftete selbst eine Epoche, das Zeitalter Goethe's, das sich nicht nach Jahrhunderten bemißt und selbst so wenig abzusehen ist wie das Maß, in das seine immer noch weit vorandeutende Gestalt hineinzuwachsen bestimmt ist. Wer weiß, ob sie als mythusbildendes Persönlichkeitswunder nicht eines Tages der des Jesus von Nazareth gleich geachtet werden wird? An Liebe und Zukunftsfülle war sie ihr nicht unähnlich, und schon bei Lebzeiten ist Goethe ein göttlicher Mensch genannt worden. Unter dem bloß säkularen Gesichtspunkt aber ist es erstaunlich, wie er, bei dessen Tode unsere moderne technische und vom Massenmenschen bestimmte Welt erst andeutungsweise sichtbar zu werden begann, in seinem epischen Alterswerk, dem sozialen Roman ›Wilhelm Meisters Wanderjahre‹, die ganze gesellschaftlich-ökonomische Entwicklung des neunzehnten Jahrhunderts: den Industrialisierungsprozeß, die Herrschaft der Maschine, den Aufstieg der organisierten Arbeiterschaft, die Klassenkonflikte, die Demokratie, den Sozialismus, den Amerikanismus selbst, nebst sämtlichen aus diesen Veränderungen erwachsenden geistigen und erzieherischen Konsequenzen seherisch vorwegnehmen konnte.

Diese soziale Empfindlichkeit widerspricht der oft vertretenen Auffassung, er sei ein ausschließlich mit seinem Ich beschäftigter Dichter gewesen, dem es allein auf das Innerweltlich-Individuelle, das Rein-Menschliche angekommen sei, und für den es keine Gesellschaft, kein Menschengeschlecht im Kampf um politische, um revolutionäre Ideen gegeben habe. Es ist wahr, daß sein sinnlicher Realismus ihn der abstrakten Leidenschaft entfremdete, – dieser Realismus, der ihn, eingestandenermaßen, den Brand eines Bauernhofes als ein tatsächliches Unglück, den »Untergang des Vaterlandes« aber als Phrase empfinden ließ. Er war ein Deutscher im höchsten Grade, ein wahrer Ausbruch von Deutschheit trotz allem Weltbürgertum oder vielmehr gerade auch hierin: ein geistiger Bürger und eben hierin ein deutscher Bürger. Aber er war kein Patriot in des Wortes demokratischem Sinn, kein Freiheitskämpfer politisch-humanitärer Prägung. Daß er dennoch ein Kämpfer war, und zwar ein Kämpfer für menschliche Freiheit, wußte er wohl. »Ihr mögt mir immer«, sagte er, »ungescheut – wie Blüchern Denkmal setzen. Von Franzen hat er euch befreit, ich von Philisternetzen.« Er war ein Kämpfer und Befreier im Sittlichen, im Geistigen, besonders im Erotischen, – nicht im Staatlich-Bürgerlichen. Mit Gretchens Jammerschicksal, mit Faustens Liebesschuld ist kein Paragraph, kein gesellschaftlicher Zustand, keine Einrichtung angeklagt und angegriffen, sondern ein Dichter unterredet sich in dieser ›Tragödie‹ mit dem Ewigen über das Menschenlos. Daher war es möglich, daß dieser selbe Dichter als Mitglied des Weimarischen Staatsrates unter ein Todesurteil über eine junge Kindesmörderin, die der Herzog selbst lieber begnadigt hätte, zu den Namen der anderen strengen Minister das Wort schrieb: »Auch ich« – was, wie nicht ich zuerst empfinde, in seiner Art ebenso erschütternd ist wie der ganze ›Faust‹.

Der Franzose Maurice Barrès hat Goethe's ›Iphigenie‹ ein

zivilisierendes Werk genannt, das »die Rechte der Gesellschaft gegen den Hochmut des Geistes vertrete«. Die Äußerung trifft fast genauer noch auf jenes andere Werk der Selbstzucht und -züchtigung, ja, der Kasteiung, den ob seiner Atmosphäre von Ziemlichkeit und Zimperlichkeit gern verschmähten ›Tasso‹ zu. Durch jenes schreckliche »Auch ich« zwang Goethe sich, seine weltliche Autorität für die Rechte der Gesellschaft gegen den Geist einzusetzen, zu dessen Befreiung er als Dichter durch die Erregung des Gefühls und als Schriftsteller durch die analytische Erweiterung und Vertiefung des Wissens vom Menschen so mächtig beigetragen hatte. Zu sagen, Goethe habe kein Verhältnis zum Gesellschaftlichen gehabt, ist offenbar falsch. Er verteidigte die Gesellschaft – in dem konservativen Sinn, der im Begriff der Verteidigung liegt. Man kann nicht unpolitisch, man kann nur anti-politisch sein, und das heißt konservativ, – während der Geist der Politik humanitär-revolutionär ist in sich selbst. Nichts anderes meinte Richard Wagner, als er erklärte: »Der Deutsche ist konservativ.« Nur kann, wie es bei Wagner und seinen geistigen Zöglingen geschah, das Deutsch-Konservative sich zum Nationalismus politisieren, – gegen welchen sich Goethe, der deutsche Weltbürger, selbst als das Nationale so viel historische Berechtigung besaß wie 1813, kalt bis zur Verachtung verhielt.
Es ist also wahr: Goethe liebte die Politik und die politischen Ideen nicht; sie waren ihm in dem Grade gegen seine Natur, daß er fast daran zu Grunde gegangen wäre. Die Französische Revolution, an der doch auch zahlreiche deutsche Geister einen glühenden Anteil nahmen und deren Herannahen er mit Schrecken gefühlt hatte, verstörte und quälte ihn solchermaßen, daß sie ihn beinahe sein Talent gekostet hätte und ihn tatsächlich lange Zeit unproduktiv machte. Es war die Politisierung und das will sagen: die Demokratisierung Europas, die er heraufkommen sah: eine seinem Wesen feindliche Weltverfassung, weil das, woran er glaubte, Kultur, Bildung, reine Menschlichkeit, seiner Überzeugung nach nicht darin gedeihen konnte. »Franztum« –, sagte er,

> Franztum drängt in diesen verworrenen Tagen,
> wie einstmals
> Luthertum es getan, ruhige Bildung zurück.

Das Distichon zeigt klar und deutlich, wie er sich, im sechzehnten statt im achtzehnten Jahrhundert geboren, gegen die germanische Revolution, die die Geschichte unter dem Namen der Reformation kennt, gehalten haben würde: Im Namen des Hochbegriffs der ›Bildung‹, welcher die Formel für das wunderbare Naturprodukt und Kunstwerk seiner Persönlichkeit war, wäre er für Rom und gegen die Reformation gewesen – oder hätte doch eine so zweideutige und unzuverlässige Stellung eingenommen wie jener Humanist Erasmus, von dem Luther sagte, daß die Ruhe ihm teurer sei als das Kreuz. ›Das Kreuz‹, das war ein paar Jahrhunderte später die Revolution; und »ruhige Bildung« war Goethen teuer.

Aller Haß, den er sich zugezogen, alle Vorwürfe und Klagen, die seinen Egoismus, seinen Hochmut, seine Unmoralität und seine »ungeheuer hindernde Kraft« betrafen, sind auf diese seine Kälte gegen den politischen Enthusiasmus, handle es sich nun um dessen nationalistisch-kriegerische oder revolutionär-menschheitliche Schattierung, zurückzuführen. Man vergaß aber vieles bei diesen Beschuldigungen. Man vergaß, daß, wer »in Jahrtausenden lebt«, der geistigen Dienstpflicht der Epoche nicht unterworfen ist wie der Durchschnittsdiener und -förderer der Zeit, heiße diese beherrschende Geistespflicht auch ›Politik‹ und ›Freiheit‹. Man vergaß, daß Goethe's Gleichgültigkeit gegen das politische »Menschengeschlecht« nichts weniger als Mangel an Liebe bedeutete: weder an Liebe zum Menschen – denn er hat gesagt, daß der bloße Anblick eines Menschenantlitzes ihn von Melancholie heilen könne, und von ihm stammt das Wort: »Das eigentliche Studium der Menschheit ist der Mensch« – noch, was dasselbe ist, an Liebe zur Zukunft. Denn Mensch – Liebe – Zukunft, das ist all-eins, es ist ein und derselbe Gefühlskomplex von Sympathie und jener Lebensfreundlichkeit, die Goethe's tiefstes Wesen ausmachte, die seinen Begriff des Lebenswürdigen und des Liebenswürdigen prägte und ihn, den Unpolitischen, zu einem Liebling der Menschheit gemacht hat. Er war kein Metternich, kein »Fürst von Mitternacht«, der aus häßlicher Furcht vor der Zukunft das Leben vergewaltigte. Freiheit war ihm »die Möglichkeit, unter allen Bedingungen das Vernünftige zu tun«; und wenn er die Ordnung liebte, so trennte er sich mit

Widerwillen von denen, die zu ihrer Erhaltung »Dummheit und Finsternis« zu Hilfe riefen: seine Mittel, die Ordnung zu retten, sagte er, seien der Verstand und das Licht.
Für ein Volk wie das japanische, das durch sein Talent fürs Technisch-Organisatorische gleichsam den Statthalter Europas im Fernen Osten darstellt, muß es merkwürdig sein, zu sehen, mit welcher fast begeisterten Angelegentlichkeit dieser Sohn des achtzehnten Jahrhunderts und Meister einer hochhumanistischen Persönlichkeitskultur hinausblickte in die rein technisch-zivilisatorische Zukunft der Menschheit und die Probleme dieser Zukunft erörterte. Fünf Jahre vor seinem Tode spricht er über das Projekt eines Durchstiches der Landzunge von Panama mit einem Feuer, einer Eindringlichkeit und Ausführlichkeit, als sei es ihm wichtiger als alle Poesie, – und das war es vielleicht; denn er hat die Kunst nicht überschätzt, nie ein feierlich-prätentiöses Wesen mit ihr gemacht und sie, so vollkommen er sie beherrschte, immer mit einer gewissen Kühle behandelt. Dies kann wundernehmen in einer Zeit, die, wenigstens in Deutschland, sehr einseitig literarisch-philosophisch gerichtet war, und beweist seine Unabhängigkeit von ihr. Wenn er von Produktivität sprach, so versäumte er nicht, seine ästhetisierenden Landsleute zu belehren, daß sie sich nicht unbedingt als Dichtergenie zu bewähren brauche; auch Napoleon zum Beispiel sei ein produktiver Mensch gewesen. Übrigens war er selbst auf naturwissenschaftlichem Gebiet produktiv gewesen, indem er das os intermaxillare, den Zwischenkieferknochen des Menschen, entdeckt hatte. Und so erging er sich nun über allerlei Möglichkeiten, den Mexikanischen Meerbusen mit dem Stillen Ozean zu verbinden, über die unberechenbaren Ergebnisse, die solch ein Durchstich für die ganze zivilisierte und unzivilisierte Welt zeitigen müsse; riet den Vereinigten Staaten von Amerika aufs dringendste, die Sache in die Hände zu nehmen, und phantasierte von den blühenden Handelsstädten, die an dieser ganzen Küste des Pazifik, wo die Natur mit geräumigen Häfen schon so glücklich vorgearbeitet habe, nach und nach entstehen müßten. Er konnte dies alles kaum erwarten, er wünschte, es zu erleben, dies und die Verbindung von Donau und Rhein, die freilich ein über alles Hoffen riesenhaftes Unternehmen sein würde, und etwas Drittes, ganz Großes noch: den Kanal von Suez für die

Engländer: ihn noch zu sehen, sagte er, würde es wohl lohnen, auf Erden noch etliche fünfzig Jahre auszuhalten.

So ließ er sein Auge hingehen über die Erde; es haftete nicht an seinem eigenen Lande; die Zukunftsfreudigkeit dieses Anti-Revolutionärs war umfassend, sie brauchte den Raum der ganzen Welt, und die Lebenserhöhung, das Glück oder Wehe eines fremden Volkes ging ihm nahe wie das Schicksal des eigenen. Es war der Liebesimperialismus eines sehr hoch über alles Nationale emporgestiegenen Geistes, der die Freiheit namentlich als Größe kannte, und dessen Verkündigung der »Weltliteratur« aus derselben persönlichen Verfassung kam.

Man muß sagen, daß das Soziale keine primäre Rolle in seinem Leben spielte; sein Ausgangspunkt war das Ich und dessen Bildung, Erhöhung und Erfüllung, sein Dichtertum wesentlich autobiographischer Art. Diese Neigung zum Selbstprüferisch-Autobiographisch-Bekennerischen kam ihm teils aus christlicher Quelle, aus der geistlichen Seelenkultur des Pietismus, teils entstammte sie einem entscheidenden geistigen Jugenderlebnis, der Bekanntschaft mit Rousseau. Von diesem nun, dem Verfasser nicht nur der ›Confessions‹, sondern auch des großen Erziehungsromans ›Émile‹, hatte er noch ein zweites Prinzip und Lebenselement aufgenommen, das mit dem des Bekennertums in gesetzmäßigem psychologischen Zusammenhange steht: das Element der *Erziehung*. Die pädagogische Idee aber ist das Bindeglied zwischen dem Inneren und Äußeren, zwischen Bekenntnis und Sozialität, dem Ich und der Welt. Dies erweist sich an Goethe's Persönlichkeit und Werk am allerschönsten und großartigsten. Die beiden Hauptmonumente seines Lebens, das poetische und das prosaische, der ›Faust‹ und der ›Wilhelm Meister‹, sind Erziehungsgedichte, Darstellungen menschlicher Ausbildung; und wenn in den ›Lehrjahren‹ noch die Idee der individualistischen Selbstformung vorherrscht – »denn mich selbst, ganz wie ich da bin, auszubilden, das war dunkel von Jugend auf mein Wunsch und meine Absicht«, sagt Wilhelm Meister –, so wendet sich in den ›Wanderjahren‹ der Erziehungsgedanke nach außen, ins Objektive, Soziale, ja Staatsmännische, und im Zentrum des Werkes steht, wie man weiß, die strenge und schöne Utopie der Pädagogischen Provinz.

Es ist sehr merkwürdig: das Gefühl menschlicher Verbesserungs- und Vervollkommnungsbedürftigkeit, diese Empfindung des eigenen Ich als einer *Aufgabe*, einer sittlichen, ästhetischen, kulturellen Verpflichtung, *objektiviert* sich in dem Helden des autobiographischen Bildungs- und Entwicklungsromans, vergegenständlicht sich zu einem Du, an welchem das dichterische Ich zum Führer, Bildner, Erzieher wird, identisch mit ihm und doch auch wieder ihm väterlich überlegen. Im Inneren des autobiographischen Pathos selbst also vollzieht sich bereits die Wendung ins Erzieherische, – ein humanes Zauberkunststück voller Reiz, da es uns einen Blick ins organische Wesen der Humanität selbst gewährt. Humanität, das war und ist eben dieser psychologische Komplex und Stufenbau von Bekenntnis, Erziehung und Gemeinschaft, in welchem der Erziehungsgedanke den Übergang bildet zwischen Innerlichkeit und gesellschaftlicher Welt. Und die sozialen Vorwegnahmen der ›Wanderjahre‹ sind Visionen eines Erziehers, dem es darum zu tun ist, die Grundsätze der Bildung den Bedingungen der Zukunft anzupassen. –

– Die studierende Jugend Japans, so nehme ich an, wird es vornehmlich sein, die dies Buch über den großen westlichen Dichter in Händen haben wird, und was ich wünsche, ist, daß die Lektüre sie zur unmittelbaren Beschäftigung mit Goethe's herrlichen Werken anhalten möge. Ich wünsche es als Deutscher, dem daran liegen muß, daß die Welt das Deutschtum in seiner glücklichsten und vollkommensten Ausprägung erlebe, und ich wünsche es, weil diese Werke, selbst ewiger Jugend voll, in den Händen der Jugend – der Jugend jeder Zone – vorzüglich an ihrem Platze sind. Ihr Schöpfer hat die Jugend geliebt bis in den Tod, und ein Zug naiver Lebenskindlichkeit, der seine tiefste Liebenswürdigkeit ausmacht, verlieh ihm selber Jugend bis in jede Alterswürde und -weisheit hinein. Auch kann man sagen, daß er als Dichter sein Leben lang von seiner Jugend gelebt hat: Er war nicht der Mann immer neuer Erfindungen und Entwürfe, sondern im wesentlichen war seine Produktion ein Auf- und Ausarbeiten von Konzeptionen, die in die Frühzeit seines Lebens zurückgingen, die er durch die Jahrzehnte mit sich führte und mit dem ganzen Reichtum seines Lebens erfüllte, so daß sie Weltweite gewannen. So ist der ›Faust‹ seinem Ursprunge

nach ein geniales Studentenstück, das sich über Fakultäten und Professoren lustig macht und die lieblich-unselige Verführungsgeschichte eines kleinen Bürgermädchens in Knittelversen behandelt. Aber die Keimkraft dieses juvenilen Entwurfes war solcher Art, daß mit der Zeit ein alles überschattender Baum daraus emporwachsen konnte, ein Standardgedicht der Deutschheit und Menschheit auf einmal, das man aufschlägt, wie man die Bibel aufschlägt, um das Menschliche trostreich und mächtig darin ausgesprochen zu finden. So ist der ›Wilhelm Meister‹ nach seiner Anlage der Roman eines jungen Theater-Enthusiasten, der nichts beabsichtigte, als die Welt dionysischer Zigeuner, die Kulissenwelt, zu schildern, wie sie noch nicht geschildert worden war. Am Ende aber erwies sich das Komödiantentum nur als der Ausgangspunkt zu einer epischen Bildungsreise so ausgreifender und alles aufnehmender Art, daß ein kluger romantischer Kritiker sagen konnte: die Französische Revolution, Fichte's Wissenschaftslehre und der Roman ›Wilhelm Meister‹, das seien die drei großen Ereignisse der Epoche. Dies ungewollte, ehrgeizlose, still-natürliche, fast pflanzenhafte Wachstum aus unscheinbaren Anfängen ins Allbedeutende ist das eigentliche Wunder, das Goethe's Leben und Werk uns zu schauen und zu lieben gibt.
Keine Scheu vor dem Namen des ›Klassikers‹ und der Vorstellung langweiliger Würde, die sich der Jugend damit verbinden mag! Sie sucht das Moderne, das Frische, Leidenschaftliche und Lebensunmittelbare, – nun, sie findet es bei Goethe, ich kann es ihr versichern, und zwar auch in denjenigen seiner Werke, die ein klassizistisches Gewand tragen oder, wie man damals zu sagen pflegte, »antiker Form sich nähern«. Wenn ich ihn einen »autobiographischen« Dichter nannte, so ist das ein sehr sachlicher Ausdruck für etwas sehr Leidenschaftliches: Er hat nie einen Gegenstand behandelt, der ihn nichts anging, der ihm nicht ›auf den Nägeln brannte‹; er war fern davon, aus objektiv-spekulativen Gründen seinen Stoff zu ›wählen‹; der Stoff wählte ihn; er dichtete sein Leben; er mußte am eigenen Leibe und der eigenen Seele erfahren haben, was er schrieb; sein Lieblingssatz war, daß die Dichtung *Darstellung empirisch-pathologischer Zustände sei*; und diese Herkunft seiner Produktion aus leidenschaftlicher Erfahrung verlieh ihr eine unbeschreibliche psychologische Intimität,

Neuheit und Einmaligkeit, die man heute so stark spürt wie damals. Hinzu kam ein ebenso unbeschreiblicher persönlicher Charme, der sich unbewußt mit allem verband, was er tat und machte, so daß denn also jedes neue Werk, mit dem er hervortrat, auf die Empfänglichen als köstliche Sensation, als eine wundervolle Überraschung wirkte, als etwas Ungeahntes, von dem bis zu seinem plötzlichen lebensvollen Vorhandensein sich niemand etwas hatte träumen lassen, – weshalb er mit mehr Recht als irgend jemand eine mäkelnde Kritik komisch finden konnte, die so tut, »als werde man, indem man etwas leiste, ihr Schuldner und bleibe jederzeit noch weit zurück hinter dem, was sie eigentlich wollte und wünschte, ob sie gleich kurz vorher, ehe sie unsere Arbeit gesehen, noch gar keinen Begriff hatte, daß so etwas vorhanden oder möglich sein könnte«. Das sind seine Worte, und nie sind erheiterndere und zutreffendere gefunden worden für das Verhältnis eines Künstlers, der sich der Neuheit und Ursprünglichkeit seiner Hervorbringung bewußt ist, zur nachhinkenden Kritik.

Zutreffend bis zur Erheiterung – das mag überhaupt die richtige Kennzeichnung von Goethe's Schreibweise und Stilkunst sein, der jede Verstiegenheit, jeder pathetische Überschwang fremd ist und die dennoch immer zum Äußersten geht, sich auf einer mittleren Linie mit diskreter Kühnheit, meisterlicher Gewagtheit und unfehlbarer künstlerischer Sicherheit dahinbewegt: gewandt, präzis, bis in die etwas amtliche Diktat-Prosa seines Alters hinein von einem rhythmischen Zauber, der ein vernünftiger Zauber ist, die klarste Mischung von Eros und Logos, und uns wohlig-unwiderstehlich führt und trägt. Was aber soll ich von seinen Gedichten sagen, – unter denen ich euch jungen Japanern nicht sowohl die Weisheitslyrik des späten ›West-östlichen Divan‹ als den melodischen Gefühlssturm der Jugendlieder zudenke: diese von Lebens- und Liebesdankbarkeit schwellenden und klingenden Gesänge, in denen das Menschenherz, das Herz der Natur in vollen, weichen, beschwingten Schlägen klopft. Mich ängstigt ihre Unübersetzbarkeit, – der Schmelz und Farbenstaub ihrer Schwingen wird abgestreift sein, wenn man sie euch in eurer Sprache bietet. Aber man hört ja, daß die deutsche Sprache in Japan gleich hinter der englischen steht, und so viel Deutsch solltet ihr lernen, um die jeder

Jugend verwandte Musik dieser Lieder zu vernehmen, die alle die Verse zum Refrain haben könnten, die aus einem von ihnen innig hervorklingen:

Wie ist Natur so hold und gut,
Die mich am Busen hält!

– und die er auch euch, ihr Fernen, mit den Worten zugeeignet hat:

Da sind sie nun! Da habt ihr sie!
Die Lieder, ohne Kunst und Müh'
Am Rand des Bachs entsprungen.
Verliebt und jung und voll Gefühl
Trieb ich der Jugend altes Spiel
Und hab' sie so gesungen.

GOETHE'S ›WERTHER‹

Das Büchlein ›Werther‹ oder mit seinem ganzen Titel ›Die Leiden des jungen Werther, ein Roman in Briefen‹ war der größte, ausgedehnteste, sensationellste Erfolg, den Goethe, der Schriftsteller, je erlebt hat. Der Frankfurter Jurist war ganze vierundzwanzig Jahre alt, als er dies äußerlich wenig umfangreiche, auch als Welt- und Lebensbild jugendlich eingeschränkte, aber mit explosivem Gefühl unglaublich geladene Werkchen schrieb. Es war erst seine zweite größere Arbeit. Nur ein shakespearisierendes Drama aus der deutsch-ritterlichen Vergangenheit, der ›Götz von Berlichingen‹, war vorangegangen und hatte dank seiner Kraft und Wärme, durch die Art, wie es die Historie mit Intimität und Leben erfüllte, schon die Augen der literarischen Welt auf den jungen Verfasser gelenkt. Der ›Werther‹ aber zeigte diesen von einer ganz anderen Seite und war nach Charakter und Wirkung ein von dem früheren völlig verschiedenes Werk. Sein Erfolg hatte zum Teil sogar einen skandalösen Charakter. Die entnervende und zerrüttende Empfindsamkeit des kleinen Buches rief die Sittenwächter auf den Plan, war der Schrecken und Abscheu der Moralisten, die eine Verherrlichung des Selbstmordes und die Verführung dazu in diesen Blättern sahen; aber eben diese Eigenschaften erregten auch einen Erfolgssturm, der alle Grenzen überschritt, und machten buchstäblich die Welt verrückt vor Sterbenswonne: der Roman rief einen Rausch, ein Fieber, eine über die bewohnte Erde hinlaufende Ekstase hervor und wirkte wie der Funke, der ins Pulverfaß fällt, wobei in plötzlicher Ausdehnung eine gefährliche Menge von Kräften frei wird.

Es wäre nicht leicht, den Seelenzustand zu analysieren, der zu jener Zeit den Untergrund der europäischen Zivilisation bildete. Es war, historisch gesehen, der Zustand vor der Katastrophe und ungeheueren Lufterneuerung der Französischen Revolution; geistesgeschichtlich gesehen die Epoche, der Rousseau den Stempel seines empfindsam empörerischen Geistes aufgedrückt hatte. Überdruß an der Zivilisation, Emanzipation des Gefühls, wühlende Sehnsucht nach Heimkehr ins Natürlich-Elementare, Rütteln an den Fesseln einer erstarrten Kultur, Revolte gegen Konvention und bürgerliche Enge, alles trat zusammen, um den Geist gegen die Beschränkung der Individuation selbst anrennen und ein schwärmerisch grenzenloses Lebensverlangen die Gestalt der Todessehnsucht annehmen zu lassen. Melancholie, Überdruß am rhythmischen Einerlei des Lebens war gang und gäbe. In Deutschland wurde die Bewegung, die man ›Weltschmerz‹ nennt, verstärkt durch die Vertiefung in eine gewisse Grabespoesie, die die englische Literatur damals hervorbrachte. Selbst Shakespeare trug dazu bei. Hamlet und seine Monologe spukten in allen jungen Gemütern. Ossian und die schauerlich-urtümlich-düster heroischen Stimmungen, die er vermittelte, bildeten die Passion der jungen Leute.

Es war, als ob das Publikum aller Länder, insgeheim und ohne es zu wissen, genau auf das Werk eines noch ganz beliebigen jungen deutschen Reichsstädters gewartet hätte, das der gebundenen Sehnsucht einer Welt auf revolutionär entbindende Weise gerecht würde, – ein Treffer ins Schwarze, das erlösende Wort. Es gibt die Geschichte, daß ein junger Engländer, der in späteren Jahren nach Weimar kam und Goethe vorübergehen sah, auf offener Straße ohnmächtig wurde, da er sich zuviel zugemutet hatte und es über seine Kräfte ging, den Verfasser des ›Werther‹ in Person zu erblikken. Goethe erinnert später in einem Venezianischen Epigramm an den Welterfolg des ›Werther‹:

Deutschland ahmte mich nach und Frankreich mochte
mich lesen.
England! freundlich empfingst du den zerrütteten Gast.
Doch was fördert es mich, daß auch sogar der Chinese
Malet, mit ängstlicher Hand, Werthern und Lotten
auf Glas?

Das Paar trat von Anfang an in die Reihe der klassischen Liebespaare der Dichtung und der Legende ein: Laura und Petrarca, Romeo und Julia, Abälard und Heloise, Paolo und Francesca, zu ihnen gesellte es sich. Jeder Jüngling wünschte sich, so zu lieben, jedes Mädchen, so geliebt zu sein. Eine ganze Generation junger Menschen erkannte ihre Seelenverfassung in der Werthers wieder. Man ging schwärmerisch-demonstrativ in der Tracht umher, die dem jungen Todeskandidaten im Roman zugeschrieben wird: dem blauen Frack mit gelber Weste und Hose. Die Nachahmung, die melancholische Gefolgschaft ging bis zum äußersten: Selbstmorde ereigneten sich, die offenkundig und erklärtermaßen Befolgungen von Werthers Beispiel waren, und die also, so sagten die Moralisten, der Autor des zerrüttenden Romans auf dem Gewissen hatte. Die betörten Jünglinge vergaßen nur, daß zwar der Dichter des ›Werther‹ die Entwicklung des Entschlusses zum Selbstmord in einer jungen Brust mit großer Kunst geschildert hatte, daß er selbst aber sich keineswegs getötet, sondern auf schöpferischem Wege über die tödlichen Stimmungen hinweggekommen war, sich im Gedichte davon befreit hatte. Goethe spricht in seinen Lebenserinnerungen von diesem fast grotesken Unterschied zwischen der heilsamen Funktion, die dem Werther-Roman für sein eignes Leben zukam, und der äußeren Wirkung, die er übte. Er war persönlich durch das alles hindurchgegangen, was seine Generation quälte und entnervte. Der Gedanke des Selbstmordes war ihm keineswegs fremd, er war auch in ihm zeitweise beinahe Vorsatz gewesen. Er erzählt in ›Dichtung und Wahrheit‹, wie er in der Zeit vor dem ›Werther‹ jeden Abend, ehe er das Licht auslöschte, versucht habe, ob es ihm nicht gelingen möchte, sich die scharfe Spitze eines Dolches, den er besaß, ein paar Zoll tief in die Brust zu senken. Da es nicht gelang, lachte er sich selber aus und beschloß zu leben. Doch fühlte er, daß er das nicht könne, ohne eine dichterische

Aufgabe zur Ausführung zu bringen, worin alles, was er über diesen Punkt gedacht und empfunden, zur Sprache kommen sollte. Dies Bekenntnis, diese »Generalbeichte«, wie Goethe es nennt, war der ›Werther‹. Als das Werk getan war, fühlte er sich frei und zu neuem Leben berechtigt. Während nun aber er sich erleichtert und aufgeklärt hatte, indem er die Wirklichkeit in Poesie verwandelte, wurden andere junge Leute dadurch verwirrt und glaubten, man müsse die Poesie in Wirklichkeit verwandeln, den Roman nachspielen und sich allenfalls selbst erschießen. Und so wurde, was ihm so sehr genützt hatte, als höchst schädlich verschrien.

Goethe war bis an sein Lebensende stolz auf dieses sein Jugendwerk, auf das er sich, neben dem ›Faust‹, am meisten zugute tat. »Wer mit vierundzwanzig den Werther schrieb«, sagt er als alter Mann, »ist eben doch keine Katze.« Einer der bedeutendsten Augenblicke seines Lebens, die Begegnung mit Napoleon in Erfurt, ist mit diesem Gegenstand verbunden. Der Kaiser hatte den kleinen Roman nicht weniger als siebenmal gelesen, ja er hatte ihn auf dem ägyptischen Feldzug begleitet, und bei jener berühmten Audienz nahm er den Dichter darüber in ein kritisches Verhör. Der große Lebensvollender hat die problematische Jugendgestalt niemals verleugnet, ihr Schatten hat ihn immer brüderlich begleitet, und der Fünfundsiebzigjährige, der um der jungen Ulrike willen noch einmal die süßen und schrecklichen Verstörungen der Liebe dulden mußte, spricht in einem Gedicht ›An Werther‹ seine Wiederkehr geisterhaft aus. –

Das dem ›Werther‹ zugrunde liegende Erlebnis, die idyllisch-schmerzliche Geschichte von Goethe's Liebe zu Lotte Buff, der lieblichen Amtmannstochter zu Wetzlar an der Lahn, ist ebenso berühmt geworden wie der Roman selbst, und das mit Recht, denn große Teile des Buches decken sich vollständig mit der Realität, sind eine getreue und unveränderte Abschrift von ihr. Goethe kam 1772, dreiundzwanzigjährig, in das reizend gelegene rheinische Landstädtchen nach Weisung seines Vaters, der wollte, daß der junge Dr. iuris am dortigen Reichskammergericht praktiziere. Seine eigene Absicht war vielmehr, die schönen Wissenschaften zu treiben, zu dichten und zu leben, und das tat er; das Kammergericht hat ihn kaum zu sehen bekommen. Die Gassen von Wetzlar waren eng und schmutzig, aber die natürliche Umgebung war reizend; es war Maienzeit, alles stand in Blüte, und der poetische Müßiggänger hatte bald an Brunnen, Bächen und romantischen Aussichtspunkten über dem Lahntal seine Lieblingsplätze, wo er seinen Homer, seinen Pindar las, mit Freunden disputierte, zeichnete und sann. Ein ländliches Ballfest junger Leute führt ihn mit der neunzehnjährigen Lotte zusammen, die mit ihrem verwitweten Vater und ihren zahlreichen Geschwistern das sogenannte Deutschordenshaus bewohnt. Sie ist zierlich, blond, blauäugig, von heiterem, tüchtigem Charakter, ohne höhere Bildung, aber auf gesunde Art feinfühlig, kindlich und ernst zugleich, denn seit dem Tode der Amtmännin vertritt sie Mutterstelle bei einer ganzen Schar jüngerer Geschwister und führt ihrem Vater den Hausstand: Goethe sieht sie zuerst, als er sie von ihrem Gehöft abholt, wo sie, schon zum Balle angekleidet, in einem weißen, mit rosa Schleifen garnierten Kleide dasteht und den sie umringenden Kleinen das Vesperbrot schneidet – eine im ›Werther‹ genau verewigte und von der bildenden Kunst oft wiedergegebene Szene. Er verbringt den Abend mit ihr, er legt Besuch bei ihr ab am nächsten Tage, und er ist verliebt über beide Ohren, bevor er weiß, daß Lotte verlobt ist. Er erfährt es bald. Der Bräutigam ist ein Legationssekretär Kestner aus Hannover, ein Mann von vortrefflichem Durchschnitt, der Lotte aufrichtig liebt und den sie auf eine vertrauensvolle Weise wiederliebt. Wohlgemerkt, hier ist keine Leidenschaft, hier ist eine ruhige, wenn auch nicht unzärtliche wechselseitige Zuneigung, auf gemeinsame Zukunft, rationelle Ziele, Familiengründung gerichtet. Man wartet nur darauf, daß die Lebensumstände des Bräutigams ihn zu einer Heirat instand setzen.

In dieses Verhältnis tritt Goethe als Dritter, als von beiden Brautleuten bewunderter und herzlich wohlgelittener Freund und Gefährte ein – der Dichter, das Genie, der treuherzige und aufrichtige, aber auch wieder treulose und in irdischem Sinne unzuverlässige Vagabund des Gefühls, der eben Friederike Brion verraten und verlassen hatte, weil er vor der bindenden Heirat zurückgeschreckt ist. Es ist der junge Dämon, der im ›Faust‹ von sich sagt: »Bin ich der Flüchtling nicht? Der Unmensch ohne Zweck und Ruh?« – Ein liebenswürdiger Unmensch: schön, hochbegabt, geladen mit Geist und Leben, feurig, gefühlvoll, ausgelassen und schwermütig, kurz – närrisch in einem lieben Sinn; die Brautleute, Kestner sowohl wie Lotte, haben ihn sehr gern, auch die Kinder des Hauses zumal haben ihn liebend gern, und man verbringt einen seltsamen, glückseligen und gefährlichen Sommer zu dritt – zu zweit recht oft nur, denn Kestner, pflichttreu und vielbeschäftigt wie er ist, kann nicht immer, ja nur selten dabei sein, und während er bei seinem Gesandten rackert, steckt Goethe, der nichts zu tun hat, bei Lotte, der Braut.

Er hilft ihr in der Wirtschaft, auf dem Krautland und im Garten, nimmt Obst mit ihr ab, schneidet Bohnen mit ihr. Vor dem absorbierten Bräutigam hat er alle Vorteile einer freien und unbeschwerten Gegenwart, abgesehen von den Vorteilen seiner genialischen Jünglingspersönlichkeit, mit der diejenige des redlichen Kestner überhaupt den Vergleich nicht aushält. Lotte hat ihn zweifellos geliebt, aber als gescheites, vernünftiges Mädchen, das wußte, was es wollte, ihr Gefühl für ihn ebenso im Zaum zu halten gewußt, wie sie seine irrlichternde Leidenschaft, die sich nicht immer verbarg, im Zaume und bei Verstande zu halten wußte. Wenigstens meistens. Einmal, in den Himbeeren, ließ er sich hinreißen, sie zu küssen – sie war sehr ungnädig darüber und stand nicht an, es ihrem Verlobten – soll man sagen anzugeben oder zu beichten? Genug, man beschloß, ihn kürzer zu halten, ihn kühler zu behandeln, wofür auch sprach, daß wirklich schon ein gewisses Gerede über das sonderbare Verhältnis umging. Kestner war ein wenig verstimmt; sehr zornig konnte er nicht sein. Lotte las dem Sünder die Leviten, erklärte ihm ein für allemal, daß er nie etwas anderes von ihr zu hoffen habe als gute Kameradschaft. Hatte er das nicht gewußt – da er so traurig dastand? Hatte er je gedacht, das Mädchen ihrem guten Hans Christian auszuspannen und sie sich selber zu nehmen, wie manche Leute schon zu sehen glaubten? Gewiß nicht, schon aus Treue und Anstand nicht – und nicht nur von wegen Treue und Anstand, sondern weil sein Leben ganz der Kestner'schen Lebenssolidität und Zweckmäßigkeit entbehrte, vagierendes Gefühl, ziellose Leidenschaft, im Grunde werdende Dichtung war.

Die Brautleute hatten Mitleid mit der Verwirrung, dem unvernünftigen Leiden des lieben Menschen. Sie machten ihm sonderbare Trostgeschenke: eine Silhouette Lottens, eine der rosa Schleifen, die sie an dem Tage, da er sie zuerst gesehn, an ihrem Kleide getragen. Wohlgemerkt, diese Gaben kamen nicht nur von Lotte, sie kamen auch von Kestner, dem Bräutigam, und sie erregen uns ein ähnliches Gefühl, wie wenn wir einen Prinzen von sehr einfachen, guten Leuten Almosen empfangen sehen.

Als der Herbst kam, reiste Goethe heimlich ab. Plötzlich war er weg. Vier Monate hatte das Idyll zu dritt gedauert. Die Eindrücke, die es dem Dichter gebracht hatte, und in denen vollste, schmerzlich-hingegebene Aufrichtigkeit des Gefühls sich gewiß allezeit mit dem Zweckgedanken der Dichtung vermischt hatte, wurden in Frankfurt, wohin er sich wandte, ergänzt durch Erfahrungen mit einer anderen Frau, für die sein Leben, gleich nachdem er sich von Lotte losgerissen, merkwürdigerweise Platz hatte. Es war dies Maximiliane La Roche aus Ehrenbreitstein, ein ungewöhnlich schönes, schwarzäugiges Mädchen, das gerade eben einen reichen Witwer in Frankfurt, den Kaufmann Peter Brentano, geheiratet hatte und sich an seiner Seite, in einem düsteren Hause mit Öl- und Käsegeruch recht unglücklich fühlte. Goethe saß viel bei ihr, machte Unsinn mit ihren fünf Stiefkindern, wie er es mit Lotte's Geschwistern getan (denn er war ein rechter Kindernarr, und alle Kinder hingen sofort an ihm), begleitete Maxe's Klavierspiel auf dem Cello, und – damit ist wohl nicht alles gesagt. Denn der Kaufmann Brentano schritt eines Tages zornig ein, es gab einen Eklat, es kam zu, wie Goethe selber sagt, »schrecklichen Augenblicken«, und die Freundschaft flog auf. Die schwarzen Augen aber, die Lotte im Wertherbuch hat, während sie doch in Wirklichkeit blaue hatte, stammen von Frau Brentano.

Der Umgang mit ihr hat sehr dazu beigetragen, die Fabel des Romans zu komplettieren. Besonders aber tat das ein Todesfall, der sich gerade um diese Zeit in dem Bekanntenkreise des Dichters ereignete. Der Legationssekretär Jerusalem aus Braunschweig, eine begabte, melancholische, am Leben leidende Natur, hatte sich, verstrickt in hoffnungslose Liebe zu der Frau eines anderen, außerdem durch gesellschaftliche Zurücksetzungen tief verbittert, eine Kugel in den Kopf geschossen. Der Fall erregte verbreitetes Aufsehen, und daß er auch Goethe menschlich sehr naheging, hinderte nicht, daß er ihm zugleich wie gerufen kam: er gab der noch im Vagen schwebenden Wetzlarer Dichtung die objektive Handlung; ein Prozeß der Selbst-Identifizierung mit Jerusalem, der eine den Gedanken des Dichters längst wohlvertraute Tat begangen hatte, setzte ein; die Figur war geeignet, allen Weltschmerz und genialischen Gram, allen Edelmut und Jammer, alle Schwäche, Sehnsucht, Leidenschaft der Zeit und des eigenen Herzens aufzunehmen, und unsicher an dem lockenden Plan blieb jetzt eigentlich nur noch die Form.

Es sollte ursprünglich die dramatische sein, aber es wollte mit ihr nicht gehen. Für sie stellte sich eine andere ein, die Elemente des Dramatischen, Lyrischen und Erzählerischen vereinigt: die des Briefromans, für die Richardson und Rousseau die Tradition geschaffen. Der junge Autor schloß sich von aller Gesellschaft ab und warf ›Werthers Leiden‹ in knappen vier Wochen aufs Papier, – die Leistung wäre noch erstaunlicher, wenn ihm nicht dabei eine Menge Briefe und Tagebuch-Aufzeichnungen vorgelegen hätten, die er selbst in den Wetzlarer Tagen geschrieben, und die er, fast wie sie da waren, sogar unter Beibehaltung der Daten, für den Roman benutzte.

Es ist ein Meisterwerk, worin hinreißendes Gefühl und frühreifer Kunstverstand eine fast einmalige Mischung eingehen. Jugend und Genie sind sein Gegenstand, und aus Jugend und Genie ist es selbst geboren. Ich spreche zu Leuten, die das außerordentliche Büchlein gelesen haben und die ich mit dem zuverlässigen gelehrten Kommentar dazu versehen weiß. Was mir allenfalls übrigbleibt, ist, auf ein paar Schönheiten und Feinheiten der Komposition hinzuweisen oder daran zu erinnern, die ich mir selbst beim Wiederlesen angemerkt.

Ein Wort über den Helden und Briefschreiber selbst, die Figur des jungen Werther. Er ist der junge Goethe selbst, minus der schöpferischen Gabe, die diesem die Natur verliehen. Um ein todverfallenes, für das Leben zu gutes oder zu schwaches Menschenwesen zu schildern, braucht ein Dichter nur sich selbst zu geben – unter Weglassung der schöpferischen Gabe, die ihm selber Stütze und Stab ist, ihn selbst auf dem Pfade des Lebens weiterlockt und ihn – um das Wort zu wiederholen, das wir auf Goethe anwandten – zu einem Lebensvollender macht. Goethe tötete sich nicht, weil er den ›Werther‹ zu schreiben hatte – und einiges mehr. Werther hat keinerlei Sendung auf Erden außer seinem Leiden am Leben,

dem traurigen Scharfblick für seine Unvollkommenheiten, dem hamletischen Erkenntnisekel, der ihn würgt; und so muß er zugrunde gehen. Sein ›Roman‹, diese unmögliche und unerlaubte Liebe zu dem Mädchen, das einem anderen gehört, ist nur die Verkleidung, die sein Todessehnen annimmt, die mehr oder weniger zufällige Form seines Unterganges. Lotte, so sehr die Leidenschaft des außerordentlichen und in all seiner Schwäche höchst liebenswürdigen Menschen ihr schmeichelt, eine so große Versuchung sie in Wahrheit für ihre Vernunft, ihre Tugend bedeutet, hat ein sehr feines und richtiges Gefühl für diese Sachlage. »Fühlen Sie nicht«, fragt sie ihn, »daß Sie sich betrügen, sich mit Willen zugrunde richten? Warum denn mich, Werther! just mich, das Eigentum eines anderen? just das? Ich fürchte, ich fürchte, es ist nur die Unmöglichkeit, mich zu besitzen, die Ihnen diesen Wunsch so reizend macht.« – Der bittere Hohn, womit er auf diese Bemerkung reagiert, verrät, wie sehr er sich im Grunde dadurch getroffen fühlt. Und diese Empfindlichkeit ist sehr lebensecht. Denn der pessimistische Psycholog, schwelgend in finster-verzweifelten Einblicken in das törichte Menschenherz, verträgt es meistens sehr schlecht, wenn die Psychologie sich einmal gegen ihn selbst wendet.
Damit soll nicht gesagt werden, daß Werther sich selber schonte. Er ist ein schmerzensreicher Meister unbarmherziger Introspektion, Selbstbeobachtung, Selbstzergliederung, – das überfeinerte Endprodukt christlich-pietistischer Seelenkultur und Gemütsvertiefung. Einem Geist wie Lessing mißfiel die Figur; er war geneigt, eine Widerlegung der ganzen modern-christlichen Kultur darin zu sehen, weil sie solche Individuen hervorbrachte. Denn, fragte er, hat je ein römischer oder griechischer Jüngling sich so und darum – nämlich aus unglücklicher Liebe – das Leben genommen? Das läßt sich hören. Aber man kann wohl nicht zugeben, daß die christliche Kultur ad absurdum geführt ist durch die Verzärtelung und subtile Entartung, die sie in der Überspitzung zeitigt, und der ungeheure Fortschritt, den das Christentum für die Entwicklung des menschlichen Gewissens bedeutet, ist nicht zu hoch bezahlt durch ein Leiden und Sterben, wie Goethe es in seinem Jugendwerk aus intimster Kenntnis, mit feinster Konsequenz gezeichnet.

Der kleine Roman ist ein Meisterstück der Notwendigkeit, ein lückenloses, klug, zart und wissend gefügtes Mosaik seelischer Einzelheiten, psychologischer Momente und Kennzeichen, die zusammen das Bild der Liebenswürdigkeit und des Todes geben. Und dabei ist es dem Dichter gelungen, die tödliche Schwäche des Helden zugleich als überschwengliche Kraft empfinden zu lassen. Wirklich erinnert Werther an jene Art edler Pferde, von denen in dem Buch einmal die Rede ist, und die, wenn sie schrecklich erhitzt und aufgejagt sind, sich selbst aus Instinkt eine Ader aufbeißen, um sich zu Atem zu helfen. »So ist mir's oft«, sagt er, »ich möchte mir eine Ader öffnen, die mir die ewige Freiheit schaffte.«

»Die ewige Freiheit.« Das Verlangen aus dem Eingeschränkten und Bedingten ins Unendliche, Schrankenlose ist der Grundzug von Werthers Wesen, wie er derjenige Faustens ist. Lesen Sie, was er über räumliche Ferne und Zukunft schreibt, über die unstillbare Sehnsucht in Raum und Zukunft hinaus, und Sie haben ihn ganz. Die dritte Form der Expansion ist das Gefühl; auch hier stößt er sich mit Verzweiflung und Selbstverachtung an der Bedingtheit und Unzulänglichkeit des Menschlichen. »Was ist der Mensch, der gepriesene Halbgott! Ermangeln ihm nicht eben da die Kräfte, wo er sie am nötigsten braucht? Und wenn er in Freude sich aufschwingt oder im Leiden versinkt, wird er nicht in beiden eben da aufgehalten, eben da zu dem stumpfen, kalten Bewußtsein wieder zurückgebracht, da er sich in der Fülle des Unendlichen zu verlieren sehnte?« – Das Leben, die Person, die Individualität ist ihm ein Kerker, – er selbst gebraucht das Wort angesichts wild erregter Natur, in der aufzugehen er sich wünscht. »Wie gern«, ruft er aus, »hätte ich mein Menschsein drum gegeben, mit jenem Sturmwinde die Wolken zu zerreißen, die Fluten zu fassen! Ha! und wird nicht vielleicht dem *Eingekerkerten* einmal diese Wonne zuteil? –« Man findet diesen emotionalen Pantheismus in Schopenhauers Willensphilosophie wieder.

Die höchste und stärkste Form seelischer Expansion ist die Liebe – Werther sucht sie, ist in Bereitschaft für sie von Anfang an, und es ist sein Todesinstinkt, der ihn auf eine aussichtslose, verderbliche Liebe verfallen läßt. Da in seiner Natur etwas liegt, wozu alle Menschen, besonders aber das Volk und die Kinder Vertrauen haben, empfängt er die Ge-

ständnisse eines Bauernburschen, der eine inbrünstige Leidenschaft für seine Herrin, eine Witwe, hegt, die in ihrer Ehe schlechte Erfahrungen gemacht hat und nicht mehr heiraten will. Werther ist tief erschüttert von dem Gefühlsrausch, dessen er da ansichtig wird. Sein unbeschäftigtes Herz ist vom ersten Augenblick neidisch darauf. Er schreibt seinem Freunde: »Ich habe in meinem Leben die dringende Begierde und das heiße, sehnliche Verlangen nicht in dieser Reinheit gesehen, ja wohl kann ich sagen: in dieser Reinheit nicht gedacht und geträumt. Schelte mich nicht, wenn ich dir sage, daß bei der Erinnerung dieser Unschuld und Wahrheit mir die innerste Seele glüht, und daß mich das Bild dieser Treue und Zärtlichkeit überall verfolgt, und daß ich, wie selbst davon entzündet, lechze und schmachte.« – Er ist in Liebe, bevor diese Liebe einen Gegenstand hat. Der nächste Brief berichtet von seiner ersten Begegnung mit Lotte.
Was nun einsetzt, ist ein Liebesroman, dessen psychologischer Reichtum sich vom Idyllischen, Humoristischen, Reizenden bis zu dem finstersten Abgrund seelischer Verführung erstreckt, und über dem, auch in seinen glücklichsten Augenblicken, von Anfang an die Schatten des Todes liegen. Erinnern Sie sich an die Stelle, wo Werther von seinem Verhältnis zu Albert, dem Bräutigam, spricht und meint, das Wohlwollen, das dieser ihm entgegenbringe, sei gewiß mehr Lottens Werk als seine eigne Empfindung? Denn darin seien die Weiber fein: wenn sie zwei Verehrer in gutem Vernehmen miteinander erhalten können, ist der Vorteil immer auf ihrer Seite, so selten es auch angeht. An dergleichen denke ich, wenn ich von humoristischen Pointen spreche. Werthers Gemüt ist damals noch frei genug, um in aller Umfangenheit durch die Leidenschaft solcher heiteren Einblicke in die Diplomatie »der Weiber« im allgemeinen fähig zu sein. Aber gegen diesen selben Albert, den er Lotte's nicht für würdig halten kann, wird er eines Tages Todeswünsche hegen, die anfangs nur in dem hypothetischen Gedanken bestehen: ›Wie, wenn er stürbe‹, um ihn schließlich an »Abgründe« zu führen, vor denen er zurückbebt und die er nicht nennt, doch deren Name Mord ist.
Nicht nur der Haß, auch die Liebe führt ihn an Abgründe. Das Schicksal des unglückselig liebenden Bauernburschen, das unheimlich neben dem seinen herläuft, drängt seinem doch so

reinen, so vornehm gewissenhaften Gemüt den Gedanken der Vergewaltigung auf. Der Knecht ist vom Hofe gejagt worden, weil er in einem Augenblick verzweifelter Leidenschaft versucht hatte, sich des Weibes mit Gewalt zu bemächtigen, – eine Tollheit, an der sie nicht ganz unschuldig ist, da sie, bewußt oder unbewußt, seine Leidenschaft durch ein halbes Gewähren, durch kleine Vertraulichkeiten genährt hat. Und Lotte? Ist es bei ihr nicht dasselbe? Es ist in dem Buch eine Szene, deren gefährliche Lieblichkeit etwas Himmelschreiendes hat und die in Unschuld gehüllte Koketterie charakterisiert, mit der das gute Mädchen Werthers Leidenschaft reizt: die Szene mit dem Kanarienvogel, von dessen Schnäbelchen sie sich vor seinen Augen küssen läßt, den sie von ihren Lippen zu seinen schickt und dem sie mit dem lächelnden Munde Brosamen reicht. Werther kehrt sein Gesicht weg. Sie sollte es nicht tun! denkt er; und das denken allerdings auch wir, da sie ja klug genug ist, um sich auf Werthers gefährdete Natur zu verstehen, und gütig genug, um besorgt um sie zu sein. Wenn sie ihn liebt, sollte das ein Grund mehr für sie sein, ihn zu schonen. Aber gerade die Liebe wieder, die sie trotz ihrer Treuebindung an Albert für ihn hegt, verführt sie zu den »kleinen Vertraulichkeiten«, durch die jene Bauernwitwe den Knecht zum Äußersten treibt.

Daß Lotte Werthern liebt, gibt der Roman auf die psychologisch-pointierende und decouvrierende Weise zu verstehen, in der seine Technik besteht, und die mit ihren Tiefblicken ins Unterbewußte etwas fast humoristisch Verräterisches hat. Lotte fühlt, daß es ihr furchtbar schwerfallen würde, Werthern zu verlieren. Sie wünscht, er möchte ihr Bruder sein, oder aber, sie könnte ihn mit einer ihrer Freundinnen verheiraten, wodurch dann auch sein Verhältnis zum guten Albert ganz rein wiederhergestellt werden könnte. Aber indem sie die Freundinnen der Reihe nach durchgeht, findet sie bei jeder von ihnen etwas auszusetzen, – sie findet keine, der sie den Freund gegönnt hätte. Der junge Dichter fügt hinzu: unter solchen Betrachtungen habe Lotte »tief« gefühlt, »ohne es sich deutlich zu machen«, daß ihr heimliches Verlangen sei, Werther für sich zu behalten. Das hätte er in den ›Wahlverwandtschaften‹ nicht mehr ausgesprochen, – an deren psychologische Kunst solche Werther-Stellen schon so sehr erinnern.

Ich darf mich nicht verlocken lassen, aus dem Gedränge von Feinheiten alles herauszuheben, was eines besonderen Hinweises wert wäre. Zu dem Kühnsten gehört die Episode mit dem im Winter Blumen suchenden Irren, der von einer schönen, einer glücklichen und leichten Zeit spricht, in der ihm so wohl gewesen sei wie dem Fisch im Wasser – womit er die Zeit meint, die er als Rasender im Tollhause verbracht hat. Hier bricht ein Neid auf die Vorteile des Wahnsinnes durch, der zu den extremsten seelischen Äußerungen des Buches gehört.

Die Erörterung des Selbstmordgedankens, der den Dichter selbst zur Wertherzeit fast wie eine fixe Idee beschäftigte, nimmt einen breiten Raum ein. Werther verteidigt die Tat theoretisch von Anfang an, lange bevor der Entschluß, sie auszuführen, sich in ihm festsetzt. Er wehrt sich dagegen, daß sie als eine Tat der Schwäche hingestellt werde, denn er will wahrhaben, daß darin gerade Menschenstolz und freier Wille über die Entnervung, die das Leiden zufügt, triumphieren. »Raubt das Übel«, fragt er, »das uns die Kräfte verzehrt, uns nicht auch zugleich den Mut, uns davon zu befreien?« Der Ehrgeiz, diesem Dilemma nicht zu unterliegen, sich selber zu beweisen, daß seine Leiden nicht fähig waren, ihm den Mut zur Befreiung zu rauben, wird als eine der stärksten Triebfedern zur Selbstvernichtung aufgezeigt, und man sieht hier deutlich, wie die zweckmäßig-künstlerische Objektivierung von Gedanken, die dem jungen Dichter selbst hätten tödlich werden können, ihre freie Verwendung als psychologisches Hilfs- und Verständigungsmittel, ihm dienen muß, für seine Person darüber hinwegzukommen.

Man darf das soziale Motiv nicht vergessen, das Goethe mit aufgenommen hat, um das Bild von Werthers Lebensekel vollständig zu machen, den Klassenkonflikt, in den er seinen sensitiven Helden zu der Zeit geraten läßt, als er die Nähe Lottens geflohen hat und Attaché einer Gesandtschaft geworden ist. Sein Zusammenstoß mit der hochnäsigen Adelsgesellschaft, in der er übrigens eine Freundin hat, ein rousseauisch angehauchtes Fräulein von B., welcher ihr Stand zur Last ist, weil er »keinen der Wünsche ihres Herzens befriedigt«, – dieser demütigende und aufreizende Zusammenstoß mit der verhaßten Klasse ist zu charakteristisch für die historische Stellung des Buches und seine revolutionäre Grundtendenz, als daß auch die flüchtigste Analyse ihn übergehen dürfte. Napoleon hat den Zug beanstandet. »Warum habt Ihr das getan?« fragte er Goethe während des Gespräches in Erfurt, und Goethe scheint den Einschlag sozialer Revolte in die rein menschliche Liebestragödie nur schwach verteidigt zu haben. Seiner tumultuösen Jugend war dergleichen nicht fremd. Man denke an die wühlende Prosa-Szene im ›Faust‹, wo der unselige Verführer Gretchens gegen die gesellschaftliche Grausamkeit wütet, deren Opfer das gefallene Mädchen ist. Für die Aufführung in Weimar hat der Minister Goethe diese Szene gestrichen, und er mag als konservativer Olympier auch geniert gewesen sein durch jene Werther-Episode, in welcher der latente, nur geistig-seelische Revolutionarismus der Liebesgeschichte sozial manifest wird. Es ist aber festzustellen, daß auch ohne diese Zuspitzung ›Werthers Leiden‹ zu den Büchern zu zählen wäre, die die Französische Revolution angekündigt und vorbereitet haben.

Goethe hat dies zweifellos auch gewußt und jederzeit einen gewissen Stolz darein gesetzt. Als alter Mann spricht er mit einer Art von liebevollem Schrecken über das Buch. »Ich habe es«, sagt er 1824, »seit seinem Erscheinen nur einmal wieder gelesen und mich gehütet, es abermals zu tun. *Es sind lauter Brandraketen!* Es wird mir unheimlich dabei, und ich fürchte den pathologischen Zustand wieder durchzuempfinden, aus dem es hervorging.«

Diese Wieder-Lektüre hatte sich schon acht Jahre früher, im Jahre 1816 ereignet. Dasselbe Jahr brachte dem Siebenundsechzigjährigen in seltsamem Zusammentreffen damit ein denkwürdiges – wenigstens für uns denkwürdiges – Wiedersehen persönlicher Art. Eine alte Dame, nur vier Jahre jünger als er, kam zu Besuch nach Weimar, wo eine ihrer Schwestern verheiratet war, und meldete sich bei ihm an. Es war Charlotte Kestner, geborene Buff, die Lotte von Wetzlar, Werthers Lotte. Sie hatten einander vierundvierzig Jahre nicht gesehen. Sie und ihr Mann hatten damals unter der rücksichtslosen Bloßstellung, die ihre Verhältnisse durch die Werther-Dichtung erfahren, recht sehr gelitten. Jetzt aber, wie die Dinge sich entwickelt hatten, war die gute Frau eher stolz auf ihre Eigenschaft als Modell der Heldin des Jugendwerks eines so groß gewordenen Mannes. Ihr Erscheinen in Weimar erregte ein Aufsehen, das dem alten Herrn keineswegs lieb war.

Seine Exzellenz lud die Frau Hofrat zum Mittagessen ein und behandelte sie mit einer steifen Courtoisie, die sich in dem Briefe spiegelt, den sie über dies Wiedersehen an einen ihrer Söhne schrieb. Es ist ein tragikomisches, menschliches und literarhistorisches Dokument. »Ich habe«, schrieb sie, »die Bekanntschaft eines alten Mannes gemacht, welcher, wenn ich nicht wüßte, daß er Goethe wäre, *und auch dennoch,* keinen angenehmen Eindruck auf mich gemacht hat.«
Ich meine, daß sich auf diese Anekdote eine nachdenkliche Erzählung, ja ein Roman gründen ließe, der über Gefühl und Dichtung, über Würde und Verfall des Alters manches abhandeln und Anlaß geben könnte zu einem eindringlichen Charakterbilde Goethe's, ja des Genies überhaupt. Vielleicht findet sich der Dichter, der es unternimmt.

ÜBER GOETHE'S ›FAUST‹

In den Notizen und Entwürfen zu seiner Autobiographie ›Dichtung und Wahrheit‹ vermerkt Goethe die Erinnerung an ein »Geheimes Archiv wunderlicher Produktionen«, das er als Fünfundzwanzigjähriger unterhalten habe – zu der Zeit, als er darauf sann, seine Verlobung mit Lili Schönemann zu lösen, der Zeit erster Bekanntschaft mit den Grafen Stolberg, die ihn nach Weimar bringen sollten, der Zeit vor der ersten Schweizer Reise.
Die Nachricht von diesem Geheimarchiv, das nicht mehr als ein Bündelchen verschnürter Schreibereien war, überrascht uns nicht, denn die Neigung zur Geheimniskrämerei und zur vorsichtigen Verschwiegenheit über sein dichterisches Tun ist ein durchgehender Zug in Goethe's menschlich-künstlerischem Charakter. Sie hatte mancherlei Gründe. Erstens hielt er grundsätzlich dafür, daß man nie jemandem etwas von dem erzählen dürfe, was man zu schreiben vorhabe, denn in den meisten Fällen werde der voreilig ins Vertrauen Gezogene überhaupt nicht verstehen, was man eigentlich wolle, und einem womöglich von dem Plane abraten – weil eben nur der Künstler, er ganz allein, wisse, welche Reize und Wirkungen er einem Stoff werde abgewinnen können. Dann aber war es eine im Grunde esoterische Auffassung, die Goethe von der Kunst und dem Geistigen überhaupt, je länger desto strenger

und ausgesprochener, hegte, und sie führte ihn dazu, zwischen gesellschaftlicher und geistiger Sphäre weislich zu unterscheiden. Daß alles Hohe und Höchste, ja daß auch die Wahrheit und das letzthin Aufrichtige Sache sehr weniger sei und daß man es dem Durchschnitt schonend vorenthalten müsse, war seine weniger aristokratische als menschenfreundliche Überzeugung. Könnte die Kunst, sagte er ungefähr, immer ganz wahr und aufrichtig sein, so hätte der Künstler gute Tage; er könnte dann rücksichtslos aus sich herausgehen und aller Verwegenheit freien Lauf lassen, die dem Talent eingeboren. So aber muß er sich immer bewußt sein, daß sein Wort in die Hände einer sehr gemischten Menschheit kommt, und sich hüten, »die Mehrzahl guter Menschen« – dies war seine charakteristische Wendung – durch das ihr Ungemäße zu verwirren.

Man ginge sehr fehl, in solchen Äußerungen den Ausdruck des Kompromißlertums und eines Mangels an Radikalismus zu erblicken. Das Kompromißlerische ist ein Produkt der Schlauheit, nicht der Güte. Hier aber handelt es sich um einen Radikalismus, tief genug, um die Güte zu kennen. Eine Menschlichkeit äußert sich, in der das Dämonische und das Urbane, das Unbedingte und das Artige, Genie und Schicklichkeit eine ganz einmalige und großartig-liebenswürdige Mischung eingegangen waren. Niemand fand weniger Lust daran als Goethe, die Menschen oder, was noch gefährlicher ist, die eigene Nation vor den Kopf zu stoßen; auch schweigend, fand er, mache ein höherer Mensch sich Feinde genug, denn sollen diejenigen dich nicht hassen,

Denen das Wesen, das du bist,
Im Grunde ein ewiger Vorwurf ist?

Die Neigung zum Sekretieren war die natürliche Folge dieser Denkungsart. Auch im Alter hütete er literarische Geheimnisse, einen sogenannten »Walpurgissack«, in welchen naive Kühnheiten wie jenes ›Das Tagebuch‹ geheißene Gedicht in Stanzen gehörten, eine erotische Moralität, deren südliche Natürlichkeit er für nicht publikumsfähig zu seinen Lebzeiten erachtete; ferner aber allerlei Epigramme und Diatriben, mit deren Abfassung er sich heimlich schadlos hielt für den Ärger über zeitgenössische Dummheiten und Bösartigkeiten in Kunst, Literatur, Politik und Religion, und die, wenn überhaupt, so jedenfalls erst nach seinem Tode ruchbar werden sollten. Man denkt an Tolstoi, der zu Gorki äußerte: »Die Wahrheit über die Frauen werde ich sagen, wenn ich mit einem Fuß schon im Sarge bin; und dann werde ich rasch den anderen nachziehen und den Deckel zufallen lassen.« –

Um auf das Geheimarchiv des jungen Werther-Dichters zurückzukommen, so lagen da sonderbare und übermütige Dinge beieinander, Gewagtheiten, genialische Befremdlichkeiten, Invektiven und »Dokumente inneren Widerstreits«, auch Kruditäten, die allenfalls vertrauten und zuverlässigen Freunden, sonst aber niemandem, vorzuzeigen waren. Das Material war teils schnurrig, teils großartig, teils aus dem Schnurrig-Übermütigen ins Großartige hinüberspielend. Ein Zug zum Umfassenden, Menschheitlichen ist durchgehend, darin das Persönlichste sich auf eine genialisch saloppe und burschikose Weise mit dem Kosmischen, Göttlichen vermischt. Und größere Stücke, Fragmente weitschauender Kompositionen epischer und dramatischer Form taten sich darunter hervor. Sie hießen ›Hanswursts Hochzeit‹, ›Der ewige Jude‹ und ›Faust‹.

Und ›Faust‹. Es ist merkwürdig zu denken, daß, was zum National- und Weltgedicht emporwachsen, den vielfältigen Gehalt eines langen, gesegneten und hochbemühten Lebens in sich aufnehmen und in der Fülle der Zeiten von dem Zweiundachtzigjährigen vollendet – seiner inneren Unendlichkeit wegen freilich nur notdürftig vollendet – werden sollte, damals unter einem Pappdeckel und Schnürband zusammenlag mit Dingen, denen eine solche Zukunft keineswegs bestimmt war, die im Keime steckenbleiben und als kärgliche Kuriosa höchstens die gelehrte Pietät der Nachwelt beschäftigen sollten, während ihrem glücklicheren Geschwister die mythische Volkstümlichkeit des ›Don Quijote‹, der ›Divina Commedia‹ beschieden war. Und doch waren diese Stiefkinder des geistigen Schicksals mit demselben Entzükken, demselben hoffnungsreichen Furor und ausgelassenen Enthusiasmus empfangen worden wie ihr hochberühmter Bruder. Das Fragment des ›Ewigen Juden‹, sein »Erster Fetzen«, wie der ungebärdige junge Dichter sagt, beginnt mit den Versen:

Um Mitternacht wohl fang ich an,
Spring aus dem Bette wie ein Toller;
Nie war mein Busen seelevoller,
Zu singen den gereisten Mann ...

Der »gereiste Mann«, das ist jener Schuster von Jerusalem, dessen Geschichte sich seinem Sänger schon früh durch die Volksbücher eingedrückt hatte, und der – übrigens in eher wohlmeinender Gesinnung – den unterm Kreuze wankenden Heiland schilt, weswegen ihm die Wanderung durch die Jahrhunderte auferlegt ward, die Goethe episch zu behandeln gedachte, um »an diesem Leitfaden die hervorstechenden Punkte der Religions- und Kirchengeschichte darzustellen«. Ein Plan, wohl wert, seinetwegen um Mitternacht aus dem Bette zu springen; denn von den bildmäßig-fabulösen Gelegenheiten des riesigen Stoffes ganz abgesehen, so stand im Hintergrunde ein religiöses Problem, das dem jungen Dichter damals mehr als irgendein anderes am Herzen lag: das Problem der Erbsünde, die theologische und mehr als theologische Streitfrage, ob das Menschenherz umfassender und hoffnungsloser Verderbtheit anheimgegeben und ausschließlich auf die Gnade angewiesen sei – oder ob, wie die pelagianische Sekte es wollte, soviel Gutes denn doch in ihm lebendig geblieben sei, daß es durch redliches Bemühen und gute Taten der Gnade wenigstens vorzuarbeiten, wenn nicht sie entbehrlich zu machen vermöge. Der junge Goethe nämlich neigte zu dieser zweiten, dem Menschengeschlecht und vor allen Dingen ihm selbst mehr Ehre gebenden Ansicht; die spät geschriebenen Verse:

Wer immer strebend sich bemüht,
Den können wir erlösen,

entsprachen auch seiner früheren Überzeugung schon ebensosehr wie diese anderen, Gott dem Herrn selbst in den Mund gelegten:

Ein guter Mensch in seinem dunklen Drange
Ist sich des rechten Weges wohl bewußt.

Das Wagnis, durch Gottes Mund sich dramatisch-dialektisch vernehmen zu lassen, wird nicht unternommen ohne das Bewußtsein des eigenen vertraulich zuversichtlichen Verhältnisses zur ewigen Güte; und auch im Fragment vom ›Ewigen Juden‹ tritt Gott persönlich auf und plaudert in Sternengefilden mit dem Sohne. Das irdisch Umfassende des Stoffes wird auch hier durch eine treuherzig behandelte Kosmik überhöht und kommentiert – und kurz, der Plan hat etwas außerordentlich Faustisches; derselbe Kopf, man sieht es wohl, der den ›Faust‹ konzipierte, hat ihn entworfen. Aber man schreibt nur *einen* ›Faust‹, und so heißt es denn in der Biographie, dem Dichter habe die Sammlung, habe die Zeit gefehlt, »die nötigen Studien zu machen, um dem Gedicht den Gehalt, den er wünschte, geben zu können«. Als ein paar abgerissene Versgruppen blieb der ›Ewige Jude‹ liegen.

Mangel an Zeit und Sammlung kann nicht der Grund gewesen sein, weshalb auch die zweite pièce de résistance des Geheimen Archivs, die dramatische Farce ›Hanswursts Hochzeit‹ in den Anfängen steckenblieb. Es bedurfte durchaus keiner ausgreifenden Studien zu diesem sonderbaren, nach Anleitung eines älteren deutschen Puppen- und Budenspiels ersonnenen Schwank, und wenn auch er nicht über die Anfänge hinauskam, so muß man annehmen, daß seine derben, wenn auch eigentümlichen Reize sich allzu rasch für den Dichter abnutzten, als daß er sich bemüßigt gesehen hätte, ihn auszuführen. »Ein tolles Fratzenwesen« nannte Goethe ihn später – wobei man sich freilich erinnern mag, daß der Dichter der ›Helena‹ auch der Faust-Tragödie erstem Teil diese Bezeichnung, oder verwandte, verlieh. Ohne Frage trifft sie auf das Hanswurst-Spiel besser zu, denn wirklich handelt es sich dabei um ein Unterfangen von der dreistesten Ausgefallenheit, welches, wie übrigens auch so manche Stelle im ›Ewigen Juden‹, schon aus Anstandsgründen zu sekretieren war. Wer ist Hanswurst? Das Fragment weist Anspielungen auf, die zu der Frage berechtigen, mehr noch: die sie beantworten. Angeblich ist er ein reicher, elternloser Bauernsohn, der, soeben mündig geworden, das Mädchen Ursel Blandine heiraten will. Sein Vormund Kilian Brustfleck und Ursel, des Mädchens Mutter, sind es zufrieden, und es wäre da gar kein Hindernis, eine Handlung in Gang zu bringen, nur daß das Verlangen der jungen Leute, sich zu besitzen, durch die Anstalten zur Hochzeit und die damit verbundenen Umständlichkeiten lächerlich hingehalten wird. Die in den unverblümtesten Ausdrücken dabei an den Tag gelegte Ungeduld des Bräutigams Hanswurst ist das eigentliche dramatische Hauptmotiv. Noch einmal, wer ist er? Er nennt sich »einen Jüngling, der Welt bekannt, von Salz- bis Petersburg genannt, von so vorzüglich edlen Gaben, – was muß der eine Gattin haben!« Kurzum, dieser Hanswurst spricht, als habe er den ›Werther‹ geschrieben und sei irritiert durch die Vorstellung, daß die Gesellschaft mit dem Problem beschäftigt sei, wie man einen solchen Jüngling würdig vermähle. Sein Vormund sagt zu ihm: »Die Welt nimmt an Euch unendlich teil, nur seid nicht grob, wie die Genies sonst pflegen...« Man hat noch nie gehört, daß der brave Hanswurst vom Jahrmarkt ein Genie sei; hier aber ist er es, und zu der Welt stellt er sich unflätig-störrisch. Er will nichts wissen von den Hochzeitsumständlichkeiten, zu denen alles ins Haus kommt, »was die deutsche Welt an großen Namen nur enthält«, sondern will einfach mit seiner Ursel auf den Heuboden. Was sind das übrigens für große Namen? Es sind lauter deutsch-herkömmliche Schimpf- und Ekelnamen der derbsten Art, von denen Goethe sich zum Gebrauch eine erstaunlich kundige und erschöpfende Liste angelegt, auf welcher nicht nur so Gewöhnliches figuriert wie Vetter Schuft, Herr Schurk und Hans Hasenfuß, sondern auch solche Perlen wie Schnuckfözgen, Peter Sauschwanz, Scheismaz, Schweinpelz, Lauszippel, Rotzlöffel, Jgfr. Rabenas, die Herren Hosenscheißer und Heularsch und so in unendlicher Reihe fort. Das ist die Sozietät, die Hanswurstens Genie so sehr bewundert, und die noch so viel von ihm erwartet. Dank seiner Grobheit, sagt man ihm, gehe so viel an ihm verloren. »Zu wieviel Großem wart Ihr nicht geboren, was hofft man nicht, was Ihr noch leisten sollt!« Man ermahnt ihn, sich doch nur ein bißchen sittlich zu stellen, dann könne er unterderhand ja alles tun, was er wolle, denn die Welt ertrage zwar kein leicht unfertig Wort, sei aber gar nicht beleidigt, wenn einer im stillen das Niedrigste tue. Für diese Ordnung aber ist Hanswurst nicht zu haben, soviel Schönes man auch von ihm erwartet: »Mir ist ja alles recht, nur laßt mich ungeschoren...« Mit einem Worte: ein kraftgenialischer Possen-Titanismus herrscht in dem sonderbaren Erzeugnis, der nur

eine andere, rüpelhafte Seite und Wendung der unendlichen Unzufriedenheit ist, welche das Faust-Gedicht speiste.
Ich erzähle Ihnen von diesen fast unbekannten Kuriositäten, um Sie ihre Familienähnlichkeit mit der vom Schicksal so hoch begünstigten Dichtung spüren zu lassen, die, in demselben Boden wurzelnd und ursprünglich ihresgleichen, zwischen ihnen emporwuchs. Die Herkunft aus dem Volksbuch, dem Puppenspiel ist allen diesen Produkten gemeinsam und damit ein Grundzug populärer Treuherzigkeit, der, historisch gesehen, eine literarische Geschmacksrichtung und Modestimmung war, aber dem persönlichen Charakter, dem tiefsten Wesen dieses jungen Autors besonders entsprach. Es gibt Eigenschaften, denen man es auf den unteren Stufen ihrer Erscheinung nicht anmerkt, daß sie durch Steigerung zum Genie, zur Größe werden können. Eine ins Geniale gesteigerte Treuherzigkeit kann vielleicht als die beste Bestimmung von Goethe's besonderer Größe gelten. Kein Wunder, daß er früh ihre Sprache überzeugender und wohllautender zu sprechen wußte als seine Gesellen. In der ursprünglichen Fassung des ›Faust‹ heißt es:

Doch werdet ihr nie Herz zu Herzen schaffen,
Wenn es euch nicht von Herzen geht ...
Was Vortrag! Das ist gut im Puppenspiel.
Mein Herr Magister, hab er Krafft!
Sey er kein schellenlauter Thor!
Und Freundschaft, Liebe, Brüderschafft,
Trägt die sich nicht von selber vor?
Und wenn's Euch Ernst ist, was zu sagen,
Ist's nöthig, Worten nachzujagen?

Das war einem ganzen jungen Dichtergeschlecht aus dem Herzen gesprochen. »Schon früher und wiederholt auf die *Natur* gewiesen«, berichtet Goethe, »wollten wir daher nichts gelten lassen als Wahrheit und Aufrichtigkeit des Gefühls und den raschen, derben Ausdruck desselben.« So war es Hans Sachs und seine schlichte Meisterlichkeit, sein didaktischer Realismus, sein Rhythmus und williger Reim, der diesen jungen Leuten zum ehrwürdigen Vorbild diente. Goethe ist dieser Liebe und Nachfolgeschaft niemals untreu geworden. Ein Teil seiner Natur, nicht der klassisch-europäische, aber

der kerndeutsch-protestantisch-volkstümliche, stand immer in Wesensfühlung mit des Nürnbergers Geist und Form; noch die ›Sprüche in Reimen‹ zeugen davon. Wie aber dieser bestechende Tonfall dem fünfundzwanzigjährigen Goethe im Blute saß, zeigt manche fast kindlich dicht angelehnte Stelle im ›Faust‹ und seinen dichterischen Geschwistern, wie der kleine Monolog der Frau Marthe: »Gott verzeih's meinem lieben Mann – Er hat an mir nicht wohlgethan!«, der ganz der Rede der »Pewrin« im ›Farendt Schüler im Paradeiß‹ nachgesprochen ist: »Ach wie manchen Seufftzer ich senk, wenn ich vergangener Zeit gedenk, da noch lebet mein erster Mann, den ich ye lenger lieb gewann ...«
Aber die Stilkritiker unter Ihnen wird ein anderer Monolog noch mehr amüsieren: derjenige, den Kilian Brustfleck als Auftakt zu ›Hanswursts Hochzeit‹ spricht. Er fängt an:

Hab ich endlich mit vielem Fleiß,
Manchem moralisch-politischem Schweiß
Meinen Mündel Hans Wurst erzogen ...

Das ist der Anfang des ›Faust‹:

Hab nun ach die Philosophey,
Medizin und Juristerey,
Und leider auch die Theologie
Durchaus studiert mit heißer Müh ...

Wie merkwürdig, das rasch liegengelassene Schimpf- und Rüpelspiel in demselben vertrauten Tonfall anheben zu hören wie das zukünftige Weltgedicht! Im ›Ewigen Juden‹ heißt es:

Es waren, die den Vater auch gekannt –
Wo sind denn die? ›Eh, man hat sie verbrannt ...‹

Wer den ›Faust‹ im Ohr hat, hört sofort:

Die wenigen, die was davon erkannt,
Die thöricht gnug ihr volles Herz nicht wahrten,
Dem Pöbel ihr Gefühl, ihr Schauen offenbarten,
Hat man von je gekreuzigt und verbrannt ...

Das eine klingt wie eine versuchende Vorübung zum andern. Oder nehmen Sie ein paar weitere Verse aus dem Wanderungs-Fragment:

Genug, er war Original,
Und aus Originalität
Er andern Narren gleichen thät.

Das Epigramm könnte ebensogut im ›Faust‹ stehen. Und nebenbei zeigt es die satirische Unabhängigkeit des jungen Autors, der durch ›Götz‹ und ›Werther‹ an die Spitze der Genie-Bewegung gelangt war, sich aber hier über die Originalitätsprotzerei dieser Schule ebenso lustig macht wie, etwa in der Figur des Famulus Wagner, über die Aufklärung.
Ich wäre nicht verlegen um weitere Beispiele für sprachliche Zusammenhänge; aber es versteht sich, daß die Schicksalsgunst, die dem ›Faust‹ vor seinen minder glücklichen Archiv-Geschwistern zuteil wurde, sich vor allem auch auf die Sprache erstreckt. In ihm, dem als zweiteiligem Ganzen bestimmt war, zum größten und vielfältigsten Sprachwerk deutscher Zunge zu werden, hat der Tonfall, der in den gleichzeitigen Fragmenten Versuch und primitive Übung geblieben ist, eine wundervolle Erfüllung, Läuterung und vom Höheren zum Höchsten steigende Entfaltung erfahren. Der Vers, oft knittelmäßig nur auf den Reim gestellt, oft in ebenmäßigen Rhythmen gehend, jambisch, wechselnd lang, drei- bis sechsfüßig, mit beliebiger Reimstellung, dieser Faust-Vers, zwanglos und schlagend, elegant und treuherzig, witzig und gefühlvoll, unbeschreiblich glücklich, klar, flüssig, mundgerecht und ohrenfällig, so daß man bei seinem Klange an Goethe's eigenes Wort denken muß: »Letzte Wirkung der Kunst ist Gefühl der Anmut«, er hat mit seinen leicht und innig alles Menschliche anrührenden und aussprechenden Sentenzen, melodischen Lyrismen und endgültigen Prägungen nicht wenig zu der ungeheueren Popularität beigetragen, die das Stück in deutschen Landen gewann. Nicht lange, und unser Bürgertum konnte den ›Faust‹ auswendig. Ja, wie die Bilder der Handlung, die von Anfang an bildende Künstler, deutsche und ausländische, zur Wiedergabe reizten, sich der Volksphantasie – man kann wohl sagen: der Phantasie der Menschheit – eingeprägt haben, so besteht geradezu,

für das deutsche Ohr, der Text aus geflügelten Worten, so daß ich selbst im Theater ein unbelehrtes Gemüt habe äußern hören: »Der hat es sich leicht gemacht. Er dichtet ja in lauter Zitaten.«

Der ›Faust‹ ist eine Konzeption von Goethe's Straßburger Zeit, als er sich, unter Herders Einfluß, von der Anakreontik, dem Franzosentum, dem trockenen Regelgeist der Aufklärung frei machte und vor allem als Lyriker zu der nie erklungenen Sprache von ›Willkomm und Abschied‹ vorstieß, diesem jugendherrlichen

> Es schlug mein Herz, geschwind zu Pferde,
> Und fort! wild, wie ein Held zur Schlacht!
> Der Abend wiegte schon die Erde,
> Und an den Bergen hing die Nacht...

Man macht sich heute kaum einen Begriff von dem ungeheuren Aufsehen, dem Seelenjubel, den diese revolutionierenden Rhythmen in den Herzen eines nach Natur und befreitem Gefühle durstenden Geschlechtes hervorriefen. Und ähnlich war die Wirkung des ›Faust‹, wie er wenig später, um das Jahr 1775, nach und nach vertrauten Freunden bekannt wurde. Merck schreibt an Nicolai: »Ich erstaune, so oft ich ein neu Stück zu Fausten zu sehn bekomme, wie der Kerl zusehends wächst und Dinge macht, die ohne den großen Glauben an sich selbst und den damit verbundenen Mutwillen ohnmöglich wären.« Das ist sehr hübsch und richtig gesehen und gesagt; aber der Glaube an sich selbst wie der Mutwille, beides natürliche Erzeugnisse eines durch den Werther-Roman bei so jungen Jahren über Nacht gekommenen Ruhmes, waren rein künstlerischer Art; im Menschlichen des kühnen jungen Autors sah es höchst verworren, gedrückt, schuldbewußt und anklagevoll aus: die Gewissenswunde schwärte, die die denkwürdige Untreue an Friederike Brion, der elsässischen Pfarrerstochter, seinem Gemüt geschlagen, und der ›Faust‹ ist das Produkt eines keck aufschießenden Talentes zusammen mit dem Bewußtsein sehr schlechten menschlichen Benehmens.

Clavigo, Weislingen im ›Götz‹ und Faust sind die drei Figuren, durch die Goethe für seinen Liebesverrat dichterisch Buße tat, indem er ihn doch auch wieder dramatisch-dialektisch verteidigte. Man denke nur an die meisterhaften und in ihrer Art unwidersprechlichen Reden, mit denen Carlos den Clavigo von der Notwendigkeit überzeugt, Marien Beaumarchais zu verlassen. Clavigo und Carlos sind ein und dieselbe Person in dichterischer Rollenverteilung, ebenso wie Tasso und Antonio, Faust und Mephistopheles dialektische Auseinanderlegungen der Dichterpersönlichkeit sind; und immer handelt es sich um die harte, die selbstdisziplinäre Zucht, in welche das Gefühl sich vom reifen Verstande, das Genie sich vom kühlen Weltsinne nehmen läßt. Andererseits ist dieser weltlich nüchterne und harte Weltsinn der Freund, der liebend ehrgeizige Beschützer des Genies gegen sich selbst, sein kluger Mentor, der verhüten will, daß es sich nicht um bloßer Treue willen durch eine herabsetzende Heirat verplempere; und im Falle des ›Faust‹ leuchtet ein, daß jener Zug der Fabel, daß dem Magier durch seinen Pakt mit dem Teufel – mit dem Genie – die Ehe verboten ist, das erste war, was Friederikens ungetreuen Liebsten an den Stoff fesselte: hier setzte sein arbeitender, zugleich nach Selbstbestrafung und Selbstverherrlichung trachtender Geist ein und machte aus dem äußerlichen Motiv der Überlieferung den Titanismus des »Flüchtlings und Unbehausten«, des »Unmenschen ohne Zweck und Ruh«, des Gottverhaßten, dessen dem Abgrund entgegenwütende Dämonie nur zerstören kann:

Sie, ihren Frieden mußt' ich untergraben!
Du, Hölle, mußtest dieses Opfer haben!

Ecce poeta! Es war eine ziemlich gewaltsame Stilisierung, die Goethe seinem Wesen da zuteil werden ließ, um einer schlimmen Sache einen großen Anstrich zu geben, – denn er war nie ein Gottverhaßter noch ein Zerstörer, und als Strafgericht über seinen Charakter als Liebhaber ist Clavigo zweifellos eine aufrichtigere Figur als Faust. Aber im Falle des Dichters stehen Selbsttäuschung und Wahrheit in einem weit weniger opponierten Verhältnis zueinander als sonst. Was ein Dichter sich zu geben, was er aus sich zu machen weiß, das ist sein, das ist er selbst, und in dem homerischen: »Viel ja lügen die Dichter« hat das Wort »lügen« einen anderen, gewaltigeren Sinn als im gemeinen Leben. –

Nach Erfindung der Buchdruckerkunst im 15. Jahrhundert war der Stoffhunger groß für den neuen, so breite populäre Möglichkeiten bietenden Apparat. Das müßigste Zeug war eben recht, die sensationelle junge Technik zu speisen, und um nur zu produzieren, machte der Drucker oft selbst den Verfasser. So ist das älteste Faust-Buch, vom Jahre 1587, wahrscheinlich vom Buchdrucker Spies in Frankfurt selbst kompiliert. Es waren darin die im Volksmunde umgehenden Zaubergeschichten zusammengetragen, die sich um die Gestalt des Dr. Johannes Faust gruppierten, eines Scharlatans, der fünfzig Jahre früher gelebt hatte und für die Volksphantasie zum Inbegriff des Teufelsbeschwörers geworden war. Wie es scheint, hat er Georg Helmstätter geheißen, nannte sich aber hochtrabenderweise »Sabellicus« und später, aus einem bestimmten Grunde, »Faustus«. Von seinem Vorleben, seiner alchymistisch-ärztlich-pfuscherischen Herkunft, seinem Vater, dem »dunklen Ehrenmann«, läßt Goethe seinen Faust auf dem Osterspaziergang in besonders glänzenden Versen einiges sehr Charakteristisch-Wahrscheinliche eröffnen.

Der Grund, weswegen ich Ihnen von dem alten Buch erzähle, ist der, daß ein Kapitel darin hervorsticht, das der Buchdrukker irgendwo abgeschrieben hat und das von *Helena* handelt. Die Studenten des Dr. Faustus haben es gut: der Meister führt ihnen beschwörungsweise das schönste Weib der Welt vor, verliebt sich dabei aber selber in sie und fordert sie von seinem dienenden Teufel – er heißt schon Mephistopheles – zur Bettgenossin. Die Schilderung ihrer berühmten oder berüchtigten Person ist zärtlich, aber etwas konventionell; die Trojanerdichtungen verschiedener Völker müssen dabei behilflich sein, und die Schönheitsmerkmale des europäischen Frauenideals, wie Byzantiner, Troubadours, die mittelalterlichen Dichter sie gefeiert, werden mechanisch-enthusiastisch auf sie versammelt.

Die erotische Konfrontierung des Scharlatans aus dem 16. Jahrhundert mit der königlichen Hetäre des griechischen Altertums ist im Grunde auffällig. Die Wurzeln der Kombination reichen aber tief hinab in die Zeit, und die Vereinigung Faust-Helena ist eines jener Phantasie-Motive, die einen Zeitraum von zweitausend Jahren als intime menschliche Einheit empfinden lassen. Der Ausgang des Altertums, die Zeit des

Kampfes zwischen Antike und Christentum muß nach ihrer Geistesverfassung der Reformationszeit sehr verwandt gewesen sein. Auch sie war eine Zeit der Schwärmerei und seelischen Konfusion, in der Gaukler, Sektierer, religiöse Hochstapler, Betrüger und Selbstbetrüger gute Tage hatten. Einer davon hieß Simon; er stammte aus Samaria und wird in der Apostelgeschichte erwähnt, wo er skandalöserweise dem Petrus Geld anbietet, um sich die Gabe des Heiligen Geistes zu kaufen. Überhaupt war es ein Skandal mit diesem Simon. Die Kirchenväter verabscheuten ihn, weil er eine ketzerische Sekte, die Simonianer, gründete, sich dreist als Gottheit ausgab und dabei auch noch eine Frauensperson mit sich führte, die früher einfach eine öffentliche Dirne gewesen war, von ihrem Herrn und Komplizen nun aber als das weltersehnte weibliche Wesen, die zweite oberste Gottheit angepriesen wurde. Er nannte sie Helena.

Das war echte mythische Scharlatanerie. In dem Kopf des Abenteurers ging der Name Helena mit dem der Selene durcheinander, der Mond- und Muttergöttin, der Astarte, der großen Mutter-Buhle, – ein absichtsvoller erotisch-erlöserischer Anklang, dessen populäre Wirkung wir Heutigen, die wir wieder in eine Epoche mythischer Hochstapelei eingetreten sind, uns viel besser vorstellen können, als zwischenein über die Erde gegangene, vernunftsgebundenere Geschlechter. – Simon und seine Helena aber also wurden zu einem der ganzen Frühchristenheit bekannten Gauklerpaar, und von Suetonius erfährt man, daß der Mann vor Kaiser Nero einen Flugversuch, den ersten in aller Geschichte, angestellt habe und dabei verunglückt sei. Das Fliegen – da haben wir ein uraltes Hauptmotiv aller Hexerei und Teufelsverschworenheit, einen frühesten Sehnsuchtstraum der Menschheit, dessen Erfüllung sie, solange die wirkliche in weitem Felde lag, der Zauberei übertrug. Die herrliche Stelle im Osterspaziergang, wo Faust zu Wagner vom Glück des Fluges spricht, zeugt von der innigen Vermählung des Dichters mit seinem magischen Stoff.

> Ach! zu des Geistes Flügeln wird so leicht
> Kein körperlicher Flügel sich gesellen.
> Doch ist es jedem eingeboren,
> Daß sein Gefühl hinauf und vorwärts dringt,

Wenn über uns, im blauen Raum verloren,
Ihr schmetternd Lied die Lerche singt;
Wenn über schroffen Fichtenhöhen
Der Adler ausgebreitet schwebt,
Und über Flächen, über Seen
Der Kranich nach der Heimat strebt.

Der Traum ist erfüllt – wie Menschenträume erfüllt zu werden pflegen. Die knatternde Maschine hat ihn ernüchternd wahr gemacht. Das Erlebnis ist kühl und mechanisch; man liest die Zeitung im göttergleichen Lauf, und wenn aus ingeniöser Höhe die Brandbomben auf Menschenstädte niedergehen, so behält Wagner, der trockene Schleicher, recht, der Faustens Begierde ablehnt und spricht:

Wie anders tragen uns die Geistesfreuden
Von Buch zu Buch, von Blatt zu Blatt!

Simon, der Samariter, um auf ihn zurückzukommen, lebte fort in einem Roman der frühchristlichen Zeit, betitelt ›Recognationes‹, worin er, auch »Magus« genannt, mit seiner anrüchigen Gefährtin eine aufregende Rolle spielte, und alle Gaukelkünste, einschließlich des Fluges, vollführte, die seitdem zu stehenden Ingredienzien der Zauber- und Teufelsliteratur geworden sind. Der Roman aber erzählt, daß Simon auf der Flucht mit Helena den Namen »Faustus« annahm.
Fünfzig Generationen später war Georg Helmstätter an der Reihe, auf Erden Humbug zu treiben, und kam nach Basel, wo er bei Humanisten und Theologen seine marktschreierische Visitenkarte abgab. Damals, im Jahre 1526, waren dort die alten ›Recognationes‹ neu herausgegeben worden, und die Sympathie der Zeiten erwies sich darin, daß der antike Schmöker zu einem Modebuch von vielen Auflagen wurde. Helmstätter las ihn, und flugs gab er sich für den unmittelbaren Nachfolger des Magus aus, nannte sich nun auf seiner Karte »Magus II., Faustus junior« und legte sich der Ordnung und Stimmigkeit wegen auch eine Begleiterin namens Helena zu. Man sieht, wie nahe jene Zeiten dem Mythus waren und wie wohl sie sich auf ihn verstanden, wenn er auch längst schon den Charakter der Scharlatanerie angenommen hatte. Es handelte sich bei der Rolle, die der Gaukler spielte,

eigentlich nicht um Nachfolge, Sukzession, sondern um Identität, mythische Wiederkehr, Reinkarnation, die Aufhebung der Individualität im Typus. Helmstätter-Faustus trieb sein sinnig-verblendendes Spiel noch elf Jahre; dann starb er; und fünfzig Jahre danach ward im Gedenken an ihn zu Frankfurt das volkstümliche Faust-Buch zusammengeschrieben.

So kam es, daß Helena, die antike Sagenkönigin, mit dem Zauber-Doktor des 16. Jahrhunderts untrennbar verbunden blieb. Auch Goethe hatte ursprünglich nichts anderes vor, als Helena sogleich mit seinem Faust zusammenzubringen; aber das Autobiographische siegte vorläufig über die Legende: in Frankfurt hatte es ein früh geliebtes Gretchen gegeben, im Elsaß gab es eine häßlich verlassene Friederike, und diese beiden blutvollen Erinnerungen drängten den antiken Schatten so weit zurück, daß die süß-schmerzliche Gretchen-Geschichte den ganzen ersten Teil der Faustdichtung beherrscht. Sie drängten ihn zurück, sage ich, aber nicht ganz und auch in bezug auf der Tragödie ersten Teil nicht ganz. Faust und Gretchen sind dank Goethe's populärem Genie zu einem der berühmtesten Liebespaare geworden; sie sind der Menschheitsphantasie ein so fester Besitz wie Romeo und Julia, Hero und Leander, Petrarca und Laura, Paolo und Francesca, Abälard und Heloise und wie Goethe's eigene Werther und Lotte. Aber es ist ein Liebespaar mit auswechselbarem weiblichem Teil: Faust-Gretchen, Faust-Helena, das geht aufs sonderbarste durcheinander, – nicht allein vermöge des herrlichen Helena-Spieles im zweiten Teil, das in seiner späten, hochartistischen Art ebenso genial ist wie die unschätzbaren Gretchen-Szenen des ersten; sondern in diesem selbst gibt es träumerische Verwechslungen, und zwar schon in der in Rom gedichteten ›Hexenküche‹, wo Faust, vor Einnahme des Verjüngungstrankes, im Zauberspiegel *das Weib* in allen Prächten seiner höchsten Schönheit erblickt und, hingerissen, »an diesem hingestreckten Leibe« den Inbegriff von allen Himmeln findet. Wen sieht er? Keine bestimmte Frau offenbar, sondern ein Wunsch- und Idealbild sinnlicher Schönheit, »das Muster aller Frauen«, wie Mephisto sich ausdrückt, indem er ihm verspricht, er solle dies Muster nun bald leibhaftig vor sich sehen. Wen er aber bald sehen soll, das ist nicht Helena, sondern das liebe Gretchen, –

für welche »das Muster aller Frauen« doch zweifellos eine zu hoch gegriffene Bezeichnung ist. Wenn gleichwohl Faust dergleichen in ihr erblickt, so sind dafür des Teufels Verse die einzige Erklärung:

Du siehst, mit diesem Trank im Leibe,
Bald Helenen in jedem Weibe.

Helenen – da klingt der antike Name zum ersten Male vorwegnehmend auf als Symbol weiblicher Schönheit und Wonne überhaupt, die zunächst die schlicht-süße, bürgerlich-deutsche Gestalt Gretchens annehmen werden. Aber Goethe zeigt sich merkwürdigerweise bei der entzückten Beschreibung, die Faust nach der ersten Begegnung von Gretchen macht, an die Schilderung gebunden, die das alte Faust-Buch von Helena gibt.

Beim Himmel, dieses Kind ist schön!
So etwas hab' ich nie gesehn.

ruft der Faust des Gedichtes.

Der Lippe Rot, der Wange Licht,
Die Tage der Welt vergess' ich's nicht!

Im Faustbuch aber heißt es von Helena: »Ire Leffzen rot wie Kirschen, rote Bäcklin wie ein Rößlin«, und ist der Königin ein »überaus schön gleißend Angesicht« zugeschrieben, wovon die eigentümliche Goethe'sche Wendung »der Wange Licht« deutlich abhängig ist. »Etwas schnippisch doch zugleich« ist Gretchen in ihrer Sittsamkeit, und

Wie sie kurz angebunden war,
Das ist nun zum Entzücken gar!

Ich möchte wetten, daß das eine ins Lieblichere gewandelte Erinnerung an das »gar freche und bübische Gesicht« ist, das der Helena im Buche zugeschrieben wird.
Kurz, Gretchen trägt halb verwischte Helena-Züge; sie war ursprünglich Helena, sie ist es ein wenig geblieben; aber freilich ist bei der Verwandlung der liederlichen Sagenschön-

heit in das lieblich unselige Töchterchen der Pfandleiherin ein unendlich lebensvolleres Frauenbild zustande gekommen, als dem jungen Dichter hätte gelingen können, wenn er schon damals der Legende gefolgt wäre, statt aus eigenem zu geben. »Bewundert viel und viel gescholten« – Helena wird im zweiten Teil der Tragödie nach Vorschrift erscheinen. Aber ihre phantasmagorische Gestalt hat nicht entfernt die tiefe Lebens- und Gefühlswichtigkeit für das Gesamtgedicht wie das Gretchen-Erlebnis; sie bleibt episodisch. Da Faust seinen magischen geist- und kunstbeladenen Traum mit ihr ausgeträumt, entschwindet sie rein aus seinem Gedächtnis, und Gretchen, una poenitentium, ist es, die in der Fülle der Zeiten zum Mittel wird, das Ende von Faustens Leben und Gedicht an den Anfang zu knüpfen:

Neige, neige,
Du Ohnegleiche,
Du Strahlenreiche,
Dein Antlitz gnädig meinem Glück!
Der früh Geliebte,
Nicht mehr Getrübte,
Er kommt zurück.

In diesen Versen mit ihrem Parallelismus zu denen der frühen Tage:

Ach neige,
Du Schmerzenreiche,

schließt sich ein ungeheuerer Ring; ein Dichterleben, so reich und vielfältig, daß die Gefahr der Verzettelung es immer bedrohte, behauptet darin seine erinnerungsstarke Einheit. ›Faust‹ ist das repräsentative Produkt, das Symbolwerk dieses Lebens. Goethe selbst hat davon gesagt:

Der Menschen Leben ist ein ähnliches Gedicht:
Es hat wohl einen Anfang, hat ein Ende,
Allein ein Ganzes ist es nicht.

Es ist rührend zu sehen, wie sein alter und später Geist in die Jugend von Leben und Werk zurückgreift, um dem Fragmentarischen und Unvollendbaren die Einheit zu geben, nach der er im tiefsten trachtete. »Das ist der glücklichste Mensch«, sagt er, »der das Ende seines Lebens mit dem Anfang in Verbindung setzen kann.«

Mit besonderem Vergnügen spricht man zu jungen Menschen, zu Studenten von Goethe's großem Gedicht, denn es gehört ihrem Alter an, es ist die Konzeption von ihresgleichen, ursprünglich nichts anderes als ein geniales Studentenstück, worin der Autor Fakultäten und Professoren durch die Hechel zieht und sich einen Hauptspaß daraus macht, in der Rolle des verkleideten Teufels bei einem jungen Fuchs und Neuling im akademischen Leben, einem angehenden Logiergast der Frau Spritzbierlein, den gewitzten Mentor zu machen. Ein zeitgenössischer Kritiker, Pustkuchen hieß der Mann, schrieb ärgerlich: »Zwar ist die Critik alles menschlichen Wissens, die Faust ausspricht, nicht sowohl die eines Mannes, der wie Alexander in Indien an den Grenzen steht und nach dem Unmöglichen langt, als die eines Studenten, der über seine Professoren spaßt, indeß that sie den Bedürfnissen der Meisten ein Genüge.« Und der hochbedürftige Beurteiler fügt hinzu: »Im Fortgange aber schlug die Behandlung den Weg aller Goetheschen Poesie ein. Der ungeheuere Frevler, der... als ein Riesengeist selbst den Teufel an wilder Kraft überbot, dieser furchtbare Mensch... war bei unserm Dichter ein Held wie alle seine Helden. Ein Liebeshandel wird angesponnen, wie es tausend giebt... ein gutmütiges, aber beschränktes Bürgermädchen nach der Weise des Klärchen im Egmont...«

So ist es, der Mann hat auf seine gutmütige, aber beschränkte Art vollkommen recht gegen eine dichterische Realität, die ihm als allzu persönliche Verkleinerung und Intimisierung eines großen Stoffes erscheinen muß. Die Kritik ist immer der Anwalt des Stoffes gegen den Dichter, der ihn keckerweise als Mittel und Vorwand für seine persönlichen Zwecke behandelt. Was aber solche Kritik unbemerkt läßt, ist das denkwürdige Phänomen, daß im ›Faust‹ der Genius studentischer Jugend die Repräsentanz der Menschheit an sich reißt und daß eine Welt, die abendländische, diese Repräsentanz angenommen, den Symbolwert der Faust-Gestalt für ihr tiefstes Wesen erkannt hat. Der Jugend geschieht große Ehre durch dieses Stück und die

Größe, zu der es emporwuchs. In seiner Ungebändigtheit, Unbedingtheit, seiner Revolte, seinem Haß auf Grenzen, auf Ruhe und Behagen, seiner Sehnsucht und Himmelsstürmerei ist es ganz Ausdruck dessen, was das gemäßigte und beruhigte Alter jugendliche Unreife nennt. Kraft des Genies aber wird diese Unreife menschlich beispielhaft; der Jüngling steht für den Menschen selbst, und was jugendlicher Sturm und Drang, Studenten-Titanismus war, wird zum alterslos gültigen Typus.

Es ist freilich, der Maske nach, kein Jüngling, sondern ein stark angejahrter Magister und Doktor, den wir zuerst am Pult im dumpfen Gewölbe vor uns sehen. Da die Sudelköcherei der Hexenküche ihm dreißig Jahre vom Halse schaffen soll, und da er, als er Gretchen anspricht, etwa als Dreißigjähriger erscheint, so muß er zu Anfang des Stückes seine runden sechzig haben, und so pflegt er auf dem Theater auch auszusehen. Von diesem Sechziger aber sagt Mephistopheles zum Herrn:

> Fürwahr! er dient Euch auf besondre Weise.
> Nicht irdisch ist des Thoren Trank noch Speise.
> Ihn treibt die Gärung in die Ferne,
> Er ist sich seiner Tollheit halb bewußt;
> Vom Himmel fordert er die schönsten Sterne
> Und von der Erde jede höchste Lust,
> Und alle Näh' und alle Ferne
> Befriedigt nicht die tiefbewegte Brust.

Das sind natürlich nicht Worte, die auf einen Menschen an der Schwelle des Greisenalters passen. Goethe verlegt seinen Jugenddrang in einen Mann des Alters, in welchem er selber die ›Wahlverwandtschaften‹ schreiben wird. Sein Faust ist als Sorgenkind der Gottheit und Gegenstand der Eroberungsgelüste der Finsternis – der Mensch selbst; aber der junge Dichter, der mit Leichtigkeit diese kosmische Figur entwarf, gab ihr die eigenen Züge, den Charakter des Jünglings, und so wurde der Jüngling zum Menschen, der Mensch zum Jüngling.

Es ist hier aber ein Jüngling am Werke, der kritischen Abstand anstrebt und besitzt von seinem eigenen Jünglingstum, dem ungebändigten Freiheitsstreben, dem übermenschlichen Drange, der Forderung des Unbedingten – Abstand, das heißt Ironie; und diese Ironie ist ihm ebenso lieb, verlangt auch ebenso stark nach dichterischem Ausdruck wie seine grenzenlose Sehnsucht. Sie ist seine zweite Seele, – wie er denn Faust von den »zwei Seelen« in seiner Brust sprechen läßt: der derben Liebeslust, der klammernden Sinnlichkeit und der Sehnsucht ins Reine, Geistige. Ebensogut könnte er die Zweiheit von Enthusiasmus und Ironie mit jenem »Ach!« beklagen, das halb geheuchelt ist, da er gut genug weiß, daß die Zweiheit der Mutterboden und das Geheimnis schöpferischer Fruchtbarkeit ist. Enthusiasmus, das heißt Gotterfülltheit, – und was ist also die Ironie? Der Faust-Dichter ist Jüngling genug, im Unbedingtheitsdrang das Göttliche im Menschen und in der Ironie das Teuflische zu sehen. Aber diese Teufelei steht mit dem Göttlichen auf einem gar nicht so schlechten Fuße. Der Herr sagt von ihr:

> Ich habe deinesgleichen nie gehaßt.
> Von allen Geistern, die verneinen,
> Ist mir der Schalk am wenigsten zur Last.

Es ist eine humoristisch-witzige, von Gott wohlwollend anerkannte Teufelei, bitter-nüchterner Weltsinn, ungeschickt zum Pathos der Engel, aber nicht ohne Mitleid mit der wirklichen, gemeinen Menschennot (»Die Menschen dauern mich in ihren Jammertagen«) – die selbstüberlegene Verspottung des Jünglings-Enthusiasmus, die dichterische Fiktion und wissende Vorwegnahme der Reife und Erfahrung. Schwärmerei und Weltsinn – diesen Gegensatz, diese »zwei Seelen« projiziert Goethe mit Vorliebe ins Dramatisch-Objektive. Wie er sich etwas später in Tasso und Antonio teilt, so teilt er sich schon hier auf großartige Weise in Faust und Mephistopheles. Mephistopheles ist die ironische Selbstkorrektur von Goethe's Jugend-Titanismus.
Es ist die genialste, einprägsamste und lebendigste Teufelsfigur aller Dichtung, ohne Klopstock'sches und Milton'sches Pathos, aber so intim, lustig-persönlich, zugleich scharf und wandelbar-reich charakterisiert, daß sie trotz ihrem Geist, ja ihrer Selbstaufhebung durch Ironie, die populärste geworden ist, sich die Volksphantasie, man kann sagen: die Imagination

der Menschheit auf immer erobert hat. Der Name stammt aus dem alten Faust-Buch und aus der Dämonenlehre. Hat er mit »mefitisch«, schweflicht, verpestend zu tun? Der Anklang ist jedenfalls willkommen, denn es handelt sich um einen unsaubren Burschen, unsauber im großen Stil und humoristisch gestimmt in seiner Unsauberkeit und durch sie. Er ist der »Herr« des Ungeziefers, der Ratten, Mäuse, Fliegen, Frösche, Wanzen und Läuse. Aber diese Vorstandschaft und Sympathie mit dem unappetitlichen Teil der Schöpfung ist nur ein Ausdruck seiner Verneinung der Schöpfung und des Lebens überhaupt, seines Nihilismus.
Er sagt es direkt, und seine Selbstdefinition ist sprichwörtlich geworden:

Ich bin der Geist, der stets verneint!
Und das mit Recht; denn alles, was entsteht,
Ist wert, daß es zu Grunde geht;
Drum besser wär's, daß nichts entstünde.

Und viel später, in der Tragödie zweitem Teil, bei Faustens Tod, zuckt er höhnisch die Achseln über das Wort »Vorbei«, verspottet diesen Seufzer des zeitlichen Lebens über die Vergänglichkeit.

Vorbei! ein dummes Wort.
Warum vorbei?
Vorbei und reines Nicht, vollkommnes Einerlei!
Was soll uns denn das ew'ge Schaffen!
Geschaffenes zu nichts hinwegzuraffen!
›Da ist's vorbei!‹ Was ist daran zu lesen?
Es ist so gut, als wär' es nicht gewesen.
Und treibt sich doch im Kreis, als wenn es wäre.
Ich liebte mir dafür das Ewig-Leere.

Der greise Dichter läßt seinen Teufel genau so sprechen, wie der kecke Jüngling durch ihn gesprochen hat, und man glaube nicht, daß der Teufelsnihilismus, die Kritik des Lebens, wie es ist und schon *weil* es ist, dem Dichter ganz fremd und außerhalb seiner eigenen Seele ist. Er verteidigt zwar durch Faustens Mund das Leben, die »heilsam schaffende Gewalt«, der Mephisto »die kalte Teufelsfaust« entgegensetzt, aber was dieser sagt, kommt ebensogut aus seinem eigenen Wesen und Gefühl wie die Lebens-Apologetik; auch er ist kein englischer Schöpfungsschmeichler, sondern erfindet sich einen Teufel, um ihn zum dialektischen Mundstück all dessen zu machen, was Empörung, Verneinung, kritische Bitterkeit in ihm selber ist.

Mephistopheles denn also ist nicht nur Herr des Ungeziefers, sondern vor allem Herr des *Feuers*, das er sich als das zerstörend-keimlose, keimwidrige Element vorbehalten hat. Das rote Wams, die Hahnenfeder sind äußere Abzeichen dieser feurig-höllischen Natur, und wenn die Hexe weitere klassische Attribute, den Pferdefuß, die beiden Raben, die der christliche Teufel vom heidnischen Wodan geerbt hat, an ihm vermißt, so ist das Sache einer gewissen weltmännischen Abschwächung seiner mythischen Erscheinung, die er in komischer Emanzipiertheit von sich selbst als unzeitgemäß empfindet. Der Pferdefuß ist durch ein leichtes Hinken ersetzt. Die Wodansvögel kommen zwar in der Tragödie zweitem Teil einmal vor (»Da sind ja meine beiden Raben – Was mögen die für Botschaft haben?«), doch läßt er sie gewöhnlich nicht sehen. Wie er da ist, betrachtet er sich als Kulturprodukt und will nichts mehr wissen von dem nordischen Phantom, das er einmal war. Hörner, Schweif und Klauen sind abgelegt, der Fuß würde ihm »bei Leuten schaden«. Er verbittet sich die Anrede »Junker Satan«, will »Herr Baron« genannt sein – ein Kavalier wie andre Kavaliere. Der Satan, findet er, ist zur Fabel geworden, und er akzeptiert das weltmännisch, glaubt also an sich selber nicht mehr, obgleich er feststellt, daß durch die Abschaffung des Teufels die Menschen nichts gewonnen haben. »Den Bösen sind sie los, die Bösen sind geblieben.« Er fällt komplett aus der Rolle, da seine Skepsis und Verneinung sich gegen ihn selber wendet, so daß er die eigene Existenz im Geist der Aufklärung als einen Aberglauben oder, sozusagen, als einen durch Aufklärung gemilderten, der Neuzeit angepaßten Aberglauben behandelt. Die drolligsten Verschränkungen kommen vor.

Ich erinnere an die nur aus vier Versen bestehende Szene, wo Faust und Mephisto an einem Kruzifix vorüberkommen. »Mephisto, hast du Eil'?« fragt Faust. »Was schlägst vorm Kreuz die Augen nieder?« Und sein Begleiter antwortet:

Ich weiß es wohl, es ist ein Vorurteil,
Allein genug, mir ist's einmal zuwider.

Die Scheu vor dem Kreuz kennzeichnet den mittelalterlichen Teufel; daß er aber von Vorurteil spricht, ist gutes achtzehntes Jahrhundert, es ist der angepaßte, modernisierte Satan. Nun aber gilt seine Aufgeklärtheit nicht etwa der Religion, und nicht das Kreuz ist es, das er ein Vorurteil nennt, sondern seine überlieferte, mittelalterliche Abneigung dagegen behandelt er als ein solches und entschuldigt sich wie für eine Schrulle und Schwäche dafür, daß er trotz seiner modernen Bildung nicht darüber hinwegkommt.
So spielt der Dichter mit seiner Figur, gibt ihr Augenblicke satirischer Selbst-Aufhebung und Einschränkung ihrer Wirklichkeit. Schließlich aber ist sie da – ein Teufel, dem mittelalterlichen Dämonen-Zeremoniell unterworfen, der Beschwörung zugänglich. »Ich salutiere den gelehrten Herrn! Ihr habt mich weidlich schwitzen machen«, sagt Mephisto anerkennend zu Faust. Man könnte schwanken, ob er vielleicht nur scherzweise mitmacht, sich den Vorstellungen anpaßt. Denn in der Hexenküche verhält er sich zu dem Zauberbrimborium, von dem Fausts Humanismus abgestoßen ist wie von dem »abgeschmacktesten Betrug«, durchaus skeptisch und begütigend geringschätzig:

Ei Possen! Das ist nur zum Lachen;
Sei nur nicht ein so strenger Mann!
Sie muß als Arzt ein Hokuspokus machen . . .

Und das tolle Einmaleins verteidigt er mit dem Hinweis auf die heilige Absurdität der Dreifaltigkeit, die bei dieser Gelegenheit von dem jungen Autor einen satirischen Stich bekommt. Durch das Pentagramm aber scheint Mephisto wirklich gebunden und gefangen, und auch die Blutunterschrift, für Faust eine Fratze, braucht er wirklich, der Pakt muß seine dämonologisch-mittelalterliche Ordnung haben.
Man sieht, wie der Dichter mit der Teufelsfigur spielt, sie ungewiß schillern, den Aspekt, die Selbstauffassung wechseln, sich vor sich selber genieren, sich selber ausweichen läßt. Es ist zum Beispiel unsicher und wird absichtlich durch

das ganze Stück im Unsichern gelassen, ob er eigentlich *der* Teufel oder nur *ein* Teufel ist, nur Repräsentant des Höllischen (»ein Teil von jener Kraft«) oder die Person des Bösen selbst. Im Vorspiel, vor Gott, ist er offenbar der Satan des Buches Hiob; es wäre nicht einzusehen, warum nicht dieser selbst, sondern nur ein kleinerer Teufel von Gott die Erlaubnis zur Bestürmung der Menschenseele erbitten sollte. Auch am Ende, da es um Fausts Unsterbliches geht, kann er nicht gut etwas anderes als der Leibhaftige, der geprellte Teufel selber sein. Zwischendurch aber vertritt er gleichsam nur eine höllische G.m.b.H., spricht per »wir« und »unsereiner«: »Bedenk' es wohl, wir werden's nicht vergessen.« – »Drangen wir uns dir auf, oder du dich uns?« Und Goethe hat für die Walpurgisnacht eine Szene gedichtet, in der Satanas selbst, »Herr Urian«, auf dem Brockengipfel scheußlich Hof hält und die ihn eben deshalb in Verlegenheit brachte, weil sie, in das Stück eingefügt, über Mephisto's Zweitrangigkeit entschieden hätte. Er ließ sie weg, weil der wirkliche Höllenfürst, das Ganze, den Teil zu sehr entwertet und herabgesetzt hätte.

Man höre Mephisto's Sprache: sie ist, in scharfem Gegensatz zu der ernsten, gefühlvollen, leidenschaftlichen Redeweise Faustens, burschikos-mondän, salopp, aber witzig, kritisch-souverän und abschätzig, mit Fremdwörtern gespickt und schlagend amüsant. Er spricht die gelungensten und einprägsamsten, weil leichtesten, im parlando hingeworfenen Verse:

> Mein guter Herr, ihr seht die Sachen,
> Wie man die Sachen eben sieht;
> Wir müssen das gescheiter machen ...

Das ist der Ton. Es ist die achselzuckende Überlegenheit des Weltmenschen (der Teufel ist im Grunde nicht mehr als ein Weltmensch) über den ernsten, tiefen, bemühten Menschen, den Pathetiker, der aus Verzweiflung an dem angestrebten Höchsten einen Bund mit ihm gemacht hat, in weltlichen Dingen sein Schüler ist und sich von ihm führen läßt. Sein Verhältnis zu Faust ist das eines versierten, weltkundigen Reisegefährten oder Reise-Marschalls, eines Vergnügungsmeisters, dann wieder nur das eines gelegenheitsmacherischen Bedienten. Der Blitzpunkt wechselt beständig auf eine witzig abwandelnde Weise. In einem Paralipomenon, einem der zahlreichen, nicht aufgenommenen Versuche zu ›Faust‹, sieht Mephisto sich selbst in der Rolle des korrupten Gouverneurs eines jungen Edelmanns aus dem achtzehnten Jahrhundert:

Der junge Herr ist freylich schwer zu führen
Doch als erfahrner Gouverneur
Weiß ich den Wildfang zu regieren
Und afficirt mich auch nichts mehr
Ich laß ihn so in seinen Lüsten wandeln
Mag ich doch auch nach meinen Lüsten handeln
Ich rede viel und laß ihn immer gehn
Ist ja ein allzudummer Streich geschehn
Dann muß ich meine Weisheit zeigen
Dann wird er bey den Haarn herausgeführt
Doch giebt man gleich, indem mans reparirt,
Gelegenheit zu neuen dummen Streichen.

Daß Goethe beständig »zeigen« und »streichen«, »neigen« und »reichen« reimt, als sei seine Frankfurter Aussprache: »zeichen« und »neichen« die einzig richtige, ist für den größten deutschen Lyriker eigentlich ein starkes Stück. Es zeugt von einem naiven Beharren auf dem Angeboren-Mundartlichen, das man sich gefallen lassen muß; und jedenfalls hat man dabei das Vergnügen, zu hören, wie er sprach. Die beiseite gelassenen Hofmeister-Verse sind ein Beispiel für die witzige Variabilität der Mephistopheles-Figur, ihr wechselndes Format, ihr Sich-Zusammenziehen ins satirisch-menschliche Maß und dann wieder ihr Wachsen ins Großartig-Infernalische.

Denn er ist ja am Ende die Personifikation des Hasses auf Licht und Leben, der Urnacht und des Chaos Sohn, der Gesandte des Nichts und also in seiner Art ein großes Wesen. »Du Spottgeburt aus Dreck und Feuer!« schilt Faust ihn einmal im Zorn, – eine vorzügliche Bezeichnung, in der wir so manches wiedererkennen, was uns im Menschlich-Geistigen eindrucksvoll und doch abstoßend begegnete. Der Dreck, das ist Zynismus, schmutziger Witz, aber kühn und feurig revoltierend aus dämonischem Vernichtungswillen. Tiefste Lieblosigkeit, funkelnder Haß ist das Wesen der Gestalt; sie hat schiefe, gelb flammende Tigeraugen. »Die tiefe Wuth, mit der du gern zerstöhrtest«, sagt Faust einmal zu Mephistopheles, »dein Tigerblick, dein mächtiges Gesicht...« Hier fällt auf einmal aller Humor, der Teufel tritt in seiner spezifischen Größe hervor, vom Dichter groß und nicht ohne Bewunderung gesehen und empfunden.

Goethe's Verhältnis zum Bösen ist ungleichmäßig, schwankend zwischen Anerkennung und Geringschätzung. In den Sprüchen sagt er einmal:

> Ich kann mich nicht bereden lassen,
> Macht mir den Teufel nur nicht klein:
> Ein Kerl, den alle Menschen hassen,
> Der muß was sein!

Aber dem Mephistopheles als der Verkörperung des Bösen gibt er zuweilen Anflüge von Katerstimmung und Selbstverachtung, läßt ihn die Einsicht verraten, daß mit dem Bösen im Grunde nicht viel los ist.

> Mich darf niemand aufs Gewissen fragen,
> Ich schäme mich oft meines Geschlechts;
> Sie meinen, wenn sie Teufel sagen,
> So sagen sie was Rechts.

Man sagt im Grunde nicht viel, wenn man Teufel sagt, es ist zuletzt um das Böse ein kläglich Ding – der Dichter konnte diesen Verdacht nicht dringlicher machen, als indem er ihn dem Bösen selbst in den Mund legte, und im himmlischen Vorspiel läßt er diesen ja auch sich geschmeichelt fühlen, weil Gott sich herbeiläßt, mit ihm, dem alten Nihilisten, zu konversieren.

> Es ist gar hübsch von einem großen Herrn,
> So menschlich mit dem Teufel selbst zu sprechen.

Nicht umsonst sind diese leichten Verse so berühmt geworden; sie sind im Grunde von kompliziertestem Humor. Das Göttlich-Positive als das Grandseigneurile, das Humanität genug besitzt, sich mit der Opposition einzulassen, und die geschmeichelte Anerkennung dieser Leutseligkeit eben durch den sich als inferior empfindenden Widerspruch, das ist der reizendste kosmische Scherz, ein rechter Dichterspaß – und äußerst charakteristisch für diesen Dichter, der sich selbst jederzeit aller Opposition und Negation gegenüber als großen Herrn und als Repräsentanten des Positiven empfand. »Wenn ich das *Unglück* hätte, in der Opposition zu sein«, sagt er einmal gesprächsweise. Und doch hat er die unsterbliche und durchaus lyrisch beliehene Gestalt des kosmischen Nihilisten, des Mephistopheles, hervorgebracht. –

Mehr noch! Wer ist es denn, der, aus Enttäuschung freilich, Überdruß, Verzweiflung, Unbefriedigtheit, die verneinendsten, vernichtendsten Worte in diesem Gedicht über das Leben spricht, die große Vermaledeiung aller seiner Verführungen und Reize, den Fluch auf Geist, Sinnenwelt, Ruhm, Besitz, Rausch, Liebe, Hoffnung, Glauben, Geduld, so daß der Geisterchor klagen muß:

> Weh! weh!
> Du hast sie zerstört,
> Die schöne Welt,
> Mit mächtiger Faust;
> Sie stürzt, sie zerfällt!
> Ein Halbgott hat sie zerschlagen!
> Wir tragen
> Die Trümmer ins Nichts hinüber
> Und klagen
> Über die verlorne Schöne –

Ist es etwa Mephistopheles? Der fände das Pathos, den Schmerz gar nicht zu solchem Anathema gegen Sein und Glück. Nein, es ist der leidende Mensch, es ist Goethe-Faust, der diese furchtbaren Worte spricht, und so sind an dieser Stelle die Rollen vertauscht, daß der nihilistische Teufel – praktisch-weltmännisch – den Anwalt des Lebens macht gegen den desperat-empörerischen Menschengeist.

> Hör' auf, mit deinem Gram zu spielen,
> Der, wie ein Geier, dir am Leben frißt,
> Die schlechteste Gesellschaft läßt dich fühlen,
> Daß du ein Mensch mit Menschen bist.

Auch Faustens Gestalt ist nicht einfach und gleichförmig gesehen, auch sie ist variabel, wie die seines teuflischen Kumpans, oder vielmehr, das Stück, die Dichtung, in der beide agieren, besitzt diese Variabilität des Zeitgeistes, da es angeblich im sechzehnten Jahrhundert spielt, aber geistig alle Augenblicke in das Jahrhundert seines Autors, ins achtzehnte, fällt. Der Famulus Wagner redet im Geist der Aufklärungszeit, preist die Gottsched'sche Rhetorik und findet, daß Mensch und Wissenschaft es »herrlich weit gebracht« haben – wogegen Faust-Goethe die von Herder empfangenen Ideen der Genie-Zeit vertritt. Die Natur-Mystik seiner Monologe, die Gefühlsreligiosität, die er im Gespräch mit Gretchen kundgibt, sind von Swedenborg, Ossian, Lavater inspiriert: am stärksten zeigt er sich von dem nordischen Mystiker beeinflußt, der 1772 starb und für dessen Namen der des Nostradamus eingesetzt wird, um das historische Gesicht zu wahren. Ich sprach von seinem Humanismus, – einer geistigen Haltung, die ihn die ganze Magie im Grunde als unwürdige Fratze verachten läßt, obgleich er sich ihr »ergeben« hat, damit »durch Geistes Kraft und Mund ihm manch Geheimnis würde kund«. Tatsächlich bleibt er ihr, als Herr des Mephistopheles, bis ins hohe Alter ergeben und bedient sich ihrer zu all seinen Abenteuern, bei Gretchen schon und dann in der Welt, am Kaiserhof, in der Schlacht, bei Helena, die er nur durch Zauber und Täuschung gewinnt; und erst sehr spät regt sich in ihm der Wunsch, »Magie von seinem Pfade zu entfernen«. Trotzdem tut er von Anfang an sehr vornehm gegen sie oder wenigstens gegen ihre Praktiken und Techniken, ihr skurriles Drum und Dran. Die Hexenküche schilt er einen »Wust von Raserei«. »Warum denn just das alte Weib?« fragt er angewidert und findet das alles »so abgeschmackt, als ich nur etwas sah«. Abgeschmackt, geschmacklos – das ist sein Humanistenurteil über das Zauberwesen, das tolle Zeug, die »rasenden Gebärden«, den »abgeschmacktesten Betrug«. Das alles, sagt er, ist ihm bekannt, verhaßt genug. Schon der Blut-Pakt, den Mephistopheles, weil er eben in Gottes Namen wirklich der Teufel ist, doch notwendig braucht, ist Fausten so widrig wie altvertraut, er nennt ihn verächtlich eine »Fratze«. Was braucht es der abergläubischen Floskel und Formalität der Blut-Unterschrift? Da es doch ein haltendes und haltbares Versprechen nicht gibt im Fluten des

Geschehens, wenn auch der edle Mensch festhalten möchte an dem Wahn der Treue. Der Teufel sagt sein mittelalterlich Sprüchlein, ganz wie es im Volks- und Sagenbuche steht:

> Ich will mich *hier* zu deinem Dienst verbinden,
> Auf deinen Wink nicht rasten und nicht ruhn;
> Wenn wir uns *drüben* wiederfinden,
> So sollst du mir das Gleiche tun.

Er spricht vom Jenseits als von einer volkstümlichen Realität, die die seine ist: Er stand ja im himmlischen Vorspiel unter dem Gesinde vor Gott. Aber Faust antwortet ihm als Humanist und erdverbundener Menschengeist, der an ein Drüben insofern nicht glaubt, als er sich nicht darum kümmert:

> Aus dieser Erde quillen meine Freuden,
> Und diese Sonne scheinet meinen Leiden;
> Kann ich mich erst von ihnen scheiden,
> Dann mag, was will und kann, geschehn.
> Davon will ich nichts weiter hören ...

Sie reden aneinander vorbei, zeitlich und auch moralisch. Der Bund wird auf dem Grunde verschiedenartiger Vorstellungen geschlossen: der primitiv teuflischen Geistesverfassung und einer entwickelteren, die von Menschenwürde weiß. »Was willst du armer Teufel geben?« fragt Faust.

> Ward eines Menschen Geist, in seinem hohen Streben,
> Von deinesgleichen je gefaßt?

Er verschreibt sich dem Teufel aus demselben menschlich hohen Streben, dem Wissenschaft, Geist, Erkenntnis nicht Genüge tun konnten; mit derselben unbedingten und niemals zu sättigenden Leidenschaft, die ihn am Denken und Wissen verzweifeln ließ, wird er sich dem Genuß ergeben und ist nur zu gewiß, daß sein Unendlichkeitsverlangen von diesem ebensowenig zur satten Ruh gebettet werden kann wie durch die Wissenschaft.

> Werd' ich beruhigt je mich auf ein Faulbett legen,
> So sei es gleich um mich getan!

Kannst du mich schmeichelnd je belügen,
Daß ich mir selbst gefallen mag,
Kannst du mich mit Genuß betrügen,
Das sei für mich der letzte Tag!

»Mit Genuß betrügen.« So spricht kein ›Genußmensch‹, sondern einer, der es mit dem Genusse *aufnimmt*, wie vordem mit dem Geiste, und der nur eine Knechtschaft kennt: die des Beharrens und Behagens.

Des Denkens Faden ist zerrissen,
Mir ekelt lange vor allem Wissen.
Laß in den Tiefen der Sinnlichkeit
Uns glühende Leidenschaften stillen!
– –
Stürzen wir uns in das Rauschen der Zeit,
Ins Rollen der Begebenheit!
Da mag denn Schmerz und Genuß,
Gelingen und Verdruß
Miteinander wechseln, wie es kann;
Nur rastlos betätigt sich der Mann.

So spricht kein Wollüstling. So spricht ein Aktivist, der nicht den Genuß sucht, sondern das *Leben*, und der sich nur insofern dem Teufel verschreibt, wie eben ein Mensch des Geistes das tut, der sich dem Leben ergibt. Die juristische Verschreibung aber verachtet er als ›pedantisch‹ und überflüssig, weil keinerlei Grund ist, an seiner vollen Hingabe zu zweifeln.

Nur keine Furcht, daß ich dies Bündnis breche!
Das Streben meiner ganzen Kraft
Ist grade das, was ich verspreche.

Man fragt sich nun freilich, was aus dem Ergründen der Tiefen der Sinnlichkeit, dem Rauschen der Zeit, dem Leben, der rastlosen Betätigung des Mannes bei dem Zusammenleben Faustens mit Mephistopheles eigentlich wird. Ich will die Frage nicht auf den zweiten Teil der Tragödie ausdehnen, wo es denn auch noch recht lange dauert, bis Faust nach so einer Menge krauser magischer Abenteuer sich zu Unternehmungen entschließt, die auf den Namen rastloser Mannesbetätigung Anspruch erheben können. Was den ersten betrifft, so muß man gestehen, daß Goethe nicht viel getan hat, um die »Tiefen der Sinnlichkeit« oder das zwischen Gelingen und Verdruß wechselnde Tatleben, dem sein Held sich opfern will, dichterisch zu realisieren. Was fängt Mephistopheles mit seinem Lebensschüler an? Er führt ihn in Auerbachs Keller, wo sie grölenden Spießern Zauberkunststücke vormachen, die im Volksbuch stehen. Nun, das ist allenfalls eine Illustration zu den Versen:

Die schlechteste Gesellschaft läßt dich fühlen,
Daß du ein Mensch mit Menschen bist,

oder nicht einmal das, denn Faust ist keineswegs frère et cochon mit den Saufbrüdern dort unten, sondern er und sein Begleiter spielen die Rolle vornehmer Reisender, landfremd, verwöhnt, wunderlich, stolz und unzufrieden von Ansehen, – der Eindruck, den sie machen, wird ergänzt durch einen Anflug bürgerlich verdächtigen Marktschreiertums. Man hört, daß sie grad' aus Spanien zurückkommen; aber wenn das wahr ist – was haben sie dort getrieben? Man erfährt es nicht, und es steht damit ähnlich wie mit Fausts Äußerung zu Beginn der Gretchen-Geschichte, als er von Mephistopheles verlangt, ihm die Kleine sofort in die Arme zu liefern:

Hätt' ich nur sieben Stunden Ruh,
Brauchte den Teufel nicht dazu,
So ein Geschöpfchen zu verführen.

Wenn das ihn nicht nur entschuldigen soll, weil er als Verführer des armen Dings nicht einmal auf eigenen Füßen steht, sondern die Hölle dazu braucht, so kann man herauslesen, daß er auch sonst noch stark beschäftigt ist; aber wie und wo, bleibt dunkel und ungezeigt. Nichts von den Taten und Untaten des großen Scharlatans findet Raum im ersten Teil; die Gretchen-Geschichte steht als Erlebnis für alles andere, denn nichts Erlebnisstärkeres hatte der junge Dichter zu geben. Er ließ sie zur eigenen Tragödie anschwellen, reduzierte auf sie alle faustischen Vorsätze leidenschaftlicher Lebenserkundung, – und wer wollte das bedauern, da das schönste, innigste, lieblichst-traurige in schlichtester und gefühltester Naturwahrheit sich abspielende Liebesdrama deutscher Zunge und vielleicht aller Dichtung dabei zustande kam?

Es ist noch einmal zu sagen, was so oft gesagt worden ist: dies Gretchen, die Tochter der Pfandleiherin, wie wir sie im Rahmen des kleinen deutschen Reichsstädtchens, in dieser Umgebung von idyllischer Enge, mit Brunnen, Spinnrad, Kindtaufe und Nachbarngeschwätz, vor uns wandeln, lieben und verderben sehen, ist eine Figur von unsterblichem Liebreiz in ihrer Menschlichkeit und Weiblichkeit, ihrer reinen Kindhaftigkeit, ihrer Hingabe, ihrem Jammer und ihrem stellvertretenden, anklagevollen Untergang. Wie wird nicht das schlichte und lebenswarme Geschöpf von dem männlichen Schuldbewußtsein aus seinem Elend erhöht und verklärt! Nichts Geringeres ist sie am fernen Ende als die Liebe selbst, die an dem Strebenden, Irrenden von oben teilgenommen hat und ihm ein herzliches Willkommen verschafft im Reich der Erlösung. Wie der Mignon des großen Romans sind ihr ein paar der wundervollen lyrischen Schöpfungen ihres Dichters in den Mund gelegt: ›Meine Ruh' ist hin‹, ›Der König von Thule‹. Aber sie selbst ist ein Lied, ein von persönlichster Kunst geläutertes – oder, um ein Vorzugswort des späteren Goethe zu gebrauchen, »cohobiertes« Volkslied, und zum Schluß, im Elend und Wahnsinn des Kerkers entgleitet ihr Wesen und Singen in die wundersam schauerlichste Region dieser Sphäre:

Meine Mutter, die Hur',
Die mich umgebracht hat!
Mein Vater, der Schelm,
Der mich gessen hat!
Mein Schwesterlein klein
Hub auf die Bein',
An einem kühlen Ort;
Da ward ich ein schönes Waldvögelein,
Fliege fort, fliege fort!

Diese Laute unheimlich phantasierenden Volksgemüts kennt Klärchen im ›Egmont‹ nicht; und doch sind sie Schwestergestalten, sie und Gretchen, unverkennbar von der gleichen persönlichen Sympathie und Zärtlichkeit erschaut und hervorgebildet, von der Liebe ihres Schöpfers zu verschiedenartig tragischen Schicksalen berufen. Die eine wächst zur Heldin, die andere zur Märtyrerin ihres Geschlechts. Und wie sie Schwestern sind, so sind ihre Geliebten, Egmont und Faust, Brüder, echte Goethe-Söhne beide, Repräsentanten vor allem der goethe'schen Erotik, welche, nicht ohne narzißhaften Einschlag, in der Bezauberung schlichter Unschuld, des kleinen Mädchens aus dem Volke, durch eine glänzende, aus vornehmer Sphäre sich herabneigende Männlichkeit und in der stolzen, bewundernden und grenzenlosen Hingabe der Beglückten an diese Männlichkeit ihr spezifisches Entzücken findet. Egmont, der sich dem guten Klärchen im spanischen Hofkleide zeigt, – nichts charakteristischer für die goethe'sche Liebes-Wunschwelt als diese Szene. Hofkleid und goldenes Vlies sind bei seinem Bruder Faust geistiger Art: aus einer Welt unbürgerlicher Geistigkeit, deren Stempel als Vornehmheit wirkt, halb Welt- und Edelmann, halb Gelehrter, ein vornehmer Reisender und verwöhnt, eine hohe, extravagante Figur in der kleinbürgerlichen Beschränktheit ihres Städtchens, tritt Faust zu Gretchen, und von ihm träumend sagt sie:

Ich gäb' was drum, wenn ich nur wüßt',
Wer heut der Herr gewesen ist!
Er sah gewiß recht wacker aus,
Und ist aus einem edlen Haus;
Das konnt' ich ihm an der Stirne lesen –
Er wär' auch sonst nicht so keck gewesen.

Reizende Verse – Gretchen verrät darin ihr tiefes und neugieriges Berührtsein von der ersten Begegnung. Geschmeichelt von der Anrede, fühlt sie sich in ihrer Sittsamkeit zugleich gekränkt durch sie und erklärt die Keckheit des Herrn, zu der sie keinen Anlaß gegeben, zu ihrer Ehre aus seiner Vornehmheit. Der ganze spezifische Zauber, den das Verhältnis für den Dichter besitzt, liegt in den kindlichen Worten, wie auch in diesen späteren:

MARGARETE
Ich fühl' es wohl, daß mich der Herr nur schont,
Herab sich läßt, mich zu beschämen.
Ein Reisender ist so gewohnt,
Aus Gütigkeit fürlieb zu nehmen;

Ich weiß zu gut, daß solch erfahrnen Mann
Mein arm Gespräch nicht unterhalten kann.

FAUST

Ein Blick von dir, ein Wort mehr unterhält
Als alle Weisheit dieser Welt.

Ein großer Gefühlsreichtum liegt in diesem bis zur Alltäglichkeit schlichten Gesprächsfragment. Es gehört so recht dem »Studentenstück« an, von dem wir sprachen, der typischen Liebesgeschichte zwischen dem studierten Mann, dem ›Akademiker‹, dem Herrn Doktor und dem kleinen Mädchen aus dem Volk, das nicht begreift, was der kluge Herr an ihm find't; zugleich aber, im Höheren, spricht es von dem Erröten geistesarmer Schönheit vor dem werbenden Geist, von der sinnlichen Selbstverleugnung des Geistes, der ›Weisheit‹ vor dem nichts als Schönen mit all den Verführungs- und Vernichtungsgefahren, die in diesem geist-sinnlichen Andrang für die Unschuld des Schönen liegen, und die den Geist schuldig werden lassen am Schönen, wie Faust es wird an Gretchen. Gewiß, die Gretchengeschichte ist auch die Tragödie des unter höhnischer Assistenz des Teufels an der Schönheit tödlich schuldig werdenden Geistes, und mehr als irgendwo ist Goethe darin Revolutionär, ein Gefühlsempörer gegen die Grausamkeit, mit der die menschliche Gesellschaft die dem überlegenen Werber des Geistes verfallene, von ihm verführte Schönheit bestraft. Hier einmal und nicht wieder ist Goethe aus tragischem Schuldgefühl sozialer Ankläger und Aufrührer: In der aus dem Ur-Faust unverändert in das ausgeführte Gedicht übernommenen Prosa-Szene »Trüber Tag. Feld«, wo Faust nach den »abgeschmackten Zerstreuungen« des Blocksbergs, des Walpurgisnachtstraumes erfahren hat, daß Gretchen im Kerker der richtenden, gefühllosen Menschheit überantwortet ist und Mephistopheles ihm sein zynisches »Sie ist die Erste nicht« hinwirft. »Die Erste nicht! – Jammer! Jammer! von keiner Menschenseele zu fassen, daß mehr als ein Geschöpf in die Tiefe dieses Elends versank, daß nicht das erste genug tat für die Schuld aller übrigen in seiner windenden Todesnot vor den Augen des ewig Verzeihenden! Mir wühlt es Mark und Leben durch, das Elend dieser Einzigen; du grinsest gelassen über das Schicksal von Tausenden hin!« – Unversifiziert, rauh, klotzig und wild, bar jeder Ironie, ein Fremdkörper fast, steht die Szene in dem sonst bei aller inneren Gewichtigkeit, aller tiefen Menschheitssymbolik auf leichten, poetisch-unpathetischen Füßen gehenden Gedicht. Soll man sie ungoethisch nennen, da allerdings Goethe selbst sie später so empfunden zu haben scheint? Bei der Weimarer Aufführung des Stückes hat er sie weggelassen. Er hat, so will man wissen, als Minister der Gesellschaft das Ihre gegeben, indem er das Todesurteil über eine junge Kindsmörderin, die selbst der Herzog zu begnadigen wünschte, durch seine Unterschrift guthieß...

Ist das Vorkommnis wahr, so zeugt es von einer strengen Selbstkorrektur der Güte und des Erbarmens, von ihrer Unterdrückung zugunsten des Ordnungsgeistes, dem der reife Goethe allerdings in dem Grade huldigte, daß er offen erklärte, lieber eine Ungerechtigkeit begehen als Unordnung dulden zu wollen. Das hat seine Schönheit, aber jugendlich schöner ist dennoch die Empörung gegen die Ordnung aus einem Schuldgefühl, das Friederike Brions ungetreuer Liebhaber kannte und das er im Faustgedicht imaginativ, bis ins Vernichtende steigerte. Gretchens Untergang ist auch für Faust fast vernichtend, und nirgend gerät er, der Mensch, mit seinem teuflischen Begleiter, dem Begrinser der menschlichen Doppelnatur aus Geist und Tierheit, so wild aneinander, schleudert er der Bosheit die Verachtung seines fühlenden Herzens – »Hund! abscheuliches Untier!« – so unbändig ins Gesicht, wie in der Szene, derer wir gedachten.

»Hab' ich doch meine Freude dran!« – Goethe hat im ›Faust‹ die Liebe als ein rechtes Teufelsfest gemalt, – die »hohe Intuition«, deren Abschluß und Erfüllung Mephistopheles mit einer schmutzigen Gebärde andeutet, die so zart, so überschwenglich seelenvoll beginnt, und deren Ende Schuld und Verzweiflung ist. »Doch – alles, was dazu mich trieb, Gott! war so gut! ach war so lieb!« seufzt das arme Gretchen, und ihr Verführer will um alles nicht wahrhaben, daß er sie betrügt, wenn er ihr von ewiger Lieb' und Treue lispelt. »Wenn ich *empfinde*«, antwortet er dem Hohn des Mephistopheles,

Für das Gefühl, für das Gewühl
Nach Namen suche, keinen finde,
Dann durch die Welt mit allen Sinnen schweife,

Nach allen höchsten Worten greife,
Und diese Glut, von der ich brenne,
Unendlich, ewig, ewig nenne,
Ist das ein teuflisch Lügenspiel?

»Ich hab' doch recht«, erwidert der Böse, denn die Liebe, dies Jugendlich-Menschlichste, worin das Seelenhafte und das Animalische, das Göttliche und das Natürliche sich auf eine paradigmatische und für alles Menschentum symbolische Weise vermischen, ist so recht der Tummelplatz des Teufels, das Gebiet seiner boshaftesten Triumphe, wo sein Geschäft, das Beste des Menschen auszubeuten und auf gemeine Wege zu lenken, ihm am leichtesten gemacht ist. Dies ist in Wahrheit sein ewiges Betreiben: das Höchste im Menschen, das mit seinem Niedrigsten verquickt ist, von diesem verschlingen zu lassen; und er wäre der Sieger, wenn nicht die ewige Güte, mit der er im Vorspiel so geduckt-kordial konversiert und die nicht wie er im Höchsten das Niedrigste, sondern noch im Niedrigsten das Höchste erkennt, seinem Vernichtungswillen entgegenstünde.
Auf das ›Vorspiel im Himmel‹ ist das ganze Faust-Gedicht gegründet, oder vielmehr, es ist dem zuerst jugendlich-lässig intendierten Werk nachträglich untergeschoben, um es dadurch zu heben; denn in ihm wird die Faust-Gestalt zum Vertreter des Menschen selbst gemacht, an welchem die ewige Güte teilhat, wie er an ihr. Faustens menschheitlicher Zug, sein Streben ins Allmenschliche ist das Edle in ihm, das Gute, das zugleich Güte ist und macht, daß er und der Teufel, der den bemühten Menschengeist im Grunde überhaupt nicht versteht, bei der Paktschließung aneinander vorbeireden. Mit jenem »Laß in den Tiefen der Sinnlichkeit uns glühende Leidenschaften stillen« meint Faust etwas völlig anderes als der Teufel; auch die Sinnlichkeit meint er edler, tiefer, ernster und inbrünstiger. Am Gedanken verzweifelnd, verlangt er nach Welt, nach Leben. Aber von Freude, versichert er, ist dabei nicht die Rede.

Dem Taumel weih' ich mich, dem schmerzlichsten
Genuß . . .
Mein Busen, der vom Wissensdrang geheilt ist,
Soll keinen Schmerzen künftig sich verschließen,

Und was der ganzen Menschheit zugeteilt ist,
Will ich in meinem innern Selbst genießen,
Mit meinem Geist das Höchst' und Tiefste greifen,
Ihr Wohl und Weh auf meinen Busen häufen,
Und so mein eigen Selbst zu ihrem Selbst erweitern.

Die mephistophelische ›Welt‹ (der Teufel ist nur ein Weltmann) steigert sich ihm zum Leben mit seiner Qual und Lust; aber die Hingabe an dieses nimmt gleich wieder menschheitlichen Charakter an: er will im vollsten, menschlichsten Sinne leben, will Menschensohn sein, alles Glück und Leid der Menschheit als Repräsentant und Opfer ausschöpfen und auf sich nehmen, – und wir gedenken dabei der innig-träumerischen Worte, die Goethe in einer Mondnacht des Sommers 1777, aus der Ilm steigend, vor sich hin sprach:

Alles geben die Götter, die unendlichen,
Ihren Lieblingen ganz:
Alle Freuden, die unendlichen,
Alle Schmerzen, die unendlichen, ganz.

Die Freuden, die Schmerzen der Menschheit auf sich zu nehmen, indem er sich dem Leben hingibt, – nichts anderes ist es, was Faust dem Teufel verspricht. Aber dies Streben, »der Menschheit Krone zu erringen«, mag, grenzenlos wie immer, zwar sündlich im Sinne des Titanisch-Vermessenen sein, ist aber immer noch mehr gott- als teufelsverbunden, es hat Edelmut, Frömmigkeit und Güte und bietet bei allen natürlich damit verbundenen Fährlichkeiten dem Teufel von vornherein geringe Aussichten.
In einem Gedicht aus seiner Bräutigamszeit hören wir Goethe einmal sich einen »guten Jungen« nennen. »Warum«, fragt er,

Warum ziehst du mich unwiderstehlich,
Ach, in jene Pracht?
War ich *guter Junge* nicht so selig
In der öden Nacht?

»Ich guter Junge«, – es ist eine rührende Selbstanrede, die für Goethe, so hoch er im Geiste stieg, so ehrwürdig er am Ende sich selber werden mußte, immer viel Gültigkeit behalten hat. Wir kennen seine Milde, seine Duldsamkeit, sein Alles-Verstehen, seinen lebenslangen Wunsch, den Menschen »etwas zugute zu thun«, sie »leben zu lehren«, sein Geständnis, daß er nach jeder Flucht in die Einsamkeit nur ein Menschenantlitz zu sehen brauchte, um es »wieder lieb zu haben«. Auch der Mensch faustischen Strebens und Bemühtseins ist ein solcher guter Junge. Wie er es gut mit sich selber meint und fühlt, daß er erlöst werden kann, so meint er es auch gut mit der Menschheit, will ihr wohl, will, daß ihr geholfen sei, positiv, liebreich, vernünftig, will nicht, daß man sie verwirre, sondern daß man sie befriedige. In einem Paralipomenon sagt Faust zu Mephistopheles:

So höre denn, wenn du es niemals hörtest:
Die Menschheit hat ein fein Gehör,
Ein reines Wort erreget schöne Thaten.
Der Mensch fühlt sein Bedürfnis nur zu sehr
Und läßt sich gern im Ernste rathen –

Und ein andermal:

Von allem ist dir nichts gewährt.
Was weißt du, was der Mensch begehrt?
Dein widrig Wesen, bitter, scharf,
Was weiß es, was der Mensch bedarf?

Nichts kann goethe'scher, nichts faustischer sein. Die Auffassung vom Menschen, das Verhalten zu ihm, die daraus sprechen, sind ein Teil der ewigen Güte, und ganz ähnlich spricht im Vorspiel diese selbst, der Herr, dessen Charakteristik des Menschen eine Selbstcharakteristik des jungen Goethe ist, worin Selbstliebe sich zur Menschenliebe erweitert:

Wenn er mir jetzt auch nur verworren dient,
So werd' ich ihn bald in die Klarheit führen.
Weiß doch der Gärtner, wenn das Bäumchen grünt,
Daß Blüt' und Frucht die künft'gen Jahre zieren.

Und dann jenes Urwort der Güte: »Es irrt der Mensch, so lang' er strebt.« Und dann das Gotteswort, das in seiner überlegen vertrauenden Sanftmut wahrhaft zu einem geflügelten Menschheitswort geworden ist:

> Und steh beschämt, wenn du bekennen mußt:
> Ein guter Mensch, in seinem dunklen Drange,
> Ist sich des rechten Weges wohl bewußt. –

Ein guter Mensch, ein guter Junge. Wie nötig wäre unserer Zeit, die dem Bösen und Zynischen hilfloser verfallen scheint als viele frühere, – wie nötig wäre ihr die *gütige Größe*, welche wüßte, wessen der Mensch bedarf und, statt ihm boshafte Sophismen zu bieten, seiner Bedürftigkeit gern im Ernste riete! So ohnmächtig ein »reines Wort«, ein wohlwollendes, das zum Besseren rät, heute erscheint, so brutal und unberührt das Weltgeschehen darüber hinweggeht – wir wollen an dem anti-teuflischen Vertrauen festhalten, daß die Menschheit im Grunde ein feines Gehör hat, und daß Worte, die, aus eigenem Bemühen geboren, ihr zugute kommen möchten, in ihrem Herzen nicht untergehen werden.

PHANTASIE ÜBER GOETHE

Das Kind, das am 28. August 1749, da die Uhr Mittag schlug, in einem Frankfurter Bürgerhause von einer achtzehnjährigen Mutter unter großen Anstrengungen geboren wurde, war schwarz und schien tot. Es schien das Licht nicht zu sehen, den Lebensweg, der dann so lang und weit führend, so reich umblüht, so gesegnet-mühsam, so menschlich erfüllt, so musterhaft werden sollte, gar nicht erst antreten, sondern vom Mutterleibe sogleich zur Erde kehren zu sollen. Geraume Zeit währte es, bis die Großmutter hinterm Bett hervor der seufzenden Wöchnerin zurufen konnte: »Elisabeth, er lebt!« Es war ein Ruf von Frau zu Frau, animalisch frohe, häusliche Nachricht, nichts weiter. Und doch hätte er der Welt, der Menschheit gelten sollen, und doch hat er noch heute, nach zwei Jahrhunderten, vollen Freudengehalt und wird ihn wahren durch alle kommenden: Solange es Leben und Liebe geben wird auf dieser Erde, solange das Leben sich selber liebt, seiner süßen Not nicht müde wird, sich nicht im Überdruß von sich wendet, wird dieser Frauenruf, der ahnungslos große Verkündigung war, dauern und klingen: »Er lebt!«

Dem Menschenkinde, das damals so schwer, bereits erstickt, dem dunklen Schoß entbunden wurde, war ein ungeheuerer Lebensbogen vorgeschrieben, es war ihm beschieden, in mächtigem Aushalten ein wahrhaft kanonisches Leben zu führen, gewaltige Kräfte des Wachstums und der Erneuerung zu entfalten, das Menschliche ganz zu erfüllen und eine Majestät der Existenz zu gewinnen, vor der Könige und Völker sich beugten, und deren natürliche Entstehung er selbst wohl einmal, nicht ohne Feierlichkeit, zum Gegenstand seiner Untersuchung machte. Dreiundachtzig Jahre nach jener Sommer-Mittagsstunde seiner Geburt – Massen von Geschichte hatten sich unterdessen vorbeigewälzt und seinen Geist bestürmt: der Siebenjährige Krieg, der Unabhängigkeitskampf Amerikas, die Französische Revolution, Aufstieg und Fall Napoleons, die Auflösung des Heiligen Römischen Reiches, der Jahrhundertwechsel mit seinen physiognomischen und atmosphärischen Weltverwandlungen, der Anbruch des bürgerlichen, des Maschinen-Zeitalters, die Juli-Revolution – steht der alles überlebende Greis, schneeweiß und starr, um die Pupillen wunderliche Altersringe, die seinen braunen, nahe beisammenliegenden Augen etwas Vogelhaftes verleihen, – steht er an dem Pult seines absichtlich unbequem gehaltenen Arbeitszimmers zu Weimar, in dem Hause, das längst zu einer Wallfahrtsstätte der menschlichen Verehrungsbedürftigkeit geworden, und schreibt seinen letzten Brief, schreibt in sklerotischer Träumerei und klarer Betrachtsamkeit an einen alten Freund, den Sprachforscher und Staatsmann Wilhelm von Humboldt in Berlin:

» ... Das beste Genie ist das, welches alles in sich aufnimmt, sich alles zuzueignen weiß, ohne daß es der eigentlichen Grundbestimmung, demjenigen, was man Charakter nennt, im mindesten Eintrag tue, vielmehr solches noch erst recht erhebe und durchaus nach Möglichkeit befähige ... Die Organe des Menschen durch Übung, Lehre, Nachdenken, Gelingen, Mißlingen, Fördernis und Widerstand und immer wieder Nachdenken verknüpfen ohne Bewußtsein in einer freien Tätigkeit das Erworbene mit dem Angeborenen, so daß es *eine Einheit hervorbringt, welche die Welt in Erstaunen setzt*. – Treu angehörig J. W. v. Goethe.«

Großartige Naivität, naive Großartigkeit der Selbstschau! Sie hat etwas Kindliches und Dämonisches, etwas Entzückendes und Schaudererregendes zugleich. Siebzehn Jahre früher schon, er steht damals in später, dichterisch zweckhafter, jedenfalls dichterisch fruchtbarer Liebesleidenschaft zu einer ganz jungen, eben verheirateten Frau, Marianne von Willemer, der Suleika des ›West-östlichen Divan‹ – aber seine letzte Passion ist es durchaus nicht, die überwältigt ihn gar erst mit vierundsiebzig, als Seine Exzellenz, der rangälteste Staatsminister des Großherzogtums Sachsen-Weimar und weltberühmte Dichter, in Marienbad noch einmal zum Tanzsaal-Löwen und Seladon wird, liebelt und liebt, scharmutziert und schnäbelt und durchaus eine siebzehnjährige Mädchenblüte heiraten will, woraus aber nichts wird, da die Seinen sich dagegen in Positur setzen und auch die Kleine es doch lieber nicht möchte, übrigens *ohne dann je einem anderen sich zu vermählen* –, mit sechsundsechzig also, über beide Ohren verliebt und unter den Augen des wohlwollenden Gatten schwärmerisch wiedergeliebt, gibt er im Gedicht ein Bild seiner Existenz, das ähnlich berührt und erschüttert wie die Wendung von der in Erstaunen gesetzten Welt. Er reimt:

Nur dies Herz, es ist von Dauer,
Schwillt in jugendlichstem Flor,
Unter Schnee und Nebelschauer
Rast ein Ätna dir hervor.

Du beschämst wie Morgenröte
Jener Gipfel ernste Wand,
Und noch einmal fühlet Hatem
Frühlingshauch und Sommerbrand.

Der rasende Ätna ist eine poetische Übertreibung. Wie ich ihn kenne, hat sein Herz nie für eine Frau vulkanisch gerast; er war überhaupt gegen das Vulkanische, auch wissenschaftlich. Aber: »jener Gipfel ernste Wand« – welche Mächtigkeit, welche durchaus nicht prahlerische, sondern ruhig und wahrheitsgemäß beschreibende Erhabenheit der Selbstempfindung! Von sich zu sagen, von sich sagen zu dürfen: Ich gleiche einem gewaltigen, hoch gipfelnden Bergmassiv, ehrfurchtgebietend, unzugänglich und abweisend in seinem stei-

len Ernst, doch zärtlich beschienen von einer Lieblichkeit, die grimme Größe nicht scheut, sondern sogar zu allererst sie küßt, verklärt, beschämt – von der Morgenröte!
Dabei ist dem nichtdeutschen Leser das Folgende bemerklich zu machen. Die Struktur des Gedichtes verlangt auf dies Wort »Morgenröte« im übernächsten Vers einen Reim, der orientalische Name Hatem aber, mit dem das innere Ohr abgespeist wird, ist kein solcher, der schelmisch versagte Reim, den das Ohr jedoch unwillkürlich, zugleich erheitert und erschrocken, vollzieht und vollziehen soll, ist der wirkliche Name, ist *Goethe*, – dies merkwürdige, heute nicht mehr vorkommende Sippenschild, welches, nachdem viele Schwache, Gleichgültige es getragen, durch den Einen, Späten, durch eine unvergleichliche Kraft, Erworbenes mit Angeborenem zu verbinden, zu einem Palladium der Menschheit, zum Namen für ganze Welten der Kunst, Weisheit, Bildung, Kultur geworden ist und nach der Sinnentwicklung, die er durchgemacht, an den Cäsar-Namen erinnert, – dieser Name, in dem das Nordisch-Gotische (denn von »Gothe« kommt er doch wohl), das Barbarische also, durch den flötenhaften Umlaut ins Musische geläutert ist, und den sein Träger mit tiefem Gefühl auf das Holdeste reimt, was die sinnliche Welt zu bieten hat: auf die Morgenröte.
Wir haben da eine Art von großartigem Narzißmus, eine Selbsterfülltheit, viel zu ernst und um Selbstvervollkommnung, Steigerung und »Cohobation« des Gegebenen bis ans Ende bemüht, als daß ein Wort so kleinen Sinnes wie Eitelkeit dafür brauchbar wäre, – eine tiefe Freude am Ich und seinem Werden, der wir ›Dichtung und Wahrheit. Aus meinem Leben‹, die beste und jedenfalls liebenswürdigste Autobiographie der Welt verdanken, einen Ich-Roman, der in unbeschreiblich angenehmem Tonfall darüber unterrichtet, wie ein Genie sich bildet, Glück und Verdienst nach irgendwelchem Gnadenschlusse sich unauflöslich verketten, eine Persönlichkeit unter der Sonne höherer Gunst sich entfaltet ...
Persönlichkeit! Goethe hat sie »das höchste Glück der Erdenkinder« genannt, aber was sie eigentlich ist, welche Bewandtnis es mit ihr hat, worin ihr Geheimnis besteht – denn ein Geheimnis ist es mit ihr –, das hat auch er nicht gesagt und erklärt, – wie er denn, bei aller Liebe zum treffenden, das Leben genau aussprechenden Wort, überhaupt nicht der Mei-

nung war, daß alles gesagt und erklärt werden müsse. Gewiß ist, daß wir mit diesem Wort, diesem Phänomen ›Persönlichkeit‹ die Sphäre des bloß Geistigen, Vernünftigen, Analysierbaren verlassen und eintreten in eine Sphäre des Natürlichen, Elementaren, Dämonischen, welches »die Welt in Erstaunen setzt«, ohne weiter der Erörterung zugänglich zu sein.
Der erwähnte Wilhelm von Humboldt, ein äußerst kluger Mann, erklärte wenige Tage nach Goethe's Tode: Das Merkwürdige sei, daß dieser Mensch gleichsam ohne alle Absicht, unbewußt, bloß durch sein Dasein so mächtigen Einfluß geübt habe. »Es ist dies«, schrieb er, »*noch geschieden* von seinem geistigen Schaffen als Denker und Dichter, es liegt in seiner großen und einzigen Persönlichkeit.« – Da sieht man, daß dieses Wort ein bloßer sprachlicher Notbehelf für etwas der Sprache nicht Zugängliches ist, für eine Ausstrahlung, deren Gründe nicht im Geistigen, sondern im Vitalen zu suchen sind: sie muß die höchste Aufmerksamkeit erregende, höchste Anziehungskraft übende Wirkung einer besonderen, intensiven und mächtigen, aber nicht groben, nicht einfachen, aus Kraft und Infirmität eigentümlich gemischten Vitalität sein, deren Zustandekommen ein Laboratoriumsgeheimnis der dunkel schaffenden Natur ist.
Ein Stammesblutwerk läuft da durch die Jahrhunderte deutschen Lebens, zufällig, unbeachtet, gewöhnlich, mit welchem die Allmutter gewiß kein Ziel verfolgt, das aber dem Effekt nach eines hat: den Einen. »Denn es erzeugt«, wird dieser seine Iphigenie sagen lassen,

> – denn es erzeugt nicht gleich
> Ein Haus den Halbgott, noch das Ungeheuer;
> Erst eine Reihe Böser oder Guter
> Bringt endlich das Entsetzen, bringt die Freude
> Der Welt hervor.

Den Halbgott und das Ungeheuer, will sagen: den Unmenschen – er denkt das zusammen, er nimmt das eine fürs andere und weiß, daß es ohne einiges Entsetzen in der Freude, ohne das Ungeheuer im Halbgott nicht abgeht. In kühler Prosa sagt er: »Erhalten Geschlechter sich lange, so kommt es, daß, ehe sie aussterben, ein Individuum erscheint, das die Eigenschaften seiner sämtlichen Ahnen in sich begreift und alle bisher vereinzelten und angedeuteten Anlagen vereinigt und vollkommen ausspricht.« – Das ist sauber formuliert und lehrhaft bemerkt, den Menschen zu besserer Kenntnis, Wissenschaft der Natur, besonnen abgezogen vom eigenen, nicht geheueren Sein. Wie kam und ging es aber? Wie mischte es sich heran? Sehr unterderhand, sehr unscheinbarerweise. Da kreuzen und gatten die Sippen sich, die Handwerker, Hufschmied- und Metzgergeschlechter, und der aus Nachbarlandschaft zugewanderte Gesell freit nach Brauch die Meisterstochter, die gräfliche Lakai- und Sartorsdirn kopuliert sich dem geschworenen Landvermesser oder studierten Amtswalter, – ein Quodlibet harmlosen, auf Tod und Geburt sich wiegenden Lebens, das nach nichts aussieht, oder allmählich nach Besitz und Bildung, städtischer Wohlgeborenheit und Patriziertum, Schultheißenwürde auszusehen beginnt, – wie nämlich die Lindheimers sich mit den Textors, einem aus Süddeutschland in Frankfurt eingewanderten Geschlecht, und diese mit den Goethe's sich versippten, die nördlicher, in der Gegend zwischen Thüringer Wald und Harz, ihren Ursprung hatten.

Ich glaube, daß das Lindheimer'sche Blut, zu Hause ganz nahe dem römischen Limes, wo antikes und Barbarenblut von je zusammenfloß, das beste, gesundeste und glücklichst bestimmende Element im Wesen des großen Dichters war: das Erbe von seiner Mutter Mutter, der Lindheimerin, verehelichten Textor, einer rüstig-schlichten, braun-handsamen Weibsnatur. Von ihr hatte er, den Bildern zufolge, Stirn, Kopfgestalt und Mund, die Italieneraugen, den mittelmeerländischen Teint, von dieser Seite gewiß das Klassische, das Verlangen nach Form und Klarheit, Geist, Ironie und Anmut, die eigentümliche, oft kritisch degoutierte, oft zornige Distanz zum Deutschtum, das doch, als derb-mythische Volkstümlichkeit, als Hans-Sachs- und Luther-Mitgift, auch wieder sehr mächtig in ihm war, so daß man sagen kann, nie sei die kühle und souveräne Beurteilung des Deutschen aus deutscherem Gemüte gekommen, nie habe es ein deutscheres Anti-Barbarentum gegeben ...

Im übrigen sah es in der Familien-Kombination, die bestimmt war, das Phänomen, den Halbgott, hervorzubringen, biologisch nicht gar vielversprechend aus. Sein Großvater väterlicherseits, der Schneidermeister Friedrich Georg Goethe, war offenbar im Alter nicht ganz bei Troste. Aus zwei Ehen hatte er elf Kinder, die zumeist schon in zartem Alter starben. Von den dreien, die ihn überlebten, war der Älteste eindeutig geisteskrank und starb mit dreiundvierzig in Verblödung. Des Dichters Vater, Johann Kaspar, war von den elfen das zehnte, ein spätes Kind betagter Eltern. Es war ihm anzumerken. Jurist und ›Kaiserlicher Rat‹ nach seinem erkauften Titel, war er ein sonderbar übelnehmerischer, unverträglicher Mann, ein moroser, berufsuntätiger, sammeleifriger Eigenbrötler und lastender Pedant, ein querulierender Hypochondrist, dem jeder Luftzug die mühsame Ordnung störte. Ihn heiratete mit siebzehn Jahren, halb so alt wie er, Elisabeth, des Schultheißen und der Lindheimerin fröhliche Tochter, – nicht eben zu ihrem Glück, denn ihre besten Jahre verbrachte sie als Diakonissin eines dekrepiten Tyrannen. Ihr Erzeuger, Johann Wolfgang Textor, muß eine »Frohnatur«, wie Goethe das Mütterchen nannte, auch wohl gewesen sein, zum mindesten in seiner Jugend, – will sagen: ein Lebemann und waghalsiger Frauenjäger, manchmal von ergrimmten Gatten schmählich ertappt, dabei aber – seltsame Mischung: – ein Wahrträumer, der Gabe der Weissagung teilhaftig und im Alter (er wurde an achtzig) desto ernster, wortkarger, strenger und gemessener, je bunter er es in der Jugend getrieben. Seine letzten Jahre verbrachte er geistesschwach im Krankenstuhl.

Elisabeth, die Rätin Goethe, kam sechsmal nieder, davon viermal nur für den Tod. Sie traten, diese Geschwister, nach wenig Tagen gleich wieder zurück ins Dunkel, und nur eine Schwester überlebte mit Wolfgang die frühesten Tage: Cornelia, ein unglückselig-herbes, neurotisch-hautleidendes, auf Erden bitter-fremdes Geschöpf, frigid, halb-männlich, zur Äbtissin, wie ihr Bruder meinte, eher geschaffen als zur Ehe, mit der sie's doch versuchte, nur um im verhaßten Kindbett elend umzukommen. Er lebte, er allein, und lebte für Sechse, so möchte man sagen, obgleich er nicht immer über die Lebenskräfte gebot, um die die anderen zu kurz gekommen waren und die er in metaphysischer Habsucht an sich gezogen.

Einer seiner Enkel, die Schatten nur noch von Menschen waren, pflegte in melancholischer Selbstverspottung zu sagen: »Was wollen Sie, mein Großvater war ein Hüne, und ich bin nur ein Hühnchen.« Anfällig aber war der Hüne. Eine jahrzehntelang latente Tuberkulose scheint sich durch sein gewaltiges Leben zu ziehen, denn als Student in Leipzig, wo er schlecht Maß gehalten, aus Übermut einmal und einmal aus Weltschmerz gegen seine Gesundheit getollt hatte, erlitt er einen Blutsturz, kehrte als ein gebrochener Jüngling (übrigens auch ohne alle Studienerfolge) ins bitter enttäuschte Elternhaus zurück, – und dem Einundachtzigjährigen stößt nach dem Tode seines unseligen Sohnes wieder eine schwere Lungenblutung zu: unglaublich zu sagen, der Greis verliert, eingerechnet den Aderlaß, den man für angezeigt hielt, fünf Pfund Blut – und ersteht davon, um in straffer Arbeit, durch »Vorsatz und Charakter« ersetzend, was die »freiwillig tätige Natur« nicht mehr leisten wollte, den noch fehlenden vierten Akt des ›Faust‹ zuwege zu bringen.

Der Jüngling, von langwierigem Siechtum genesen, das ihn wiederholt an den Rand des Grabes gebracht hatte, – der zwanzig- bis dreiundzwanzigjährige Goethe in Straßburg, wo er, unter vielen, teils phantastisch-geheimwissenschaftlichen, teils poetisch-schöngeistigen Abweichungen vom juristischen Fach, weiterstudiert, in Wetzlar an der Lahn sodann, wo er als ›Lizentiat‹ (oder auch ›Doktor‹) der Rechte am Reichskammergericht praktiziert (in Wirklichkeit aber gar nichts tut als lieben, leiden, schwärmen, faulenzen und sich das innere Wachstum gönnen) – dies ständig hintenausschlagende Vollblut-Füllen und Genie im Puppenstande muß einen teils zu ärgerlichem Lachen reizenden, teils bezaubernden, bei alt und jung, groß und klein Liebe erweckenden Eindruck gemacht haben: einen ärgerlichen durch hundert Affereien in Kleidung und Manieren, durch unleidliche »Präsumtuosität« und wilde Unreife, einen entzückenden durch Jugendglanz, hellichte Begabung, eine beinahe schon physisch spürbare, elektrisierende Lebensgeladenheit, dazu durch unbeschreibliche Naivität und die Gutherzigkeit eines von sich selbst und anderen etwas verzogenen, aber lieben Jungen voll besten und reinsten Wollens.

Er war sehr hübsch damals, ein Freund der Kinder und des Volks, das heißt der Natur, dabei »äußerst leicht und spatzenmäßig«, nach Herders Kennzeichnung, »ein junger übermütiger Lord mit entsetzlich scharrenden Hahnenfüßen« – das heißt, wenn er nicht gerade in tiefste Liebesmelancholie, unbändigen Weltschmerz versenkt war und versuchte, sich ein Messer in der Herzgegend täglich ein wenig tiefer ins Fleisch zu stechen. »Ich weiß nicht, was ich Anzügliches für die Menschen haben muß«, schreibt er selbst, »es mögen mich ihrer so viele.« Aber auf ihrer Höhe muß diese »Anzüglichkeit« gewesen sein, als der sechsundzwanzigjährige, schon weit berühmte Verfasser herrlicher Lieder, des ›Götz von Berlichingen‹, des ›Werther‹ und einiger unglaublich frischer und packender Fragmente eines Faust-Gedichtes als Favorit des jungen Herzogs seinen Einzug in Weimar hielt, – vermeintlich zu einem vorübergehenden Besuch, in Wirklichkeit, um dort sein Leben zu verbringen. Wieland, Prinzenerzieher daselbst und ein Mann schon von zweiundvierzig, ist Mundstück der allgemeinen Begeisterung, wenn er kurz nach der Ankunft des Frankfurter Gastes schreibt: »Seit dem heutigen Morgen ist meine Seele so voll von Goethe, wie ein Tautropfen von der Morgensonne.« »Mit einem schwarzen Augenpaar«, dichtet er,

Zaubernden Augen voll Götterblicken,
Gleich mächtig, zu töten und zu entzücken.
So trat er unter uns, herrlich und hehr,
Ein echter Geisterkönig, daher!

So hat sich nie in Gottes Welt
Ein Menschensohn uns dargestellt,
Der alle Güte und alle Gewalt
Der Menschheit so in sich vereinigt!
Der unzerdrückt von ihrer Last
So mächtig alle Natur umfaßt,
So tief in jedes Wesen sich gräbt,
Und doch so innig im Ganzen lebt!

Das laß mir einen Zaubrer sein!
Was macht er nicht aus unsern Seelen?
Wer kann so lieblich ängsten und quälen?
Wer aus der Seelen innersten Tiefen
Mit solch entzückendem Ungestüm
Gefühle erwecken, die ohne ihn
Uns selbst verborgen im Dunkeln schliefen?

Man ermesse nach diesem schwärmerischen Erguß den vitalen Magnetismus, die in Geist aufflammende Lebensgewalt, die ausgegangen sein muß von diesem Menschen, als er das Füllen- und Spatzenstadium schon hinter sich hatte, den tiefen und schweren Ernst seiner Erdensendung schon ahnte und seine Jugendtollheit nur noch dazu benutzte, dem Übermut des jungen Souveräns, der ihn liebte, damit zu sekundieren, indem er ihn unterderhand – und mit Erfolg – zum Ernst, zum Fleiß, zum Guten anzuhalten suchte.
Die Übersiedelung nach Weimar, der Eintritt in den Staatsdienst oder vielmehr gleich in die Regierung eines kleinen Staates war, von außen gesehen, reiner Zufall, – ein Zufall gleichwohl, der einem inneren Lebensplan gehorchte, die Fügung dessen, was Goethe das »obere Leitende« nannte. Nie nämlich waren eines Dichters Leben und Werk inniger ineinander verschränkt, untrennbarer einander zugeordnet, so, daß das Werk ganz Erfahrung, Aussprache, lyrisches Bekenntnis war, das Leben dem gleichsam präformierten, vorherbestimmten, aber auf bestimmte Wendungen des Lebens angewiesenen Werke diente. Als Goethe Mitte der siebziger Jahre des achtzehnten Jahrhunderts durch die Vermittlung zweier reisender Edelleute, die ihn verehrten, der Grafen Stolberg, in Karlsruhe die Bekanntschaft des Erbprinzen Carl August machte, war er verlobt mit Lili Schönemann, einer reichen und reizenden Bürgerstochter von Frankfurt, verlobt aus Liebe oder Verliebtheit, ein glücklicher Bräutigam, tief unglücklich in seiner Seele über die werkwidrige Dummheit, die er zu machen im Begriffe war, von schlechtem Gewissen mysteriös gequält ob der bevorstehenden bürgerlichen Festlegung und ehelichen Stillung seines Lebens. Dieses Gewissen drängte, wie schon mehrmals vorher, zur Flucht, und die Reise in die Schweiz, zu der er sich jenen enthusiastischen jungen Adligen anschloß, war eine solche. »Ich muß fort in die freie Welt!« rief es in ihm und rief er auf dem Papier. Aber wer es mit ihm oder sogar durch ihn rief, war die persona seines die Phase höchst unfertigen Jugendreizes haltenden, aber zu mächtigem Reifen und Altern bestimmten Lieblings- und Lebenswerkes, die ihn in diesem Rufe selbst zur »persona« machte: es war *Faust*, der in das tätige Leben, die große Welt geführt werden wollte, unter anderm auch an einen Herzoghof zu bringen war. Und Goethe gelangte an einen Herzoghof.

Carl August von Sachsen-Weimar, sagt der Biograph, hatte sich auf jener Reise zwiefach verliebt: in die schöne Prinzessin Luise von Hessen-Darmstadt, seine Braut, und in den Dr. Goethe. Als er ihn wieder traf, in Frankfurt, etwas später, war er regierender Herr und eben vermählt. Er führte sie beide heim, die Liebste und den Günstling, – mit dem er dann in seinem Hauptstädtchen und den Dörfern, Jagd- und Lustgründen ringsum unendlichen, souveränen und ausgelassenen Spaß hatte, indem er zugleich alles Vertrauen, alle Ehren und Machtbefugnisse auf ihn häufte, die nach der Meinung seiner würdig-altbewährten Räte einem gänzlich unerfahrenen und ungedienten sogenannten Originalgenie, wie diesem zugereisten Frankfurter Advokaten und Poeten, keineswegs gebührten.
Es war denkwürdigerweise die Meinung Carl Augusts nicht. »Sie werden selbst einsehen«, schrieb er an seinen grollenden, protestierenden, mit Amtsniederlegung drohenden Ersten Minister, einen gewissen von Fritsch, »daß ein Mann wie dieser nicht würde die langweilige und mechanische Arbeit in einem Landes-Collegio von unten auf zu dienen, aushalten. Einen Mann von Genie nicht an dem Ort gebrauchen, wo er seine außerordentlichen Talente gebrauchen kann, heißt denselben mißbrauchen.« Er macht den Siebenundzwanzigjährigen zum Geheimen Legationsrat mit Sitz und Stimme im Conseil und einem Gehalt von 1 200 Talern, den Dreiunddreißigjährigen schon zum ›Wirklichen Geheimen Rat‹, zum Minister, zur Exzellenz und verschafft ihm im selben Jahr vom Kaiser den erblichen Adel, – was aber Goethe nicht weiter berührte, da »wir Frankfurter Patrizier uns immer dem Adel gleichgehalten hatten«. Überhaupt darf man sich nicht einbilden, daß er seine ›Erhöhung‹, die sehr an diejenige Josephs durch Pharao erinnert, im geringsten als traumhaft und überwältigend empfunden hätte. »Ich habe niemals«, sagt er in einer kleinen Selbstbetrachtung, »einen präsumtuoseren Menschen gekannt als mich selbst, und daß ich das sage, zeigt schon, daß wahr ist, was ich sage. Niemals glaubte ich, daß etwas zu erreichen wäre, immer dacht' ich, ich hätt' es schon. Man hätte mir eine Krone aufsetzen können, und ich hätte gedacht, das verstehe sich von selbst... Aber daß ich das über meine Kräfte Ergriffene

durchzuarbeiten, das über mein Verdienst Erhaltene zu verdienen suchte, dadurch unterschied ich mich bloß von einem wahrhaft Wahnsinnigen.«

So spricht kein Ehrgeiziger und kein Triumphierender. Es spricht vielmehr so ein natürlich Bevorzugter, der gnadenweise schon alles hat, aber ein ernsthaftes Menschenkind ist, gewillt, sich das Seine zu verdienen. Von einem seiner Altersportraits sagte jemand, man sähe, daß das ein Mann sei, der viel gelitten habe. Es sei das besser ein wenig aktiver zu fassen, meinte er, und richtiger zu sagen: »Das ist auch einer, der sich's hat sauer werden lassen.«

Wirklich, er ließ es sich sauer werden als Minister-Favorit und »Zweiter im Königreich«, wie er sich, bestimmt nicht ohne Erinnerung an Joseph, wohl einmal nannte, – als klug gängelnder und pädagogischer Mentor des Herzogs und Seele der Weimarischen Regierung. Zehn Jahre lang, seit ihm der grenzenlos vertrauensvolle Herr auch das Präsidium der Kammer übertragen, ist er das Faktotum des kleinen Staates, »das Mark der Dinge«, wie jemand spöttisch oder verwundert sagte, – während unterdessen sein Dichterruhm fast verblich und er selbst seine mächtigste Gabe, seinen natürlichsten Beruf in sich zu unterdrücken suchte. »Ich entziehe diesen Springwerken und Kaskaden«, schreibt er, »so viel als möglich die Wasser und schlage sie auf Mühlen und in die Wässerungen.« Die Mühlen, die Bewässerung, das sind: Akziseordnungen, Tuchmanufaktur-Reglements, Rekrutenaushebungen, Kanal- und Straßenbauten, Armenanstalten, Gruben und Steinbrüche, Finanzen und hundert Dinge mehr. Er opfert sich ihnen mit wahrer Wut, mit an sich selbst gerichteten Befehlen wie: »Eherne Geduld! Steinern Aushalten!« Er erreicht manches: Ordnung und Sparsamkeit in einem wohl recht verlumpten kleinen dixhuitième-Staatswesen, – um für seine Person zuletzt zu dem Ergebnis zu kommen: »Wieviel wohler wäre mir's, wenn ich von dem Streit der politischen Elemente abgesondert den Wissenschaften und Künsten, wozu ich geboren bin, meinen Geist zuwenden könnte. Mit Mühe habe ich mich vom Aristoteles losgerissen, um zu Pachtsachen und Triftangelegenheiten überzugehen. Ich bin recht zu einem Privatmenschen erschaffen und begreife nicht, wie mich das Schicksal in eine Staatsverwaltung und eine fürstliche Familie hat einflicken

mögen.« Das letzte Ergebnis ist: »Wer sich mit der Administration abgibt, ohne regierender Herr zu sein, der muß entweder ein Philister oder ein Schelm oder ein Narr sein.«
Es gibt ein großes Wort von ihm, das lautet: »Ob einer sich in der Wissenschaft genial erweist, oder im Krieg und der Staatsverwaltung, oder ob einer ein Lied macht, es ist alles gleich und kommt bloß darauf an, ob der Gedanke, das Aperçu, die Tat lebendig sei und fortzuleben vermöge.« Das richtet sich gegen die einseitig schöngeistige Genie-Auffassung seiner Zeit, ist das Wort eines Menschen, der aufs Ganze geht, eines integralen Menschen, welcher weiß, daß ein großer Dichter vor allem groß – und erst dann ein Dichter ist. Und doch zeigte sich, daß es zu weit geht, im Gegenstande hingebender Aktivität ein Gleichgültig-Auswechselbares, »nur ein Gleichnis« zu sehen, – es zeigte sich, daß Traurigkeit und Krankheit dabei herauskommt, wenn Pegasus sich zwingt, die Mühle zu drehen. Goethe ward traurig und krank, er sprach nicht mehr, welkte körperlich dahin – und floh, floh wieder einmal Hals über Kopf, wozu eine seraphisch entnervende Liebschaft nicht den letzten Antrieb gab: das Verhältnis zu der Hofdame Frau von Stein, eine nicht ganz durchsichtige, sonderbar ekstatische und nicht recht gesunde Leidenschaft, die schwerbegreiflicherweise ein Jahrzehnt seines Lebens durchwaltete, eine unwahrscheinlich lange sich hinziehende, halb mystische Verfallenheit, die, wenn sie länger gedauert, wenn er sich nicht daraus davongemacht hätte, sicherlich seine Natur, das Natursichtige, Erdgeisthafte in ihm, ohne welches sein Dichtertum bläßlicher Verdünnung und Schwächung ausgesetzt war, schwer geschädigt haben würde.
Nicht daß sie unfruchtbar gewesen wäre, diese wunderliche Passion, die zum eigentlichen Liebesverhältnis wahrscheinlich nie gediehen ist. ›Iphigenie‹, ›Tasso‹, selbst Mignons Sehnsuchtslieder noch kamen aus ihr. Und doch, wenn er sagt, die Hauptabsicht seiner italienischen Reise, dieser in aller Eile und Heimlichkeit ins Werk gesetzten Flucht, sei gewesen, »ihn von den physisch-moralischen Übeln zu heilen, die ihn in Deutschland quälten«, so dürfen wir, wenn er es aus Pietät nicht selber tat, Charlottens Namen mit diesen Übeln, dieser Qual, diesem Durst nach Heilung verbinden.

Italien also, ein Urlaub von vollen zwei Jahren unter klassischem Himmel, inmitten eines südlichen Volks, der Anschauung hingegeben der Antike und großer Kunst, – ein Bildungserlebnis weit gewaltigerer Art, als der sittigende Minnedienst von Weimar ihm hätte gewähren können. Sinn und Wesen dieses Erlebnisses ganz zu erfassen, völlig uns einzufühlen in seine unaufhörlichen Exklamationen des Glücks, der Befreiung, des Neubeginns, – »Ich zähle einen zweiten Geburtstag, eine wahre Wiedergeburt von dem Tage, da ich Rom betrat«; »eine neue Jugend, eine zweite Jugend, ein neuer Mensch, ein neues Leben«; »so meine ich bis aufs innerste Knochenmark verändert zu sein« usw. usw. – Ausrufe, die er an viele Adressaten, darunter auch an die ohne Abschied verlassene Charlotte richtete, – ich sage: diese Umwälzung und Neubildung wirklich zu verstehen, fällt uns Heutigen nicht eben leicht, – auch die Literaturhistoriker und Goethe-Philologen wissen im Grunde weniger davon, als sie sich den Anschein geben. Das Wesen der Sache scheint eine vorhergesehene, gewollte, als lebensnotwendig empfundene und sofort einsetzende Neu-Integrierung seiner Person, seiner disparaten Anlagen, der natürlichen und geistigen, wissenschaftlichen und künstlerischen, sinnlichen und sittlichen, gewesen zu sein, – »so bestimmt, so lebendig, so zusammenhängend«, um seine Worte zu gebrauchen. *Ganzheit*, das ist es, worauf er aus ist, und beständig führt er um diese Zeit das Wort im Munde. »Naturgeschichte, Kunst, Sitten pp., alles amalgamiert sich bei mir ... Ich fühle, daß sich die Summe meiner Kräfte zusammenschließt.« Sie schloß sich zusammen in der Anschauung der Antike, die er nicht mit dem Blick des Ästhetikers betrachtet, sondern wie ein herrliches Naturgewächs studiert, und zu der er ein viel mächtigeres, zugleich höheres und derberes Verhältnis gewinnt als das, wovon seine formale Wendung zum Klassischen, oder vielmehr Klassizistischen, in der ›Iphigenie‹, im ›Tasso‹ unter Charlottens Ägide bestimmt gewesen war. Das war Bildung, Bändigung, Sittigung, der Einfluß femininer Seelenhaftigkeit und im Grunde etwas sehr Anti-Heidnisches, Anti-Natürliches gewesen, – während gerade das Ineinanderwachsen und Einswerden der Begriffe ›Antike‹ und ›Natur‹ das Erlebnis und Ergebnis seines Aufenthaltes in Italien war, wo, so sagte er später, »das bisher beengte und beängstigte

Naturkind in seiner ganzen Losheit wieder nach Luft schnappte«.

Was die Erfahrung heidnischer Naivität, der Natürlichkeit südlichen Volkslebens ihm bedeutet hat, läßt sich ermessen. Sie ist das Glück und die Ganzheit. »Übrigens«, schreibt er, »habe ich glückliche Menschen kennen lernen, die es nur sind, weil sie *ganz* sind ... Das will und muß ich nun auch erlangen ... Wie das Leben der letzten Jahre wollt' ich mir eher den Tod gewünscht haben.« – Es ist beinahe unglaublich, daß er dies ausgerechnet der Stein sagt, die den Bruch herauslesen mußte, bevor er vollzogen wurde. Aber jedes Wort, das er schreibt, ist im Grunde gegen sie und ihre ätherische Sphäre gerichtet. »Meine Existenz hat nun einen Ballast bekommen, der ihr die gehörige Schwere gibt; ich fürchte mich nun für denen *Gespenstern* nicht mehr, die so oft mit mir gespielt haben.« – Was ist das Gegenteil des Gespenstischen? Das Solide. »Wer mit Ernst sich hier umsieht und Augen hat zu sehen, muß *solid* werden, er muß einen Begriff von Solidität fassen, der ihm nie so lebendig ward.« Und solide, heidnisch, klassisch, naiv und »ganz« ist nun auch seine Konzeption der Liebe, in welcher, um die ›Römischen Elegien‹ zu zitieren: »Folgte Begierde dem Blick, folgte Genuß der Begier.« 1795 mußte die edle Charlotte das gedruckt lesen. Gewiß hat sie die Augen gen Himmel gehoben.

Was sonst noch zu jener epochemachenden Konsolidierung, jenem Stämmigwerden seiner Persönlichkeit beitrug: die Berührung mit dem Mittelmeerländischen, das ihm auf irgendeine Weise von Bluts wegen heimatlich war, mit dem Außer-Deutschen, das ihm befreiend wohltat, mit der historischen Größe, die seinem Großheits-Instinkt entgegenkam, – wir können es ungefähr ahnen, erraten, versuchsweise rekonstruieren. Tatsache ist, daß das urbane Genie, der erzogene Titane, der europäische Deutsche, welcher der Welt zwar ein ausgeprägt deutsches, der eigenen Nation aber ein europäisches Antlitz zuwendet, in Italien fertig wurde.

So kehrte der Neununddreißigjährige zurück in das Thüringische Residenzstädtchen, vom Herzog versichert, daß er von seiner hohen Stellung im Staat nur noch die Ehren, aber keine Pflichten mehr haben, das heißt nur noch ein bißchen Oberaufsicht über das Theater, die Bildungsanstalten führen solle, um in Muße seinem Werk leben zu können. Ein merkwürdiger Herr, dieser Duodez-Pharao, der soviel Blick, Instinkt, Gefühl für die Singularität seines Joseph hatte, – unter den Fürsten Germaniens selbst eine durchaus singuläre und ewig achtenswerte Erscheinung. Es ist eine sehr hübsche Einzelheit, daß er bestimmte, Goethe solle, wenn er einer Sitzung des Conseils oder der Kammer beizuwohnen wünsche, berechtigt sein, seinen Platz auf dem für den Herzog selbst bestimmten Stuhl zu nehmen. Und dabei hatte Goethe als Minister ihm 290 von seinen 600 Soldaten weggenommen!

Er kehrte zurück unter kleine, schöngeistige oder rohe, engstirnige, zimperlich verklatschte, prüde und weltlose Kleinstadt- und Kleinstaatmenschen, – ein anderer als der, der sich davongemacht hatte, gefestigt, vervollständigt, erfahren und in sich ruhend, das Herz voller Distanz-Gefühle, ein Einsamer im Grunde fortan. Sich zu eröffnen, sich mitzuteilen, ist nun sehr schwierig geworden. Man findet, daß er sich entweder banal-konventionell gebe oder sich sonderbar ausdrücke, lästige Prätentionen mache und nicht zu verstehen sei. Zu alten Freunden wird kein Verhältnis mehr gefunden, die von ihm ausgehende Kälte ist allen fühlbar, und nach einer Gesellschaft in seinem Hause, bei der er sich damit half, Zeichnungen vorzulegen, sagt man: »Es war uns allen höchst unwohl.« Seine Güte ist Herablassung geworden, reservierte Verbindlichkeit. So sagt es Schiller, der während des ersten Winters, den er in Weimar zubrachte, von Goethe kaum beachtet wurde. »Er besitzt das Talent, die Menschen zu fesseln und durch kleine sowohl als große Attentionen sich verbindlich zu machen, aber sich selbst weiß er immer frei zu behalten. Er macht seine Existenz wohltätig kund, aber nur wie ein Gott, ohne sich selbst zu geben.« Es ist das Wort eines Mannes, dessen Beobachtung durch Kränkung geschärft ist.

Da ist Madame Herder, Caroline Herder, die Frau des berühmten Predigers, Kunstphilosophen und Volksliedersammlers, Goethe's Straßburger Mentors, den er als Generalsuperintendenten nach Weimar gezogen hatte. Sie äußert: »Er will durchaus nichts mehr für seine Freunde sein. Für Weimar taugt er nicht mehr.« Sie sagte auch, und das ist echt weimarischer Tonfall: »Oh, könnte er nur etwas Gemüt seinen Schöpfungen geben und sähe man nicht überall *eine Art von*

Buhlerei oder, wie er selbst es so gern nennt, das betuliche Wesen darin!« Treffliche Caroline! Aber sie hat recht. Er selbst gibt seiner Egeria von einst, Frau von Stein, die Nachricht: »Meine Tugenden wachsen, aber meine Tugend mindert sich.« Man kann es nicht knapper und bekümmernder sagen. Gemütvoller hatten Italien, die Antike, der Umgang mit großer Kunst ihn nicht gemacht. In sein Wesen war zum Befremdenden auch noch das Anstößige gekommen: ein Zug von entschlossener Sinnlichkeit, einer Sinnlichkeit ohne schlechtes christliches Gewissen, voll souveränen Trotzes gegen dieses und seine gesellschaftlichen Grimassen, ein heidnisches Verhalten, das den Gebildeten – und gebildet waren sie alle! – den Ekelnamen »Priap« für ihn eingab.
Es war damals, daß er zur händeringenden Verzweiflung seiner verlassenen Iphigenie und Prinzessin von Este, der Stein, und zur Entrüstung aller Leute von Stand und Moral ein kleines Blumenmädchen, sehr hübsch und gründlich ungebildet, un bel pezzo di carne, Christiane Vulpius mit Namen, als Bettschatz zu sich nahm, ein Verhältnis von herausfordernder Libertinage, das er erst viele Jahre später legalisierte und das die Gesellschaft weder ihm noch ihr jemals verzieh. Er hatte mit ihr mehrere Kinder, von denen nur eines, August, es zu mittleren Jahren bringen sollte, – nicht zu seinem noch zu des Vaters Glück, denn er war ein unseliger Mensch, dem Trunk und jeder Ausschweifung ergeben, eine arme, von Anbeginn verzweifelte Seele, exzessiv, brutal und schwach.
Die dauerhafte Physis seines Erzeugers ging durch Phasen, deren Anschauung wir durch Bilder, Zeichnungen, Scherenschnitte und durch die Beschreibung von Zeitgenossen besitzen. Hatte er in der Jugend gleich einem stutzerhaften Apoll, oder besser wohl Hermes, sich dargestellt (abgesehen von etwas zu kurzen Beinen), so nahm zu Anfang des Jahrhunderts, in das er ein Menschenalter weit hineinlebte, sein Körper eine schwerfällige Beleibtheit an, die schon in Italien begonnen hatte sich zu entwickeln. Es gab Jahre, wo sein in der Anlage so schönes Gesicht eine mürrische Dickigkeit mit hängenden Wangen zeigte. Im Alter dann näherte seine Erscheinung sich wieder mehr derjenigen des Jünglings an, nur daß aus dem Apoll oder Hermes ein Jupiter geworden war, höchst majestätisch, ein König halb, halb ein Vater, wie

Grillparzer sagte: ein wundervolles Haupt mit herrlicher Felsenstirn unter feinem und reichlich gebliebenem, schön angewachsenem, täglich sorgsam gekräuseltem und leicht gepudertem Haar, einem bezwingenden schwarzen Augenpaar, blitzend von geistiger Energie, wenn es nicht eben von maussader Müdigkeit gedämpft und verhangen war, die Kleidung sehr vornehm, gewählt, in der Mode etwas altväterisch zurückhaltend. Dafür freilich trat bei dem Alternden und Alten die Steifigkeit, die als gravitätisches Gehaben schon den Jungen gekennzeichnet hatte, mehr und mehr hervor: das abgemessen Zeremonielle, auch Schrullige, auch konventionell Gebundene, das sein Gespräch sich oft in nichts über das Niveau eines gebildeten Ministers erheben ließ und machte, daß mancher enthusiastische Besucher des Werther- und Wilhelm-Meister-Dichters tief enttäuscht, ernüchtert und erkältet von ihm schied. Da kam das Vatererbe, der alte Johann Kaspar, gespenstisch zum Vorschein: mit seiner starren Pedanterie und puschelhaften Ordnungssucht, auch seiner kauzigen Sammellust und wunderlichen Vielgeschäftigkeit. Man braucht nicht zu zweifeln, daß er sich dieser in ihm allerdings bedeutend erhöhten Wiederkehr bewußt war, mit geisterhafter Heiterkeit den Alten in sich wiedererkannte und im stillen lächelnd das Vater-Vorbild sublimierte.

Damals, will sagen zwischen siebzig und achtzig, war er längst nicht mehr nur der Dichter des ›Werther‹, des ›Faust‹, – er war zu einer beinahe schon mythischen Gestalt, zum ersten Repräsentanten der abendländischen Kultur und sich selbst bereits historisch geworden, einer überragenden Figur von hoher geistiger Feierlichkeit, der man sich von überallher, aus allen Ländern Europas und selbst schon von jenseits des Ozeans, mit Ehrfurcht und oft mit zitternden Knien nahte. Leute, die Brillen trugen, pflegten dieselben im Vorzimmer abzulegen, da bekannt war, daß er es haßte, in spiegelnde Gläser zu blicken. Solche, die gereist waren, etwas gesehen, etwas zu melden hatten, verhörte er gründlich, sagte: »Halt, bleiben wir bei diesem Punkt«, und ließ sich genau informieren. Denn er wollte alles wissen, sich alles zutragen lassen und sich die Kenntnisse aneignen, die andere zufällig besaßen. Sie waren bei ihm auch am besten aufgehoben. War einer ein bißchen interessant und seinem Universalismus nützlich, so wurde er zum Mittagessen dabehalten und bekam sehr gut zu essen und zu trinken, während er ausgeholt wurde. Er durfte dann auch wohl etwas von den Sammlungen sehen, mit denen das noble Haus am Frauenplan, ein Geschenk des Herzogs und späteren Großherzogs, vollgestopft war: den Kupferstichen, Medaillen, Mineralien, antiken Kostbarkeiten. »Ich besitze«, sagte der Alte, »seit dem fünfzehnten Jahrhundert bis heute die Münzen aller Päpste. Es dient zur Geschichte der Kunst. Ich kenne alle Graveurs. Die griechische Prägung vor und zu Alexanders Zeit ist noch nicht erreicht.« – Das war nur eine kleine Provinz des Imperiums von Wissen, über das er gebot, und dessen Zeichen er in Mappen, Kästen, Vitrinen um sich versammelt hielt.

Er war einer der umfassendsten, allseitigsten Dilettanten, die gelebt haben, ein Pan-Amateur, und machte sich nichts daraus, wenn man ihm zu verstehen gab, bei so vielen Liebhabereien, für die Physik, die Pflanzenkunde, die Osteologie, Mineralogie, Geologie, Zoologie, Anatomie und so weiter, von den bildenden Künsten zu schweigen, müsse sein Eigentlichstes, sein Dichtergenie zu kurz kommen. ›Wer sagt euch‹, mochte er denken, ›daß nicht die Poesie die Liebhaberei ist und das Eigentliche etwas ganz anderes, nämlich *das Ganze*?‹ – Er hat eine ›Farbenlehre‹ geschrieben, in deren erstem Entwurf schon sein Freund Schiller »viele bedeutende Grundzüge einer allgemeinen Geschichte der Wissenschaft und des menschlichen Denkens« fand. Tatsächlich ist der historische Teil des Buches, ganz nach Goethe's Absicht, etwas wie ein Gleichnis der Geschichte aller Wissenschaften, der durch die Jahrtausende führende Roman des europäischen Gedankens geworden.

Das ungeheure Ansehen des Mannes galt gewiß vor allem seinem weiten und herrlichen dichterischen Werk. Doch ebenso gewiß ist, daß die ›Liebhabereien‹ und szientifischen Nebendinge stark dazu beitrugen, ihm den magischen Ruhm eines Weisen, die unbestimmte Hochherrschaftlichkeit zu verleihen, die in gewissen brieflichen Anreden nach Ausdruck suchte. Französische Korrespondenten nannten ihn »Monseigneur« – was eigentlich ja ein prinzlicher Titel ist. Ein Engländer schrieb: »Seiner Durchlaucht, dem Fürsten Goethe in Weimar.« »Das möchte«, erläuterte der Alte, »wohl daher kommen, daß man mich gern den Dichterfürsten nennt.« Als er dahingegangen war, sagten die Deutschen zueinander – auch solche, die wohl nie etwas von ihm gelesen hatten –: »Weißt du denn schon? Der große Goethe ist gestorben.« Es klang beinahe wie »Der große Pan ist tot«.

Er sagte oft, daß das Talent »eine tüchtige physische Grundlage« brauche und meinte wohl seine eigene. Aber er sprach auch von der »schwächlichen Konstitution solcher, die Außerordentliches leisten«, und dachte, wenn er die Verbindung von Zartheit und Zähigkeit andeutete, die die besondere Vitalitätsform des Genies ausmacht, wiederum an sich selbst. Tatsächlich stand es, auch ohne greifbares Detriment, meistens auf Spitze und Knopf mit ihm, labil und anfällig, und von Zeit zu Zeit brachten schwere Krankheiten ihn an den Rand des Grabes: mit zweiundfünfzig eine durch fürchterlichen Krampfhusten komplizierte Blatterrose, von der große Nervenschwäche lange zurückblieb, vier Jahre später ein »Brustfieber« (Lungenentzündung?), auch von Krämpfen begleitet, – nicht zu gedenken der Gichtanfälle und Nierenstein-Koliken, die ihn schon früh in die böhmischen Bäder führten. In sehr bedenklicher Verfassung war er Herbst 1823, mit vierundsiebzig, äußerst matt und in sich gekehrt. Es war der Rückschlag auf die Marienbader Ekstase, der Abschied von der Liebe, und wenn die Krankheit, die folgte, indefinibel war, so war sie doch fast eine Krankheit zum Tode.

Kurzum, es war eine gefährdete Freundschaft, die er unterhielt mit dem Leben, aber er liebte es sehr, diese Freundschaft hervorzukehren, Saft und Kraft zu präsentieren, den breit aufgepflanzten Sohn der Erde, den Eichbaum zu spielen und auf seine Dauerhaftigkeit zu pochen. Seine Lebensweise hatte viel Robustes. Er war ein sehr starker und interessierter Esser, um seinen Appetit besorgt, mit einer Vorliebe für Kuchen und Süßigkeiten, und für unsere Begriffe beinahe ein Alkoholiker, denn täglich zu Mittag trank er eine ganze Bouteille Wein, dazu noch mehrere Gläschen Süßwein zum Frühstück und nach Tische. Das galt damals für mäßig. Seine Art war es auch, sich über flüchtige Lebenskraft oder eine solche, die nicht aufs Äußerste vorhielt, humoristisch geringschätzig zu äußern. Mit einundachtzig sagt er: »Da ist der Sömmering« (ein namhafter deutscher Anatom) »gestorben, kaum elende fünfundsiebzig Jahre alt. Was doch die Menschen für Lumpe sind, daß sie nicht die Courage haben, länger auszuhalten als das! Da lobe ich mir meinen Freund Bentham« (den englischen Ökonomisten und Utilitaristen), »diesen höchst radikalen Narren; er hält sich gut, und doch ist er noch einige Wochen älter als ich.«

Da spricht, im Scherz, ein eigentümlicher Lebens- und Natur-Aristokratismus, der aber im Ernst ein entscheidendes Element seines Selbstgefühls bildet. Der Spott über Benthams »Radikalismus«, in dem er eine Narrheit sieht, gehört auch dazu. Der Gesprächspartner meinte: In England geboren, wäre Seine Exzellenz auch wohl ein Radikaler geworden und gegen Mißbräuche in der Staatsverwaltung zu Felde gezogen. Darauf Goethe, mit der Miene des Mephistopheles: »Wofür halten Sie mich? Ich hätte sollen Mißbräuchen nachspüren und noch obendrein sie aufdecken und namhaft machen, ich, der ich in England von Mißbräuchen würde gelebt haben? In England geboren, wäre ich ein reicher Herzog gewesen oder vielmehr ein Bischof mit jährlichen dreißigtausend Pfund Sterling Einkünften.« Da meint der andere, er hätte in der Lotterie des Lebens doch auch eine Niete ziehen können, es gebe so viele Nieten! – Und Goethe: »Nicht jeder, mein Lieber, ist für das große Los gemacht. Glauben Sie denn, daß ich die Sottise begangen haben würde, auf eine Niete zu fallen?« – Das ist Übermut, Lebensprahlerei, unbedingtes Vornehmheitsbewußtsein. Daß er seine Geburt und Existenz in Deutschland im Grunde als eine Mesquinerie betrachtet – im Vergleich mit dem, was er in England gewesen wäre –, geht nebenbei daraus hervor. Die Hauptsache ist die metaphysische Gewißheit, unter allen Umständen ein Mann des großen Loses, unter allen Umständen wohlgeboren, ein Glückskind und großer Herr, ein Mann der Welt zu sein, über deren Korruptheit sich zu empören Sache der Schlechtweggekommenen ist.

Er liebte eine Redensart, die logisch gar nicht zu rechtfertigen ist, aber ihm mit vornehmer Selbstverständlichkeit von den Lippen geht: Er spricht von »angeborenen Verdiensten«. Wieso? Das ist ja ein hölzernes Eisen. Verdienste sind nicht angeboren, sie werden erworben, errungen, und das Angeborene ist kein Verdienst, es sei denn, man löse dies Wort aus allen seinen moralischen Beziehungen. Das ist es jedoch genau, worauf er es absieht. Die Redewendung ist ein bewußter Affront gegen das Moralische, gegen alles Wollen, Ringen, Streben, Kämpfen, das höchstens löblich, aber nicht vornehm ist, und das er im Grunde für aussichtslos hält. »Man muß etwas *sein*«, sagte er, »um etwas zu machen.« Das heißt: im esse, nicht im operari, liegt das Verdienst (und die Schuld), und nicht aufs Meinen, Sagen oder auch Tun kommt es an, sondern aufs Existenzielle, auf die Substanz, – so daß einer das Rechte vertreten mag, und es ist das Rechte nicht, weil er der Rechte nicht dafür ist. Das schönste Wort, in das er diesen seinen Glauben an naturadelige Prädestination gekleidet hat, lautet: »Da höre ich sagen: ›Wenn nur das Denken nicht so schwer wäre!‹ Das Schlimme aber ist, daß alles Denken zum Denken nichts hilft, *man muß von Natur richtig sein*, so daß die guten Einfälle immer wie freie Kinder Gottes vor uns dastehen und uns zurufen: Da sind wir!«

Natur. Er ist im Grunde kein Vater-Mensch, obgleich er zum Teil das Charakterlich-Väterliche verklärend wiederholt, er ist ein Muttersohn, der Sohn Frau Aja's, der Frohnatur, der Lindheimerin, – Gunstkind und Hätschelhans der großen, der Allmutter. An ihr hängt er, sie glaubt er, ihr dankt er. Daher seine beglückte Empfänglichkeit, schon als Jüngling, für die Philosophie Spinoza's, diese liebende Zustimmung, an der er festhielt bis ans Ende. Es ist die Idee von der Vollkommenheit und Notwendigkeit alles Daseins, woran er hängt, die Vorstellung einer Welt, die von End-Ursachen und End-Zwecken frei ist und in der das Böse wie das Gute sein Recht hat. »Wir kämpfen«, erklärt er, »für die Vollkommenheit des Kunstwerks in und an sich selbst. Jene« (die Moralisten) »denken an dessen Wirkung nach außen, um welche sich der wahre Künstler gar nicht bekümmert, so wenig wie die Natur, wenn sie einen Löwen oder einen Kolibri hervorbringt.« Die Zweckfremdheit der Kunst- wie der Naturschöpfung also ist ihm oberste Maxime, und das ihm eingeborene dichterische Talent betrachtet er »ganz als Natur«, als eine Gabe der allgütigen Mutter, die Gutes und Böses gleichmütig umfaßt. Seine frühe Begeisterung für Shakespeare hat hier ihre Wurzeln, und in die Zeit hinaus hat Goethe's Natur-Ästhetizismus und Anti-Moralismus sehr stark auf Nietzsche, den Immoralisten, gewirkt, der einen Schritt weitergehen und das Vorrecht des Bösen vor dem Guten, seine

überwiegende Wichtigkeit für die Erhaltung und den Triumph des Lebens ekstatisch behaupten wird.
Bei Goethe ist alles noch in ruhigerem, heitererem Gleichgewicht, objektive und plastische Gesinnung. Aber wie aus seiner Naturvergottung, diesem spinozistischen Pantheismus, seine Güte kommt, seine Duldsamkeit und Konzilianz, sein Geltenlassen, seine ›Läßlichkeit‹, so kommt auch daher seine Kälte, sein Mangel an Enthusiasmus und ideellem Schwung, den viele ihm zum Vorwurf machten, seine Ideenverachtung, sein Haß auf das Abstrakte, das ihn lebensmörderisch dünkt. »Allgemeine Begriffe und großer Dünkel«, lautet einer seiner Kernsprüche, »sind immer auf dem Wege, entsetzliches Unheil anzurichten.« Das ist das Motto für sein Mißverhältnis zur Französischen Revolution, die ihm schrecklich war, ihn als Weltereignis gequält hat wie nichts anderes in seinem Leben und ihn fast sein Talent gekostet hätte, – obgleich er doch durch sein sensationelles Jugendwerk, den an den Grundfesten der alten Gesellschaft wildempfindsam rüttelnden ›Werther‹, mit dem Kommenden in prophetischer Fühlung gestanden, ja geholfen hatte, es vorzubereiten.
Seine Stellung zur Revolution wiederholt mit frappanter Genauigkeit diejenige des Erasmus zur Reformation, die anzubahnen er so viel getan hatte und die er dann mit humanistischem Dégoût ablehnte. Goethe selbst hat die beiden großen »Störungen« mißbilligend zusammen genannt in dem berühmten Distichon:

Franztum drängt in diesen verworrenen Tagen,
  wie einstmals
Luthertum es getan, ruhige Bildung zurück.

Ruhige Bildung – diese Liebe, dieser Quietismus und Anti-Vulkanismus war es, was ihn mit dem Rotterdamer verband, und die beiden Verse lassen keinen Zweifel – wenn sonst ein Zweifel wäre –, wie er sich im sechzehnten Jahrhundert gehalten und gestellt haben würde: nämlich gegen den Aufruhr des Subjekts auf die bewahrende, die Seite der objektiven Macht, der Kirche. Und doch hätte auch er wahrscheinlich, wie Erasmus, den Kardinalshut abgelehnt, den der Papst dem großen Gelehrten anbot und den dieser unter eleganten

Entschuldigungen zurückwies, weil er sich weder an das Alte, an das er in tiefster Seele nicht mehr glaubte, noch an das Neue, das ihm zu wüst war, zu binden wünschte. Auch Goethe's politisches Torytum war zuletzt das eines unsicheren Kantonisten, und als ein gewisser Freiherr von Gagern im Jahre 1794 einen Aufruf erließ, worin er die deutsche Intelligenz aufforderte, ihre Feder in den Dienst der »guten«, das heißt der konservativen Sache, genauer: in den eines neuen deutschen Fürstenbundes zu stellen, bestimmt, das Land vor der »Anarchie« (man würde heute sagen: dem Bolschewismus) zu retten, da antwortete Carl Augusts Intimus nach höflicher Danksagung für das ihm erwiesene Vertrauen, er halte es für *»unmöglich, Fürsten und Schriftsteller zu gemeinsamem Wirken zu vereinen«*.

Genau dieses Sich-Entziehen, dieses den beiderseitigen Zumutungen Ausweichen findet man bei Erasmus. Die beiden Zelebritäten ihrer Epoche zusammenzustellen, die Ähnlichkeit ihres Verhaltens zu der Zeit zu beobachten, in die sie gestellt waren, hat größten Reiz. Aber der Bewunderung für den entzückenden Ironiker des ›Lobes der Torheit‹ ist der Vergleich nicht günstig. Wie seine im Literarischen aufgehende Feinheit, seine hochberedte, aber dünnstimmige Geistigkeit abfällt gegen die Wucht und Getriebenheit, die bäurische Erdkraft und gewaltige Volkhaftigkeit seines Zeitgenossen Luther, so fällt sie ab gegen die gebildete Natur Goethe's, der Erasmus war *und Luther dazu*, der eine Vereinigung des Urbanen und des Dämonischen darstellt, wie sie in so gewinnender Größe kein zweites Mal vorgekommen ist in der Geschichte der Gesittung; in dem das Deutsch-Volkhafte und das Mediterran-Europäische zu vollkommen zwangloser und einleuchtender Synthese werden, einer Verbindung, die im Wesen dieselbe ist, wie die des Geniehaften mit dem Vernunftvollen in ihm, des Geheimnisses und der Klarheit, des Tiefenlautes und des geschliffenen Wortes, des Dichters und des Schriftstellers, der Lyrik und der Psychologie. So ist in seiner Existenz etwas wundervoll Beispielhaftes, dem Erasmus' Bildungsfürstlichkeit in all ihrer Erlauchtheit nicht gleichkommt; etwas Mustergültiges zumal für den Deutschen, denn das Ideal der Deutschheit erfüllt sich in ihm – man möchte hinzufügen: das Ideal des Menschen.

Und dennoch ist an ihm gelitten worden, mit Erbitterung

gelitten worden von höchst ehrenwerten Zeitgenossen: nämlich an seiner »ungeheuer hindernden Kraft«, wie Börne es ausdrückte, an seinem Apolitismus, der Wucht, mit der seine Natur dem Enthusiasmus der Zeit, der national-demokratischen Idee, entgegenstand. Er war gegen Pressefreiheit, gegen das Mitreden der Masse, gegen Demokratie und Konstitution, war überzeugt, daß »alles Gescheite in der Minorität« sei, und hielt es offen mit dem Minister, der gegen Volk und König seine Pläne einsam durchführt. Es war in ihm zwar Herzlichkeit für das einzelne Menschenantlitz, dessen Anblick, wie er gesteht, ihn gleich von der Melancholie zu heilen vermag; aber von humanitärem Glauben an den Menschen, die Menschheit, an ihre revolutionäre Reinigung, ihre bessere Zukunft hatte er wenig oder nichts. Vernunft und Gerechtigkeit sind den Menschen nicht beizubringen. Ewig wird es hin und wider schwanken und des Kampfes, des Blutvergießens kein Ende sein. Wäre das nur mit pessimistischem Kummer gesagt! Aber im Grunde ist es ihm recht so, denn vom Pazifisten hat er sehr wenig. Im Gegenteil ist in ihm ein Sinn für Macht, für den Streit, »bis eins dem andern Übermacht bethätige«, der stark an des Wagner'schen Wotan Wort erinnert: »Denn wo kühn Kräfte sich regen, da rat' ich offen zum Krieg.« Er bekennt, daß es »ihn traurig mache, mit allen Leuten gut zu sein«, daß er »den Zorn brauche«. Nun, christliche Friedensliebe ist das nicht, wenn es auch lutherisch ist und bismarckisch dazu. Zur Kennzeichnung seiner Streitbegier, seiner Lust »dreinzufahren und zu züchtigen«, seiner Bereitschaft, gegnerische Meinungen durch Machtgebrauch mundtot zu machen und »solche Leute aus der Gesellschaft zu entfernen«, ließe sich manches beibringen. Es ist das alles, wenn man will, nur drei Schritt, oder weniger, vom Brutalen entfernt, – wie sein Realismus überhaupt es war, seine Verweigerung ideeller Begeisterung, die Sinnlichkeit seines Wesens, die ihn die Brandschatzung eines Bauernhofes als wirklich und der Teilnahme wert, den »Untergang des Vaterlandes« aber als Phrase empfinden ließ.

Das Schlimme dabei und das Gramvolle für die Patrioten, die Deutschland zur politischen Freiheit zu erziehen wünschten, war, daß seine unanfechtbare Größe seinen »hindernden« Gesinnungen soviel autoritäres Gewicht verlieh. In Deutschland neigt die Größe zu einem an sich schon undemokratischen Hypertrophieren; es ist dort zwischen ihr und der Menge eine Kluft, ein »Pathos der Distanz«, um Nietzsche's Lieblingswort zu gebrauchen, wie es anderwärts in dieser Schärfe nicht vorkommt: in Ländern, wo Größe nicht Knechtschaft auf der einen – und ein Überwuchern absolutistischen Ich-Gefühls auf der anderen Seite schafft. Von diesem Absolutismus und persönlichen Imperialismus hatte Goethe's majestätisches Alter viel; der Druck dieses Alters auf alles, was neben ihm auch noch leben wollte, war schwer, und nicht nur Nymphenklage um den großen Pan wurde bei seinem Tode laut, sondern auch ein deutliches »Uff!«.

Wenn er die Freiheit für schlecht aufgehoben erachtete in den Händen der Unfreien, so gönnte und nahm er selbst sich desto reichlicher davon, – eine umfassende, ins Ungreifbare, Undefinierbare entgleitende Freiheit, die Freiheit des Proteus, der in alle Formen schlüpft, alles zu wissen, alles zu verstehen, alles zu sein, in jeder Haut zu leben verlangt. Hic et ubique: das Romantische und das Klassische, Gotik und Palladio, Kerndeutschtum und vornehme Ablehnung des Patriotisch-Popularischen, Heidentum und Christentum, das Protestantische und das Katholische, Ancien régime und Amerikanismus, – man findet es alles bei ihm, er erfüllt das alles, und es ist da eine Art von souveräner Treulosigkeit, der es Spaß macht, die Anhänger im Stich zu lassen, die Partisanen jedes Prinzips zu beschämen, indem man es vollendet – und das andre auch. Ja, es ist etwas wie Weltherrschaft als Ironie und heiterer Verrat des einen an das andere, und ein tiefer Nihilismus, der zum Scheiden und Werten unwillige Objektivismus der Kunst – und der Natur – ist darin wirksam, etwas Natur-Elbisches, das aller Eindeutigkeit entwischt, ein Element der Fragwürdigkeit, der Verneinung und des umfassenden Zweifels, das ihn, wenn wir seiner Umgebung glauben dürfen, gern Sätze sprechen ließ, die gleich den Widerspruch auch schon enthielten. Das wird schon richtig sein, denn wie könnte sonst eine Frau wie Charlotte von Schiller urteilen: »Er hat sein Sach' auf nichts gestellt«? Unter denen, die ihm zuhörten, ist von einer erschreckenden Indifferenz und ungläubigen Neutralität die Rede, von etwas Boshaft-Verwirrendem, Negierend-Teuflischem, kurz von einer Problematik, die er für sich allein in Anspruch nahm, ohne sie sich etwa von anderen gefallen zu lassen. »Wenn ich

die Meinung eines anderen anhören soll«, befiehlt er, »so muß sie positiv ausgesprochen werden; Problematisches hab' ich in mir selbst genug.« – Man hüte sich also und spreche schlicht und bestimmt vor ihm. Er wird zwar denken, wie er sein Leben lang gedacht: ›Ihr guten Kinder, wärt ihr nur nicht so dumm!‹, aber er wird euch »gelten lassen«. –
Aber man sollte den Reichtum, die Weite seines Wesens, die nur der Beschränktheit unheimlich gewesen sein mag, wohl nicht auf diese Weise dämonisieren, sondern sich getrösten, daß er einfach »kein ausgeklügelt Buch« war, sondern »ein Mensch mit seinem Widerspruch«, – ein großer Mensch mit seinem großen, weit klafternden Widerspruch. Er hat sich gern einen »dezidierten Nicht-Christen« genannt, hat aus seiner antik-herrenhaften Antipathie gegen das »Kreuz« kein Hehl gemacht, – und es ist wahr: in seiner Naturkindlichkeit und resoluten Diesseitigkeit ist viel Anti-Christliches, das in Nietzsche's fiebrigen Diatriben gegen die Religion des Mitleids auf die Spitze getrieben ist. Aber sowenig dessen leidenschaftliche Verfolgung der christlichen Moral den asketischen Zug verleugnet, sowenig spricht Goethe's vielberufenes Heidentum gegen seine unverleugbare Bestimmtheit durch die am tiefsten greifende Revolution oder richtiger: Mutation, die das menschliche Gewissen und Weltgefühl je erfahren hat. »Alles Leiden hat etwas Göttliches.« Wer das Wort gesprochen hat, der ist ein Christ, und wäre hundertmal Demut und Dulden nicht seine Sache.

Hätt' Allah mich bestimmt zum Wurm,
So hätt' er mich als Wurm erschaffen.

Schon recht.

Was bringt in Schulden?
Harren und Dulden!

Schon gut. Und daß man im Leben die Wahl habe, »Hammer oder Amboß« zu sein, hat er auch mit harter Stimme erklärt. Dennoch pries er die heroische Tugend der Geduld aufs höchste und äußerste im Gespräch: »Hammer zu sein scheint jedem rühmlicher und wünschenswerter als Amboß, und doch, was gehört nicht dazu, diese unendlichen, immer wiederkehrenden Schläge auszuhalten!« – Wie ist es übrigens denn auch mit der ›Entsagung‹, die je länger je mehr zum Generalthema seines Dichtens wird, ähnlich wie für Schiller die ›Freiheit‹ und für Wagner die ›Erlösung‹? Man wird sich besinnen, Entsagung ein heidnisches Motiv zu nennen. Und wenn er kein Pazifist, wenn er für Macht und Übermacht, für den Kampf ist, so weiß er über den Krieg genau Bescheid: »Der Krieg ist in Wahrheit eine Krankheit, wo die Säfte, die zur Gesundheit und Erhaltung dienen, nur verwendet werden, um ein Fremdes, der Natur Ungemäßes zu nähren.«

Sein Christentum, als natürliches Ingrediens seiner Persönlichkeit, soweit es eben nicht überlagert ist von antikisierendem Humanismus sowohl wie germanischem Trotz, hat protestantische Färbung. Er ist Protestant von Kultur, wie ja ein Werk gleich den ›Leiden Werthers‹ ohne eine lange Schule pietistischer Introspektion nicht denkbar ist. Sein Luthertum ist tief und echt, eine national-persönliche Verwandtschaft, ein Wiedererkennen ist da im Spiele. Er nimmt als Jüngling die Bibel-Übersetzung in den ›Faust‹ auf und hielt allezeit Luthers Sprachwerk, dessen Erbe und verfeinernder Fortentwickler er war, in hohen Ehren, indem er hinzufügte: »Nur das Zarte darin hätte ich allenfalls besser gemacht.« Aber sein Protestantismus, wie alles, was er vorstellt und seiend zu erfüllen weiß, ist nicht ganz zuverlässig: er steht offen der Bewunderung – nicht sowohl der ästhetischen Vorteile, als der demokratisch-gemeinschaftsbildenden Macht katholischen Lebens. »Man müßte gleich katholisch werden«, ruft er, »um teil an der Existenz der Menschen zu haben. Sich unter sie mischen, gleichgestellt, ein Leben auf dem Markt, im Volk. Was wir in den kleinen souveränen Staaten für elende, einsame Menschen sind!« Und er preist Venedig als Monument nicht eines Befehlenden, sondern eines Volkes. – Wo bleibt der germanische Aristokratismus? Und wo die protestantische Charakterstärke, wenn er, am Schlusse des ›Faust‹, es sich dichterisch gönnt, oder sich nicht anders zu helfen weiß, als einen weihrauchduftenden katholischen Opernhimmel mit Mater gloriosa, Büßerinnen, seligen Knaben, Engelschören, Pater profundus und Pater Seraphicus aufzubauen? Es ist noch nicht das Schlimmste, denn was erlaubt er sich gar in dem Roman von den ›Wahlverwandtschaften‹, wo er die Nachgiebigkeit gegen das Katholische so

weit treibt, mitten in protestantischer Sphäre eine Heilige zu kreieren, zu deren Leichnam das lutherische Landvolk sich wundergläubig in die Kirche drängt! Dabei ist der Natur-Fatalismus dieses Meisterwerks überhaupt nicht christlich, besonders, da er auch im Jenseits nicht enden soll, an das zudem niemand im Buche eigentlich glaubt. Die Schlußwendung von dem freundlichen Mit-einander-Erwachen der zwanghaft Liebenden aus dem Todesschlaf ist nichts als ein konziliarter Schnörkel.
Dieser Geist ist bei nichts festzuhalten, auf nichts festzulegen. Man subsumiere ihn irgend einer Denk- und Daseinsform, man tue es mit Recht, und sogleich wird man sich besinnen und finden: nein, er ist auch das Gegenteil. Das reicht hinab in seine moralische Existenz, in sein Verhältnis zur Zeit zum Beispiel, das teils ein gewaltiges Sich-Zeit-*Lassen*, ein Abwarten, Aufschieben, ja ein Schlendrian, ein pflanzenhaft passives Sich-ihr-Anvertrauen ist, und doch wieder dabei ein wahrer Zeit-Kultus, das genaueste Überwachen, Festhalten, Ausbeuten, Kultivieren des Zeitgeschenks unter dem Wahlspruch:

> Mein Erbteil wie herrlich, weit und breit!
> Die Zeit ist mein Besitz, mein Acker ist die Zeit.

Und unter dem anderen: »Le temps est le seul dont l'avarice soit louable.« – Das reicht ins Künstlerische paradoxal hinab: wo er als der große Objektive, der apollinische Ironiker sich darstellt – und zugleich als der Lyriker und Bekenner katexochen, der immer nur aus sich selber schöpft, immer nur sich selber gibt und gerade durch diesen romantischen Subjektivismus in Frankreich am stärksten gewirkt hat. Von Bekennertum kann man wohl sprechen, nämlich in einem seltsam radikalen und büßerischen Sinn. Denn wie gibt er sich selber? Indem er Schächer und Schwächlinge gibt. Der Selbstmörder Werther, der Verräter Clavigo, der Hysteriker Tasso, der haltlose Eduard, der geradezu läppische Fernando in ›Stella‹, man fragt sich, wie er bei all dem dazu kommt, die »Lazarettpoesie« zu verspotten und eine tyrtäische (begeisternde) dafür zu verlangen. Es ist ja ein Lazarett, – denn es ist Psychologie, Geständnis, Preisgabe des Menschlich-Allzumenschlichen. Selbst Meister und Faust lassen an exemplarischer Männlich-

keit und charakterlicher Imposanz Erkleckliches zu wünschen übrig, – für den, dem es darum zu tun ist.
Aber ist dies vielfältige Dichtwerk nicht überaus männlich (dasjenige Schillers ist viel männlicher), so ist es dafür *menschlich* aufs ehrlichste, offenste, äußerste und trägt zudem oder eben dadurch an jedem Punkt und in jeder Wendung den persönlichen Stempel einer Liebenswürdigkeit, wie man sie in allen Weiten und Breiten geistiger Schöpfung nicht leicht ein zweites Mal findet. Ich beziehe mich dabei am liebsten auf seinen ›Egmont‹, ein Stück, gegen das dramaturgisch und selbst allgemein künstlerisch so manches einzuwenden ist, dessen Lässigkeit gegen alles Theatergerechte aber so gut mit dem Charakter seines Helden harmonisiert, – diesem nobelpopulären und sträflich sorglosen Grandseigneur, einem dämonisch leichtsinnigen Liebling der Götter und Menschen, auf dessen Gestalt der Dichter alles Interesse versammelt und in welchem für mich die spezifisch goethische Liebenswürdigkeit kulminiert: nicht zuletzt in seinem von Leidenschaft recht fernen, zärtlich geneigten und etwas selbstbespiegelnden Umgang mit Klärchen, dem kleinen Mädchen aus dem Volke, einem echten Geschwister Gretchens, dem er sich eines Tages, um ihr kindlich Ah! und Oh! zu genießen, im spanischen Hofkleid mit dem Goldnen Vliese zeigt. Da haben wir wieder das Narzißhafte, eine Erotik, die als tiefsten Reiz die Heimsuchung holder Schlichtheit durch einen Kömmling aus glänzend-fremder Geistes- und Liebeswelt empfindet, welcher nur zu leicht den redlich bürgerlichen Liebhaber und Freier bei ihr aussticht. Das büßende Schuldgefühl des Verführers, der nicht zu heiraten gedenkt, der immer liebt und nie sich binden mag, gehört mit hinein ...
Goethe's Liebesleben – es ist ein seltsam Kapitel. Die Kenntnis seiner Liebschaften ist bildungsobligatorisch, im bürgerlichen Deutschland mußte man sie herzählen können wie diejenigen des Zeus. Sie sind, diese Friederiken, Lotten, Minnas und Mariannen, zu Nischen-Figuren geworden im Dom der Humanität, und das mag sie schadlos halten dafür, daß das fahrende Genie, das zeitweise zu ihren Füßen lag, so wenig bereit war, ernste Konsequenzen für sein Leben, seine Freiheit aus diesen holden Abenteuern zu ziehen, schadlos für seine immer wiederkehrende Flüchtigkeit und dafür, daß sein Werben ziellos, seine Treuherzigkeit treuloser Art und sein

Lieben ein Mittel zum Zweck, ein Mittel zum Werke war. Wo Werk und Leben eins sind, wie bei ihm, da haben diejenigen das Nachsehen, die es nur mit dem Leben, dem Menschenleben ernst zu nehmen verstehen. Aber er verweist es ihnen. »Werther muß – muß sein!« schreibt er an Lotte Buff und ihren Verlobten. »Ihr fühlt *ihn* nicht, Ihr fühlt nur *mich* und *Euch* . . . Könntet Ihr den tausendsten Teil fühlen, was Werther tausend Herzen ist, Ihr würdet die Unkosten nicht berechnen, die Ihr dazu hergebt!« – Sie haben alle die Unkosten getragen, gern oder ungern.

Gedichtet hat er von Anbeginn: anakreontisch, französisch, tändelnd, begabt und konventionell. Zum Dichter wurde er in Straßburg, unter dem Einfluß Herders, in mächtig auflokkerndem Kontakt mit Homer, mit Macpherson-Ossian, mit Shakespeare, den er sein Leben lang grenzenlos bewunderte und hoch über sich stellte, mit der Bibel als dichterischem Werk und ganz besonders mit dem Volkslied, in dessen Taufrische, dessen sprachlicher und rhythmischer Herzensgewalt seine Lyrik gesund sich badet. Durch Kenntnisse, Einsicht, kritisches Gefühl für das Notwendige wäre Herder zum Lenker der literarisch-revolutionären Sehnsüchte berufen gewesen, die damals, um 1770, in Deutschland des schöpferischen Anrufs warteten. Aber ihm fehlte, was sein Schüler, der fünf Jahre jüngere Goethe besaß, der in seiner Unfertigkeit bereit gewesen war, sich als bloßen Planeten des Herder-Gestirns zu betrachten: der Zauber, die Gnade, das zwingende Geheimnis der Persönlichkeit. Die Sonne, so stellte sich heraus, um die das neue geistige Leben in Deutschland sich drehen sollte, war Goethe, und ich glaube, Herder hat das früh gefühlt und ist der Bitterkeit über diese Wendung der Dinge niemals ganz Herr geworden. In seinem Verhalten gegen den geduldig verehrenden Jungen, diesem ewigen stachlichten Spott und Hohn, dieser Lustigmacherei über seinen Namen, der ebensogut vom Kote stammen könne wie von Gothen oder von Göttern, über seinen Mangel an Scharfsinn, an gutem Geschmack, seine Affektationen und so weiter ist das Pädagogische vom Rankünösen, ja von einem tiefen Liebeshaß schwer zu unterscheiden, und endlich, im Alter, verdirbt er es mit dem großen Gönner durch ein unkontrolliertes Witzwort: Von Goethe's wirklich etwas langweiligem Revolutionsdrama ›Die natürliche Tochter‹

sagt er: »Dein natürlicher Sohn ist mir lieber«, was der alten Freundschaft das Genick bricht.
Man macht sich heute kaum eine Vorstellung davon, welche Sensation, welchen geistigen Jubel zu jener Zeit des Genie-Frühlings, des seelisch-formalen Sturmes und Dranges ein Gedicht erregte wie ›Willkommen und Abschied‹, dieses

Es schlug mein Herz, geschwind zu Pferde!
Und fort! wild, wie ein Held zur Schlacht!
Der Abend wiegte schon die Erde,
Und an den Bergen hing die Nacht;
Schon stund im Nebelkleid die Eiche,
Ein aufgetürmter Riese, da,
Wo Finsternis aus dem Gesträuche
Mit hundert schwarzen Augen sah.

Wie neu, wie kühn, wie wundervoll frei, melodiös und bildhaft das war, wie von dem Sturm und Stoß dieser Rhythmen der Puder von den rationalistischen Perücken flog! Es war nicht anders mit der dramatischen Historie vom ›Götz von Berlichingen‹, diesem shakespearisierenden Wurf und lebenstrotzenden Bilderreigen aus deutscher Vorzeit, den noch Friedrich der Große als formlosen Unfug verwarf, der aber in deutschen Landen neben der Freude an dem herzlichen Affront gegen verstockte poetische Satzung jenes »nationale Behagen« hervorrief, das der Autobiograph in ›Dichtung und Wahrheit‹ sehr anmutig schildert. Die ersten Szenen des ›Faust‹, frisch aus der Feder, – man glaubt es gern, daß die Freunde die Hände zusammenschlugen vor Erstaunen, wie doch »der Kerl zusehens wachse«. ›Werthers Leiden‹ aber, der Brief-Roman, war vom ersten Augenblick an keine Freundes-, keine Koterie- und Schulangelegenheit, auch keine intern deutsche: die Welt ergriff ihn, er ergriff die Welt. Die entnervende und zerrüttende Empfindsamkeit des kleinen Buches, die der Schrecken und Abscheu der Moralisten war, obgleich sie doch auch mit so viel Natur-Innigkeit und jugendlichem Unendlichkeitssehnen vereint ist, erregte einen Erfolgssturm, der alle Grenzen überschritt, sie rief einen Rausch, ein Fieber, eine über die bewohnte Erde hinlaufende Ekstase hervor und wirkte wie der Funke, der ins Pulverfaß fällt, wobei in plötzlicher Ausdehnung eine gefährliche

Menge gebundener Kräfte frei wird. Eine allgemeine Bereitschaft ist vorzustellen, auf die das Büchlein traf. Es war, als ob das Publikum aller Länder, insgeheim und ohne es zu wissen, genau auf dies Werk eines noch ganz beliebigen jungen deutschen Reichsstädters gewartet hätte, das der gebundenen Sehnsucht einer ganzen Zivilisation auf revolutionär entbindende Weise gerecht wurde, – ein Treffer ins Schwarze, das erlösende Wort. Napoleon, der schicksalsfinstere Mann von Eisen, hatte die französische Übersetzung in seinem Gepäck auf dem ägyptischen Feldzug. Er sagte, daß er sie siebenmal gelesen habe.

Goethe, der Schriftsteller, hat nie wieder einen Erfolgssturm dieser Art erlebt. Sein Werk, diese gewaltige Spur seines Lebens, war nie mehr, wie zu Anfang, von der Begeisterung der Menge begleitet. Die Kühle der deutschen Öffentlichkeit, erzeugt durch die klassizistische Wendung, die seine Kunstrichtung mit der ›Iphigenie‹, dem ›Tasso‹ nahm, war vollkommen. Denn der zauberhafte und fast pikante Kontrast zwischen der klassischen Form und der dichterischen Intimität und Gewagtheit des Geformten wurde nicht empfunden. ›Wilhelm Meister‹ war ein für damalige Zeiten extensiv bedeutender und der Intensität nach außerordentlicher Roman-Erfolg, ja, aus der Sphäre der höchsten deutschen Bildung von damals, der romantischen Bewegung, konnte das Wort kommen: Die Französische Revolution, Fichte's Wissenschaftslehre und der ›Wilhelm Meister‹, das seien die drei großen Ereignisse der Epoche. Aber eine wie vielfältige literarische Nachkommenschaft dem klassischen deutschen Bildungsroman beschieden war (sie reicht über Stifter und Keller bis zum ›Zauberberg‹) – an zündender Tageswirkung stand er dem ›Werther‹ notwendig nach, und noch mehr tat das der natur-mystisch psychologisierende Roman des Sechzigjährigen, ›Die Wahlverwandtschaften‹, dessen Gestalten zwar lebenswahr und individuell überzeugend, zugleich aber Symbole sind, ebenmäßig gruppierte und gegeneinander bewegte Schachfiguren einer hohen Gedankenpartie. Immerhin hat gerade dieses Buch zu einer der dankbar-hübschesten Charakteristiken von Goethe's Prosa Anlaß gegeben. Sie stammt von seinem Freund, dem Chordirektor und Komponisten Zelter in Berlin, der ihm nach der Lektüre schrieb: »Es gibt gewisse Sinfonien von Haydn, die durch ihren losen liberalen Gang mein Blut in behagliche Bewegung bringen... So geht mir's, wenn ich Ihre Romane lese, und so ist mir's geworden, wie ich heute Ihre ›Wahlverwandtschaften‹ las. Das mutwillige, geheimnisvolle Spiel mit den Dingen der Welt und den Figuren, die darinne angestellt und geleitet werden, kann Ihnen niemals mißlingen, mag auch zwischendurchlaufen, was Platz hat oder sich Platz macht. Dazu eignet sich endlich noch eine *Schreibart*, welche wie das klare Element beschaffen ist, dessen flinke Bewohner durcheinander schwimmen, blinkend oder dunkelnd auf- und abfahren, ohne sich zu verirren oder zu verlieren. Man könnte zum Poeten werden über eine solche Prosa, und ich möchte des Teufels werden, daß ich keine solche Zeile schreiben kann.« – Es war einem Musiker vorbehalten, der Präzision und Gewandtheit der Goethe'schen Prosa, ihrem rhythmischen Zauber, der ein vernünftiger Zauber, die klarste Mischung von Eros und Logos ist, mit so heiter-kritischem Wort gerecht zu werden. –

Die erste Auflage des ›West-östlichen Divan‹, der unschätzbare Perlen Goethe'scher Spätlyrik enthält, wurde überhaupt nicht gekauft und blieb als Makulatur liegen. Den zweiten Teil des ›Faust‹, nachdem der Greis ihn mit rührender Kraftanstrengung abgeschlossen, wenn auch nicht vollendet hatte (denn er war nicht vollendbar), siegelte er ein und wollte »diese sehr ernsten Scherze« auch den weit verteilten und »durchaus dankbar anerkannten« Freunden nicht, noch weniger der Öffentlichkeit bei Lebzeiten mehr mitteilen, denn, sagte er, »der Tag ist wirklich so absurd und konfus, daß ich mich überzeuge, meine redlichen, lange verfolgten Bemühungen um dieses seltsame Gebäu würden schlecht belohnt und an den Strand getrieben, wie ein Wrack in Trümmern daliegen und von dem Dünenschutt der Stunden zunächst überschüttet werden«. – Man sehe die Ausdrucksweise des Alten, die die Bildkraft der Jugend voll bewahrt und einen Hauch des Geisterhaften, die ergreifende Würde hochbetagten und schon verbleichenden, schon aus der Zeit zurücktretenden Schöpfertums hinzugewonnen hat!

Und so geschah's. Schlecht belohnt sind seine lebendurchwaltenden Bemühungen um dies »seltsame Gebäu« immer geblieben, denn wenn dem ersten, jugendlichen Teil, wenigstens im gebildeten deutschen Bürgertum, eine Art von

Zitatenpopularität zuteil wurde, – der zweite ist wohl geehrt, ja bewundert und philologisch durchpflügt, aber wenig geliebt worden, immer galt er als ein Ausbund frostig allegorischer Geheimniskrämerei und als ein ›nationaler Besitz‹ von schrulliger Ungenießbarkeit. Warum? Das habe ich nie begriffen – oder begreife es wenigstens längst nicht mehr. Denn so viel Kritik möglich sei, moralisch und selbst künstlerisch, an diesem »inkommensurablen« Erzeugnis (aber was ist interessant außer dem Inkommensurablen!), diesem ungeheueren und dabei durchaus übersehbaren, durchaus durchdringbaren Zeitgewächs, halb Ausstattungs-Revue, halb Weltgedicht, das innerlich dreitausend Jahre Menschheitsgeschichte, von Trojas Fall bis zur Belagerung Missolunghis, umfaßt und in dem alle Quellen der Sprache springen, – es ist an jeder Stelle so vorzüglich, so geistvoll, so herrlich wortgenau und abundierend an Weisheit und Witz, so kunstfroh, heiter und leicht im Tiefsinn und in der Größe, in der humoristischen Behandlung des Mythos zum Beispiel, auf den Pharsalischen Feldern und am Peneios, und in derjenigen des Mysteriums der Helena, daß jeder Kontakt damit entzückt, erstaunt, belebt, zur Kunst befeuert, daß es Liebe verdient, dies ewig kuriose Gebilde, weit mehr noch als Ehrfurcht, ja, daß man die größte Lust hätte, einen ganz frischen, ganz unphilologischen und unmittelbar zutunlichen Faust-Kommentar zu schreiben, der manchem abergläubischen Leser das Fürchten lehren sollte vor einem Gedicht, das reizend ist auch dort, wo es sich eben nur gerade zu helfen weiß.

Übrigens sind Teile des zweiten ›Faust‹ zu Goethe's Lebzeiten erschienen: Die Helena-Episode erschien, und er konnte feierliche Besprechungen der Novität in großen Zeitschriften des Auslandes, französischen, schottischen, russischen lesen, *Weltliteratur* – praktisch wurde längst alles, was er gab, vom maßgebenden Urteil als solche empfunden und aufgenommen, und er kreiert das Wort, stellt es als Tatsache halb und halb als Forderung in die Zeit, – nicht zuletzt als Ausdruck seines persönlichen Zuges ins Weltweite, der sich im Alter mehr und mehr verstärkt – sehr erklärlich bei einem Autor, dessen Laufbahn mit einem so ausgreifenden Erfolge wie dem ›Werther‹ begann, – aber auch als pädagogische Zurechtweisung für seine Deutschen. »Anstatt sich in sich selbst zu

beschränken«, läßt er sie hören, »muß der Deutsche die Welt in sich aufnehmen, um auf die Welt zu wirken ... Ich sehe mich daher gern bei fremden Nationen um und rate jedem, es auch seinerseits zu tun. Nationalliteratur will jetzt nicht viel sagen, die Epoche der Weltliteratur ist an der Zeit, und jeder muß jetzt dazu wirken, diese Epoche zu beschleunigen.« Wie er die Welt in sich aufgenommen und auf die Welt gewirkt hat, was England, Italien, Frankreich, Spanien, der Ferne Osten, Amerika ihm gegeben, und was wieder sein Werk im Geistesleben dieser Länder sowie im Norden und Osten angeregt und freigesetzt, über diese Systole und Diastole hat kürzlich der Berner Literatur-Gelehrte Fritz Strich ein nicht genug zu rühmendes Buch geschrieben: ›Goethe und die Weltliteratur‹, ein Werk von wahrhaft panoramischer Umsicht, das eben dadurch so geistreichen Genuß bereitet, daß es uns das Goethe'sche Europäertum in seiner Subjektivität und Objektivität, als Empfänglichkeit und als Sendung zeigt.
Es ist sehr klar, daß das Konzept »Weltliteratur« ein Ergebnis aus beidem war, daß das Bewußtsein eigener Bildung und Dankesschuld dazu nicht genügte, sondern das Gewahrwerden reicher Rückwirkung nötig war, die Idee zu vollenden. Überdies ist es einfach ein Wort aus dem Vokabular der *Größe*, – jener Größe, in die hinein-, zu der emporzuwachsen das Schicksal des Bürgerknaben vom Frankfurter Hirschgraben gewesen war und von der der Siebzigjährige gesteht, daß er sie »mit Mühe habe erlernen müssen«: die Größe nämlich, in weiten nationalen und Epochenkreisen das Genüge für seine Wirksamkeit zu suchen. »Wer nicht von dreitausend Jahren«, lautet einer seiner Alterssprüche,

Sich weiß Rechenschaft zu geben,
Bleib' im Dunkeln unerfahren,
Mag von Tag zu Tage leben.

Der ›Faust‹ ist das erstaunliche Produkt dieser inneren Weiträumigkeit, dieser enzyklopädischen Weltbeherrschung, und wieder war es im besonderen die Helena-Episode des zweiten Teils, von der Emerson sagte: »Das Wunderbare ist die gewaltige Intelligenz darin. Der Verstand dieses Mannes ist ein so mächtiges Lösungsmittel, daß die vergangenen und das jetzige Zeitalter, ihre Religionen, Politiken und Denkungsarten, sich darin zu Urtypen und Ideen auflösen.« Allein diese »gewaltige Intelligenz«, dieser alles erfassende, organisierende und dichterisch einschmelzende Verstand, dient keineswegs nur der Synopsis von Vergangenheit und Gegenwart, er ist ebenso kühn im Zukunftsgefühl, im Vorausschauen und Vorwegnehmen des Kommenden, dessen, was »an der Zeit« ist, und wofür »Weltliteratur« nur ein Sigel und Symbol ist, – er beschreibt sie gelegentlich auch als »Freihandel der Begriffe und Gefühle«, was einer charakteristischen Übertragung liberal-ökonomischer Grundsätze auf das geistige Leben gleichkommt.

Das ist neunzehntes Jahrhundert, das Jahrhundert der Ökonomie und Technik, in das der Sohn des achtzehnten ein Menschenalter weit hineinlebte, und das er bis weit über die Grenzen seines persönlichen Lebens, ja bis über die Grenzen des Jahrhunderts selbst hinaus, bis in nachbürgerliche Zeiten hinein ›verstand‹ und seherisch ankündigte. Es ist sehr merkwürdig und sogar rührend, wie gerade die letzten Jahre seines Lebens erfüllt waren von diesem dem Tode trotzenden, über den eigenen Tod all-lebendig hinwegsehenden Erspüren dessen, was »an der Zeit« war, was, im Moralischen und im Äußerlich-Lebenstechnischen, kommen wollte und was zu beschleunigen also jeder sich angelegen sein zu lassen hatte, sei es auch auf Kosten lange gehegter, aber abgelebten Zeiten angehöriger Ideale. Wirklich ist viel »Entsagung« in dem Altersroman ›Wilhelm Meisters Wanderjahre‹ – die Selbstüberwindung einer individualistischen Humanität ist darin zugunsten menschlicher und erzieherischer Grundsätze, die erst unseren Tagen eigentlich angehören. Es wetterleuchtet in dem Buch von Ideen, die weit abführen von allem, was man unter bürgerlicher Humanität versteht, weitab von dem klassischen und bürgerlichen Kulturbegriff, den zu schaffen und zu prägen Goethe selbst in erster Linie behilflich gewesen war. Das Ideal privatmenschlicher Allseitigkeit wird fallengelassen und ein Zeitalter der Einseitigkeit proklamiert. Das Ungenüge am Individuum ist da, das heute herrscht: Erst sämtliche Menschen vollenden das Menschliche, der Einzelne wird Funktion, es kommt darauf an, was durch ihn für die Kultur zu leisten ist, der Begriff der Gemeinschaft tritt hervor, des »Bandes«, der Kommunität, und der jesuitisch-militaristische Geist der ›Pädagogischen Provinz‹, musisch durchheitert wie er ist, läßt vom individualistischen und ›liberalen‹, vom bürgerlichen Ideal kaum etwas übrig.

Welch ein Greisenalter! Es ist, bei aller Würde, nichts von Vertrocknung, Verknöcherung darin, es ist lauter Empfindlichkeit, Neugier, Lebenssinn und dem Neuen gewährte Vorschubleistung. An dem Tische dieses oft so steifen und feierlichen Grandseigneurs aus dem achtzehnten Jahrhundert ist schließlich von Dampfschiffen und ersten Versuchen mit einer Flugmaschine, von utopisch-welttechnischen Problemen und Projekten mehr die Rede als von Literatur und Poesie, – und kann es denn wundernehmen bei dem Dichter des letzten Faust, der seinen höchsten Augenblick in der Verwirklichung eines utilitaristischen Traumes, der Trockenlegung eines Sumpfes erblickt? Nicht müde wird der Alte der Erörterung von Möglichkeiten, den Mexikanischen Meerbusen mit dem Stillen Ozean zu verbinden, nicht müde, die unberechenbaren Ergebnisse auszumalen, die solch ein Werk für die ganze zivilisierte und noch unzivilisierte Menschheit zeitigen müsse. Er rät den Vereinigten Staaten von Amerika, die Sache in die Hand zu nehmen, und phantasiert von den blühenden Handelsstädten, die an dieser Küste des Pazifik, wo die Natur mit geräumigen Häfen schon so glücklich vorgearbeitet habe, nach und nach entstehen müßten. Er konnte dies alles kaum erwarten, dies und die Verbindung von Donau und Rhein, die freilich ein über alles Hoffen riesenhaftes Unternehmen sein würde, und etwas Drittes, ganz Großes noch: den Kanal von Suez für die Engländer: »Dies alles noch zu sehen«, ruft er, »würde es wohl lohnen, auf Erden noch etliche fünfzig Jahre auszuhalten!«

So war seine Zukunftsfreudigkeit umfassend, sie brauchte den Raum der ganzen Welt, und etwas von großartiger Nüchternheit ist in dieser Begeisterung fürs Weltweit-Technisch-Rationale, das Gefühl für die Notwendigkeit der Ernüchterung einer an verdumpften und das Leben hindernden Seelentümern krankenden Welt.

Amerika, du hast es besser
Als unser Kontinent, der alte,
Hast keine verfallenen Schlösser
Und keine Basalte.

Die Burgruinen und allzu ehrwürdigen Versteinerungen, sie sind das »verstorbene Zeug«, von dem er an anderer Stelle spricht, und dem der Mensch »sich entziehen« solle, um dafür Lebendiges zu lieben. Sie sind das Symbol einer Belastung mit Gemüt, die dieser Dichter beinahe der mörderischen Dummheit gleichsetzte, gegen welche er sich früh schon auf die Seite des hellen Verstandes schlug. »Das Menschenpack«, sagt er bereits in den ›Lehrjahren‹, »fürchtet sich vor nichts mehr als vor dem Verstande; vor der Dummheit sollten sie sich fürchten, wenn sie begriffen, was fürchterlich ist; aber jener ist unbequem, und man muß ihn beiseite schaffen, diese ist nur verderblich, und das kann man abwarten.«

Das Verderben abzuwarten ohne den Mut, dem Verstande dagegen freie Hand zu geben: ist diese Neigung und Gefahr der Menschheit nicht heute erst recht auf ihren Gipfel gekommen? Goethe kannte sie, sah sie wachsen, und sie war es, die Macht der Dummheit, der seine Größe eigentlich entgegenstand – viel mehr als der Revolution, der Konstitution, der Pressefreiheit, der Demokratie. Man sagt, sein letztes Wort vor dem Hinüberschlummern sei gewesen: »Laßt mehr Licht herein!« Es ist nicht ganz sicher. Aber was er wirklich gesagt hat, sein eigentlich letztes Wort, ein Wort gegen den Tod und für das Leben, ist dieses:

Es gilt am Ende doch nur vorwärts.

GOETHE UND DIE DEMOKRATIE

Zweihundert Jahre nach Goethe's Geburt, hundertundsiebzehn nach seinem Tode, tut man gut, einen Vortrag über ihn mit dem Satz zu beginnen: Ich habe Ihnen nichts Neues zu sagen. Dies wunderbare, große und gesegnete Leben ist, beinahe von dem Augenblick seines Erlöschens an und dann durch die Jahrzehnte hin, studiert und bis in den letzten Winkel abgeleuchtet und dargestellt, dies herrliche Werk kommentiert, gefeiert, philologisch durchpflügt und geistig erörtert worden, wie nicht leicht eines anderen Sterblichen Leben und Werk, und das Gefühl, daß man zu spät kommt mit allem Vorbringen über das Phänomen, ist nur zu berechtigt. Tout est dit – es ist alles gesagt, von Deutschen und Nicht-Deutschen, und das Schlimme ist: ich selbst habe das Meine gesagt und meinen Sack geleert – in einem halben Dutzend Aufsätzen habe ich das getan und in einem ganzen Roman, und nicht nur eine Weltkonkurrenz habe ich also zu bestehen, indem ich es wage, noch einmal über Goethe zu sprechen, sondern auch meine eigene.

Offen gestanden bin ich nicht sehr stolz auf diese Beiträge, auf die kritische und sogar dichterische Versenkung in dies Leben und Werk, diese in ihrer Differenziertheit und Monumentalität freilich so unendlich fesselnde Persönlichkeit – eine Versenkung, die wahrhaftig zu dem Ruf eines gewissen Spezialistentums, ja einer imitatorischen Jüngerschaft geführt hat. Ich bin nicht stolz darauf, weil es die Versenkung ist eines Deutschen in das Deutsche. Weit mehr imponiert mir, was seit Carlyle's und Emersons Tagen bis zu Gide und Valéry und der englischen Goethe-Forschung, von Nicht-Deutschen also, zur Erkenntnis der großen deutschen Erscheinung beigesteuert worden ist. Vor vielen Jahren fragte ich einmal einen in Deutschland zurückgelassenen Freund, den berühmten Romanisten Karl Voßler, aus welchem Grunde und Antriebe er sich mit solcher Entschiedenheit von früh an dem Studium der lateinischen Sprachen und Literaturen ergeben und nicht Hölderlin oder Hebbel, sondern Dante, Racine und Calderón seine glänzenden Arbeiten gewidmet habe. Er antwortete mir: »Es war das Bedürfnis nach dem ganz anderen.« Das machte mir großen Eindruck; denn so ehrenhaft und richtig mir dieses Bedürfnis erschien – ich mußte mir gestehen, daß meine eigene Bildung wesentlich nicht davon bestimmt gewesen war; daß sie ganz vornehmlich aus deutschem Erdreich ihre Nahrung gezogen, und daß ich auch als kritischer Schriftsteller und huldigender Interpret fast nie dem Fremden, sondern fast ausschließlich dem Heimischen gedient hatte. Ich schämte mich dessen, schämte mich meines Germanistentums – denn im Grunde sagte mir mein Gefühl und wird nie aufhören, es mir zu sagen, daß eigentlich die Bildung erst mit der Kenntnis, der Eroberung und Durchdringung des »ganz anderen«, der fremden Sprache, Kultur und Geistesform und dem Heimischwerden in ihr beginnt, und ich wäre zufriedener mit mir, wenn ich über Pascal, Diderot, Vauvenargues oder Wordsworth und Keats

gearbeitet hätte, statt über Kleist, Wagner und selbst Goethe. Als kürzlich in Amerika meine gesammelten Aufsätze, ›Essays of Three Decades‹, zum erstenmal in englischer Sprache erschienen, stellte die Kritik nicht geradezu tadelnd, aber doch mit einer gewissen Geringschätzung fest, daß, mit Ausnahme von Tolstoi und dem Verfasser des ›Don Quijote‹, lauter deutsche Gestalten unterschiedlichen Ranges den Gegenstand dieser Eulogien und Studien bildeten, und ich konnte gar nicht umhin, aus dieser Feststellung den Vorwurf des Provinzialismus herauszuhören. Denn, woran es nun immer liegen möge, diesem Vorwurf ist die Beschränkung eines deutschen Geistes auf das Deutsche am stärksten ausgesetzt. Dem Deutschen am allerwenigsten steht es an, in seiner Frau Muttersprache und dem, was darin geschrieben ist, sein Genüge zu finden, ihm besonders gebührt Expansivität, Weltsinn, die Kenntnis und Bewunderung, das Aufnehmen und Verarbeiten des Fremden, und gerade das mag er von seinem Goethe lernen, der als Achtundsiebzigjähriger zu Eckermann sagte: »Wenn wir Deutschen nicht aus dem engen Kreise unserer eigenen Umgebung hinausblicken, so verfallen wir leicht pedantischem Dünkel. Ich sehe mich daher gern bei fremden Nationen um und rate jedem, es auch seinerseits zu tun. Nationalliteratur will jetzt nicht viel sagen, die Epoche der Weltliteratur ist an der Zeit, und jeder muß jetzt dazu wirken, diese Epoche zu beschleunigen.«
Die Nachfolge Goethe's, das Bekenntnis zu ihm, bedeutet also denn doch wohl nicht deutsches Provinzlertum – und überhaupt darf ich sagen, daß, wenn ich viel über Deutsches und wenig über Fremdes geschrieben habe, ich doch im Deutschen immer die Welt, immer Europa gesucht habe und unbefriedigt war, wenn ich es nicht fand. Es ist nichts weniger als ein Zufall, daß die deutschen Gestalten, die ich mir zu Lehrern und Führern ersah, diese Schopenhauer, Nietzsche, Wagner und in späteren Jahren an erster Stelle Goethe, alle ein stark über-deutsches, europäisches Gepräge tragen. Es war das Europäische auf deutsch, was ich in ihnen fand, ein europäisches Deutschland, welches immer das Ziel meiner Wünsche und Bedürfnisse bildete, – sehr im Gegensatz zu dem »deutschen Europa«, dieser Schreckensaspiration des deutschen Nationalismus, die mir von je ein Grauen war, und die mich aus Deutschland vertrieb. Es muß ja kaum gesagt

werden, daß in diesen beiden Konzeptionen die Unterscheidung begründet liegt, die die Welt zwischen einem ›guten‹ und einem ›bösen‹ Deutschland macht: das europäische Deutschland, das ist zugleich das im weitesten Sinn des Wortes ›demokratische‹ Deutschland, dasjenige, mit dem sich leben läßt, das der Welt nicht Furcht, sondern Sympathie erregt, weil es teilhat an der demokratischen Menschheitsreligion, von der das moralische Leben des Abendlandes letztlich bestimmt ist und die gemeint ist, wenn wir das Wort ›Zivilisation‹ sprechen.

Das Unglück wollte, daß dieser europäische Demokratismus es in Deutschland nie zu viel politischer Macht brachte, daß Macht sich niemals mit ihm verbinden wollte, sondern, anders als bei anderen Völkern, diese Idee historisch fast gleichbedeutend mit deutscher Ohnmacht wurde. »Tatenarm und gedankenreich« nannte Hölderlin das alte, fromme, geistige und machtlose Deutschland, und das klingt liebevoll, klingt nach Einwilligung und Bejahung. Aber es ist an der deutschen Diskrepanz zwischen Geist und Macht, Gedanke und Tat, dem Widerspruch zwischen kulturellem Rang und politischer Misere auch gelitten worden: Goethe, eine weniger ätherische Natur als Hölderlin, hat erklärtermaßen darunter gelitten und gelegentlich den weltfremden Theoretizismus des deutschen Charakters verwünscht. »Während die Deutschen«, sagte er 1829 zu Eckermann, »sich mit Auflösung philosophischer Probleme quälen, lachen uns die Engländer mit ihrem großen praktischen Verstande aus und gewinnen die Welt.«

Nun will ich ganz offen sein und erklären, daß ich dies Wort nicht liebe. Erstens hat England das arme, geistige und unpraktische Deutschland von dazumal durchaus nicht ausgelacht. Es hat im Gegenteil viel Hochachtung und Bewunderung dafür gehabt, was dem alten Goethe die vielen Engländer hätten zeigen können, die nach Weimar pilgerten. Zweitens war es nicht wohlgetan, England nur auf den praktischen Weltverstand festzulegen und es mit der Ostindischen Kompanie gleichzusetzen, denn es hat ja der Welt den größten Dramatiker, eine lange Reihe bedeutender Denker und Schriftsteller und eine sublime Lyrik gegeben, und aus jener Gegenüberstellung spricht sogar eine leise nationale Überheblichkeit, des Sinnes beinahe, als sei Deutschland das

auserwählte Volk des Geistes. Drittens aber, und das ist das Bedenklichste, liegt in dem Wort eine gewisse Aneiferung für die Deutschen, es England gleichzutun und sich auch auf die Gewinnung der Welt zu verlegen, – der Ansporn zu einem konkurrierenden Neide also, der dann in der deutschen Geschichte eine sehr unglückliche Rolle gespielt hat.
Das sind Einwände gegen ein Wort, das pädagogisch gemeint war und auch wirklich des pädagogischen Wertes nicht entbehrte; denn Goethe's Lob des »praktischen Verstandes« kommt einer Ermahnung gleich an Geist und Denken, nicht in den Wolken zu schweben, sondern sich mit dem Leben zu vereinigen und sich ihm verantwortlich zu fühlen; es zielt ab auf einen *demokratischen Pragmatismus*, an dem es in Deutschland tatsächlich immer, und auch dann, wenn das »Leben« als oberster Wert dionysisch gefeiert wurde, allzusehr gefehlt hat und dessen Partei der größte deutsche Dichter, nicht nur in jenem Gelegenheitswort, gegen den Hochmut des Geistes nahm. Ich zitiere da Maurice Barrès, der Goethe's ›Iphigenie‹ »ein zivilisierendes Werk« genannt hat, welches »die Rechte der Gesellschaft gegen den Hochmut des Geistes vertritt«, – eine Kennzeichnung, die fast genauer noch auf den ›Tasso‹ zutrifft, dieses Werk der Selbstzucht und -züchtigung, ja der Kasteiung, eine Dichtung, die bis zur Preisgabe der Poesie und des Dichtertums an die Nüchternheit der gesellschaftlichen Ordnung, des »praktischen Verstandes« geht, – sehr zum Kummer von Dichtern gleich Rilke, die darin eine Verräterei, nämlich den Verrat der Kunst an das Leben, sehen. Die aristokratische Einsamkeit der Kunst und ihre leidende Abgeschiedenheit vom Leben ist ihnen eine Herzenssache, und mit Widerwillen sehen sie den abscheulichen Mann der Welt, Antonio, im Drama das Feld behaupten.
Darüber hat man neulich in den ›Publications of the English Goethe Society‹ eine ausgezeichnete Studie, ›Rilke and Goethe‹ von Eudo C. Mason, gelesen, in der nicht versäumt war, das Ressentiment Rilke's gegen den ›Tasso‹ mit der Goethe-Kritik des Novalis in Parallele zu stellen. Der hat den ›Wilhelm Meister‹ ein höchst undichterisches Werk, einen »Candide, gerichtet gegen die Poesie«, genannt. Das Romantische gehe darin zugrunde, sagt er, auch die Naturpoesie, das Wunderbare. Die ökonomische Natur bleibe als die wahre

übrig. Goethe sei ganz praktischer Dichter, heißt es da, er sei in seinen Werken, was der Engländer in seinen Waren sei: höchst einfach, nett, bequem und dauerhaft ... Die Übereinstimmung der Gesinnungen ist vollkommen. Es ist ein und dieselbe von zarter Erbitterung vibrierende Stimme, die Stimme poetisch-aristokratischen Leidens am Leben gegen den, der sich auf die Seite des Lebens stellte und das kühl abweisende Wort gesprochen hat: »Von Leiden kann ja bei der Kunst nicht die Rede sein.« Er hat aber auch ganz andere Worte gesprochen, zum Beispiel dieses, das in der ›Italienischen Reise‹ gelegentlich Raffaels fällt: »Denn wir ahnen die furchtbaren Bedingungen, unter welchen allein sich selbst das entschiedenste Naturell zum Letztmöglichen des Gelingens erheben kann.« Wer zweifelt, daß er diese »furchtbaren Bedingungen« nicht nur ahnte, sondern daß er sie kannte? Wer zweifelt, daß alles, was wir an Vorstellungen von Harmonie, glücklicher Ausgewogenheit und Klassizität mit Goethe's Namen verbinden, nichts leichthin Gegebenes, sondern eine gewaltige Leistung war, das Werk von Charakterkräften, durch welche gefährlichste und möglicherweise zerstörerische Anlagen überwunden, genützt, verklärt, versittlicht wurden, zum Guten und Großen gewendet und gezwungen? Sein Dasein kann einem wohl als ein Messertanz von Schwierigkeit und Liebe zur Fazilität erscheinen, als ein Nur-gerade-möglich, das gleich auch noch Genie war – mag sein, Genie ist immer ein Nur-eben-möglich. Man hat dieses Leben ein Kunstwerk genannt, man sollte es ein Kunststück nennen. So hat er selbst es gekennzeichnet in dem Spruch, den er sich hätte zur Grabschrift bestellen können:

›Wohl kamst du durch; so ging es allenfalls.‹
Mach's einer nach und breche nicht den Hals!

Ich war entzückt, als ich in dem ausgezeichneten Buch von Barker Fairley, ›A Study on Goethe‹, diese Worte las, die ich übersetze: »Er versah sich nicht des Heraufkommens einer Anschauungsweise in dem Jahrhundert nach ihm, die es vorgezogen hätte, wenn er um jeden Preis in die Brüche gegangen wäre, wie ein rechter Dichter, anstatt aus den Dingen einen Erfolg zu machen, und hätte er sie vorhergesehen, so war glücklicherweise etwas in ihm, das sie zurückgewiesen haben würde. Denn wenn der Trieb zum Überleben für die Menschheit wertvoller ist als der Trieb zum Untergang, dann bedeuten Goethe's Leben und Werk, wie wir sie jetzt haben, mehr, als sie hätten bedeuten können, wäre er zerknickt unter dem Druck seiner selbst oder hätte er unterlassen, zu tun, was er getan hat.«

Dieses »to make a success of things«, dieser der Menschlichkeit nützliche Wille, zu überleben, – hat er nicht etwas Demokratisches im Vergleich mit – und im Gegensatz zu – dem aristokratisch-poetischen Willen zum Untergang? Im ›Epilog zu Schillers Glocke‹ gebraucht Goethe einmal das Wort »lebenswürdig«. »Den Lebenswürdigen«, klagt er, »soll der Tod erbeuten!« Als junger Mensch, der von Schopenhauer die große Erlaubnis zum Pessimismus erhalten hatte, war ich sehr betroffen von diesem Ausdruck, der, soviel ich weiß, eine persönliche Wortschöpfung Goethe's ist. Er verwirrte meinen jugendlichen Begriff von Geistigkeit, Künstlertum, Poesie, der recht eigentlich auf eine vornehme Untauglichkeit und Unberufenheit zum irdischen Leben hinauslief. Die Zeit war fern, da ich Goethe's Willen und Fähigkeit, aus den Dingen, das heißt aus schwierigsten Voraussetzungen, »einen Erfolg zu machen«, als das größte und liebenswürdigste Vorbild betrachten sollte. Aber ich drücke heute nur aus, was ich damals empfand, wenn ich sein gutwilliges Verhältnis zum Leben und seine Ablehnung des poetischen Unterganges als einen demokratischen Zug anspreche, den man nicht eben deutsch nennen kann und der seine innere Distanz zum Deutschtum mitbestimmt haben mag. »Die Deutschen lieben den Tod«, hat George Clémenceau während des Ersten Weltkrieges gesagt. »Sehen Sie ihre Literatur an! Sie lieben im Grunde nur ihn.« Das hat viel Wahrheit, aber Goethe kann der psychologisierende Staatsmann dabei nicht im Auge gehabt haben, denn der widerstand allem deutsch-romantischen Todeskult, und ich glaube, wenn man den Dingen auf den Grund geht, so ist es seine Lebensfreundschaft, um derentwillen das demokratische Europa ihn für sich in Anspruch nimmt.

An diesem Punkt scheint mir eine Einschaltung nötig. Lassen Sie uns bedenken, daß Goethe weder ein philosophischer Systematiker noch ein starrer Anhänger von Dogmen und Meinungen war, sondern daß die Quelle seiner dichterischen

Fruchtbarkeit die Polarität, der unerschöpfliche Reichtum an Widersprüchen war, den seine Natur umfaßte und der seine Zeitgenossen zuweilen verleitete, ihn eines gewissen naturelbischen Nihilismus zu beschuldigen. Oft ist gesagt worden, daß mit Worten Goethe's alles in der Welt belegt und bewiesen werden kann. Trotzdem, und ungeachtet der Widersprüche, die auch wir heute abend zu beobachten haben werden, finden wir bei ihm einen Wesensgrund unerschütterlich großer Menschlichkeit und verläßlicher Güte, in welcher alle Widersprüche sich auf eine hohe, fast göttliche Weise auflösen, und auch, was in seiner politischen Weltanschauung unstimmig gegeneinanderzustehen scheint, löst sich für den tieferen Blick auf in dieser unfehlbaren Menschlichkeit.
Ich weiß wohl, daß man den Dingen sehr auf den Grund gehen und den Begriff des Demokratischen sehr weit fassen muß, um Goethe darin einzubeziehen. Denn im Engeren und gegen die Oberfläche hin spricht beinahe überwältigend viel für seine Gegenstellung zur Demokratie, politisch und moralisch, und das hängt nun gerade wieder mit seinem positiven Verhältnis zum Leben, mit seinem natürlichen Selbstgefühl als Günstling der Götter und Vorzugskind der schaffenden Macht zusammen, als Herr der Welt, der es als ein Unglück betrachten würde, in der Opposition zu sein. So hat er es gesagt: »Wenn ich das Unglück hätte, in der Opposition zu sein« – und vergaß ganz dabei, daß manchmal auch die Torys in der Opposition sind. Er kannte wohl die Verbindung von Zartheit und Zähigkeit, die die besondere Vitalität des Genies ausmacht, sprach gern davon, daß außerordentliche Menschen vermöge ihrer Sensibilität leicht einer fortgesetzten Kränklichkeit ausgesetzt sind, und war selbst viel krank. Im Grunde war es, seit Werthers Tagen schon, eine *gefährdete* Freundschaft, die er unterhielt mit dem Leben, aber er liebte es sehr, Saft und Kraft zu prästieren, den breit aufgepflanzten Sohn der Erde, den Eichbaum zu spielen und auf seine Dauerhaftigkeit zu pochen, seine Langlebigkeit, die Valéry so sehr bewunderte: »Ce qui me frappe dans Goethe, avant toutes choses, c'est cette vie fort longue – un changement d'amplitude presque séculaire.« Er selbst hat sie bewundert und sich über flüchtige Lebenskraft oder eine solche, die nicht aufs Äußerste vorhielt, humoristisch geringschätzig geäußert. Mit einundachtzig sagt er: »Da ist der Sömmering« (ein

namhafter deutscher Anatom) »gestorben, kaum elende fünfundsiebzig Jahre alt. Was doch die Menschen für Lumpe sind, daß sie nicht die Courage haben, länger auszuhalten als das! Da lobe ich mir meinen Freund Bentham« (den englischen Ökonomisten und Utilitaristen), »diesen höchst radikalen Narren; er hält sich gut, und doch ist er noch einige Wochen älter als ich.«

Ich weiß nicht, zum wievielten Male ich die Anekdote erzähle. Ich liebe sie ausnehmend, und zwar wegen ihres Reichtums an Implikationen, ihres vielfältigen moralischen und psychologischen Gehalts, – wobei ich vor allem an den Spott über Benthams »Radikalismus« denke, der sehr zur Sache gehört. Der Gesprächspartner meinte: In England geboren, wäre Seine Exzellenz auch wohl ein Radikaler geworden und gegen Mißbräuche in der Staatsverwaltung zu Felde gezogen. Darauf Goethe, mit der Miene des Mephistopheles: »Wofür halten Sie mich? Ich hätte sollen Mißbräuchen nachspüren und noch obendrein sie aufdecken und namhaft machen, ich, der ich in England von Mißbräuchen würde gelebt haben? In England geboren, wäre ich ein reicher Herzog gewesen oder vielmehr ein Bischof mit jährlichen dreißigtausend Pfund Sterling Einkünften.« – Da meint der andere, er hätte in der Lotterie des Lebens doch auch eine Niete ziehen können, es gebe so viele Nieten! – Und Goethe: »Nicht jeder, mein Lieber, ist für das große Los gemacht. Glauben Sie denn, daß ich die Sottise begangen haben würde, auf eine Niete zu fallen?« – Das ist Übermut, Lebensprahlerei, unbedingtes Vornehmheitsbewußtsein. Daß er seine Geburt und Existenz in Deutschland im Grunde als eine Mesquinerie betrachtet – im Vergleich mit dem, was er in England gewesen wäre –, geht nebenbei daraus hervor. Die Hauptsache aber ist die metaphysische Gewißheit, unter allen Umständen ein Mann des großes Loses, unter allen Umständen wohlgeboren, ein großer Herr, ein Mann der Welt zu sein, über deren Korruption sich zu empören Sache der Schlechtweggekommenen ist.

Er liebte eine Redensart, die logisch gar nicht zu rechtfertigen ist, aber ihm mit vornehmer Selbstverständlichkeit von den Lippen geht: Er spricht von »angeborenen Verdiensten«. Wieso? Das ist ja ein hölzernes Eisen. Verdienste sind nicht angeboren, sie werden erworben, errungen, und das Angeborene ist kein Verdienst, es sei denn, man löse dies Wort aus allen seinen moralischen Beziehungen. Das ist es jedoch genau, worauf er es absieht. Die Redewendung ist ein bewußter Affront gegen das Moralische, gegen alles Wollen, Ringen, Streben, Kämpfen, das höchstens lobenswert, aber nicht vornehm ist, und das er im Grunde für aussichtslos hält. »Man muß etwas *sein*«, erklärt er, »um etwas zu machen.« Und wenn er sagen hört, Denken sei schwer, so antwortet er: »Das Schlimme ist, daß alles Denken zum Denken nichts hilft. *Man muß von Natur richtig sein*, so daß die guten Einfälle immer wie freie Kinder Gottes vor uns dastehen und uns zurufen: Da sind wir!«

Als »von Natur richtig«, als adelig von Gnaden der Natur hat er sich zweifellos gefühlt und hat versichert, daß er nie einen präsumtuoseren Menschen gekannt habe als sich selbst. Für gesellschaftliche Ambition, für irgendwelche Art von Snobismus läßt dies Selbstgefühl keinen Raum. Das Adelsdiplom, das sein Herzog ihm früh vom Kaiser erwirkte, war ihm »nichts, gar nichts«, denn, sagte er, »wir Frankfurter Patrizier fühlten uns immer dem Adel gleich«. Und er fügt hinzu: »Ja, es war mir selber so wohl in meiner Haut, und ich fühlte mich selber so vornehm, daß, wenn man mich zum Fürsten gemacht hätte, ich es nicht eben sonderlich merkwürdig gefunden haben würde.« – Nebenbei: Es hätte durchaus bei ihm gestanden, Fürst zu werden. Wäre er, wie er zeitweise stark versucht war zu tun, der Aufforderung Napoleons gefolgt, seine Tätigkeit nach Paris zu verlegen, und hätte er dort den ›Cäsar‹ geschrieben, den Napoleon wünschte und in dem Goethe nur seinem Jugendhaß auf die »nichtswürdigen«, die »niederträchtigen« Mörder hätte die Zügel schießen zu lassen brauchen, so hätte der Kaiser ihn bestimmt zum Fürsten gemacht, wie er seiner eigenen Aussage nach Corneille dazu gemacht haben würde. Im Alter erschien übrigens wirklich seine Existenz der Mitwelt in fürstlichem Licht, was seinen Ausdruck in bestimmten brieflichen Anreden fand. Französische Korrespondenten nannten ihn »Monseigneur« – was eigentlich ja ein prinzlicher Titel ist. Ein Engländer schrieb: »Seiner Durchlaucht, dem Fürsten Goethe in Weimar.« »Das möchte«, erläuterte der Alte, »denn wohl daher kommen, daß man mich gern den Dichterfürsten nennt.«

Es bezog sich aber gerade nicht im engeren Sinn auf sein Dichtertum, das nur die Gestalt war, die seine Größe in dem armen, wirklichkeitslosen, geistigen Deutschland, dem »Lande der Dichter und Denker«, annahm. Er war mehr als ein Dichter: ein Weiser, ein Herrscher, der letzte Repräsentant und geistige Gebieter Europas, ein großer Mensch. Und es fragt sich nun, wie weit Größe sich mit Demokratie verträgt, – eine vielleicht unvorsichtige Frage, wenigstens wenn man Deutschland dabei im Auge hat, wo immer die Größe zu einem undemokratischen Hypertrophieren neigt: es ist dort zwischen ihr und der Menge eine Kluft, ein »Pathos der Distanz«, um Nietzsche's Lieblingswort zu gebrauchen, wie es anderwärts in dieser Schärfe nicht vorkommt – in Ländern, wo Größe nicht Knechtschaft auf der einen und ein Überwuchern absolutistischen Ich-Gefühls auf der anderen Seite schafft. Von diesem Absolutismus und persönlichen Imperialismus hatte Goethe's majestätisches Alter viel; der Druck dieses Alters auf alles, was neben ihm auch noch leben wollte, war schwer, und nicht nur Nymphenklage um den großen Pan wurde bei seinem Tode laut, sondern auch ein deutliches »Uff!«.

Seine Lebensverbundenheit, demokratisch im Gegensatz zum poetischen Aristokratismus des Todes, hat viele Facetten und Brechungen, die jeden Zweifel rechtfertigen daran, ob die europäische Demokratie ihn zu den Ihren zählen darf. Es ist ja kein Zufall, daß diese Lebensverbundenheit sich im gleichen Satz und Atem als ein Trumpfen auf seine vitale Ausdauer und als Spott auf den politischen Radikalismus äußert. Sein Anti-Radikalismus hat tiefe Wurzeln, er hat vor allem zu tun mit seiner Idee von der Vollkommenheit und Notwendigkeit alles Daseins, von einer Welt, die von End-Ursachen und End-Zwecken frei ist und in der das Böse wie das Gute sein Recht hat. Die Zweckfremdheit der Kunst- wie der Naturschöpfung ist ihm oberste Maxime, und das ihm eingeborene dichterische Talent betrachtet er »ganz als Natur«, als eine Gabe der Allmutter, die Gutes und Böses gleichmütig umfaßt. Seine frühe Begeisterung für Shakespeare gründet hier; und in die Zeit hinaus hat Goethe's Natur-Ästhetizismus und Anti-Moralismus sehr stark auf Nietzsche, den Immoralisten, gewirkt, der weiter gehen und das *Vorrecht* des Bösen vor dem Guten, seine überwiegende

Wichtigkeit für die Erhaltung und den Triumph des Lebens ekstatisch behaupten wird.

Bei Goethe, versteht sich, ist alles noch in ruhigerem, heitererem Gleichgewicht, objektive und plastische Gesinnung. Aber wie aus seiner Naturvergottung, diesem spinozistischen Pantheismus, seine Duldsamkeit kommt, seine Konzilianz, sein »läßliches« Geltenlassen, so kommt auch daher seine Kälte, der Mangel an Enthusiasmus und ideellem Schwung, den viele ihm zum Vorwurf machten, seine Ideenverachtung, sein Haß auf das Abstrakte, das ihn lebensmörderisch dünkt. »Allgemeine Begriffe und großer Dünkel«, lautet einer seiner Kernsprüche, »sind immer auf dem Wege, entsetzliches Unheil anzurichten.« Das ist das Motto für sein berühmtes Mißverhältnis zur Französischen Revolution. Er war durchdrungen davon, daß »die Welt, durch Vernunft dividiert, nicht aufgeht«, und war ferner überzeugt, daß »Gesetzgeber und Revolutionäre, die Gleichsein und Freiheit zugleich versprechen, Phantasten oder Charlatans sind«. Wer wollte leugnen, daß er damit an die Grundschwierigkeit der Demokratie und an das Problem rührt, das heute die Welt in ihrem Banne hält und zu einer fürchterlichen Auseinandersetzung zwischen den revolutionären Prinzipien der Gleichheit und Freiheit zu führen droht?

Tatsache ist, daß die Große Revolution als Weltereignis Goethe gequält hat wie nichts anderes in seinem Leben und ihn beinahe um sein Talent gebracht hätte, – obgleich er doch durch sein sensationelles Jugendwerk, dem an den Grundfesten der alten Gesellschaft wild-empfindsam rüttelnden ›Werther‹, mit dem Kommenden in prophetischer Fühlung gestanden, ja geholfen hatte, es vorzubereiten. Daß man als Wirklichkeit nicht will, was man im Gefühle gewollt, ist ein immer wiederkehrendes Vorkommnis, und Goethe's Stellung zur Revolution wiederholt genau die des Erasmus zur Reformation, die anzubahnen dieser so viel getan und die er dann mit humanistischem Dégoût ablehnte. Goethe selbst, bei aller persönlichen und selbst religiösen Hingezogenheit zu Luther, hat die beiden großen »Störungen« mißbilligend zusammen genannt in dem berühmten Distichon:

Franztum drängt in diesen verworrenen Tagen,
wie einstmals
Luthertum es getan, ruhige Bildung zurück.

Ruhige Bildung – nicht darum zuerst war es den Patrioten zu tun, die Deutschland zur politischen Freiheit zu erziehen wünschten, und wie er litt, so ist an ihm gelitten worden, gelitten mit Erbitterung von höchst ehrenwerten Zeitgenossen: nämlich an seiner »ungeheuer hindernden Kraft«, wie Börne es ausdrückte, an seinem Quietismus und Apolitismus, der Wucht, mit der seine Natur dem Enthusiasmus der Zeit, der national-demokratischen Idee, entgegenstand. Er war gegen Pressefreiheit, gegen das Mitreden der Masse, gegen Konstitution und Majoritätsherrschaft, war überzeugt, daß »alles Gescheite in der Minorität« sei, und hielt es offen mit dem Minister, der gegen Volk und König seine Pläne einsam durchführt. Man muß ihn sehen, wie er, April 1816, nach Titel und Rang Erster Minister des neuen Großherzogtums Sachsen-Weimar, bei der Verfassungsfeier zunächst dem Throne stand, aufrecht, den Stern des ›Weißen Falken‹ auf der Brust. Das Ganze war ihm im höchsten Grade zuwider. Er hatte seinem Herrn abgeraten, zum Wiener Kongreß zu gehen, der dann das Ländchen um mehr als die Hälfte vergrößert und Carl August zum Großherzog erhoben hatte. Aber die ›Wiener Vereinbarungen‹ verhießen jedem deutschen Staat eine »landständische Verfassung«, und daher sah Goethe sein Land sehr ungern an sie gebunden. Staatsmännische Voraussicht kann man es nicht gut nennen, daß er den Herzog hindern wollte, zum Kongreß zu gehen. Er besaß davon überhaupt wenig. An Napoleons ewigen Stern hatte er fest geglaubt, hatte sich während der Befreiungskriege höchst unpatriotisch verhalten und gesagt: »Rüttelt nur an eueren Ketten, ihr Guten, der Mann ist euch zu groß!« – »Der Mann ist euch zu groß« – der Satz behält etwas Wahres; denn eben weil er ihnen zu groß war, wurde er mit vereinten Kräften besiegt, so daß Goethe praktisch ins Unrecht kam und im ›Epimenides‹ Abbitte tun mußte. Auf ähnliche Weise hat er unrecht bekommen mit seinem entschiedenen Widerstand gegen frühe deutsche Einigungsversuche, gegen den Plan Friedrichs des Großen von 1784, eine Föderation deutscher Fürsten ohne und gegen Österreich ins

Werk zu setzen, das heißt auf dynastisch-nationaler Grundlage und unter preußischer Führung, mit Ausschluß Habsburgs, eine deutsche Einheit zu schaffen. Das Unternehmen, für das Carl August sehr eingenommen war, verlief für diesmal im Sande. Aber genau diesen Weg ist Bismarck später gegangen; es war der Weg der Geschichte, den Goethe nicht sah und nicht sehen wollte. Wie es aber mit der Geschichte nun immer ablaufen möge, jedenfalls besteht sie darin, daß etwas geschieht. Doch Goethe liebte die Geschichte nicht; er nannte die Politik dieser Welt einen »Wirrwarr von Irrtümern und Gewalt«.

Oft scheint es, als ob er von humanitärem Glauben an den Menschen, die Menschheit, an ihre revolutionäre Reinigung, ihre bessere Zukunft wenig oder nichts besessen hätte. Vernunft und Gerechtigkeit sind den Menschen nicht beizubringen. Ewig wird es hin und wider schwanken und des Kampfes, des Blutvergießens kein Ende sein. Wäre das nur mit pessimistischem Kummer gesagt! Aber im Grunde ist es ihm recht so, denn vom Pazifisten hat er sehr wenig. Im Gegenteil ist in ihm ein Sinn für Macht, für den Streit, »bis eins dem andern Übermacht bethätige«, der stark an des Wagner'schen Wotan Wort erinnert: »Denn wo kühn Kräfte sich regen, da rat' ich offen zum Krieg.« Er wußte genau Bescheid über den Krieg, das muß man einschalten, und sagte, er sei »in Wahrheit eine Krankheit, wo die Säfte, die zur Gesundheit und Erhaltung dienen, nur verwendet werden, um ein Fremdes, der Natur Ungemäßes zu nähren«. Aber persönlich bekennt er, daß es »ihn traurig mache, mit allen Leuten gut zu sein«, daß er »den Zorn brauche«. Nun, christliche Friedensliebe ist das nicht, wenn es auch lutherisch ist und bismarckisch dazu. Zur Kennzeichnung seiner Streitbegier, seiner Lust »dreinzufahren und zu züchtigen«, zu seiner Bereitschaft, gegnerische Meinungen durch Machtgebrauch mundtot zu machen und »solche Leute aus der Gesellschaft zu entfernen«, ließe sich manches beibringen. Es ist das alles, wenn man will, nur drei Schritt, oder weniger, vom Brutalen entfernt, – wie sein Realismus überhaupt es war, seine Verweigerung ideeller Begeisterung, die Sinnlichkeit seines Wesens, die ihn die Brandschatzung eines Bauernhofs als wirklich und der Teilnahme wert, den »Untergang des Vaterlandes« aber als Phrase empfinden läßt.

Seine Skepsis gegen liberale Regierungsformen ist tief. Man werde finden, sagt er, daß »man von oben herab mit zu großer Güte, Milde und moralischer Delikatesse auf die Länge nicht durchkomme, indem man eine gemischte und mitunter verruchte Welt zu behandeln und in Respekt zu halten habe«, – was bereits bis ins Wort hinein an Schopenhauer, seinen politischen Schüler, erinnert. In Fragen der Kriminaljustiz ist er entschieden gegen Weichheit und Schlaffheit, erzürnt sich gegen die humanitäre Neigung der Zeit, Verbrechern mit ärztlichen Zeugnissen und Gutachten an der verwirkten Strafe vorbeizuhelfen und läßt sich wohlgefällig von einem energischen jungen Physikus berichten, der die Frage, ob eine gewisse Kindsmörderin zurechnungsfähig sei oder nicht, entschlossen dahin beantwortet habe, sie sei es allerdings. – »Sie ist die erste nicht!« – Mit der Judenemanzipation, die doch von seinem großen Kaiser überall gefördert wurde, ist er wenig einverstanden. Schließlich, sagt er, werde man in Weimar gar noch eine jüdische Oberhofmeisterin haben.

Er ist Aristokrat im Verhältnis zur Masse, die er nur respektabel findet, wenn sie zuschlägt; urteilen gelinge ihr miserabel. So steht es in einem seiner gereimten Sprüche. Menge und Kultur, das reimte sich ihm nicht, denn Kultur war ihm auserlesene Gesellschaft, die sich über das Höchste diskret verständigt mit einem Lächeln... Er ist darum auch weit entfernt zu glauben, daß seine Werke populär werden können. »Wer daran denkt und dafür strebt«, sagt er, »ist in einem Irrtum. Sie sind nicht für die Masse geschrieben, sondern nur für einzelne Menschen, die Ähnliches wollen und suchen.« Das Merkwürdige ist nur, daß er zugleich erklärt, aller Tadel, den seine Bücher, zum Beispiel sein ›Werther‹, erfahren, habe ihm nichts geschadet, weil solche subjektiven Urteile einzelner, wenn auch bedeutender Männer, sich durch die Masse wieder ins Gleiche gestellt hätten. *Wer aber nicht eine Million Leser erwartet, der sollte überhaupt keine Zeile schreiben!*

Wie dem nun sei: um seine persönliche Kultur und darum, »die Pyramide seines Daseins so hoch wie möglich hinaufzuspitzen«, war es ihm, wenigstens die längste Zeit seines Lebens, zu tun, – nicht um die Verbesserung der Welt. Und an den Ruhm persönlicher Hochentwicklung knüpft er schließlich auch die Unsterblichkeit, während er die gemeine Menge der ewigen Vernichtung überläßt. »Wer keinen Namen sich erwarb, noch Edles will, gehört den Elementen an – so fahret hin!« Ein aristokratischeres Wort gibt es nicht. Es bezeugt den Glauben an Gnadenwahl, und wenn diese eine christliche Konzeption ist, so kehrt jedenfalls damit das Christentum seine aristokratische Seite hervor.

Und doch ist das Christentum die Demokratie als Religion, – wie man sagen kann, daß die Demokratie der politische Ausdruck des Christentums ist. Den revolutionären Sinn des Christentums erfaßt Goethe mit dem Wort: »Die christliche Religion ist eine intentionierte politische Revolution, die, verfehlt, nachher moralisch geworden ist.« Das ist objektiv bemerkt; über sein persönliches Verhältnis zum Christentum sagt es nichts aus. Man muß aber insistieren: Wie stand er dazu? Wie stand er zum Glauben, zur Frömmigkeit überhaupt? Ich möchte da einen Spruch anführen, der mir unendlich zum Herzen spricht, unendliche Sympathie erregt. Er sagt:

Ich habe nichts gegen die Frömmigkeit,
Sie ist zugleich Bequemlichkeit;
Wer ohne Frömmigkeit will leben,
Muß großer Mühe sich ergeben:
Auf seine eigne Hand zu wandern,
Sich selbst genügen und den andern
Und freilich auch dabei vertraun,
Gott werde wohl auf ihn niederschaun.

Er vertraut auf das obere Wohlwollen, auch wenn, oder gerade wenn er's sich nicht im bergenden Hafen eines Glaubens bequem macht, sondern in schutzloser Freiheit, auf eigene Hand, sein Bestes tut. Der Spruch mutet protestantisch an, und man könnte auf den Gedanken kommen, daß es heute eine protestantische Anlage und Erziehung sein mag, die einen Geist abhält, beim kommunistischen Glauben sichernde Unterkunft zu finden. Dabei ist es merkwürdig genug, wie Goethe gelegentlich den Protestantismus als eine Art von Versöhnung urgermanischen Heiden- und Herrentums mit dem Christentum darstellt.

Den deutschen Mannen gereicht's zum Ruhm,
Daß sie gehaßt das Christentum,

Bis Herrn Karolus' leidigem Degen
Die edlen Sachsen unterlegen.
Doch haben sie lange genug gerungen,
Bis endlich die Pfaffen sie bezwungen
Und sie sich unters Joch geduckt;
Doch haben sie immer einmal gemuckt.
Sie lagen nur im halben Schlaf,
Als Luther die Bibel verdeutscht so brav.
– – – – – – – – – –
Freiheit erwacht in jeder Brust,
Wir protestieren all mit Lust.

Das klingt wirklich, als sei der Protestantismus nur eine Adaptierung des Christentums an das germanische Heidentum, – von dem allerdings eine Menge in Goethe lebendig war und für das er es an offenen und herausfordernden Bezeugungen nicht hat fehlen lassen. Wir haben sie alle im Ohr. Er hat sich einen »dezidierten Nicht-Christen« genannt, hat dem ›Kreuz‹ seine Antipathie erwiesen, Demut und Dulden nicht als seine Sache empfunden und stolz erklärt:

Hätt' Allah mich bestimmt zum Wurm,
So hätt' er mich als Wurm erschaffen.

Sehr gut, das ist Goethe, der Aristokrat. Aber es ist ja von vornherein undenkbar, daß die Formung dieses Geistes nicht aufs stärkste mitbestimmt gewesen sein sollte durch die am tiefsten greifende Revolution oder richtiger: Mutation, die das menschliche Gewissen und Weltgefühl je erfahren hat, und mindestens muß er darüber gedacht haben wie Lichtenberg, der sich, in Erwägung, daß eine religiöse Kreation wie die christliche auf Erden nie mehr möglich sein werde, und in Erwägung ihrer sittigenden Macht dahin entschied: »Deshalb bleibe man dabei.« Die sittigende Macht des Christentums ist es, die Goethe hervorkehrt, als er spät im Gespräch mit Eckermann sein Verhältnis zur Religion endgültig festlegt. Auf die historische Echtheit der Evangelien in jedem Punkt, sagt er, komme es nicht an. »Es ist in ihnen der Abglanz einer Hoheit wirksam, der von der Person Christi ausging und die so göttlicher Art wie nur je auf Erden das Göttliche erschienen ist... Mag die geistige Kultur nun immer fortschreiten, mögen die Naturwissenschaften in immer breiterer Ausdehnung und Tiefe wachsen und der menschliche Geist sich erweitern, wie er will – über die Hoheit und sittliche Kultur des Christentums, wie es in den Evangelien schimmert und leuchtet, wird er nicht hinauskommen!« – Die »sittliche Kultur« des Christentums, seine Humanität, seine sittigend-antibarbarische Tendenz war es, vor der er sich beugte, denn es war die seine, und jene Huldigungen entstammen ohne Zweifel einem Gefühl der Bundesgenossenschaft, der Einsicht in die Verwandtschaft der Sendung des Christentums innerhalb der völkisch-germanischen Welt mit seiner eigenen. Es ist eine im tiefsten Wesen demokratische Sendung, denn die Neigung zum Niedrigen, die Erhebung des Leidens, ist dem Christentum eingeboren, und nichts kann christlicher, nichts aber auch im höchsten Sinn demokratischer sein als Goethe's Ausspruch: »Alles Leiden hat etwas Göttliches.«

Sein Christentum, als natürliches Ingrediens seiner Persönlichkeit, hat protestantische Färbung. Er ist Protestant von Kultur, wie ja ein Werk gleich den ›Leiden Werthers‹ ohne eine lange Schule pietistischer Introspektion nicht denkbar ist. Sehr richtig hat Nietzsche Goethe's geistigen Ort als gelegen »zwischen Griechentum und Pietismus« bestimmt. Auffallend ist aber, daß er beim Protestantismus, beim Luthertum, die demokratische Tendenz am entschiedensten betont und bei seiner Kritik der katholischen Kirche und ihrer Hierarchie plötzlich auf die »unteren Massen« zu sprechen kommt. »Die Kirche will herrschen«, sagt er mit einem gewissen politischen Verständnis, »und da muß sie eine bornierte Masse haben, die sich duckt und geneigt ist, sich beherrschen zu lassen. Die hohe, reich dotierte Geistlichkeit fürchtet nichts mehr als die Aufklärung der unteren Massen. Sie hat ihnen auch die Bibel lange genug vorenthalten, so lange wie irgend möglich. Was sollte auch ein armes christliches Gemeindeglied von der fürstlichen Pracht eines reich dotierten Bischofs denken, wenn es dagegen in den Evangelien die Armut und Dürftigkeit Christi und seiner Jünger sieht! – Wir wissen gar nicht«, ruft er, »was wir Luther und der Reformation im allgemeinen alles zu danken haben. Wir sind frei geworden von den Fesseln geistiger Borniertheit,

wir sind ... fähig geworden, zur Quelle zurückzukehren und das Christentum in seiner Reinheit zu erfassen ...« Was Luther gebracht hat, ist religiöse Demokratie, und Goethe bejaht sie. Soviel feiner, vornehmer, delikater er ist als der Volksmann und Grobian von Wittenberg – seine Hingezogenheit zu ihm ist tief und echt; eine national-persönliche Verwandtschaft, ein Wiedererkennen ist da im Spiel. Er nimmt als Jüngling die Bibelübersetzung in den ›Faust‹ auf und hielt allezeit Luthers Sprachwerk, dessen Erbe und verfeinernder Fortentwickler er war, in hohen Ehren, indem er hinzufügte: »Nur das Zarte darin hätte ich allenfalls besser gemacht.«
Und doch ist sein Protestantismus nicht ganz zuverlässig: er läßt zuweilen der Bewunderung Raum – nicht sowohl für die ästhetischen Vorteile, als vielmehr für die demokratisch-gemeinschaftsbildenden Kräfte katholischen Lebens. Sie sind stärker, beglückender, findet er dann auf einmal, als die des protestantischen. »Man müßte gleich katholisch werden«, ruft er, »um teil an der Existenz der Menschen zu haben. Sich unter sie mischen, gleichgestellt, ein Leben auf dem Markt, im Volk. Was wir in den kleinen souveränen Staaten für elende, einsame Menschen sind!« Und er preist Venedig als Monument nicht eines Befehlenden, sondern eines Volkes.
»Ein Leben im Volk« – auch das ist Goethe, ist es von früh an. Kinder, Volk, Natur, das war die Liebe, die *erwiderte* Liebe des Werther-Jünglings, und man braucht nicht an die warmen Volksszenen im ›Egmont‹ und ›Faust‹ zu denken, man muß nur denken an sein persönliches Wohlsein bei volkstümlichen Anlässen, wie etwa beim Rochus-Fest zu Bingen, um zu erfahren, was es ihm bedeutet, mit dem Volk zu sein, umschlossen von ihm bei Vogelschießen und Brunnenweihe; wie sehr er das Volkhafte als trauliches Naturelement, nährendes Tal des Unbewußten und der Verjüngung empfindet. »Im Bewußtsein«, sagt er, »kann der Mensch nicht lange verharren; er muß sich zuweilen wieder ins Unbewußte flüchten, denn darin lebt seine Wurzel.« – Könnte Schiller den Satz gesprochen haben – der stolze Kranke, der Aristokrat des Geistes, der große, rührende Narr der Freiheit? »Er hatte«, äußert Goethe lächelnd zu Eckermann, »das merkwürdige Glück, als besonderer Freund des Volkes zu gelten, war aber, unter uns, weit mehr ein Aristokrat als ich.«
Das ist wahr, ohne so ganz die Wahrheit zu sein. Denn die

konservative Liebe zum Volkselement, wie Goethe sie kannte und hegte, ist etwas anderes als die ideelle und revolutionäre Liebe zur Menschheit, die Schillers pathetische Sache war und die seine Art von Volkstümlichkeit bestimmte, indem sie ihn zum Sänger eines politisch emanzipierten, die ökonomische Freiheit erobernden Bürgertums machte. Goethe hatte davon nur das Wissen, nicht die Begeisterung: ein neutrales Bescheidwissen, das ihn 1792, nach der Entscheidung von Valmy, dem Siege der Revolution über die alten Mächte Europas, zu seiner militärischen Umgebung sagen läßt: »Von hier und heute beginnt eine neue Epoche der Weltgeschichte, und ihr könnt sagen, ihr seid dabei gewesen.« »Der König flieht, der Bürger triumphiert« – er wußte es und willigte mehr darein, als daß er es begrüßte. Ein nützliches Aevum kommt jetzt herauf, das es mit Geld und Verkehr, Geist, Handel und Wohlstand zu tun hat und gegen das er nichts einwenden will, vor allem nicht, weil die Tendenz zur Weiträumigkeit ihn verwandt und sympathisch anspricht, seinem expansiven Bedürfnis entgegenkommt. »Weltliteratur« – dies Wort, das er kreiert, das er als Tatsache halb und halb als Forderung in die Zeit stellt –, ist es nicht vor allem der Ausdruck seines persönlichen Zuges ins Weltweite, der sich in seinem Alter mehr und mehr verstärkt? Gelegentlich spricht er von einem »Freihandel der Begriffe und Gefühle«, was einer charakteristischen Übertragung liberal-ökonomischer Grundsätze auf das geistige Leben gleichkommt. Das neunzehnte Jahrhundert spricht daraus, das Jahrhundert der Ökonomie und Technik, in das der Sohn des achtzehnten ein Menschenalter weit hineinlebte, und das er bis weit über die Grenzen seines persönlichen Lebens, ja bis über die Grenzen des Jahrhunderts selbst hinaus, bis in nachbürgerliche Zeiten hinein verstand und seherisch ankündigte.

Goethe hatte eine eigentümliche Art, das *Wissen* um den Willen der Zeit gleichzusetzen mit dem *Gehorsam* gegen ihn, mit der Verpflichtung, ihm zu dienen, ihn zu fördern und »die Epoche zu beschleunigen«. So ist sein Bescheidwissen über die Weltstunde, über das, was die Glocke geschlagen hat, zugleich Progressivität, und er hat sehr recht, sich den Titel eines »Freundes des Bestehenden« nebst allem, was es jederzeit an Überlebtem und Schlechtem enthält, energisch zu verbitten. »Die Zeit«, sagt er, »ist in ewigem Fortschreiten begriffen, und die menschlichen Dinge haben alle fünfzig Jahre eine andere Gestalt, so daß eine Einrichtung, die im Jahre 1800 eine Vollkommenheit war, schon im Jahre 1850 vielleicht ein Gebrechen ist.« – Die Aufmerksamkeit auf Veränderungen im Bilde der Wahrheit und des Rechten und der intelligente Gehorsam, der ihnen Rechnung trägt – das ist eigentlich seine politische Religion. Daher seine Entscheidung: »Es gilt im Grunde doch nur vorwärts!« Daher seine Ungeduld mit den ewig Gestrigen, denen er zuruft:

Das ist doch nur der alte Dreck,
Werdet doch gescheiter!
Tretet nicht immer denselben Fleck,
So geht doch weiter!

Er ist immer weiter gegangen, konnte, dank seiner vitalen Ausdauer, viel weiter gehen als Schiller, der mit bloßen sechsundvierzig Jahren aus der Zeit ging. Die moralisch-politische Entwicklung des Überlebenden und nie Stillestehenden spiegelt sich in dem früh begonnenen und spät abgeschlossenen großen Bildungsroman, im ›Wilhelm Meister‹, diesem Lebenswerk, das ihn, wie der ›Faust‹, durch die Jahrzehnte begleitet und sehr verschiedene geistige Stadien durchläuft. Es ist da ein bestimmter Punkt, um 1795, als er so alt ist wie Schiller bei seinem Tode, wo die Umwandlung des Theaterromans in einen sozialen Problemroman großen Stils sich vollzieht, und als er mit achtundfünfzig Jahren die Arbeit an den ›Wanderjahren‹ wieder aufnimmt, ist er ein völlig anderer als der junge Theaterenthusiast, der nichts beabsichtigt hatte, als die Welt dionysischer Zigeuner, die Kulissenwelt, zu schildern, wie sie noch nicht geschildert worden war. Das Werk bleibt ich-bezogen, insofern es Erziehungsgeschichte, ein intellektueller Abenteurer- und Experimentalroman bleibt. Aber die Gesichtspunkte sind völlig verändert. Es wetterleuchtet in dem Buch von Ideen, die weit abführen vom ästhetischen Kult des Persönlichen, von allem, was man unter bürgerlicher Humanität versteht, weitab von dem klassischen und bürgerlichen Kulturbegriff, den zu schaffen und zu prägen Goethe selbst in erster Linie behilflich gewesen war. Ein lebenswillig-neugieriges Erspüren dessen ist da, was »an der Zeit« ist, was, im Moralischen und im Äußerlich-

Lebenstechnischen, kommen will und was zu beschleunigen also jeder sich angelegen sein lassen muß, sei es auch auf Kosten lang gehegter, aber abgelebten Zeiten angehöriger Ideale. Da haben wir die berühmte »Entsagung«, dies Lieblingsmotiv des Goethe'schen Alters. Entsagung, das ist die Selbstüberwindung der individualistischen Humanität, der Verzicht auf das Ideal privat-menschlicher Allseitigkeit und die Proklamierung eines Zeitalters der Einseitigkeit. Das Ungenügen am Individuum ist da, das heute herrscht, der einzelne wird Funktion, es kommt darauf an, was durch ihn für die Kultur zu leisten ist, der Begriff der Gemeinschaft tritt hervor, des »Bandes«, des Kollektivs, und der jesuitisch-militärische Geist der Pädagogischen Provinz, musisch durchheitert wie er ist, läßt vom individualistischen und ›liberalen‹, vom bürgerlichen Ideal kaum etwas übrig.

Vor allen Dingen spielt der Roman bereits zwischen den Kontinenten, die Neue Welt, Amerika, ist ins Blickfeld gerückt, und die Idee der Auswanderung dorthin, zu der am Ende die Mehrzahl der Personen sich entschließt, wird zum Hauptmotiv. Goethe und Amerika, Goethe als Amerikaner – es ist eine verblüffende Zusammenziehung und Vorstellung; denn er ist ja der Erzeuropäer, nichts ›Kontinentaleres‹ ist zu erdenken als seine Gestalt, und bis zuletzt, noch spät in den ›Wanderjahren‹, hat er der europäischen Kultur seine Liebe und Huldigung dargebracht – dieser »unschätzbaren Kultur, seit mehreren tausend Jahren entsprungen, gewachsen, ausgebreitet, gedämpft, gedrückt, nie ganz erdrückt, wieder aufatmend, sich neu belebend und nach wie vor in unendlicher Tätigkeit hervortretend«. Es ist ein wahrer Lobgesang. Und doch wird mindestens seit der Jahrhundertwende und ihren Erschütterungen und Einstürzen klar, daß ihm nichts Gutes schwant von wegen Europas, daß sein Glaube an dessen Zukunft wankt, daß es ihm eng und ängstlich wird in dem schwierigen Erdteil und Fluchtgedanken sich in ihm regen. Die Flucht spielt ja eine merkwürdige Rolle in seinem Leben: Er flieht in die Schweiz zur Zeit Lili Schönemanns, später flieht er Hals über Kopf nach Italien, und Europa-Flucht ist es schon, wenn es im ersten Liede des ›Divan‹ heißt:

> Flüchte du, im reinen Osten
> Patriarchenluft zu kosten.

Nun ist Amerika das Ziel innerer Flucht, dies Land, weit drüben, weit draußen, das sich eben erst seine Unabhängigkeit erkämpft – und dessen Sieg für Recht und Freiheit er in ›Dichtung und Wahrheit‹ *»eine Erleichterung für die Menschheit«* genannt hatte. Ein demokratischer empfundenes Wort gibt es nicht. Die Flucht dorthin bleibt Phantasie- und Gedankenwerk, aber ausdrücklich schiebt er es nur auf sein Alter, daß er sich nicht wirklich zur Auswanderung entschließt. »Wären wir zwanzig Jahre jünger«, sagt er 1819 zum Kanzler von Müller, »so segelten wir nach Amerika.« Es ist dasselbe Jahr, in dem er, was wenig bekannt ist, die Sammlung seiner Werke der Harvard-Universität widmet und in dem Begleitschreiben die Staaten »ein wundervolles Land« nennt, »welches die Augen aller Welt auf sich zieht durch einen feierlichen gesetzlichen Zustand, der ein Wachstum befördert, welchem keine Grenzen gesetzt sind«. Und später erwägt er im Gespräch mit dem jungen Freunde Sulpiz Boisserée: »Was möchte daraus geworden sein, wenn ich mit wenigen Freunden vor dreißig Jahren nach Amerika gegangen wäre und von Kant usw. nichts gehört hätte!«
Das erinnert an die Verse in jenem Eingangsgedicht zum ›West-östlichen Divan‹:

Dort, im Reinen und im Rechten,
Will ich menschlichen Geschlechten
In des Ursprungs Tiefe dringen,
Wo sie noch von Gott empfingen
Himmelslehr' in Erdesprachen,
Und sich nicht den Kopf zerbrachen.

»Und sich nicht den Kopf zerbrachen.« Das ist es. Der Brückenwurf hinüber nach Amerika ist das Verlangen fort aus der altersmüden Kompliziertheit, dem Gedankengram, der mit geistiger und historischer Tradition überbürdeten und schließlich von Nihilismus bedrohten europäischen Welt in eine Welt der Voraussetzungslosigkeit, der Natürlichkeit, Einfachheit, ja der Einfalt und unbekümmerter Jugendkraft. Es war in der Flucht nach Italien schon viel von diesem Durst nach dem Naiven und Natürlichen, der sich nun Luft macht in den viel zitierten Versen:

Amerika, du hast es besser
Als unser Kontinent, der alte,
Hast keine verfallenen Schlösser
Und keine Basalte.
Dich stört nicht im Innern
Zu lebendiger Zeit
Unnützes Erinnern
Und vergeblicher Streit.

»Lebendige Zeit«, das ist es. Nach neuen Dingen steht diesem Konservativen der Sinn, sein Greisenalter ist voll von lebendiger Neugier, von Widerwillen gegen »verstorbenes Zeug«, von ungeduldigem Gefühl für die Notwendigkeit der *Ernüchterung* einer an verdumpften und das Leben hindernden Seelentümern krankenden Welt; und eine Lust am Weltweit-Technisch-Rationalen verbindet sich damit, die persönlich nicht ganz neu ist – denn in ›Dichtung und Wahrheit‹ erzählt er, daß er früh schon Vergnügen an ökonomischen und technischen Betrachtungen gefunden habe –, die aber jetzt so beherrschend wird, daß an dem Tisch dieses oft so steifen und feierlichen Grandseigneurs aus dem achtzehnten Jahrhundert von Dampfschiffen und ersten Versuchen mit einer Flugmaschine, von utopisch-welttechnischen Problemen und Projekten, vom Panama-, vom Suez-Kanal und der Verbindung von Donau und Rhein fast mehr und angelegentlicher die Rede ist als von Literatur und Poesie. Kann es auch wundernehmen bei dem Dichter des letzten Faust, der seinen höchsten Augenblick in der Verwirklichung eines utilitaristischen Traumes, der Trockenlegung eines Sumpfes erblickt? »Auf freiem Grund mit freiem Volk zu stehen« – das mutet außerordentlich amerikanisch an. Die Zukunft gehört dem Menschen des Tages, dessen Sinn und »praktischer Verstand« auf das Nächste, Nützliche gerichtet ist; sie gehört einer von des Gedankens Blässe nicht angekränkelten Tatkraft. Nicht Deutschland nur, ganz Europa ist Hamlet, und Fortinbras, das ist Amerika.
Nein, es war keine Täuschung, wenn wir Goethe's Lebensfreundschaft, seine Gabe, to make a success of things, seinen Willen, zu überleben, statt poetisch in Stücke zu gehen, als einen demokratischen Zug, ja als das entscheidende Merkmal dafür empfanden, daß die europäische Demokratie ihn zu den

ihren zählen darf. Eine großartige Gutwilligkeit ist ihm eigen, von der zu lernen Heil und Rettung wäre für eine Zeit, in der so viel böser Wille, so viel verbissene Widersetzlichkeit gegen die Forderungen des Lebens braut und brütet wie in der unsrigen. Denn ein anderer Name für diese Gutwilligkeit, diese Lebensfreundschaft ist: Liebe. Dies Wort, am häufigsten wiederkehrend, wie man ausgerechnet hat, in seinem Werk, steht geschwisterlich neben dem Worte »Leben«. »Lebendiges laßt uns lieben!« So klingt es aus seiner Ewigkeit in unseren Tag herüber, und aufs volkstümlichste spricht er das sittlich Wahrste aus in einer seiner gereimten Maximen:

Wer Recht will tun, immer und mit Lust,
Der hege wahre Lieb' in Sinn und Brust.

Das hat nichts Mephistophelisches – sowenig wie von dieser höhnischen Gegenstimme etwas ist in dem reinen Anruf:

Edel sei der Mensch,
Hilfreich und gut!
Denn das allein
Unterscheidet ihn
Von allen Wesen,
Die wir kennen.
– – – – – – – – – –
Unermüdet schaff' er
Das Nützliche, Rechte,
Sei uns ein Vorbild
Jener geahneten Wesen!

Habe ich unrecht, in diesen Versen den höchsten Ausdruck aller Demokratie zu sehen? Mein Eindruck war immer, daß alles, was anti-demokratisch lautet und wirkt in der Dialektik von Goethe's Persönlichkeit, dem Part des Mephistopheles angehört und eben nur dem Negativen zu seinem dramatischen Recht verhilft. Wie der widrige Begleiter den Faust verspottet, der an Kaisers Hof gern zum Glück der Menschen regieren, im Bunde mit der Macht auf Erden das Bessere, das Edel-Wünschbare herstellen möchte, da ist ihm die Antwort vorgesehen:

So höre denn, wenn du es niemals hörtest:
Die Menschheit hat ein fein Gehör,
Ein reines Wort erreget schöne Taten.
Der Mensch fühlt sein Bedürfnis nur zu sehr
Und läßt sich gern im Ernste raten.

Genau so könnte im ›Vorspiel im Himmel‹ der Herr selber, das Positive, die schöpferische Güte dem Teufel erwidern, und mit ihr hält es unser erhabener Freund, mit dem Positiven hält er es – er hat keine Lust, und es ziemt ihm nicht, in der Opposition zu sein.
Halten wir es mit ihm, mit seiner Vornehmheit und seiner Sympathie! Wir werden dann niemals das Unglück haben, in Opposition zu stehen gegen Liebe und Leben.

ANSPRACHE BEI DER EINWEIHUNG DES ERWEITERTEN GOETHE-MUSEUMS IN FRANKFURT AM MAIN

Meine Damen und Herren,
ich bekenne mich tief ergriffen von der Ehre, mit der diese Stunde mich belädt: der Ehre, dies fromme Liebeswerk, diesen Reliquienhort, das Frankfurter Goethemuseum – gleichsam als Vertreter der Nation zu treuen Händen entgegenzunehmen. Das ist darum so rührend für mich, weil es zu den phantastischen Verwirklichungen gehört, die das Leben für die, denen es wohlwill, mit sich bringt, und weil sich das alte, von Goethe zitierte Wort darin bewährt: »Was man in der Jugend sich wünscht, hat man im Alter die Fülle.« Etwas von Fülle der Zeit, von Lebens- und Liebeserfüllung liegt für mich in dieser Stunde, dieser Situation, von der meine jugendliche Liebe zu Goethe sich nichts hat träumen lassen und die sie sich nicht einmal zu wünschen vermocht hätte.
Ja, ich habe ihn geliebt von jung auf, warum soll ich es hier und heute nicht sagen, – mit einer Liebe, die die höchste Steigerung der Sympathie, die Bejahung des eigenen Selbst in seiner Verklärung, Idealität, Vollendung war. Es gab kein Vorbild der Geisteswelt, in dessen Anblick ein solches Vertrauen, eine solche rückhaltlose Hingabe, ein so tiefes Einverständnis möglich gewesen wäre wie hier. Es gab Bewunde-

rung, Faszination, Leidenschaft; es gab Interessantestes, an das man sich zeitweise verlieren mochte, um es zu erkennen und unendliche Anregung davonzutragen. Es gab etwa Wagner, Nietzsche, Schopenhauer, Tolstoi... Aber hier überall waren Vorbehalte, reizvolle Zweifel, skeptische Einwände, passioniertes Mißtrauen... Nicht so bei Goethe. Er war das Vor-Bild in einem anderen und letzten Sinn, das Ur-Bild, das Über-Bild, das eigene Wesen ins Vollkommene projiziert, die Möglichkeit einer Liebe und Hingebung überdies, in der das Persönlichste mit dem Allgemeinen verschmolz; denn diese Steigerung der dichterisch-schriftstellerischen Lebensform schließt das Allgemein-Menschliche ein, sie gewinnt eine human-umfassende Gültigkeit. Man muß kein Dichter und Schriftsteller sein, um sich in Goethe wiederzuerkennen. Man muß dazu nur mit Bewußtsein ein Mensch sein, wie etwa jener Ernst von Pfuel, ein gebildeter Soldat, ein preußischer Offizier, der sich im Jahre 1810 aufzeichnete: »Ich staune nicht vor Goethe, sondern er gefällt mir darum so unendlich wohl, weil ich ihn begreife, mich in ihm spiegele, mich in ihm beständig wiederfinde, und zwar klarer und deutlicher und gefälliger als in mir selbst.« – Das ist eines der kostbarsten und richtigsten und erlebtesten Worte, die über Goethe gesprochen worden sind. Dies vertraute und unendliche Wohlgefallen ist es, zu dem ich mich bekenne, – zu ihm und zu seiner Begründung.

Die Liebe zu Goethe hat sich immer ausgezeichnet und wird sich immer auszeichnen durch eine absolut eigentümliche Vereinigung von natürlicher Distanziertheit und ebenso natürlicher Distanzlosigkeit. Sie ist *intim*, ist es ihrem Wesen nach, denn ihr Gegenstand ist intim, groß und intim, – Goethe ist die Intimität als Größe!

Er heißt ein Klassiker, – sehr zutreffend, ich weiß wohl, warum. Aber die Assoziationen, die das Wort ›Klassiker‹ hervorruft, die Vorstellungen von kühlem Glanz, objektiver Perfektheit, öffentlicher Mustergültigkeit, – sie passen ja gar nicht auf ihn, und schon als ich jung war, ihn zuerst aufnahm, wollte es mir nie gelingen, ihn als Klassiker zu empfinden. Auf Schiller, der großartig spekulativ von außen in die Welt der Stoffe hineingriff, herausgriff, was durch sein Genie zu sieghaft-objektiver Wirksamkeit zu erhöhen war, sind sie viel besser anwendbar. Aber Goethe? Seinem Werk, seiner

Art von Größe fehlt durchaus, im Moralischen, Psychologischen, Künstlerischen, das Simpel-Monumentale, das rein Öffentlichkeitsgerechte und Vertretbare, das zur Idee des Klassischen gehört. Das Gefühl kann einen anwandeln, daß man diese Werke der Öffentlichkeit gar nicht zeigen sollte. Den ›Tasso‹ zu sehen – ich sah ihn neulich wieder, in Weimar, in der schönen, konversationellen Aufführung des Burgtheaters – ist freilich ein großes Entzücken; aber dieses Entzücken beruht gerade auf dem fast pikanten Gegensatz zwischen der klassizistischen Form und der dichterischen Intimität, der stillen und dabei fast krassen Kühnheit des Inhalts. »Immer bis zum Äußersten gehen« war Goethe's Künstler-Devise. Auch Schiller ging bis zum Äußersten: – zum Äußersten hoher und reiner Wirkung. Aber Goethe tat es auf viel gewagtere Weise.

An keinem Dichter der Welt ist das persönliche Geheimnis der *Konzeption*, der geheime Reiz, der zu einer Produktion lockt, glücklicher zu studieren als bei ihm. Es gibt ein schönes, unheimliches Wort des französischen Malers Degas: »Ein Bild muß mit demselben Gefühl gemacht werden, mit dem ein Verbrecher seine Tat ausführt.« Das ist es, das meine ich. »Es war ganz gegen meine Natur«, bekennt Goethe, »über das, was ich von poetischen Plänen vorhatte, mit irgend jemandem zu reden.« Poetische Pläne – wie harmlos das klingt. Aber das künstlerische Tun ist ein eigentümlich verstecktes, ein gewissermaßen lichtscheues Tun. Von der wundervollen Geschichte, die schließlich einfach den Titel ›Novelle‹ erhielt und die er dreißig Jahre mit sich herumgetragen hat, erzählt Goethe, daß Schiller und Humboldt ihm dringend davon abgeraten hätten, weil sie überhaupt nicht begriffen, was er damit anzufangen gedächte. »Nur der Dichter allein weiß«, fügt er hinzu, »welche Reize er seinem Gegenstande zu geben fähig ist. Man muß daher nie jemanden fragen, wenn man etwas schreiben will.« Wahr für ihn und alles, was ihm verwandt ist. Aber Schiller hätte sich sehr wohl über die Aussichten seiner Unternehmungen mit Freunden beraten können.

Der Gegensatz zwischen der Intimität von Goethe's Gesamtwesen und der weltgewinnenden Expansivität seines Genies, seiner Wirkung ist ungeheuer und einmalig. Wir erleben sie heute, diese Expansivität; das Gedenkfest dieses Jahres macht

sie uns zum Erlebnis: die Teilnahme daran hat ja den Charakter einer kaum je bei solchem Anlaß gesehenen Internationalität, sie ist wahrhaft ökumenischer Art. Wohin man in den vergangenen Märztagen lauschte, wohin man das Radio drehte, war huldigend und feiernd von Goethe die Rede. Dies Jahr 1932 ist wahrlich ein Ehrenjahr des deutschen Menschen und der deutschen Kultur, auch die Gegenwart des ›Ständigen Ausschusses des Völkerbundes für Literatur und Kunst‹ ist ein Zeichen, – die Erhebung des Selbstbewußtseins, die damit verbunden ist, kann ein leidendes Volk wie das deutsche wohl brauchen. Unser Verhältnis zur Welt ist schwierig und war es immer. Man mag das bedauern und mag auch heimlich stolz darauf sein, aber das Phänomen des Goethe-Enthusiasmus zeigt, daß einmal doch in einem großen, begünstigten Augenblick das Deutschtum die ganze Welt zur Liebe, Bejahung, Bewunderung, zum vollen Verständnis hingerissen hat: eben durch die Persönlichkeit Goethe's in ihrer Mischung aus Größe und Urbanität, aus Naturhaftigkeit und höchster Gesittung, die freilich einmalig, aber doch als höchstes Wunschbild unseres Glücks uns vorschweben darf.
Ist der Deutsche nicht zum Glücke geboren, ist er nicht geschaffen, geliebt zu sein? Aber in *ihm* waren wir es doch einmal und bleiben es der Möglichkeit nach immer. Bejahung des eigenen Selbst in seiner Verklärung und Vollendung, das ist die Liebe des Einzelnen zu Goethe; es ist auch die Liebe der Nation zu ihm, die sie in diesem Feste erlebt. Sie liebt in ihm ihre Intimität und ihre Welthaftigkeit, ihr Geheimnis und ihr Verstandensein, ihre Einsamkeit und ihr Glück. –
Lassen Sie mich schließen, meine Damen und Herren, mit einem Wort, das nicht unausgesprochen bleiben darf, einer Bitte, einer Mahnung, einem Appell – wie soll ich es nennen. Wir befinden uns an einer der ehrwürdigsten und wesentlichen Stätten geistig-nationaler Überlieferung. Möge das deutsche Reich seinen Schild über dieser Stätte, diesem treu geschaffenen Werke halten; möge der Staat Preußen und möge die Verwaltung dieser Stadt es sich zur Pflicht machen, Not und Verfall der Zeit, soweit es irgend in ihren Kräften steht, vom Frankfurter Goethehaus fernzuhalten! Mögen sie nicht glauben, daß sie Lebensnotwendiges damit an das

Vergangene, bloß Museale wenden. Es ist schön, sich mutig in die Zukunft zu werfen; aber ein Volk, das seine Zukunft nicht nur erleiden, sondern bewußt gestalten will, ein gedankenvolles Volk wie das deutsche, braucht dazu das Gedächtnis seiner höchsten Vergangenheit.

DER ALLGELIEBTE

Das Jahr 1932, in dem die ganze Welt das Andenken Goethe's feierlich begeht, ist ein Ehrenjahr für die deutsche Kultur und den deutschen Menschen. Die Erhebung unseres Selbstgefühls, die damit verbunden ist, kann ein leidendes Volk wie das unsere wohl brauchen, und gerade das Auslandsdeutschtum wird sich in dieser Erhebung der Heimat mit neuem Stolze verbunden fühlen.
Wir wollen uns des großen Menschen, den unsere Erde hervorgebracht, nicht überheben. Wir sind ein Volk der Selbstkritik, und unsere Großen, auch Goethe, haben jederzeit viel an uns auszusetzen gehabt. Aber seinen Glauben an unsere Unverwüstlichkeit, unsere Zukunft hat er ebensooft und nachdrücklich bekundet, und ich glaube, das Auslandsdeutschtum weiß am besten, daß die Welt diesen Glauben teilt. Allzu leicht halten wir uns für verachtet und vergiften uns die Seele damit. Wir sind nicht verachtet, wir sind höchstens gefürchtet. In *Goethe aber, einem Liebling der Menschheit, sind wir auch geliebt.*

ANSPRACHE IM GOETHEJAHR

Gehalten am 25. Juli 1949 in der Paulskirche zu Frankfurt am Main

Meine Damen und Herren,
ich glaube, Sie würden es mit mir als unnatürlich empfinden, wenn ich, nach so freundlicher, so ehrenvoller Einführung, nun einfach, als handelte es sich um nichts anderes, einen der obligaten Goethe-Vorträge begänne, wie sie in diesen Tagen, diesem ganzen Jahr überall in der Welt gehalten werden. Das habe ich drüben in meiner neuen Heimat, dann in England,

Schweden und in der Schweiz getan; hier und heute, in dieser seltsamen Lebensstunde, voller beklommener Traumhaftigkeit, kann ich es nicht. Zuviel des Persönlichen – und des mehr als Persönlichen auch wieder – drängt sich vor den historisch-festlichen Gegenstand und verlangt zuerst nach dem Wort, dem die Zeit überbrückenden, das das Einst mit dem Jetzt verbinden, der Entfremdung wehren, die Verschiedenartigkeit der Erlebnisweisen versöhnen möchte.

Wie mir zumute ist beim Wiedersehen mit dem Altvertraut-Vergangenen, das mir nach sechzehn von Geschehen überfüllten Jahren wieder Gegenwart und Wirklichkeit wird, – ich versuche gar nicht, es Ihnen anzudeuten. Die Erschütterung wird mir zuteil, die vor mir andere Emigranten beim Wiederbetreten des heimatlichen Bodens erfuhren, und die ihnen im Bilde von den Gesichtern abzulesen war. Ich sehe Arturo Toscanini, bevor er in der Scala zum erstenmal wieder den Taktstock hebt, dastehen, den Blick nach innen gerichtet, in bleicher Benommenheit. Ich sehe Fritz von Unruh, den Dramatiker und Pathetiker, als Redner bei der Paulskirchen-Gedenkfeier, im Kampf mit einer anwandelnden Ohnmacht sich an das Pult klammern. Ich glaube, er mußte hinausgestützt werden und sich niederlegen, bevor er fortfahren konnte. Nun, ich gedenke auf den Beinen zu bleiben bei meiner kleinen Allokution, – meine viel berufene Nüchternheit wird mir dazu verhelfen, oder sagen wir: die Gefaßtheit und Gesetztheit des Erzählers, ein episches Phlegma, oder auch ein Sinn für Humor, der sich durch langen Aufenthalt in angelsächsischer Lebenssphäre eher noch verstärkt hat. Aber glauben Sie nicht, daß ich darum der erregenden Phantastik und Abenteuerlichkeit der Stunde und der Tragik, die ihr beigemischt ist, weniger zugänglich bin, als jene Schicksalsgenossen!

Im Fluge ziehen die Erlebnisse dieser anderthalb Jahrzehnte, in denen ich sechzig und siebzig wurde, mir durch die Seele: Die Abreise am 11. Februar 1933 zu Vorträgen im Ausland – eine Reise, unternommen wie hundert frühere, mit leichtem Gepäck, ahnungslos, ohne die leiseste Vorstellung davon, wie das Schicksal es mit dieser Ausfahrt meinte. Es gab keine Heimkehr. Ein Sturz von Ereignissen, die ich nicht zu nennen brauche, versperrte mir den Rückweg – für einige Zeit, wie ich zu glauben versuchte, für lange, für immer, wie ich

langsam zu begreifen lernte. Wogegen ich zehn Jahre lang nach meinen Kräften gekämpft, wovor ich in den letzten Jahren mit wachsendem Grauen, auf Kosten meiner Ruhe und dessen, was man Popularität nennt, gewarnt hatte, das war durch Gewalt und List in Deutschland zu unumschränkter Macht gelangt. Ein Rausch, mir unheimlich in tiefster Seele, hob das Volk auf und nannte sich »nationale Revolution«. »Der Rausch« – was für ein zweideutig deutsches Wort! Wie mischen sich darin Begeisterung mit Entgeistung, das Höchste mit dem Niedrigsten, das Glück der Enthemmung, das Elend der Vernunftlosigkeit. Andere Sprachen haben dies Zauberwort gar nicht; sie setzen dafür ein sehr sachliches und nüchternes wie: Intoxikation, Vergiftung. Vergiftet schien mir Deutschland, nicht erhoben. Wildfremd geworden über Nacht und verfratzt, bot es mir keine Stätte und Atemluft mehr. Ich war nicht emigriert, ich war nur auf eine Reise gegangen. Und plötzlich fand ich mich als Emigrant.
Es kamen die Monate des Wanderlebens von Land zu Land, in tiefer Verstörung im Gefühl der Entwurzelung, des Abgeschnittenseins von einer Lebensbasis, die ich für fest und endgültig gehalten, des Verlustes von Herd, Heim und Habe. Die erste Kontaktnahme mit Amerika kam, fast alljährlich wiederholte Reisen dorthin, die Berufung nach Princeton, die Gewöhnung an den neuen, riesigen Horizont, die Sprache, die Lebensluft des weiten Landes, dem Goethe während seiner letzten Erdenjahre so viel erwartungsvolle Aufmerksamkeit geschenkt hatte. Verbunden und verschränkt aber immer mit der durchaus auch physiologischen Anstrengung des Sichumstellens und der Adaption blieb der Wille zum Beharren, die aktive Treue zur deutschen Sprache, dieser wahren und unverlierbaren Heimat, die ich mit mir ins Exil genommen, und aus der kein Machthaber mich vertreiben konnte. Nie ist es mir in den Sinn gekommen, auch als Schriftsteller zu emigrieren und etwa, wie mancher es von mir erwartete, ja forderte, eine Arbeit gleich auf englisch herzustellen, da es ein deutsches Publikum für sie ja doch nicht gab. Die Zweiteilung meines Lebenswerks in eine deutsche und eine englische Hälfte erschien mir als Absurdität. Im Gegenteil wurde mir in der Fremde – mochte die Zeit sie auch ins Vertraute und Heimatliche verwandeln und

herzliche Zugehörigkeitsgefühle in mir großziehen –, im Gegenteil wurde mir mein Tun gerade in diesen Jahren mehr und mehr zum bewußten Sprachwerk, zur versuchenden Lust, alle Register des herrlichen Orgelwerks unserer Sprache zu ziehen, zu einem Bestreben nach Rekapitulation zugleich und Vorwärtstreibung deutscher Sprachzustände und Ausdrucksmöglichkeiten deutscher Prosa. Fern von Deutschland, nach der tiefen Cäsur, die das Jahr 1933 bezeichnet, baute sich mir so ein zweites Lebenswerk auf.

Das geschah unter beständigen wilden Ablenkungen von seiten der Außenwelt, der Zeit und ihres Geschehens, und schwierig war es, gegen das umdrängende Drama am Epischen festzuhalten und weiterzuwirken, die unentbehrliche Heiterkeit des künstlerisch Hervorbringenden zu bewahren trotz dem brennenden Affekt, zu dem ich mir die längste Zeit meines Lebens die Fähigkeit kaum zugetraut, und den ich ohne das deutsche Unheil gewiß nie kennen gelernt hätte: dem Affekt des Hasses. Ja, meine Zuhörer, ich habe die ruchlosen Verderber Deutschlands und Europas gehaßt, mit unbedingtem, mit tödlichem Haß, dessen ich mich nicht zu schämen hatte, auf den ich stolz sein durfte; und eben die Tiefe dieses Hasses mag den Gedanken verzeihlich erscheinen lassen, den ich nicht los wurde, daß, wenn er vom deutschen Bürgertum, vom deutschen Volk wahrhaft und durchgehend geteilt worden wäre, es mit Deutschland nicht hätte zu kommen brauchen, wohin es gekommen ist. Der Krieg, den dieses Regime in sich getragen von Anbeginn, der ihm für jeden, der sehen konnte, von je an der Stirn geschrieben stand, war da und, wie gewiß mancher von Ihnen hier, habe ich nie an seinem Ausgang gezweifelt. Mehrere meiner Kinder, seltsames Spiel des Schicksals! nahmen in amerikanischer Uniform an ihm teil; ich selbst nahm an ihm teil mit den vielen Aufrufen über den britischen Sender, deren gefahrvolles Abhören, das weiß ich, in Deutschland nicht selten war. Wer sie aber gehört hat oder wer sie gar im Zusammenhang gelesen hat, wie sie seit längerem schon gedruckt vorliegen, der weiß, daß ich nicht, wie böse Unwissenheit mir vorwirft, aus sicherer Ferne mein Vaterland, Deutschland, damit beschimpft, verraten und verleugnet habe, sondern daß jeder Schimpf, jedes heiße Wort des Zornes und des Abscheus darin nur den machthabenden Verführern Deutschlands und ihren Untaten galt; daß sie eingegeben waren von dem Entsetzen vor dem Abgrund, den sie aufrissen zwischen Deutschland und der übrigen Welt, von dem sicheren Vorwissen, wohin es mit Deutschland kommen müsse, wenn diese Menschenart Herr bliebe über das Land; eingegeben freilich auch von dem Wunsch, den Deutschen, die ähnlich empfanden wie ich, einer bangenden, von Hitlers Falschsiegen erschreckten Welt und im Grunde mir selbst Mut zuzusprechen, uns allen die Versicherung zu geben, daß diese Siege nichts zu bedeuten hätten, daß dieses vor Gott und den Menschen unmögliche Regime nicht bestehen könne, daß ihm »trotz Gewalt und Müh'« ein schändlicher Untergang unfehlbar vorgezeichnet sei, – und, glauben Sie mir! – ich habe ergreifende Beweise dafür –: dieser Zuspruch hat vielen, vielen verstörten und leidenden Seelen über die ganze Welt hin Trost und Kraft und Glauben gebracht, auch in Deutschland, das weiß ich, und wenn allein in Deutschland daneben der Vorwurf der Preisgabe meines Vaterlandes laut wurde und noch heute laut wird, so erklärt sich das aus dem Konflikt, der so gut der meine, wie der gleichfühlender Menschen in Deutschland war: dem Konflikt, daß ja, wie die Dinge lagen, der Untergang des Nazi-Regimes gleichbedeutend war mit der nationalen Katastrophe, dem Sturz, der Erniedrigung und Zerreißung Deutschlands. Man will wahrhaben, ich sei ohne Empfindung gewesen für diesen Konflikt; ich hätte auch keine Ahnung gehabt von der Gewalt des Terrors, von der Hilflosigkeit eines Volkes vor dem lähmenden, lückenlosen und nicht einmal Märtyrertum zulassenden Unterdrückungssystem des totalitären Staates; unwissend und erfahrungslos, in bequemster Lebenslage, hätte ich der Tragödie meines Volkes von weitem zugesehen und ins Blaue hinein darüber geschwätzt. »Er kann sagen«, schrieb jemand, frei nach Goethe, »er kann sagen, er sei nicht dabei gewesen.«

Nicht doch, ich bin dabei gewesen. Wie einer das Schmerzensbuch von »Doktor Faustus« gelesen haben und dann noch sagen kann, ich sei nicht dabei gewesen, Ferne und persönliche Sicherheit hätten mich gehindert, stärker und tiefer dabei zu sein, als so mancher, der physisch dabei war, das verstehe, wer mag und kann. Emigrantenliteratur. Aber das Werk eines Emigranten, der mit allem, was ihm an

Erlebnisfähigkeit gegeben war, die deutsche Not geteilt hat.

Ich weiß, daß der Emigrant in Deutschland wenig gilt, – er hat noch nie viel gegolten in einem von politischen Abenteuern heimgesuchten Lande. Es versteht sich wohl, daß diese Ablehnung eines jeden, der sich lossagte, nicht wenig beitrug zu der Scheu, die mich vier Jahre nach der Vollendung des Unheils von Deutschland ferngehalten hat. Und auch sonst mag es Erklärungen geben für diese Scheu. Man zögert, die Grenze eines Landes wieder zu überschreiten, das einem durch lange Jahre ein Alpdruck war; von dessen Fahne, wo sie sich im Auslande zeigte, man mit Grauen den Blick wandte und wo, wäre man dorthin verschleppt worden, ein elender Tod einem sicher gewesen wäre. Dergleichen wirkt nach, es ist nicht so leicht aus dem Blut zu bringen. Die Sorge der Entfremdung, der Gedanke an die Verschiedenartigkeit der Erlebnisweise, des Lebensstandpunktes, die Furcht, daß man nicht mehr dieselbe Sprache spreche, daß die Verständigung schwer geworden sein möchte zwischen euch drinnen und uns draußen, – dies alles trägt bei zu der Scheu, die mich fesselte, und die mit Unversöhnlichkeit, feindseliger Überheblichkeit und bösen Wünschen so gar nichts zu tun hatte. Oft habe ich mir in diesen Jahren die Verse vorgesagt, mit denen Platen in der Fremde Deutschlands gedachte:

»Ich lieb es drum in keinem Sinne minder,
Da stets ich mich in seinem Dienst verzehre,
Doch wär' ich gern das fernste seiner Kinder.
Geschieht's, daß einst den inneren Schatz ich mehre,
So bleibt der Fund, wenn längst dahin der Finder,
Ein sicheres Eigentum der deutschen Ehre.«

Der deutschen Ehre ist in langen Jahren nicht viel Zuträgliches geschehen. Verglichen damit ist selbst das, was ich draußen hervorbringen konnte, beinahe viel, und wenn die Welt sich seiner annahm, es war doch unverwechselbar, unübersetzbar deutsch, und es war niedergelegt zu den Füßen des Volkes, in dessen Sprache es geschrieben war. Das fühlte mancher Deutsche. Das fühlten offenbar auch die Männer, die mir die hohe Ehre der Zuerteilung des auf Goethes Namen getauften Preises in diesem besonderen, festlichen

Jahr erwiesen. Ich bin hier, um meinen tiefgefühlten Dank dafür auszusprechen, und ich freue mich sogar des materiellen Teils dieser Ehrung, weil ich ihn nutzen kann, um hier im Lande unverdiente Not, die Bedürftigkeit des Verdienstes in dieser harten Zeit zu lindern.

Aber nicht nur zu dieser Danksagung bin ich hier, sondern auch, weil ein untrügliches Gefühl mir sagt, daß der Streit, der in Deutschland geht um mein Werk und meine Person, und dem ich mit Staunen zugesehen habe, an Bedeutung weit hinausreicht über diese gleichgültige Person, dies eben nur bemühte und gewiß von anderen übertroffene Werk. Die Erbitterung, mit der dieser Streit geführt wird von den Hassern, der Nachdruck, den Freunde in ihre Erwiderung und Abwehr legen, wären sonst unerklärlich. Das ist nicht Literaturkritik mehr, es ist der Zwist zwischen zwei Ideen von Deutschland, eine Auseinandersetzung, nur anläßlich meiner, über die geistige und moralische Zukunft dieses Landes. Wie sollte es mich nicht über alle persönliche Bescheidenheit hinaus ergreifen, wenn ein in Zürich studierender junger Deutscher mir schreibt: »Vergessen Sie nicht, bei allem, was Ihnen in Deutschland begegnen möge, daß auch in der jungen Generation – und hier vielleicht besonders – Kräfte am Werk sind, die ihre höchste Aufgabe darin sehen, den noch Abseitsstehenden die Binde eines engen Nationalismus und einer krankhaften Selbstbemitleidung von den Augen zu nehmen. Denn der Weg der Deutschen zu einem echten Europäertum ist mit der Gerechtigkeit und dem Verständnis, das man einmal in Deutschland Ihrer Person und Ihrem Werk widerfahren läßt, aufs engste verknüpft.«

Noch einmal: wie sollten solche Worte mich nicht erschüttern? Will es denn das Schicksal, daß unsere Existenz symbolisch wird, so haben wir uns diesem Schicksal zu stellen. Nun also, ich stelle mich, der Freundschaft, dem Haß. Den Freunden, um sie nicht im Stich zu lassen, den Feinden, um den Anschein zu meiden, als verberge ich mich vor ihnen. Willkommen oder nicht, ich hätte es als einen Flecken in meinem Leben empfunden, wenn ich dem Genius Goethes nur auswärts gehuldigt und auch dabei Deutschland gemieden hätte.

Klar muß ich mir sein darüber, und bei jedem Schritt, den ich hier tue, springt es mir in die Augen, daß die Umstände der

Genesung Deutschlands, seinem Weg nach Europa weit eher entgegen sind, als daß sie sie begünstigten. Trümmer umgeben mich, welche die nationale Katastrophe sinnfällig zurückgelassen, und ich finde das Land zerrissen und aufgeteilt in Zonen der Siegermächte, und ich verstehe nur zu wohl den patriotischen Gram, die bittere Ungeduld, aus der, laut oder leise, das Wort »Fremdherrschaft« bricht. Lassen wir es wahr sein, daß die Herrschaft des Ungeistes, die zwölf Jahre lang über Deutschland lag, und aus der dies alles hervorging, schlimmere Fremdherrschaft war. Was nun ist, schmerzt und reizt und lastet doch schwer genug, und die Sehnsucht, es möchte enden, wäre keinem Volke auf Erden fremd. Eines Tages muß und wird es enden. Mir aber, wie ich hier stehe, gilt es schon heute nicht. Ich kenne keine Zonen. Mein Besuch gilt Deutschland selbst, Deutschland als Ganzem, und keinem Besatzungsgebiet. Wer sollte die Einheit Deutschlands gewährleisten und darstellen, wenn nicht ein unabhängiger Schriftsteller, dessen wahre Heimat, wie ich sagte, die freie, von Besatzungen unberührte deutsche Sprache ist? Gewähren Sie, meine Zuhörer, dem Gast aus Californien diese Repräsentation und lassen Sie ihn den Augenblick unbekümmert vorwegnehmen, den Goethes Faust seinen letzt-höchsten nennt: den Augenblick, wo der Mensch, wo auch der Deutsche »auf freiem Grund mit freiem Volke steht«!

Zum Bußprediger fehlt mir alles und alles zum Propheten, der sich im Besitze der Wahrheit weiß, die Zukunft kennt, dem Leben predigend den Weg vorschreibt. Nichts eignet mir von dieser Anmaßung, und Wahrheit ist mir von interviewenden Journalisten nicht, noch von bedürftiger Jugend abzufragen. Ich komme zu Ihnen als ein armer, leidender Mensch, der sich mit den Problemen dieser in Geburtswehen des Neuen, in Umwälzungen und qualvollen Anpassungsnöten liegenden Zeit herumschlägt, wie irgendeiner von Ihnen. Zu meinem verstorbenen Sohn, einem Opfer dieser Krisenzeit, sagte ein großer französischer Freund, André Gide: »Wann immer junge Leute kommen, sich bei mir Rats zu holen, fühle ich mich so beschämend inkompetent, so hilflos, so verlegen. Immer fragen sie mich, ob es einen Ausweg gibt aus der gegenwärtigen Krisis, ob irgendeine Logik, ein Zweck, ein Sinn ist hinter dem Durcheinander. Aber wer bin ich, ihnen zu antworten? Ich weiß es ja selber nicht.« – Wenn der so sprechen konnte, sprechen mußte, – wer bin ich, daß ich es besser wissen sollte? Die Ratlosigkeit, wie dies alles sich lösen, ordnen, setzen, wie es ins gleiche kommen, politisch, sozial, ökonomisch, allgemein geistig, und zwar unter Vermeidung einer Katastrophe und Explosion, die an Greuelhaftigkeit jede Erfahrung weit überträfe und dabei gar nichts lösen würde: wie der Mensch wieder den Segen einer moralischen Autorität gewinnen, zu einem Glauben gelangen könne, der sich nicht als Not-Aberglaube und kümmerlicher Unterschlupf, als ein bloßes Versteck vor dem fordernden Blick der Sphinx erwiese, – diese Ratlosigkeit ist groß, und nur die Stumpfheit oder ein zynisches Konjunkturrittertum, das jede Situation kaltblütig für seine persönlichen Zwecke auszubeuten weiß, leiden nicht unter ihr. Ich bekenne offen: Wenn nicht die Zuflucht der Phantasie wäre, wenn sie nicht wären, die immer wieder, nach jedem Fertigsein zu neuen Abenteuern und erregenden Versuchen weiter lockenden, zu steigerndem Weitermachen verführenden Spiele und Unterhaltungen des Fabulierens, der Gestaltung, der Kunst – ich wüßte nicht, wie zu leben, von Rat und guter Lehre für andere ganz zu schweigen.

Oft denke ich aber: Es hat mit »diesen sehr ernsten Spielen« (das ist ein Ausdruck, den Goethe für den »Faust« gebrauchte), es hat mit der Kunst vielleicht eine glücklichere, hilfreichere, lebensdienlichere Bewandtnis als mit allem Ratwissen, Glauben und Lehren. Der dankbare Laie und Genießer des Kunstwerks braucht zu dessen Lob und Preis das Wort »schön«. Aber der Künstler, der Mann vom Bau, sagt gar nicht »schön«, er sagt: »gut«. Er bevorzugt dies Wort, weil das fachlich Lobenswerte, das technisch Gekonnte sich besser und nüchterner darin ausdrückt. Aber damit hat es nicht sein Bewenden. Tatsächlich schwebt alle Kunst in der Doppeldeutigkeit dieses Wortes »gut«, in dem das Ästhetische und Moralische sich treffen, vermischen, ununterscheidbar werden, dessen Sinn übers bloß Ästhetische hinausreicht ins überhaupt Zustimmungswürdige und hinauf bis zur höchsten, gebietenden Idee der Vollendung.

Vollendung – was für ein Gedanke! Der Kunst, dem Künstler steht er am nächsten. Immer vollendet er; immer, von Werk zu Werk, läßt er sich weiterlocken und zum Leben verführen

von der Sehnsucht nach Vollendung, diesem Trieb, von dem nicht ganz klar ist, ob er eigentlich dem objektiven Werk oder der Person, der eigenen Rettung und Rechtfertigung, der Selbstvollendung gilt. Es ist der Trieb zum »Guten« im absoluten und schon symbolischen Sinn dieses Wortes, der den Künstler beherrscht, und dem er in ernstem Spiele gehorcht, einem symbolischen Spiel. Alle Kunst ist symbolisch, ist es kraft des Doppelsinns dieses Triebes, und wenn sie auch die Beredsamkeit zu einem ihrer Mittel macht, ihr eignet doch das schweigende Sein des Symbols, des Zeichens, des Bildes, in das man vieles hinein-, aus dem man vieles herauslesen kann, und das doch nicht verwirrt, sondern durch Anschauung befriedigt und den Sinn für das Gute belebt.
Der wunderbare Mensch, den vor zweihundert Jahren ein junges deutsches Weib zur Welt gebar, und dessen leuchtender Lebensbogen nicht nur am deutschen Himmel steht, sondern überall auf Erden staunendes Schauen auf sich zieht, – Goethe – was, so könnte man fragen, lehrt und rät uns sein Werk, was hat es je gelehrt und verkündigt? Nichts und alles. Wie die Natur, wie eines Götterbildes stilles, von keinem Streit berührtes, auf allen Streit ironisch herabblickendes Sein. Preis dem achtzehnten Jahrhundert, das den »großen Mann« deutscher Nation, den Übermenschen, dies eine Mal, in höchster, weltgewinnender Liebenswürdigkeit hervorbrachte, als Dichter und Weisen, als Lebensfreund, Friedenshelden, als Gesegneten der Natur und des Geistes, als Liebling der Menschheit – so ist man zu sagen versucht angesichts der reinen und einmütigen Sympathie, mit der buchstäblich die ganze bewohnte Erde die hohe Wiederkehr seiner Epiphanie begeht. Ich brauche dies Wort, das die Ankunft, Herniederkunft, das Erscheinen eines Gottes auf Erden bedeutet, denn noch einmal: etwas Göttliches war es mit ihm, mit dem ironisch-liebevoll, kühl-majestätisch, grundgütig Allumfassenden seines Wesens – und etwas Dämonisches doch auch an dunkler Getriebenheit, naturelbischer Vieldeutigkeit, vitalem Magnetismus, in Geist aufflammender Lebensgewalt, die seit Jugendtagen bis ins hohe Alter ausgegangen sein muß von seiner zuletzt übergroßen, nivellierenden, zu staunender Unterwürfigkeit nötigenden »Persönlichkeit«.

Den Zeitgenossen schon, vielen von ihnen, einigen, einzelnen, war diese gewaltige Persönlichkeit ein Licht und eine Beglückung. Andere, und nicht immer die Schlechtesten, haben an ihm gelitten, an dem Egoismus, nach dem sein von göttlicher Kühle umflossenes Leben zuweilen aussieht; denn »die Pyramide seines Daseins so hoch wie möglich zu spitzen«, war all sein Betreiben, um den Auf- und Ausbau einer umfassenden persönlichen Kultur war es ihm zuerst und zuletzt zu tun, und daran alles Störende, Beeinträchtigende, Beirrende abzuwehren von seiner Individualität, deren Einzigartigkeit er wohl zu schätzen wußte, wendete er seine ganze Lebenskunst. Zu dieser Abwehr, dieser Nichtzulassung und instinktiven Selbstbewahrung, diesem sich immer Zurückziehen, Zurücknehmen, gehört die »Entsagung« auch, die er in der Liebe übte; denn das Element absoluter Hingegebenheit und Selbstvergessenheit war seiner Individualität nicht gegeben, und selbst ein innigster Bewunderer unter den Zeitgenossen, Carl Gustav Carus, spricht hier von einem »Mangel«, der ihn freilich des Verzichtes fähig gemacht habe, uns aber doch, so notwendig er seiner Größe gewesen sei, immer ein herbes Gefühl zurücklasse.
Ein herbes Gefühl. Wo ist die Größe, die es mäßig-mittlerem Menschentum nicht einflößte? In seiner »Iphigenie«, die er »verteufelt human« genannt hat, und die wirklich ein Gedicht von reinster Humanität und solcher Schönheit der Form ist, daß jedem für Kunst Empfänglichen, der deutsch versteht, die Tränen dabei in die Augen treten, sagt er einmal:

»Denn es erzeugt nicht gleich
Ein Haus den Halbgott, noch das Ungeheuer,
Erst eine Reihe Böser oder Guter
Bringt endlich das Entsetzen, bringt die Freude
Der Welt hervor.«

Den Halbgott und das Ungeheuer, will sagen: den Unmenschen, – er denkt das zusammen, er nimmt das eine ins andere auf und weiß, daß es ohne einiges Entsetzen in der Freude, ohne das Ungeheuer im Halbgott nicht abgeht. Etwas Ungeheuerliches oder Nicht-Geheures, die Atmosphäre großer Einsamkeit – einer duldsamen, gnädigen, fast alles geltenlassenden und fast alles verachtenden Einsamkeit – ist auch um ihn, den allzu Überragenden, und der Sterbliche nahte sich ihm wohl mit zitternden Knien. Dieser Sterbliche mochte es sich dann angelegen sein lassen, schlicht und bestimmt vor ihm zu sprechen, denn der sehr von oben herab kommende Befehl des Hausherrn am Weimarer Frauenplan lautete: »Wenn ich die Meinung eines anderen anhören soll, so muß sie positiv ausgesprochen werden; Problematisches hab' ich in mir selbst genug.« – Mehr will auch ich nicht gesagt haben.

»Unwahr wie ein Festredner.« Das Wort stammt von Strindberg und war an Björnson gerichtet. Wir wollen es nicht noch einmal wahr machen, sondern selbst am hohen Geburtstag um Wahrheit bemüht bleiben und trachten, den Gefeierten in ihrem Licht zu sehen. Wir wollen auch nicht die populäre und schon abgeschmackte Unterscheidung mitmachen zwischen einem »bösen« und einem »guten« Deutschland und das erhabene Geburtstagskind als den Repräsentanten des »guten« propagandistisch herausstellen. Großes Deutschtum hat von Gutheit so viel, wie Größe überhaupt davon haben mag, aber das »böse« Deutschland ist immer auch in ihm, und den Helden des Tages sehen wir, glaube ich, in wahrem Licht, wenn wir einen Ausbruch großen Deutschtums, eine Erscheinung deutscher Gewaltigkeit in ihm sehen – allerdings die sublimste, humanisierteste, gebändigtste Abwandlung davon –, den olympisch gebildeten Titanen, – es ist ein Wunder!

Goethe – dieser jetzt ausgestorbene, nicht mehr vorkommende Familienname, dieses Sippenschild, welches, nachdem viele Gleichgültige es getragen, durch den Einen, Späten zu einem Palladium der Menschheit, zum Namen für ganze Welten der Kunst, Weisheit, Bildung, Kultur geworden ist, – dieser merkwürdige Name ist selbst schon Symbol und siegelartige Bestätigung der Auffassung, die ich begünstige: Das Nordisch-Gotische (denn von »Gothe« kommt er doch wohl), das Barbarische also, ist darum durch den flötenhaften Umlaut ins Musische geläutert, – und Läuterung, Klärung, Ordnung, Formung ist in der Tat der Imperativ, das hohe Geschäft dieses Lebens, das man oft ein Kunstwerk genannt hat und besser noch ein Kunststück nennen sollte. So hat er selbst es gekennzeichnet in dem Spruch, den er sich hätte zur Grabschrift bestellen können:

»›Wohl kamst du durch; so ging es allenfalls.‹
Mach's einer nach und breche nicht den Hals.«

Was wir von Vorstellungen von Harmonie, glücklicher Ausgewogenheit und Klassizität mit Goethes Namen verbinden, war nichts leichthin Gegebenes, sondern eine gewaltige Leistung, das Werk von Charakterkräften, durch welche dämonisch-gefährliche und möglicherweise zerstörerische Anlagen überwunden, genützt, verklärt, versittlicht wurden, zum Guten und Lebensdienlichen gewendet und gezwungen. Und doch bleibt immer viel Dämonisch-Dunkles, Übermenschlich-Unmenschliches, das den bloßen Humanitarier kalt und schreckhaft anweht, in dieser mächtigen Existenz, schon dank der polaren Spannung, in der sie schwebt, dem problematischen Reichtum an Gegensätzen und Widersprüchen, der die Quelle ihres Schöpfertums ist; dank der ungeheueren Dialektik seiner Natur, in der das Göttliche und das Teuflische, Fausts unendliches Bestreben und der höhnische Nihilismus des Mephistopheles dichterisch auseinandertreten und einander die Wahrheit streitig machen. Ja, wer wollte leugnen, daß der Teufel so gut wie immer verzweifelt recht hat mit dem, was er sagt, und wer fühlte nicht, daß seine vernichtenden Worte mindestens ebenso sehr aus der Seele des Dichters kommen, wie die des Fausts oder Gottes, des Herrn? Darum meint Carus, daß, so hoch auch der Standpunkt war, auf welchen der »Faust« die Mitlebenden führen sollte, doch vielleicht Tausende mehr Verzweifelung als Förderung daraus hätten schöpfen müssen.
Der hohe Standpunkt, von dem da aber die Rede ist, ist der des Schauens. Was in der Philosophie die Dialektik ist, das ist beim Dichter das Schauen, der geöffnete Blick für die Widersprüche, für das Böse im Guten, die Verderbnis der Idee durch ihre Verwirklichung, die fundamentale Tragik des Menschenlebens. Alles reine Schauen ist tragisch. Darum ist »Faust« eine Tragödie, ist es besonders dort, wo das Gedicht sich zur sozialen Utopie wendet und Faust nach vielen Abenteuern der Erkenntnis die technisch-soziale, kollektiv verpflichtete Tat, das große Landgewinnungs- und Siedlungswerk, der Völker breiten, dem Elemente abgewonnenen Wohngewinn, als Gipfel seines Strebens, als seinen »höchsten

Augenblick«, als Rechtfertigung und Erlösung erlebt. Welche bitterste Ironie – die Ironie des Schauens – durchsetzt diese prachtvoll gedichteten Szenen! Das gute Werk, das Faust in der besten Meinung, wenn auch mit den unvermeidlich dazu gehörigen Mitteln der Gewalt und der Lockung dirigiert, – es ist des Teufels. »Menschenopfer mußten bluten, nachts erscholl des Jammers Qual«; Philemon und Baucis, das gute, im Vergangenen wohnende alte Pärchen, müssen in ihrer Hütte verbrennen, mit ihnen der Fremde, der freie Wanderer; und als der blinde Faust sich am Geklirr der Spaten ergötzt, die vermeintlich sein Werk fördern, da sind es nicht die Spaten der beigepreßten Arbeiter oder des freien Volkes auf freiem Grund, sondern die der schlotternden Lemuren, die den Hundertjährigen einbetten wollen, und Mephistopheles murmelt bissig:

»Man spricht, wie man mir Nachricht gab,
Von keinem Graben, doch vom Grab.«

Tragische Ironie! Aber ist sie die Verhöhnung und Verneinung der Tat, – die doch schon für den bibelübersetzenden Faust »im Anfang war«, als Verdeutschung des Logos? Ist das Schauen des Tragischen konservativer Defaitismus? Nur Geister, die nicht wollen, daß etwas geschehe, daß irgend etwas sich ändere, können behaupten, nie sei es dem Dichter ernst gewesen mit Fausts »höchstem Augenblick«, mit seinem Sozialwerk der Menschenbeglückung. Im Gegenteil habe er nur zeigen wollen, daß es des Teufels ist, ein Irdisch-Partielles, das Soziale, Ökonomische über sich zu stellen und so das Spirituelle im Menschen, das Metaphysische und Religiöse zu verleugnen. »Die Bejahung des Sozialen«, sagen sie, »kann das Religiöse oder gar das Metaphysische nicht ersetzen.« Sie bestehen mit seltsamem Nachdruck auf dieser Selbstverständlichkeit in einem Augenblick, wo alles Ringen der Menschheit darum geht, sich auf eine höhere Stufe ihrer sozialen Reife zu erheben, wo alles darauf ankommt, die lebensgefährliche, katastrophengeladene Spannung auszugleichen, die sich hergestellt hat zwischen Wahrheit und Wirklichkeit, zwischen dem geistig längst Erreichten und dem, was sich noch Wirklichkeit zu nennen wagt, und wo in der Sorge um diesen Ausgleich von Religiosität, von Gehor-

sam gegen den Willen des Weltgeistes ganz sicher mehr ist, als in aller spirituellen Frömmelei.
Dem Dichter, dessen ganzes Alterswerk voll ist von sozialer Utopie und dessen Ideen und Gesichte in den »Wanderjahren« so gut wie im »Faust« weit hinausgehen über das achtzehnte und neunzehnte Jahrhundert bis in unser eigenes Zeitalter, war es von Herzen ernst mit Fausts letztem Abenteuer und seinem höchsten Augenblick, diesem »Solch ein Gewimmel möcht' ich sehen«, auch wenn er die Tragik der Tat durchschaute und die Erlösung seines Heilsuchers der Liebe und Gnade von oben vorbehielt. Nie hätte er sich dazu hergegeben, gegen ein Neues, das kommen wollte oder schon da war, überalterte und schon heuchlerisch gewordene Ideale auszuspielen, denn er wußte, daß sich die Welt beständig erneuert, und hat sich den Namen eines Konservativen, der nur das Bestehende bewahren wolle, schönstens verbeten, denn vieles, was bestehe, sei gar dumm und schlecht, und was im Jahre 1800 vernünftig gewesen sei, das könne 1850 sträflicher Unsinn sein. Er hat gerufen:

»Entzieht euch dem verstorbenen Zeug,
Lebendiges laßt uns lieben!«

Und seiner Weisheit letzter Schluß heißt: »Es gilt im Grunde doch nur: vorwärts!«
Ganz gewiß sind des Teufels Wahrheiten auch wahr in ihm, aber durch Faustens Mund spricht er zu ihm:

»Dein widrig Wesen, bitter, scharf,
Was weiß es, was der Mensch bedarf?«

Und als der hämische Begleiter den Faust verhöhnt, der an Kaisers Hof gern zum Glück der Menschen regieren, im Bunde mit der Macht auf Erden das Bessere, das Edel-Wünschbare herstellen möchte, da ist ihm die Antwort vorgesehen:

»So höre denn, wenn du es niemals hörtest:
Die Menschheit hat ein fein Gehör,
Ein reines Wort erreget schöne Taten.
Der Mensch fühlt sein Bedürfnis nur zu sehr
Und läßt sich gern im Ernste raten.«

Was hat Goethe uns bedürftigen Menschen geraten? Die Zeitgenossen hat oft genug ein zum Scheiden und Werten unwilliger Objektivismus – der Objektivismus der Kunst und Natur – verschüchtert, der sein Wesen war, ein Element umfassenden Zweifels, das ihn, wenn wir seiner Umgebung glauben dürfen, gern Sätze sprechen ließ, die gleich den Widerspruch auch schon enthielten, und: »Er hat sein Sach' auf nichts gestellt« ist das moralisch beklommene Wort, in das Schillers Frau, Charlotte, diese Erfahrungen zusammenfaßt. Aber dieses »Nichts«, es ist ein anderer Name für »Alles«, für das Menschlich-Umfassende, die tausendfache Lebendigkeit des Proteus, der in alle Formen schlüpft, alles zu wissen, alles zu verstehen, alles zu sein, in jeder Haut zu leben verlangt. Nichts und alles sind da eins, wie Mephistopheles und Faust eins sind in der Person ihres Schöpfers, der sie ihren Pakt schließen läßt auf dem Grund einer totalen, das Höllische ins Allmenschliche umdeutenden Lebenshingegebenheit.

»Mein Busen, der von Wissensdrang geheilt ist,
Soll keinen Schmerzen künftig sich verschließen,
Und was der ganzen Menschheit zugeteilt ist,
Will ich mit meinem Innern selbst genießen,
Mit meinem Geist das Höchst' und Tiefste greifen,
Ihr Wohl und Weh auf meinen Busen häufen
Und so mein eigen Selbst zu ihrem Selbst erweitern.«

Ist das ein Teufelspakt? Bekenntnis zum Nichts? Es ist höchste Lebensbereitschaft, der höchste, opferwillige und freilich auch zum Hinnehmen von Opfern willige Anspruch auf Menschheitsrepräsentanz, höchster Humanismus. Ohne jene oft treulos wirkende Ubiquität hätte er nie eine Vereinigung des Urbanen und des Dämonischen vollendet, wie sie in so gewinnender Größe kein zweites Mal vorgekommen ist in der Geschichte der Gesittung. Das Deutsch-Volkhafte und das Mediterran-Europäische in vollkommen zwangloser und einleuchtender Synthese, in einer Verbindung, die im Wesen dieselbe ist, wie die des Geniehaften und des Vernunftvollen in ihm, des Geheimnisses und der Klarheit, des Tiefenlautes und des geschliffenen Wortes, des Dichters und des Schriftstellers, der Lyrik und der Psychologie – noch einmal, es ist ein Wunder!

Das »gute Deutschland«, das ist die Kraft, gesegnet durchs Musische, gesittete Größe. So konnte ein Deutscher musterhaft werden, Vorbild und Vollender seines Volkes nicht nur, sondern der Menschheit, zu deren Selbst er sein Selbst erweiterte.

BIBLIOGRAPHISCHER NACHWEIS

Abkürzungen: GWE = ›Gesammelte Werke (in Einzelausgaben)‹, Berlin, S. Fischer 1922–1935, und Wien, Bermann-Fischer 1936–1937. – StGA = ›Stockholmer Gesamtausgabe der Werke von Thomas Mann (in Einzelbänden)‹, Stockholm, Bermann-Fischer 1938–1947; Amsterdam, Bermann-Fischer 1948; Wien, Bermann-Fischer 1949; Frankfurt am Main, S. Fischer 1950–1965.

Goethe als Repräsentant des bürgerlichen Zeitalters. Rede zum hundertsten Todestag Goethe's, gehalten am 18. März 1932 in der Preußischen Akademie der Künste, Berlin. Erstmals in ›Die Neue Rundschau‹, Berlin, Jg. 43, H. 4, April 1932. Erste Buchausgabe: Berlin, S. Fischer 1932. Aufgenommen in ›Leiden und Größe der Meister. Neue Aufsätze‹ (GWE), Berlin, S. Fischer 1935, und in ›Adel des Geistes. Sechzehn Versuche zum Problem der Humanität‹ (StGA), Stockholm, Bermann-Fischer 1945.

Goethe's Laufbahn als Schriftsteller. Rede, gehalten in der Stadthalle zu Weimar am 21. März 1932. Erstmals in ›Corona‹, München/Berlin/Zürich, Jg. 3, H. 3, Februar 1933. Erste Buchausgabe: München, Berlin, Zürich, R. Oldenbourg 1933. Aufgenommen in ›Leiden und Größe der Meister. Neue Aufsätze‹ (GWE), Berlin, S. Fischer 1935, und in ›Adel des Geistes. Sechzehn Versuche zum Problem der Humanität‹ (StGA), Stockholm, Bermann-Fischer 1945.

Goethe und Tolstoi. Fragmente zum Problem der Humanität. Vortrag, gehalten bei der Nordischen Woche zu Lübeck am 4. September 1921. Erstmals in ›Deutsche Rundschau‹, Berlin, Jg. 48, H. 6, März 1922. Erste Buchausgabe: Aachen, Verlag ›Die Kuppel‹, Karl Spiertz, 1923. In erweiterter Form zuerst in ›Bemühungen. Neue Folge der Gesammelten Abhandlungen und kleinen Aufsätze‹ (GWE), Berlin, S. Fischer 1925. Aufgenommen in ›Adel des Geistes. Sechzehn Versuche zum Problem der Humanität‹ (StGA), Stockholm, Bermann-Fischer 1945.

Zu Goethe's ›Wahlverwandtschaften‹. Erstmals in ›Die Neue Rundschau‹, Berlin, Jg. 36, H. 4, April 1925. Erste Buchveröffentlichung als ›Nachwort‹ in J. W. v. Goethe, ›Die Wahlverwandtschaften‹, Leipzig, Paul List 1925 (= Sammlung Epikon). Aufgenommen in ›Reden und Aufsätze I‹ (StGA), Frankfurt am Main, S. Fischer 1965.

Eine Goethe-Studie. An die japanische Jugend. Erstmals in ›Goethe-Studien. Japanisch-deutscher Geistesaustausch‹, Tokio, H. 4, 1932. Aufgenommen in ›Reden und Aufsätze I‹ (StGA), Frankfurt am Main, S. Fischer 1965.

Goethe's ›Werther‹. Aus dem Princetoner ›Werther‹-Kolleg. Erstmals in ›Corona. Studies in Celebration of the 80th Birthday of Samuel Singer‹, ed. by Arno Schirokauer and Wolfgang Paulsen, Durham, North Carolina, 1941 (Deutscher Text). Aufgenommen in ›Altes und Neues. Kleine Prosa aus fünf Jahrzehnten‹ (StGA), Frankfurt am Main, S. Fischer 1953.

Über Goethe's ›Faust‹. Aus dem Princetoner ›Faust‹-Kolleg. Erstmals unter dem Titel ›Aus dem Princetoner Kolleg über Faust‹ in ›Maß und Wert‹, Zürich, Jg. 2, H. 5, Mai/Juni 1939. Erste Buchveröffentlichung in ›Adel des Geistes. Sechzehn Versuche zum Problem der Humanität‹ (StGA), Stockholm Bermann-Fischer 1945.

Phantasie über Goethe. Erstmals in englischer Übersetzung als ›Acknowledgements and Introduction‹ in ›The Permanent Goethe‹, New York, The Dial Press 1948. Erste Buchveröffentlichung in deutscher Sprache in ›Neue Studien‹, Stockholm, Bermann-Fischer 1948.

Goethe und die Demokratie. Vortrag bei der Goethe-Feier in Oxford 1949. Erstmals in ›Die Neue Rundschau‹, Amsterdam, H. 15, Sommer 1949. Erste Buchausgabe: Oxford, Clarendon Press 1949 (Deutscher Text). Aufgenommen in ›Gesammelte Werke in zwölf Bänden‹, Band 11 (›Altes und Neues‹) Berlin, Aufbau-Verlag 1955, und in ›Reden und Aufsätze I‹ (StGA), Frankfurt am Main, S. Fischer 1965.

Ansprache bei der Einweihung des erweiterten Goethe-Museums in Frankfurt am Main. Gehalten am 14. Mai 1932. Der vorliegende Text folgt der Handschrift von Thomas Mann, die das Goethe-Museum in Frankfurt am Main dankenswerterweise zur Verfügung stellte. Erste Buchveröffentlichung (leicht abweichender Text) in ›Festgabe zum Goethejahr 1932‹, hrsg. im Auftrag des Freien Deutschen Hochstifts von Ernst Beutler, Halle, Max Niemeyer 1932. Aufgenommen in ›Reden und Aufsätze I‹ (StGA), Frankfurt am Main, S. Fischer 1965.

Der Allgeliebte. Datiert: München, den 26. Januar 1932. Erstmals in ›Der Auslandsdeutsche‹, Stuttgart, Jg. 15, Nr. 5/6, März 1932.

Ansprache im Goethejahr 1949. Gehalten bei der Goethefeier in der Paulskirche zu Frankfurt am Main am 25. Juli 1949 und im Nationaltheater zu Weimar am 1. August 1949. Erstmals gleichzeitig in ›Neue Zeitung‹, München, ›Frankfurter Neue Presse‹, ›Frankfurter Rundschau‹, 26. 7. 1949. Erste Buchausgabe: Frankfurt am Main, Suhrkamp vorm. S. Fischer 1949. Aufgenommen unter dem Titel ›Frankfurter Ansprache im Goethejahr‹ in ›Altes und Neues. Kleine Prosa aus fünf Jahrzehnten‹ (StGA), Frankfurt am Main, S. Fischer 1953.

Goethe

Thomas Mann
Goethe's Laufbahn als Schriftsteller
Zwölf Essays und Reden zu Goethe
Band 5715

»Die Nachfolge Goethes, das Bekenntnis zu ihm, bedeutet doch wohl nicht deutsches Provinzlertum«, sagt Thomas Mann in einem Vortrag. »Es ist nichts weniger als ein Zufall, daß die deutschen Gestalten, die ich mir zu Lehrern und Führern ersah, diese Schopenhauer, Nietzsche, Wagner und in späteren Jahren an erster Stelle Goethe, alle ein stark überdeutsches, europäisches Gepräge tragen ...
Halten wir es mit ihm, mit seiner Vornehmkeit und seiner Sympathie! Wir werden dann niemals das Unglück haben, in Opposition zu stehen gegen Liebe und Leben.«

Goethe erzählt sein Leben
Ein Lebensbericht aus Selbstzeugnissen Goethes und Aufzeichnungen seiner Zeitgenossen
Zusammengestellt von Hans Egon Gerlach und Otto Herrmann
Band 5600

Aus der Fülle authentischen Materials – autobiographischer Schriften, Tagebücher, Briefe und dichterische Gestaltung des eigenen Erlebens – entsteht ein Lebensbild Goethes, das in seiner Unmittelbarkeit überzeugender wirkt als jede Darstellung aus fremder Feder.

Fischer Taschenbuch Verlag

Goethe

Zum Thema: Goethe
Von Sigmund Freud,
Hugo von Hofmannsthal,
Thomas Mann, Stefan Zweig
und Franz Kafka
Band 5716

Unterschiedliche Temperamente – in diesem Band berühmte Autoren des S. Fischer Verlages – versuchen sich Goethe zu nähern. »Wir alle, die wir Goethe verehren, lassen uns doch ohne viel Sträuben die Bemühungen der Biographen gefallen, die sein Leben aus den vorhandenen Berichten und Aufzeichnungen wiederherstellen wollen. Was aber sollen uns diese Biographien leisten? Auch die beste und vollständigste könnte die beiden Fragen nicht beantworten, die allein wissenswert erscheinen. Sie würde das Rätsel der wunderbaren Begabung nicht aufklären, die den Künstler macht, und sie könnte uns nicht helfen, den Wert und die Wirkung seiner Werke zu erfassen«, sagt Sigmund Freud in seiner Goethepreis-Rede 1930.

Friedrich Hiebel
Goethe
Die Erhöhung des Menschen
Band 5517

Goethe wird in diesem Buch dargestellt als der Prototyp des modernen Menschen, der es wie kaum einer nach ihm verstanden hat, aus den Gefährdungen seines Lebens, das Prinzip der Steigerung zu gewinnen. Alles, was er als Dichter, Naturforscher erreicht hat, verdankt er dieser Fähigkeit, die er sich durch »anschauende Urteilskraft« erworben hat.

Ernst Johann
Unziemliche Sachen
Aus dem »Geheimen Archiv« eines gewissen Herrn von G. Mit ziemlich unziemlichen Zeichnungen von Elfriede Sternkopf
Band 2493

Goethe, der Klassiker und Dichterfürst, hat im Laufe seines langen Lebens nicht nur ziemliches, ja drastisch eindeutiges zu Papier gebracht, wobei das Götz-Zitat zum Harmlosen gehört. Die »wunderlichsten Produktionen« finden sich hier versammelt, von Ernst Johann aufs geistvollste kommentiert.

Fischer Taschenbuch Verlag

THOMAS MANN
DIE TAGEBÜCHER

Herausgegeben und mit Nachbemerkungen versehen
von Peter de Mendelssohn

TAGEBÜCHER 1918–1921
908 Seiten
Die frühesten erhaltenen Tagebücher
›Gesang vom Kindchen‹, ›Herr und Hund‹
Arbeit am ›Zauberberg‹

TAGEBÜCHER 1933–1934
818 Seiten
Leiden und Größe im Exil
Fortführungen der ›Joseph‹-Tetralogie

TAGEBÜCHER 1935–1936
722 Seiten
Endgültige Trennung
vom nationalsozialistischen Deutschland
›Joseph in Ägypten‹

TAGEBÜCHER 1937–1939
992 Seiten
Die Zeitschrift ›Mass und Wert‹
Drohung und Ausbruch des Krieges
Abschied von Europa
›Lotte in Weimar‹

TAGEBÜCHER 1940–1943
XII und 1200 Seiten
Äußerungen zum Krieg
gegen das nationalsozialistische Deutschland
›Die vertauschten Köpfe‹
Abschluß der ›Joseph‹-Tetralogie mit ›Joseph, der Ernährer‹
›Das Gesetz‹, Beginn des ›Doktor Faustus‹

S. FISCHER